금융상식

2주 만에 완성하기

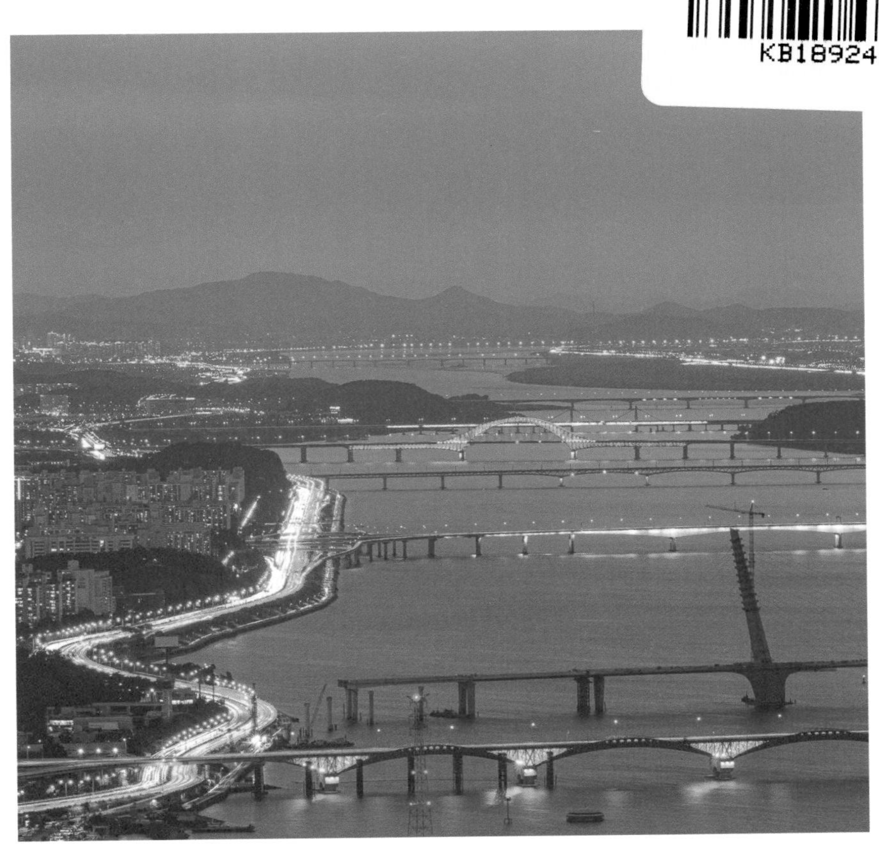

금융상식
2주 만에 완성하기

개정3판 발행 2024년 01월 19일
개정4판 발행 2025년 04월 01일

편 저 자 | 상식연구소
발 행 처 | (주)서원각
등록번호 | 1999-1A-107호
주 소 | 경기도 고양시 일산서구 덕산로 88-45(가좌동)
대표번호 | 031-923-2051
팩 스 | 031-923-3815
교재문의 | 카카오톡 플러스 친구 [서원각]
홈페이지 | goseowon.com

▷ ISBN과 가격은 표지 뒷면에 있습니다.
▷ 파본은 구입하신 곳에서 교환해드립니다.

이 책의 머리말

국 · 내외 금융 · 경제 위기가 더욱 다양해지고 복잡해짐에 따라 금융 · 경제에 대한 관심과 이해도가 더욱 중요해졌습니다. 단편적인 금융 · 경제 지식을 묻는 질문에서 벗어나 경제 상황에 대한 올바른 이해와 심화 능력을 검증하는 문제들이 많이 출제되는 추세입니다.

해마다 증가하는 금융권 취업 지원자들을 변별하기 위해 문제는 다양해지고 난도는 높아지고 있습니다. 이러한 문제에 직면하여 고민하고 있을 수험생 여러분에게 도움이 되고자 본서를 기획하였습니다.

능력 향상뿐만 아니라 금융권을 목표로 하여 첫 발걸음을 떼는 경제 초보자도 시험 대비에 부족함이 없도록 다음과 같이 구성하였습니다.

매 Chapter에는 간단한 OX문제와 기출문제가 있어, 이를 통해 확실하게 개념정리를 할 수 있습니다. 또한 필기시험에 효과적으로 대비하고 적응할 수 있도록 실제 기출문제를 복원한 '기출문제 맛보기'와 모의고사 3회분을 수록하였습니다. 혼자서도 오답 확인을 할 수 있도록 상세한 해설까지 담았으며, 본서가 수험생 여러분들에게 종합적인 지침서 역할을 하고자 노력했습니다. 시험뿐만 아니라 면접에서도 도움이 될 수 있도록 빈출 경제 · 금융상식, 일반상식, ICT · 디지털상식 용어를 정리하여 수록하였고, 더불어 학습 방향에 도움이 될 수 있는 실제 합격생들의 필기시험 수기도 담았습니다.

모든 수험생에게 초점을 맞추어 이해도 향상과 심화능력 향상에 도움이 될 수 있도록 구성하였습니다. 본서가 수험생 여러분에게 고득점 길잡이가 되길 바라며, 효율적으로 시험에 대비할 수 있기를 희망합니다.

서원각은 합격으로 향하는 걸음에 함께 하는 파트너가 되어, 수험생 여러분의 좋은 결과를 진심으로 응원하고 기원하겠습니다.

Feature

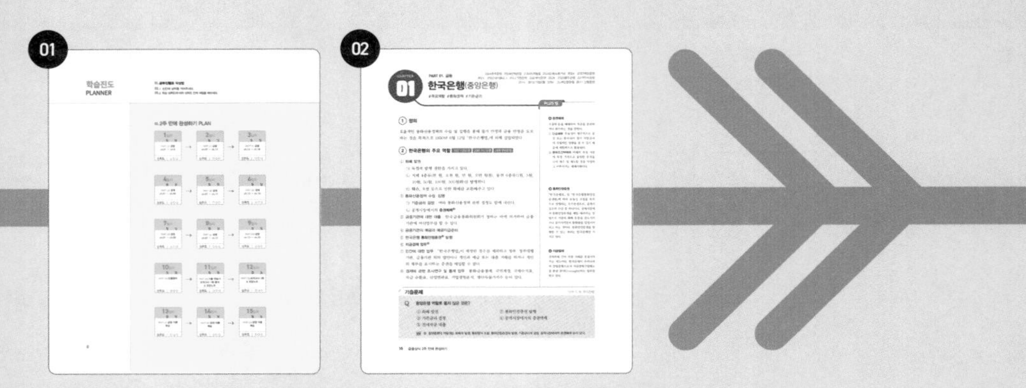

01 학습플래너

2주 만에 완성하기! PLAN으로 체계적인 학습 계획을 세워보세요. 학습 성취도를 기록하여 시험을 보다 완벽하게 준비할 수 있습니다.

02 꼼꼼한 이론

자주 출제되는 이론을 세분화하여 수록하였습니다. 이론을 명확히 이해하고 관련된 경제기사를 통해서 경제뉴스 이해도 향상과 함께 금융상식의 요점을 쉽게 이해할 수 있도록 구성하였습니다.

면접 맛보기와 합격후기

필수 관문인 면접에는 어떤 질문이 나오는지 확인할 수 있도록 면접 질문을 수록하였습니다. 또한 학습방향과 동기부여를 위해 금융권 합격 후기를 수록하였습니다.

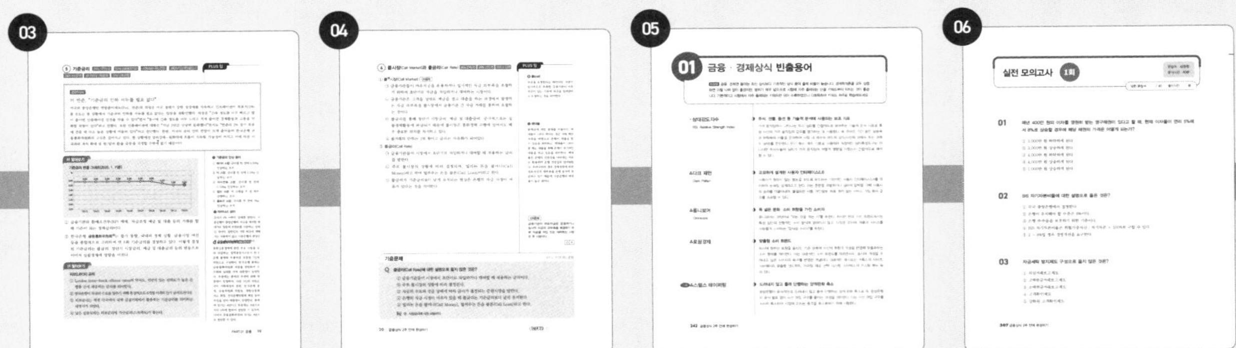

03 개념 확장을 위한 PLUS 팁

주요 이론 설명을 더욱 심도 있게 알아보기 위하여 정리하였습니다. 다양한 자료로 심화 학습이 가능하며 간단한 OX 문제를 통해 쉽게 암기할 수 있도록 하였습니다.

04 기출복원문제로 실력 확인하기

이론 학습 후 실력을 점검할 수 있는 기출복원문제를 수록하였습니다. 실제로 출제된 키워드와 후기를 바탕으로 복원하였으니 혼동하기 쉬운 이론을 점검해보세요.

05 빈출용어로 대비하는 면접

핵심 이론뿐만 아니라 중요한 금융경제 · 일반 · ICT · 디지털 용어를 수록하였습니다. 기출 용어와 중요도를 함께 파악할 수 있습니다.

06 실전처럼 준비하기

시험에 효과적으로 대비하고 적응할 수 있도록 실제 기출문제를 복원한 맛보기 문제와 기출 문제를 기반으로 재구성한 모의고사 3회분을 수록하였습니다. 약점을 파악하고 실전처럼 대비해보세요.

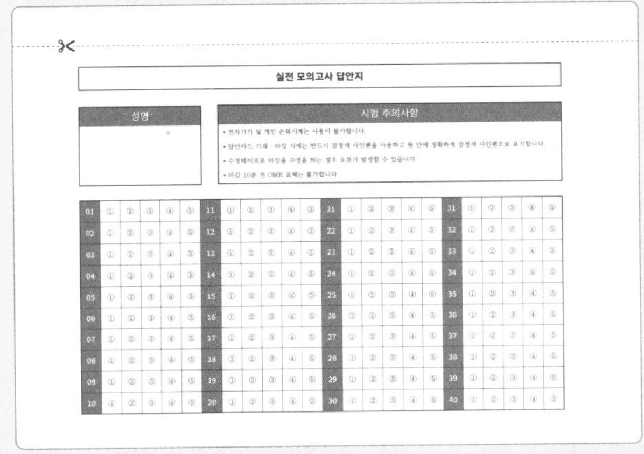

OMR카드를 적극 활용하여 문제를 다회독 해보세요!

헷갈리는 이론, 오답을 반복하여 학습할 수 있도록 OMR카드를 수록하였습니다. 부록으로 수록된 OMR카드를 활용하여 빈틈없이 시험에 대비해보세요!

Contents

01 금융

02 경제

03 경영

04 빈출용어

05 모의고사

06 부록

학습진도
PLANNER

01. **공부진행표** 작성법
02. 1. 빈칸에 날짜를 적어주세요.
03. 2. 학습 성취도에 따라 성취도 칸에 색칠을 해보세요.

01. 2주 만에 완성하기 PLAN

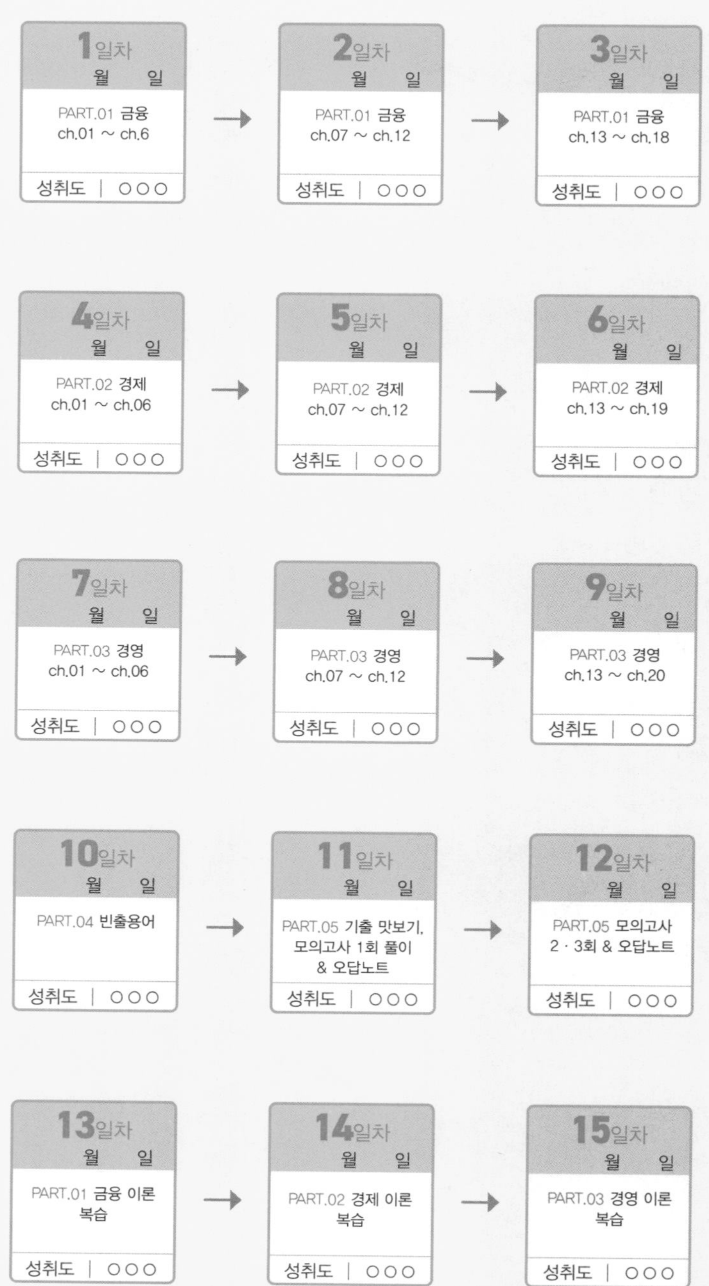

1일차 월 일
PART.01 금융 ch.01 ~ ch.6
성취도 | ○○○
2일차 월 일
PART.01 금융 ch.07 ~ ch.12
성취도 | ○○○
3일차 월 일
PART.01 금융 ch.13 ~ ch.18
성취도 | ○○○
4일차 월 일
PART.02 경제 ch.01 ~ ch.06
성취도 | ○○○
5일차 월 일
PART.02 경제 ch.07 ~ ch.12
성취도 | ○○○
6일차 월 일
PART.02 경제 ch.13 ~ ch.19
성취도 | ○○○
7일차 월 일
PART.03 경영 ch.01 ~ ch.06
성취도 | ○○○
8일차 월 일
PART.03 경영 ch.07 ~ ch.12
성취도 | ○○○
9일차 월 일
PART.03 경영 ch.13 ~ ch.20
성취도 | ○○○
10일차 월 일
PART.04 빈출용어
성취도 | ○○○
11일차 월 일
PART.05 기출 맛보기, 모의고사 1회 풀이 & 오답노트
성취도 | ○○○
12일차 월 일
PART.05 모의고사 2 · 3회 & 오답노트
성취도 | ○○○
13일차 월 일
PART.01 금융 이론 복습
성취도 | ○○○
14일차 월 일
PART.02 경제 이론 복습
성취도 | ○○○
15일차 월 일
PART.03 경영 이론 복습
성취도 | ○○○

지원한 동기를 말해보세요.

A

금융인이 가져야 하는 덕목은 무엇이라고 생각하나요?

A

금리인상이 경제에 어떠한 영향을 미치는지 말해보세요.

A

비대면 금융거래가 늘어난 지금, 영업점에 고객을 방문하도록 하는 방법을 말해보세요.

A

마지막으로 하고 싶은 말은 무엇인가요?

A

지원자의 장·단점을 직무에 어떻게 적용할 것인가요?

A

신입행원으로 입행했을 때, 회식과 야근 중 딱 하나만 선택해야 한다면 무엇을 선택할 것인가요?

A

실리콘밸리 은행 파산의 원인이 무엇이라고 생각하며 해결방안에 대해 이야기 해보세요.

A

흑자도산이 무엇인지 알고 있습니까?

A

지원한 직무에서 돋보일 수 있는 지원자만의 강점을 말해보세요.

A

가장 중요시하는 가치관은 무엇인가요?

A

현재 기준금리를 말해보세요.

A

PSR이 무엇인지 알고 있습니까?

A

최근에 본 경제기사는 무엇인가요?

A

본인만의 영업 노하우를 말해보세요.

A

필기시험 합격후기

[비전공자 합격 후기]

다른 일을 하고 있던 저는 뒤늦게 금융권을 목표로 하게 되었습니다. 때문에 경영·경제에 대해서는 완전 노베이스 상태라 부랴부랴 이론 정리 교재와 금융권 봉투 모의고사, 상식용어사전 등을 구입하여 시험에 준비하였습니다. 패기 있게 도전하였지만 막상 CP니 CD니 스왑이니 하는 이론들을 접하면서 이게 나에게 맞는 일인가, 옳은 선택이었나 하는 의문과 후회도 들었습니다. 특히나 취약했던 금융 이론을 공부하면서 좌절도 많이 했습니다. 어떻게 준비해야 하는지 팁이라도 얻고 싶어서 공식 카페나 블로그 등을 확인하며 다른 수험생 분들의 공부 방법도 참고하였습니다. 치열하게 공부하는 수험생 분들을 보니 저도 다시 마음을 가다듬고 공부에 집중할 수 있었습니다. 시험장은 다행히 집과 가까운 곳으로 배정받았습니다. 결시자가 꽤 생기지 않을까 싶었는데 제가 배정받은 교실에는 결시자 없이, 이미 몇몇 응시자들은 착석하여 공부를 하고 있었습니다. 시험 시간이 되자, 간단한 안내 후 시험이 시작되었습니다. 난도는 생각보다 훨씬 고난도였습니다. 더군다나 실제 시험장에 오니 긴장한 탓인지 글자도 눈에 잘 들어오지 않아 문제를 여러 번 확인하게 되어 시간이 정말 부족하게 느껴졌습니다. 때문에 집에서 모의고사를 풀어볼 때 예상 소요시간을 타이트하게 맞추고 풀어보는 것이 중요할 것 같습니다. 여타 시험도 마찬가지겠지만, 모르는 문제가 있다면 미련 없이 넘어가는 것도 하나의 팁이라고 생각합니다. 시간도 부족하고 계속 신경 쓰기엔 다른 문항도 많으니까요. 꼭 강조하고 싶은 것은 시간 관리입니다. 저처럼 시간이 부족한 경험은 없도록 준비하시길 바랍니다. 모쪼록 다른 수험생 분들의 후기가 제게 도움이 되었던 만큼 저의 후기가 필기시험을 준비하는 수험생 여러분에게 도움이 되길 바라며 합격을 응원하겠습니다.

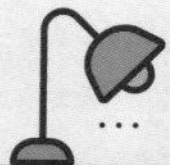

합격생의 팁 | 모의고사를 풀 때는 시간을 타이트하게 잡고 풀어보세요.

[전공자 합격 후기]

대학교에서 경영·경제를 전공하였지만 많은 시간이 흐른 터라 기억 저편에 남아있을 뿐, 세세한 개념들은 이미 머릿속에서 잊힌 상태였습니다. 다시 공부해야 할 부분이 대부분이었고 이론 못지않게 중요한 최신 경제 상식 또한 습득해야 했기에 다량의 교재를 구매하였습니다. NCS를 비롯한 금융·경제 이론은 시중에 나와 있는 교재 3권을 풀었습니다. 은행별 봉투모의고사와 인터넷 강의의 도움도 받았습니다. 금융·경제 이론은 내 지식으로 만들기 위해 복습에 복습을 거듭하며 공부했고, 시사상식은 상식용어사전과 신문으로 공부했습니다. 시험대비 기출 문제는 확실히 많은 문제를 접하니 처음보다 문제 푸는 속도가 빨라졌습니다. 또한 다른 수험생 분들의 공부 방법과 멘탈 관리법을 참고하여 저에게 닥친 슬럼프를 이겨내기도 했습니다. 저는 시험장이 조금 먼 곳으로 배정되어 컨디션 유지를 위해 택시를 이용했습니다. 차 안에서도 틈틈이 시사상식이나 불안한 부분을 복습하면서 시험장으로 향하였습니다. 시험 난도는 시중 교재보다 훨씬 어려웠습니다. 처음엔 두 번, 세 번 확인하다가 시간이 부족해서 찍은 문제도 더러 있었습니다. 오히려 여러 번 확인하다가 풀 수 있는 문제도 놓친 게 아닌가 싶어서 뒤로 갈수록 어려운 문제를 만났을 땐 넘겼습니다. 상식문제는 정말 다양한 분야에서 나왔습니다. 택시 안에서 읽었던 상식 사전도 큰 도움이 되었습니다. 상식용어도 전문 서적이나 신문으로 가급적 많이 접하는 것을 추천합니다. 제가 특별히 잘나서 합격했다고 생각하지 않습니다. 다만 정석대로 꾸준히 시험을 준비하였고 그것이 결과로 나타났다고 생각합니다. 지치고 힘들어도 조금만 더 힘내서 좋은 결과를 얻길 바랍니다.

합격생의 팁 | 문제를 최대한 많이 풀어보고, 이론은 여러번 회독하세요.

※ 수록된 후기는 실제 필기시험 합격생의 의견과 경험을 바탕으로 작성된 것입니다.

PART

01

금융

기출 용어 Preview

☐ 한국은행	☐ 승수효과	☐ 콜옵션 · 풋옵션	☐ 블록체인
☐ 기준금리	☐ ELS	☐ 불마켓 · 베어마켓	☐ 스테이킹
☐ 국제금융기구	☐ 전환사채	☐ ABS	☐ 레그테크
☐ 본원통화	☐ CDS	☐ 핀테크	☐ 온디맨드

PART 01. 금융

2024 · 2018신한은행 2024전북은행 2024지역농협 2024신용보증기금 2024 · 2023국민은행 2023 · 2022새마을금고 2024 · 2020광주은행 2022 · 2019 · 2018기업은행 2020부산은행 2020 · 2019우리은행 2017 신협은행

한국은행(중앙은행)

#주요역할 #통화정책 #기준금리

1 정의

효율적인 통화신용정책의 수립 및 집행을 통해 물가 안정과 금융 안정을 도모하는 것을 목적으로 1950년 6월 12일 「한국은행법」에 의해 설립되었다.

2 한국은행의 주요 역할 2022 기업은행 2020 부산은행 2019 우리은행

① 화폐 발권
- ㉠ 독점적 발행 권한을 가지고 있다.
- ㉡ 지폐 4종류(천 원, 오천 원, 만 원, 오만 원권), 동전 6종류(1원, 5원, 10원, 50원, 100원, 500원화)를 발행한다.
- ㉢ 훼손, 오염 등으로 인한 화폐를 교환해주고 있다.

② 통화신용정책 수립 · 집행
- ㉠ 기준금리 결정 : 여타 통화신용정책 관련 결정도 함께 내린다.
- ㉡ 공개시장에서의 **증권매매**⊕

③ 금융기관에 대한 대출 : 한국금융통화위원회가 정하는 바에 의거하여 금융기관에 여신업무를 할 수 있다.

④ 금융기관의 예금과 예금지급준비

⑤ 한국은행 **통화안정증권**⊕ 발행

⑥ **지급결제 업무**⊕

⑦ 민간에 대한 업무 : 「한국은행법」이 제정한 경우를 제외하고 정부 · 정부대행기관, 금융기관 외의 법인이나 개인과 예금 또는 대출 거래를 하거나 개인의 채무를 표시하는 증권을 매입할 수 없다.

⑧ 경제에 관한 조사연구 및 통계 업무 : 통화금융통계, 국민계정, 국제수지표, 자금 순환표, 산업연관표, 기업경영분석, 생산자물가지수 등이 있다.

PLUS 팁

⊕ 증권매매

국공채 등을 매매하여 자금을 공급하거나 회수하는 것을 말한다.

① **단순매매** : 유동성이 영구적으로 공급 또는 환수되어 장기 시장금리에 직접적인 영향을 줄 수 있기 때문에 제한적으로 활용된다.

② **환매조건부매매** : 미래의 특정 시점에 특정 가격으로 동일한 증권을 다시 매수 및 매도할 것을 약정하고 이루어지는 매매거래이다.

⊕ 통화안정증권

「한국은행법」 및 「한국은행통화안정증권법」에 따라 유동성 조절을 목적으로 발행되는 유가증권으로, 공개시장조작 수단 중 하나이다. 공개시장에서 통화안정증권을 매입 · 매각하는 방법으로 시중의 화폐 유통을 감소시키거나 증가시키면서 통화량을 안정시키려고 하는 것이다. 통화안전증권을 발행할 수 있는 권리는 한국은행만 가지고 있다.

⊕ 지급결제

경제주체 간의 각종 거래를 종결시켜 주는 제도이다. 한국은행이 우리나라의 중앙은행으로서 지급결제수단제도를 총괄 감시(Oversight)하는 업무를 맡고 있다.

기출문제

2019.10.19. 우리은행

Q 중앙은행 역할로 옳지 않은 것은?

① 화폐 발권
② 통화안정증권 발행
③ 기준금리 결정
④ 공개시장에서의 증권매매
⑤ 전세자금 대출

정답 ⑤ 중앙은행의 역할에는 화폐의 발행, 통화량의 조절, 통화안정증권의 발행, 기준금리의 결정, 공개시장에서의 증권매매 등이 있다.

③ 각 나라의 중앙은행

① 한국 : 한국은행

② 미국 : 연방준비제도이사회(FRB, Federal Reserve Bank)

③ 유로존 : 유럽중앙은행(ECB, European Central Bank)

④ 영국 : 영란은행(BOE, Bank of England)

⑤ 캐나다 : 캐나다은행(Bank of Canada)

⑥ 중국 : 인민은행(PBC, People's Bank of China)

⑦ 일본 : 일본은행(BOJ, Bank of Japan)

⑧ 브라질 : 브라질중앙은행(Banco Central do Brasi)

④ 물가안정목표제(통화정책)

① 통화정책 목표 : 완전 고용, 물가 안정, 국제 수지의 향상, 경제 성장 촉진 등을 달성하기 위해 중앙은행이 시중 통화량과 이자율을 조절하는 정책을 말한다.

② 물가안정목표제 정의

㉠ 정책의 최종 목표인 "물가상승률"을 달성하려 하는 한국은행의 통화정책 운영체제이다.

㉡ 중기적 시계에서 소비자물가 상승률이 물가안정목표에 근접하도록 운영한다.

㉢ 소비자물가 상승률이 목표수준을 지속적으로 상회하거나 하회할 위험을 균형 있게 고려한다.

③ 물가안정목표제 특징

㉠ 중앙은행은 통화량, 금리, 환율 등 다양한 정보변수를 활용하여 장래의 인플레이션을 예측하고 실제 물가상승률이 목표치에 수렴할 수 있도록 운영하며, 시장의 기대와 반응을 반영하면서 정책방향을 수정해 나간다.

㉡ 물가정책은 경제가 효율적으로 기능을 발휘할 수 있도록 하는 시장기구의 경제균형 기능이 작용하는 바탕위에서 실현되어야 한다.

㉢ 사회조직이 효율적으로 원활한 기능을 갖기 위한 사회통합성의 제고, 정치면에서 정책이 유효하게 기능을 발휘하는 통치성의 유지가 필요하다.

㉣ 1990년 뉴질랜드에서 처음 도입되었으며 우리나라는 1998년부터 도입하여 시행하고 있다.

PLUS 팁

물가안정목표제의 핵심 요소

① 물가안정목표의 구체적인 수치를 제시한다.

② 통화정책의 핵심 목표이다.

③ 제시된 목표 달성에 대한 책임성을 확보한다.

PLUS 팁

④ 실제운영

㉠ 정책을 수행 시 기준 금리를 변경하고 이에 통화량을 설정할 때 금융시장에서 콜금리, 채권 금리, 은행 예금 및 대출 금리 등이 따라서 변화하게 된다.

㉡ 시중 통화량 조절 방법으로는 공개시장운영, 지급 준비율 설정, 재할인율 설정 등이 있다.

⑤ 통화정책의 파급효과

㉠ **금리 경로** : 기준금리 변경은 단기시장금리, 장기시장금리, 은행 예금 및 대출 금리 등 금융시장의 금리 전반에 영향을 미친다. 금리의 움직임은 소비, 투자 등 총수요에 영향을 미친다.

㉡ **자산가격 경로** : 기준금리 변경은 주식, 채권, 부동산 등 자산가격에도 영향을 미친다. 예를 들어 금리가 상승할 경우 주식, 채권, 부동산 등 자산을 통해 얻을 수 있는 미래 수익의 현재가치가 낮아지게 되어 자산가격이 하락하게 되고 이는 부(wealth)의 감소로 이어져 가계소비의 감소 요인이 된다.

㉢ **신용 경로** : 기준금리 변경은 은행의 대출태도에 영향을 미치기도 한다. 예를 들어 금리가 상승할 경우 은행은 상환능력에 대한 우려 등으로 이전보다 대출에 더 신중해지고, 기업의 투자는 물론 대출자금을 활용한 가계의 소비도 위축시킨다.

㉣ **환율 경로** : 기준금리 변경은 환율에도 영향을 미친다. 우리나라 금리가 상승할 경우 국내 원화표시 자산의 수익률이 상대적으로 높아져 해외자본이 유입되고, 이는 원화 가치의 상승으로 이어진다. 원화 가치 상승은 원화표시 수입품 가격을 하락시켜 수입품에 대한 수요를 증가시키고 외화표시 수출품 가격을 상승시켜 우리나라 제품 및 서비스에 대한 해외수요를 감소시킨다.

㉤ **기대경로** : 기준금리 변경은 일반의 기대인플레이션 변화를 통해서도 물가에 영향을 미친다. 기준금리 인상은 한국은행이 물가상승률을 낮추기 위한 조치를 취한다는 의미로 해석되어 기대인플레이션을 하락시키고, 기대인플레이션은 기업의 제품가격 및 임금근로자의 임금 결정에 영향을 미치기 때문에 결국 실제 물가상승률을 하락시킨다.

⑥ 물가안정목표 및 대상물가지표 상승률 그래프

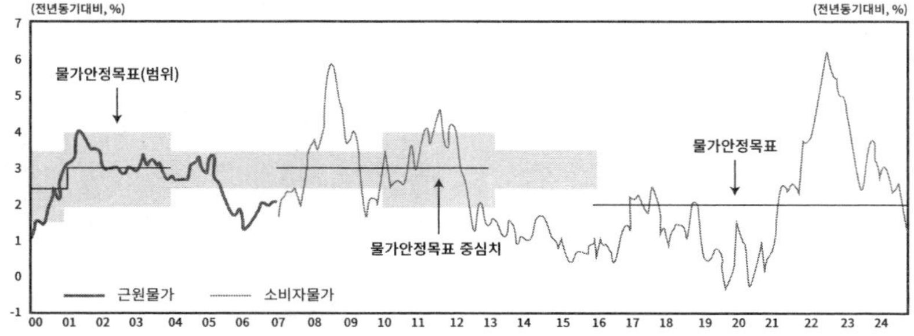

5 기준금리

2024 지역농협 · 2024 신용보증기금 · 2024·2023 국민은행 · 2023·2022 새마을금고 · 2023 농협은행 · 2019·2018 기업은행 · 2018 신한은행

관련기사

미 연준, "기준금리 인하 서두를 필요 없다"

미국의 중앙은행인 연방준비제도(Fed, 연준)의 의장은 미국 경제가 강한 성장세를 지속하고 인프레이션이 목표치(2%)를 웃도는 현 상황에서 기준금리 인하를 서두를 필요 없다는 입장을 재확인했다. 의장은 "긴축 정도를 너무 빠르고 많이 줄이면 인플레이션 진전을 막을 수 있다"면서 "동시에 긴축 정도를 너무 느리고 적게 줄이면 경제활동과 고용을 약화할 위험이 있다"라고 전했다. 또한 인플레이션에 대해선 "지난 2년간 상당히 둔화했다"면서도 "연준의 2% 장기 목표에 견줄 때 다소 높은 상황에 머물러 있다"라고 진단했다. 한편, 미국의 금리 인하 전망이 크게 줄어들며 한국은행 금융통화위원회의 고심은 깊어지고 있다. 현 상황에선 달러강세－원화약세 흐름이 지속될 가능성이 커지고 이에 따른 미국과의 격차 확대 및 원/달러 환율 급등을 걱정할 수밖에 없기 때문이다.

더 알아보기

기준금리 변동 그래프(2025. 1. 기준)

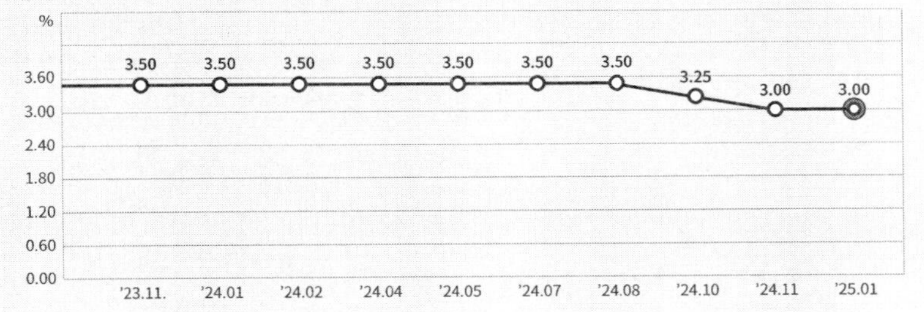

① 금융기관과 환매조건부(RP) 매매, 자금조정 예금 및 대출 등의 거래를 할 때 기준이 되는 정책금리이다.

② 한국은행 **금융통화위원회**⊕는 물가 동향, 국내외 경제 상황, 금융시장 여건 등을 종합적으로 고려하여 연 8회 기준금리를 결정하고 있다. 이렇게 결정된 기준금리는 콜금리, 장단기 시장금리, 예금 및 대출금리 등의 변동으로 이어져 실물경제에 영향을 미친다.

더 알아보기

리보(LIBOR) 금리

① London inter-bank offered rates의 약자로, 런던에 있는 신뢰도가 높은 은행들 간에 제공하는 금리를 의미한다.

② 영국은행이 자금의 수요를 맞추기 위해 통상적으로 6개월 이내의 단기 금리조건이다.

③ 리보금리는 세계 각국에서 국제 금융거래에서 활용하는 기준금리를 의미하는 대명사가 되었다.

④ 낮은 신용도에는 리보금리에 가산금리(스프레드)가 붙는다.

PLUS 팁

기준금리 인상 용어

① **베이비 스텝**: 금리를 한 번에 0.25%p 인상하는 조치
② **빅 스텝**: 금리를 한 번에 0.5%p 인상하는 조치
③ **자이언트 스텝**: 금리를 한 번에 0.75%p 인상하는 조치
④ **점보 스텝**: 빅 스텝을 두 번 연속 단행하는 조치
⑤ **울트라 스텝**: 금리를 한 번에 1%p 인상하는 조치

마이너스 금리

금리가 0% 이하인 상태이다. 시중은행이 중앙은행에 자금을 예치할 때 대가로 일종의 보관료를 지불하는 상태인 것이다. 시중은행과 중앙은행 간의 예금에 대해서만 적용한다.

⊕ 금융통화위원회 2024 전북은행

통화신용정책에 관한 주요 사항을 심의·의결하는 정책결정기구로서 한국은행 총재와 부총재를 포함한 7인의 위원으로 구성된다. 한국은행 총재는 금융통화위원회 의장을 겸임하며 국무회의 심의를 거쳐 대통령이 임명한다. 부총재는 총재의 추천에 의해 대통령이 임명하며, 다른 5인의 위원은 각각 기획재정부 장관, 한국은행 총재, 금융위원회 위원장, 대한상공회의소 회장, 전국은행연합회 회장 등의 추천을 받아 대통령이 임명한다. 총재의 임기는 4년이고 부총재는 3년으로 각각 1차에 한하여 연임할 수 있으며, 나머지 금융통화위원의 임기는 4년으로 연임할 수 있다.

6 콜시장(Call Market)과 콜금리(Call Rate) 2024 전북은행 2018 신한은행 2015 하나은행

① 콜[+]시장(Call Market) OX문제

㉠ 금융기관들이 여유자금을 운용하거나 일시적인 자금 과부족을 조절하기 위하여 초단기로 자금을 차입하거나 대여하는 시장이다.

㉡ 금융기관은 고객을 상대로 예금을 받고 대출을 하는 과정에서 발생하는 자금 과부족을 콜시장에서 금융기관 간 자금 거래를 통하여 조절하는 것이다.

㉢ 콜금리를 통해 장단기 시장금리, 예금 및 대출금리, 궁극적으로는 실물경제활동에 파급되기 때문에 콜시장은 통화정책 수행에 있어서도 매우 중요한 위치를 차지하고 있다.

㉣ 콜거래의 단위는 1억 원이고 금리는 자유화가 되어있다.

② 콜금리(Call Rate)

㉠ 금융기관들이 시장에서 초단기로 차입하거나 대여할 때 적용하는 금리를 말한다.

㉡ 주로 콜시장의 상황에 따라 결정되며, 빌리는 돈을 콜머니(Call Money)라고 하며 빌려주는 돈을 콜론(Call Loan)이라고 한다.

㉢ 콜금리가 기준금리보다 낮게 유지되는 현상은 은행의 자금 사정이 여유가 있다는 것을 의미한다.

PLUS 팁

[+] 콜(call)

자금을 요청한다는 의미이다. 자금이 일시적으로 부족한 금융기관이 여유자금이 있는 기관에 자금을 빌려달라고 요청하는 것을 의미한다.

● 예대율

총예금에 대한 총대출 비율이다. 예대율이 1보다 작다는 것은 자체 예금자원을 바탕으로 은행이 대출을 할 수 있음을 의미하고, 예대율이 1보다 클 때는 대출을 위해 은행이 추가적인 대출을 하고 있음을 의미한다. 예대율은 은행의 건전성을 나타내는 지표로 활용되며 은행 건전성과 반비례한다. 우리나라의 경우 경제성장에 따른 필요자금의 대부분을 은행 융자에 의존하고 있기 때문에 시중은행의 예대율이 높은 편이다.

OX문제

금융기관이 여유자금은 운용하거나 일시적 자금의 과부족을 해결하기 위해 자금을 차입 또는 대여하는 시장은 풋 시장이다.

O | X

기출문제

2015.10.02 하나은행

Q 콜금리(Call Rate)에 대한 설명으로 옳지 않은 것은?

① 금융기관들이 시장에서 초단기로 차입하거나 대여할 때 적용하는 금리이다.
② 주로 콜시장의 상황에 따라 결정된다.
③ 자금의 수요와 공급 상태에 따라 금리가 결정되는 증권시장을 말한다.
④ 은행의 자금 사정이 여유가 있을 때 콜금리는 기준금리보다 낮게 유지된다.
⑤ 빌리는 돈을 콜머니(Call Money), 빌려주는 돈을 콜론(Call Loan)라고 한다.

정답 ③ 시장금리에 대한 내용이다.

OX문제 답 ○

7 공개시장 운영(통화정책수단) 2017 신협은행

① 한국은행이 금융시장에서 금융기관을 상대로 국채 등과 같은 증권을 사고 팔아 시중에 유통되는 화폐의 양이나 금리 수준에 영향을 미치려는 가장 대표적인 통화정책 수단이다.

② 금융기관에서 일시적으로 자금이 과부족한 상태를 조정하는 콜시장의 콜금리가 한국은행의 기준금리 수준에서 크게 벗어나지 않게 유도한다.

③ 대표적인 형태

㉠ **증권매매** : 국채, 정부보증채, 금융통화위원회가 정하는 기타 유가증권과 같은 대상증권을 매매하여 자금을 공급·회수하는 것이다. 한국은행이 증권을 매입하면 유동성이 시중에 공급되고, 증권을 매각하면 유동성이 환수된다. 단순매매와 환매조건부매매(RP)가 있다.

㉡ **통화안정증권** : 한국은행에서 발행하는 채무증서이다. 한국은행에서 발행한 채권을 통해서 증권의 만기가 되는 기간 동안에 정책효과를 지속하는 유동성 조절 수단이 된다.

㉢ **통화안정계정** : 시장친화적인 예금입찰 제도로 유동성을 기민하게 조절하기 위한 것이다. 통화공급량을 수축하기 위해서 금융기관에 통화안정계정에 돈을 예치하게 하고, 통화공급량을 늘려야 하는 경우에는 통화안정계정에서 돈을 인출하게 하는 것이다.

8 한국은행의 여 · 수신제도(통화정책수단)

① 중앙은행이 은행금융기관에게 대출을 해주거나 예금을 받는 정책수단이다.

② 종류

㉠ **자금조정대출 및 자금조정 예금** : 금융기관에서 자금을 수급할 때 발생하는 부족자금을 지원하는 것이다.

㉡ **금융중개지원대출(중소기업 금융지원제도)** : 중소기업 금융기관에 금융중개기능에 필요한 자금을 지원하는 것이다.

㉢ **일중당좌대출** : 금융기관에서 일중 지급·결제에 필요한 부족자금을 당일에 결제가 마감되기 전까지 지원하는 것이다.

㉣ **특별대출** : 유동성이 악화된 금융기관에 긴급하게 여신을 할 수 있다. 또한 금융기관으로 자금에 문제가 발생할 가능성이 높다면 영리기업에 대한 여신을 할 수 있다.

PLUS 팁

재정정책 2024 국민은행 2024 전북은행

조세와 정부지출을 통해서 물가안정, 경제활동에 안정화를 이루기 위한 정부의 정책이다. 통화정책과 함께 시행된다. 경제발전, 안정화, 소득 재분배, 자원배분의 기능이 있다. 고용수준 조정, 조세 감면, 특별소비세, 세입·세출을 통한 자원 배분 등과 같이 있다.

9 지급준비제도(통화정책수단) 2024 신한은행

① 금융기관으로 지급준비율에 해당하는 금액을 중앙은행에 예치하는 것을 의무화하는 제도이다.

② 중앙은행은 지급준비율을 조정하여 금융기관의 자금과 유동성을 조정하여 금융안정을 도모한다.

③ 지급준비율을 올리면 은행에서는 지급준비금을 예치해야 하기 때문에 대출이나 유가증권 매입을 축소한다.

④ 지급준비율을 변경하여 본원통화를 조절하면 **승수효과**를 통해 **통화량**에 영향을 줄 수 있다.

10 외환제도 2022 우리은행 OX문제

① 한국은행 외환업무

㉠ 외화자금의 보유·운용

㉡ 정부 또는 국내 금융기관으로부터 외화예금 수입

㉢ 외국 중앙은행 또는 외국 금융기관 등으로부터 예금 수입

㉣ 외화자금 차입 및 융자

㉤ 정부의 환율정책, 외화 여·수신정책, 외환포지션정책 등을 협의

㉥ 외환시장운영협의회 활동

㉦ 외국환 심사

㉧ 외환시장구조 개선

PLUS 팁

● 예금종류별 지급준비율 (2024. 02. 기준)

① 장기주택마련저축, 재형저축 : 0.0%
② 정기예금, 정기적금, 상호부금, 주택부금, CD : 2.0%
③ 기타 예금 : 7.0%

승수 효과 2022 신용보증기금

정부의 지출을 늘릴 경우 지출한 금액보다 많은 수요가 창출되는 현상을 말한다.

통화량

유통되고 있는 통화의 양을 의미한다. 통화금융기관 이외의 민간부문이 보유하고 현금통화, 예금통화, 준통화 등의 합계를 말한다.

기출문제

2024.10.06. 신한은행

Q 다음 중 지급준비제도에 대한 설명으로 가장 적절한 것은?

① 중앙은행이 시중은행의 모든 예금을 보관하는 제도이다.
② 시중은행이 고객의 요구가 있을 때만 지급준비금을 보유하도록 하는 제도이다.
③ 중앙은행이 시중은행에 일정 비율의 예금을 의무적으로 예치하도록 하는 제도이다.
④ 지급준비율이 높아지면 시중에 공급되는 자금이 증가한다.
⑤ 지급준비율이 낮아질수록 시중은행의 대출 여력이 감소한다.

정답 ③ 중앙은행이 시중은행에 일정 비율의 예금을 의무적으로 예치하도록 하는 제도이다.

② 기획재정부장관은 외국환거래법상의 권한 중에서 일부를 한국은행 총재에게 위탁한다.

③ 외국환거래법의 목적

㉠ 최종 목적 : 국민경제의 건전한 발전

㉡ 중간 목적 : 대외거래의 원활화, 국제수지의 균형, 통화가치의 대외적 안정

④ 중앙은행 통화스왑

㉠ 중앙은행 간에 체결하는 통화스왑으로 외화유동성을 확보하기 위한 것이다.

㉡ 통화스왑은 금융시장에서 거래당사자가 서로의 다른 통화를 교환하고 일정 기간이 지나고 난 이후에 원금을 다시 교환하기로 약정하는 거래를 의미한다.

㉢ 체결 목적 : 금융·외환시장의 안정, 교역 지원, 금융협력을 촉진하기 위함이다.

PLUS 팁

● 한국은행 위탁업무

대외지급 및 자본거래 관련 신고 접수 업무, 외국환중개회사 업무감독, 외국환업무 취급기관에 대한 감사, 외환거래에 대한 사후관리, 외국환업무 취급기관 건전성 규제 등이 있다.

● 외환시장의 기능

① 환율이 외환시장의 수급 사정에 따라 변동함으로써 국제수지의 조절기능 수행

② 기업 또는 금융기관 등의 경제 주체들에게 환율변동에 따른 위험을 회피할 수 있는 수단 제공

③ 무역 등 대외 거래에서 발생하는 외환의 수요 및 공급 등을 청산하는 역할 수행

④ 한 국가의 통화로부터 타 국가 통화로의 구매력 이전 기능

OX문제

행정안전부장관은 외국환거래법상의 권한 중 일부를 한국은행 총재에게 위탁한다.

O X

기출문제

2020.10.10. 우리은행

Q 다음 중 한국은행의 외환업무에 대한 설명으로 옳지 않은 것은?

① 외환보유액을 관리하며, 이를 활용하여 외환시장에 개입할 수 있다.

② 정부의 외국환 거래 및 대외지급 업무를 대행한다.

③ 국내 금융기관의 외국환 거래를 독자적인 법적 권한으로 직접 규제하고 허가한다.

④ 외환시장 동향을 분석하고 외환정책을 수립하는 데 중요한 역할을 한다.

⑤ 국제통화기금(IMF) 등 국제기구와 협력하여 외환 관련 정책을 조정할 수 있다.

정답 ③ 기획재정부의 위탁 없이 독자적인 법적 권한으로 외국환거래를 직접 규제하거나 허가할 수 없다. 외국환거래법상 기본적인 규제 권한은 기획재정부에 있으며, 한국은행이 수행하는 외환 관련 규제 및 허가 업무는 위임받은 범위 내에서만 가능하다.

2024 · 2023농협은행 2022한국은행 2022 · 2015새마을금고 2024 · 2020 · 2018 · 2015기업은행 2019신한은행 2019광주은행 2019수협은행 2017신협은행 2019 · 2015국민은행

국제금융기구

#IMF #OECD #세계은행그룹 #협력기구 #BIS

1 국제통화기구 및 금융협력기구 2024 농협은행 2019 국민은행 2015 새마을금고

① 국제통화기구 – IMF(국제통화기금, International Monetary Fund)

㉠ 국제환거래 안정 및 국제수지 조정을 지원하기 위해서 1945년 12월에 브레턴우즈협정에 따라 설립된 국제통화기구에 해당한다.

㉡ 외환시세 안정을 중요하게 여기며 활동을 한다. 각국의 통화에 대한 환평가는 금이나 미국의 달러 가치를 기준으로 하여 표시한다.

㉢ 가입한 가맹국에서는 외환시세를 안정화시켜야 하는 의무가 있다.

㉣ 외환 제한을 철폐해야 한다. 무역이나 용역거래에서 외환을 제한하는 것은 금지된다.

㉤ 가맹국에서 일시적으로 국제수지가 적자 나면 외화자금을 공여한다.

㉥ 우리나라는 1997년 외환위기로 IMF에 구제금융을 신청하였다.

② 금융협력기구 – OECD(경제협력개발기구, Organization for Economic Cooperation and Development)

㉠ 회원국 간에 정책의 조정 및 협력으로 세계 경제의 발전과 세계무역을 촉진하고 인류의 복지 증진을 도모한다.

㉡ 유럽경제협력기구(OEED)를 모태로 1960년 12월에 설립되었다.

㉢ 회원국 경제성장 및 금융안정, 개발도상국의 경제성장 기여, 세계무역 확대에 기여를 목적으로, 우리나라는 1996년 12월 12일에 가입하였다.

2 세계은행그룹

① IBRD(국제부흥개발은행) : 개발도상국의 경제개발을 지원하는 국제기구로 1945년 12월에 설립되었다. 세계은행이라고도 부른다.

② IFC(국제금융공사) : 민간기업을 육성하기 위한 자금을 지원하는 국제연합의 산하 금융기구로 1957년 7월에 설립되었다.

③ IDA(국제개발협회) : 저소득의 개발도상국에 경제개발을 지원하는 기구로 1956년 7월에 설립되었다.

④ MIGA(국제투자보증기구) : 개발도상국에서 민간투자를 하는 것을 보증하기 위한 기구로 1988년 4월에 설립되었다.

⑤ ICSID(국제투자분쟁해결본부) : 국제투자분쟁에 대해서 조정 및 중재를 하는 기구로 1966년 10월에 설립되었다.

PLUS 팁

● 특별인출권(SDR)

대외지급준비자산으로 페이퍼 골드라고도 말한다. 제3의 세계화폐로 간주되는 것으로 금과 달러의 공급이 어려움에 봉착할 때를 대비한 보완책이다. 가맹국에서 재정악화가 발생하면 IMF에서 자금을 받을 수 있는 준비자산이다.

③ 지역개발협력기구

① ADB(아시아개발은행) : 아시아·태평양지역의 개발도상국에 경제개발을 지원하는 것으로 1966년 8월에 설립되었다.

② AIIB(아시아인프라투자은행) 2019 신협은행 2015 새마을금고 : 아시아 지역에 인프라와 생산부문에 투자하는 것으로 2015년 12월에 설립되었다.

③ AfDB(아프리카개발은행) : 아프리카 지역에 개발도상국에 경제개발을 지원하는 것으로 1964년 9월에 설립되었다.

④ AfDF(아프리카개발기금) : 아프리카 지역에 저소득 개발도상국에 경제개발을 지원하는 것으로 1973년 3월에 설립되었다.

⑤ EBRD(유럽부흥개발은행) : 사회주의 동유럽 국가의 경제개발을 지원하기 위해 설립된 것으로 1991년 3월에 설립되었다.

⑥ IDB(미주개발은행) : 중남미 지역이나 카리브해 지역에 위치한 개발도상국의 경제와 사회를 개발하기 위한 것으로 1959년 12월에 설립되었다.

⑦ IDB Invest(미주투자공사) : 중남미 지역이나 카리브해 지역에 위치한 개발도상국의 민간기업을 육성하기 위한 것으로 1993년에 설립되었다.

⑧ IDB Lab(다자간투자기금) : 민간부문에 투자를 활성화하고 소기업을 육성하기 위해서 1993년에 설립되었다.

⑨ CFC(상품공동기금) : 개발도상국에서 1차산품의 수급을 안정화 하기 위해서 1989년 6월에 설립되었다.

⑩ CABEI(중미경제통합은행) : 중앙아메리카의 경제를 균형있게 발전하기 위해서 1960년 12월에 설립되었다.

④ 중앙은행협력기구

① 국제결제은행(BIS) 2023 농협은행 2022 새마을금고 2018 신한은행 2020·2018·2016 기업은행 : 국제금융을 안정을 목적으로 1930년 헤이그협정을 모체로 설립된 국제은행에 해당한다. 중앙은행간에 협력을 증진하고 국제금융거래에 편의를 제공하기 위해 1930년 1월에 설립되었다.

② SEACEN(동남아중앙은행기구) : 동남아시아지역의 중앙은행간에 협력을 증진하고 공동으로 조사연구 및 직원 연수를 위해 1966년 2월에 설립되었다.

③ EMEAP(동아시아 태평양 중앙은행기구) : 동아시아 태평양 지역에 위치한 중앙은행간에 협력을 증진하고 정보를 교류하기 위해서 1991년 2월에 설립되었다.

PLUS 팁

● 특별인출권(SDR)

대외지급준비자산으로 페이퍼 골드라고도 말한다. 제3의 세계화폐로 간주되는 것으로 금과 달러의 공급이 어려움에 봉착할 때를 대비한 보완책이다. 가맹국에서 재정악화가 발생하면 IMF에서 자금을 받을 수 있는 준비자산이다.

● 바젤은행감독위원회(BCBS)

1974년 11개 국가의 중앙은행 총재들이 모여서 설립한 국제금융감독기구에 해당한다. 은행의 자기자본비율(BIS) 등 국제표준을 제정하고, 감독업무의 질적 수 준 향상 및 가이드라인을 개발하며 각국 감독제도에 대한 조기경보, 은행 감독 및 외환시장 담당자 간의 협력증대를 꾀하고 있다. BCBS는 은행 건전성을 규율하기 위한 국제협력의 장을 제공해왔으며 우리나라는 2009년 한국은행과 금융감독원이 BCBS에 가입하였다.

더 알아보기

BIS 자기자본비율(BIS Capital Adequacy Ratio)

2024·2020·2018 기업은행 | 2019 수협은행 | 2019 신한은행

① BIS 자기자본비율 계산식 : (자기자본/위험가중자산) × 100%

② 자기자본비율이 6~8%의 경우는 경영개선 권고, 2~6%의 경우는 경영개선 요구, 2% 미만의 경우는 경영개선 명령을 한다.

③ BIS(국제결제은행)이 정한 자기자본비율의 기준으로, 국제적인 은행시스템 의 건전성과 안정성을 확보하고 은행 간 형평을 기하기 위해 국제결제은행 의 은행감독규제위원회(바젤위원회)에서 정했다.

④ **위험가중자산**⊕ 대비 자기자본비율로 산출하며 은행이 유지해야 할 최저 수준은 8%이다.

⑤ BIS 규제는 과거의 단순 자기자본비율(총자산 대비 자기자본비율) 규제방식에서 위험가중자산 대비 자기자본비율 규제방식으로 전환시켰다.

PLUS 팁

⊕ 위험가중자산

위험가중자산은 대차대조표 자산과 부외자산을 상대방의 거래신용도에 따라 위험가중치를 부여하여 산출한다. 도입 시기와 내용에 따라 바젤Ⅰ, 바젤Ⅱ, 바젤Ⅲ로 불린다. 1988년에 위험자산 대비 자기자본의 비율을 8% 이상으로 정한 바젤Ⅰ이 만들어졌고, 2004년엔 차주의 신용등급에 따라 신용위험을 차등화한 바젤Ⅱ가 만들어졌다. 이때 비율은 바젤Ⅰ과 마찬가지로 8% 이상이었다. 2008년 리먼브라더스 파산사태가 터지자 2년가량 논의 과정을 거쳐 보통주자본을 위험자산의 7% 이상으로 정한 바젤Ⅲ가 탄생했다.

6 국제금융체제 관련 회의체

① G-20 2024 기업은행 2022 새마을금고 : 선진국과 신흥시장국 사이에 국제금융의 체제를 개편하고 세계경제 성장기반을 강화하기 위한 방안을 논의하는 회의체이다. 미국, 프랑스, 영국, 독일, 이탈리아, 캐나다, 한국 등을 포함한 20개국이 참가한다.

② FSB(금융안정위원회) : 효과적으로 금융감독을 하고 금융시장에 안정을 위해서 국제협력 방안을 논의하는 것이다.

③ ASEAN+3 : 동남아시아국가연합(ASEAN)에서 한국, 중국, 일본 3개국의 정상을 초청하여 역내 금융협력체제 강화방안을 논의하는 것이다.

기출문제

2018.04.21. 기업은행

Q **BIS에 대한 설명으로 옳지 않은 것은?**

① 중앙은행들의 중앙은행
② BIS 자기자본 비율은 국제결제은행이 정한 기준
③ 은행 유지 최저 수준 8%
④ 1930년 헤이그협정으로 설립
⑤ 세계에서 두 번째로 오래된 국제금융기구

정답 ⑤ BIS는 세계에서 가장 오래된 국제금융기구이다.

PART 01. 금융

2024 · 2023 · 2022 · 2021 · 2020농협은행 2022한국투자공사 2022신용보증기금 2020광주은행 2019 · 2017신협은행 2024 · 2019국민은행 2023새마을금고 2023 · 2020 · 2019 · 2018신한은행 2018기업은행

은행의 업무 Ⅰ(수신업무)

#예금상품 #예금자보호제도 #도덕적 해이 #역 선택 #비대면 실명 확인 # 자금세탁방지제도

1 수신 업무의 정의

예금 취급, 채권 발행, 중앙은행의 은행권 발행 등 금융기관이 신용을 바탕으로 상대방의 여유금을 예금 형태로 흡수하는 업무를 말한다.

2 예금상품의 종류 2019 신한은행 2018 신한은행 2018 우리은행

① 요구불예금

㉠ 예금주가 요구하는 경우에는 지체 없이 지급하는 예금을 의미한다.

㉡ 예금인출이 자유로운 현금과 유동성이 동일하므로 통화성예금에 해당한다.

㉢ 금융기관의 자금운용으로 사용이 불안정하여 이자가 적지만 지급준비율은 높기 때문에 금융기관에서 자금결제수단으로 사용한다.

㉣ 종류

- 보통예금 : 금액, 기간 등이 제한이 없는 대표적인 요구불예금이다.
- 별단예금 : 은행에서 업무 중에 일시적으로 처리가 어려운 보관금이나 자금을 처리하기 위한 계정이다.
- 당좌예금 : 예금주가 한도 범위 내에서 수표나 약속어음을 발행하는 것이다.
- 공공예금 : 은행에서 지방세와 공공요금을 수납대행 하기 위해서 개설한 것이다.

② 저축성예금

㉠ 일정 기간 동안 예금주가 은행에 예치를 약속하여 은행에서 이자를 지급하여 주는 예금이다. 적립식과 거치식이 있다.

㉡ 종류

- 정기예금 : 일정 기간 동안 환급받지 않고 일정 금액을 은행에 예치하는 예금이다.
- 정기적금 : 정해진 금액을 일정 기간 동안 매월 적립하여 만기 시에 약정 금액과 이자를 지급받는 적립식 예금이다.
- 주택청약종합저축 : 신규 분양을 하는 아파트를 청약을 할 때 필요한 것으로 청약저축, 청약예금, 청약부금의 기능을 통합한 통장이다.

③ 외화예금 : 국내에 거주하는 외국인이나 내국인이 외국환을 은행에 예금하는 것이다.

PLUS 팁

● 예금자보호제도의 구조

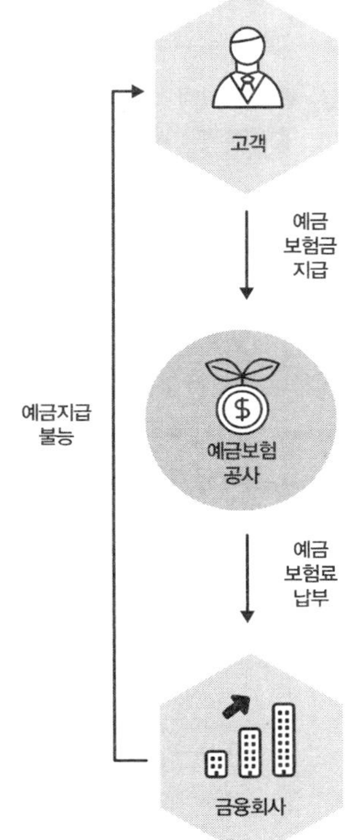

③ 제도

관련기사

2025년 달라지는 금융제도

2025년 을사년(乙巳年) 새해부터는 금융소비자의 편의를 높이고 투자자들의 투자 기회를 확대하는 다양한 금융 제도가 시행된다. 예금자보호한도가 1억 원으로 상향되고, 청년도약계좌 지원이 확대되며, 공매도 재개와 대체거래소 출범 등 금융제도 개선이 본격화된다. 또한 중도상환수수료가 인하되고 소상공인 지원 확대, 자기주식제도 개선, 공모펀드 상장 제도 시행, 퇴직연금 일임형 로보어드 바이저 서비스 개시 등도 이루어진다.

① **예금자보호제도** 2024·2019 국민은행 | 2023 새마을금고 | 2023·2019·2018 신한은행 | 2021·2020 농협은행 | 2020 광주은행 | 2018 기업은행

㉠ 예금 지급불능사태를 방지하기 위함이다. 금융회사가 영업정지나 파산 등의 중대한 이유로 고객에게 예금지급불능사태가 발생하는 경우 발생할 수 있는 **뱅크런**⊕ 사태나 금융제도 안정성 타격을 방지하기 위함이다.

㉡ 보험의 원리로 예금자를 보호한다. 동일한 종류의 위험을 가진 사람들이 기금을 평소에 적립하면서 만약의 사고에 대비한다는 보험의 원리를 이용해서 예금자를 보호한다.

㉢ 「예금자보호법」의 목적은 금융회사가 파산 등의 사유로 예금 등을 지급할 수 없는 상황에 대처하기 위하여 예금보험제도 등을 효율적으로 운영함으로써 예금자를 보호하고 금융제도의 안정성을 유지하는 데에 이바지함을 목적으로 하는 것이다.

㉣ 「예금자보호법」에 의해서 설립된 예금보험공사가 금융회사로부터 보험료(예금보험료)를 받아서 기금(예금보험기금)을 적립한다. 금융회사가 예금을 지급할 수 없을 때 금융회사를 대신하여 예금보험금을 지급한다.

㉤ 법에 의해 운영되는 공적보험인 예금보험은 예금보험료 부족분을 예금보험공사가 직접 채권(예금보험기금채권)을 발행하여 재원을 조성한다.

㉥ 보호대상 금융회사

- 은행, 보험회사(생명보험·손해보험회사), 투자매매업자·투자중개업자, 종합금융회사, 상호저축은행
- 농협은행, 수협은행 및 외국은행 국내지점은 보호대상이지만, 농·수협 지역조합, 신용협동조합, 새마을금고는 현재 예금보험공사의 보호대상 금융회사로 관련 법률에 따라 자체 기금으로 보호된다. 단, 증권을 대상으로 투자매매업 및 투자중개업 인가를 받은 경우(농협 지역조합 제외)에는 예금보험공사의 보호대상 금융회사이며, 해당 업무와 관련된 예금 등에 대해서는 예금보험공사가 보호한다.

⊕ **뱅크런(Bank Run)** 2017 신협은행

대규모 예금 인출사태로 예금 인출이 순식간에 몰리는 경우를 말한다.

● **예금보험금**

예금보험에 가입한 금융회사가 예금의 지급 정지, 영업 인·허가 취소, 해산 또는 파산 등으로 고객의 예금을 지급할 수 없게 되는 경우를 보험사고라고 한다. 보험사고가 발생한 경우 공사의 최고 의사결정기구인 예금보험위원회의 결정 등을 거친 후에 예금자에게 보험금, 개산지급금, 가지급금을 지급한다.

① **보험금**: 예금보험에 가입한 금융회사가 예금의 지급정지, 영업 인·허가의 취소, 해산 또는 파산 등 보험사고로 인하여 고객의 예금을 지급할 수 없는 경우 예금보험공사가 해당 금융회사를 대신하여 지급하는 금전
② **가지급금**: 보험사고 발생 금융회사 예금자의 장기간 금융거래중단에 따른 경제적 불편을 최소화하기 위해 보험금 지급 이전에 보험금 지급한도 내에서 예금 보험위원회가 정하는 금액(원금 기준)을 예금자의 신청에 의해 미리 지급하는 금전
③ **개산지급금**: 장기간에 걸친 파산절차로 인한 예금자의 불편을 해소하기 위해 예금자가 향후 파산배당으로 받게 될 예상배당률을 고려하여 예금자의 보호한도 초과 예금 등 채권을 예금자의 청구에 의하여 공사가 매입하고, 그 매입의 대가로 예금자에게 지급하는 금전

ⓢ 예금자보호 금융상품 2024·2022 농협은행

구분	보호금융상품	비보호금융상품
은행	• 보통예금, 기업자유예금, 별단예금, 당좌예금 등 요구불예금 • 정기예금, 저축예금, 주택청약예금, 표지어음 등 저축성예금 • 정기적금, 주택청약부금, 상호부금 등 적립식예금 • 외화예금 • 예금보호대상 금융상품으로 운용되는 확정기여형 퇴직연금제도 및 개인형 퇴직연금 제도의 적립금 • 개인종합자산관리계좌(ISA)에 편입된 금융상품 중 예금보호 대상으로 운용되는 금융상품 • 원본이 보전되는 금전신탁 등	• 양도성예금증서(CD), 환매조건부채권(RP) • 금융투자상품(수익증권, 뮤추얼펀드, MMF 등) • 은행 발행채권 • 주택청약저축, 주택청약종합저축 등 • 확정급여형 퇴직연금제도의 적립금 • 특정금전신탁 등 실적배당형 신탁 • 개발신탁
투자매매업자·투자중개업자	• 증권의 매수 등에 사용되지 않고 고객계좌에 현금으로 남아 있는 금액 • 자기신용대주담보금, 신용거래계좌 설정보증금, 신용공여담보금 등의 현금 잔액 • 예금보호대상 금융상품으로 운용되는 확정기여형 퇴직연금제도 및 개인형퇴직연금제도의 적립금 • 개인종합자산관리계좌(ISA)에 편입된 금융상품 중 예금보호 대상으로 운용되는 금융상품 • 원본이 보전되는 금전신탁 등 • 증권금융회사가 「자본시장과 금융투자업에 관한 법률」 제330조 제1항에 따라 예탁 받은 금전	• 금융투자상품(수익증권, 뮤추얼펀드, MMF 등) • 청약자예수금, 제세금예수금, 유통금융대주담보금 • 환매조건부채권(RP) • 금현물거래예탁금 등 • 확정급여형 퇴직연금제도의 적립금 • 랩어카운트, 주가지수연계증권(ELS), 주가연계파생결합사채(ELB), 주식워런트증권(ELW) • 증권사 종합자산관리계좌(CMA) • 증권사 발행채권 • 「자본시장과 금융투자업에 관한 법률」 제117조의8에 따라 증권금융회사에 예탁되어 있는 금전 • 「자본시장과 금융투자업에 관한 법률 시행령」 제137조 제1항 제3호의2에 따라 증권금융회사에 예탁되어 있는 금전
보험회사	• 개인이 가입한 보험계약 • 퇴직보험 • 변액보험계약 특약 • 변액보험계약 최저사망보험금·최저연금적립금·최저중도인출금·최저종신중도인출금 등 최저보증 • 예금보호대상 금융상품으로 운용되는 확정기여형 퇴직연금제도 및 개인형 퇴직연금제도의 적립금 • 개인종합자산관리계좌(ISA)에 편입된 금융상품 중 예금보호 대상으로 운용되는 금융상품 • 원본이 보전되는 금전신탁 등	• 보험계약자 및 보험료납부자가 법인인 보험계약 • 보증보험계약, 재보험계약 • 변액보험계약 주계약(최저사망보험금·최저연금적립금·최저중도인출금·최저종신중도인출금 등 최저보증 제외) 등 • 확정급여형 퇴직연금제도의 적립금
종합금융회사	보험계약자 및 보험료납부자가 법인인 보험계약	• 금융투자상품(수익증권, 뮤추얼펀드, MMF 등) • 환매조건부채권(RP),양도성예금증서(CD), 기업어음(CP), 종금사 발행채권 등

상호저축은행 및 상호저축은행중앙회	• 보통예금, 저축예금, 정기예금, 정기적금, 신용부금, 표지어음 • 예금보호대상 금융상품으로 운용되는 확정기여형 퇴직연금제도 및 개인형 퇴직연금제도의 적립금 • 개인종합자산관리계좌(ISA)에 편입된 금융상품 중 예금보호 대상으로 운용되는 금융상품 • 상호저축은행중앙회 발행 자기앞수표 등	• 저축은행 발행채권(후순위채권 등) 등 • 확정급여형 퇴직연금제도의 적립금

㉣ 예금자보호제도 부작용

- **도덕적 해이**의 발생 : 예금보험이 예금자의 경영감시 유인(誘因)을 제거함으로써 뱅크런 발생 가능성이 희박한 것을 아는 소유자 및 경영자가 고위험 전략을 선호하며, 자본금 수준은 낮추고 적정 유동성 유지를 간과할 수 있다.
- 예금자 또는 납세자의 이익을 위해야 할 감독자, 정치가들이 자신의 이해에 얽매임으로써 금융안전성을 해친다.
- **역 선택**의 발생 : 고정보험료가 평균소요 비용을 기준으로 책정된다면 우량 금융기관이 부실 금융기관을 보조하는 결과를 초래하게 된다. 우량 금융기관은 보험 탈퇴의 유인이 있고, 그 결과 부실 금융기관만이 남아 보험료 인상이 필요해지는 과정의 악순환을 통해 예금보험제도가 붕괴되는 결과를 초래할 수 있다.

② 금융실명제 : 은행 예금이나 증권투자 등 금융거래를 할 때 실명으로만 하게 하는 제도이다. 가명 거래, 차명 거래, 무기명 거래 등을 제도적으로 금지한다.

③ 계좌 이동제

㉠ 금융 서비스를 이용하는 고객이 주거래 계좌를 변경하고자 할 때 기존 계좌에 연결된 각종 자동이체 항목을 새로운 계좌로 간편하게 옮길 수 있는 서비스를 말한다.

㉡ 새로운 은행과 거래를 하려면 계좌를 변경해야 했기 때문에 일일이 각종 자동이체 서비스를 신청했으나, 계좌 이동제를 통해 금융소비자가 편리하게 새로운 계좌를 이용할 수 있다.

④ 비대면 실명확인

㉠ 정의 : 창구를 통하지 않고 본인 인증으로 신규 계좌를 개설할 수 있는 금융 서비스이다.

㉡ 비대면 실명확인 방법 : 실명확인증표 사본 제출, 영상통화로 얼굴 확인, 위탁기관 등을 통하여 실명확인증표 확인, 개설된 임시계좌로 소액 거래, 생체 인증 방법 등이 있다.

도덕적 해이 2024 국민은행 2022 신용보증기금 2018 신한은행

윤리적으로나 법적으로 자신이 해야 할 최선의 의무를 다하지 않는 행위를 말한다. 미국에서 보험가입자들의 부도덕한 행위를 가리키는 말로 사용되기 시작했다.

역 선택 2024 국민은행 2018 기업은행

거래의 당사자 중 정보가 한쪽에만 있는 상황에서, 정보가 없는 쪽은 바람직하지 못한 상대방과 거래할 가능성이 큰 것을 의미한다.

정보의 비대칭 2018 기업은행

거래당사자들이 가진 정보의 양이 서로 다른 경우를 말한다. 정보의 비대칭성은 감추어진 특성과 감추어진 행동의 두 가지로 나눌 수 있는데, 감추어진 특성은 중고차 거래 때처럼 거래 당사자의 특성이나 거래되는 상품의 품질에 대해 한쪽만 잘 알고 상대방은 잘 모르는 상황이고 감추어진 행동은 한 당사자의 행동을 다른 쪽에서 관찰할 수 없을 때 나타난다. 이 같은 정보의 비대칭성은 역 선택과 도덕적 해이를 야기한다.

⑤ **착오송금 반환지원제도** 2022 신한은행 2018 예금보험공사 OX문제

㉠ 송금인이 실수로 잘못 송금한 금전을 예금보험공사에서 대신 찾아주는 제도이다.

㉡ 비대면 금융거래 확산으로 증가하고 있는 착오송금의 경우, 착오송금인이 직접 소송을 통해서만 회수가 가능하였다. 이에 「예금자보호법」 개정을 통해서 예금보험공사에서 착오송금 수취인에게 연락하여 착오송금을 반환하는 것을 돕는 것이다.

㉢ 반환지원절차

- 금융회사에서 진행하는 사전반환 신청단계에서 착오송금 수취인이 자진반환을 불응하는 경우, 착오송금인은 예금보험공사에 반환지원을 신청한다.
- 착오송금인이 지원대상에 해당되는 경우 예금보험공사에서 착오송금인에게 부당이득반환채권을 매입한다.
- 금융회사, 통신사, 행정안전부를 통해서 착오송금 수취인의 연락처와 주소를 확보하여 자진반환을 권유하며 회수를 한다.
- 착오송금 수취인이 자진반환에 응하지 않는 경우 법원에 지급명령을 하여 회수를 진행한다.
- 회수가 되면 회수를 할 때 소요된 비용을 차감한 잔액을 착오송금인에게 반환한다.

PLUS 팁

자금세탁 방지제도

⑥ **자금세탁(AML, Anti Money Laundering) 방지제도** 2023 농협은행

관련기사

금융윤리인증센터, 카지노 업계 대상 자금세탁방지 교육 개시

자금세탁방지제도는 금융 거래에서 발생할 수 있는 자금세탁 위험을 선제적으로 관리하고 규제기관의 요구사항을 준수하며 조직의 신뢰성을 높이고자 하는 제도로, 금융윤리인증센터는 카지노 업계를 대상으로 자금세탁방지 교육을 본격적으로 시행한다고 밝혔다. 윤리의식을 내재화하고 기업의 긍정적 이미지 구축 및 영업 실적 달성을 목표로 업계 실무자들이 실질적으로 활용할 수 있는 프로그램을 통해 고객신원확인 및 의심거래보고 절차, 카지노와 자금세탁방지, 자금세탁 위험평가 및 대응 전략 등을 교육할 예정이다.

㉠ 국내·국제적으로 이루어지는 불법자금의 세탁을 예방하고 적발하기 위한 법적·제도적 장치이다.

㉡ 우리나라는 자금세탁을 불법재산의 취득·처분사실을 가장하거나 그 재산을 은닉하는 행위 및 탈세목적으로 재산의 취득·처분 사실을 가장하거나 그 재산을 은닉하는 행위로 규정하고 있다.

OX문제

실수로 송금한 금액을 대신 찾아주는 착오송금 반환제원제도는 착오송금을 받은 은행에서 직접 반환절차를 진행한다.

O X

OX문제 답 ×

ⓒ 자금세탁 방지제도 구성

구분	내용
의심거래보고제도 (STR, Suspicious Transaction Report)	금융거래(카지노에서의 칩 교환 포함)와 관련하여 불법재산이라고 의심되는 합당한 근거가 있거나 금융거래의 상대방이 자금세탁행위를 하고 있다고 의심되는 합당한 근거가 있는 경우 금융정보분석원장에게 보고하는 제도이다.
고객확인제도 (CDD, Customer Due Diligence)	금융회사 등이 고객과 거래 시 고객의 신원을 확인·검증하고 실제 소유자, 거래의 목적, 자금의 원천을 확인하도록 하는 등 고객에 대해 합당한 주의를 기울이도록 하는 제도이다. ※ 고객알기정책(KYC : Know Your Customer Policy)이라고도 한다.
고액현금거래 보고제도 (CTR, Currency Transaction Reporting System)	일정 금액 이상의 현금거래를 FIU에 보고해야 하는 제도로, 1일 거래일 동안 1천만 원 이상의 현금을 입금하거나 출금할 경우 거래자의 신원, 거래 일시, 금액 등을 자동 보고한다. 주관적으로 판단하여 보고하는 의심거래보고제도와는 구별되며, 우리나라는 2006년에 처음 도입하였다. ※ 도입 첫해인 2006년에는 5천만 원이 보고 기준이었으나 2008년부터는 3천만 원, 2010년부터는 2천만 원, 2019년부터는 1천만 원으로 재조정되었다.
강화된 고객확인 (EDD, Enhanced Due Diligence)	고객·상품별 자금세탁 위험도를 분류하고 자금세탁위험이 큰 경우에는 더욱 엄격한 고객확인, 즉 금융거래 목적 및 거래자금의 원천 등을 확인하도록 하는 제도로, 2008년부터 시행하였다.

PLUS 팁

● 금융정보 분석원 출범

금융기관으로부터 범죄와 관련된 의심스러운 금융거래를 분석하여 금융기관의 건전성을 해치는 것을 막기 위해 설립되었다.

● 금융정보분석기구(FIU)

금융기관으로부터 자금세탁 관련 의심거래 보고 등 금융정보를 수집·분석하여, 이를 법집행기관에 제공하는 단일의 중앙 국가기관이다.

기출문제

2023.01.08. 농협은행

Q 다음 중 자금세탁방지제도(AML)에 대한 설명으로 가장 적절한 것은?

① 금융기관은 고객의 모든 거래를 자동으로 보고해야 한다.
② 자금세탁방지제도는 금융 범죄와 관계없이 운영되는 제도이다.
③ 고객확인제도(CDD)는 자금세탁방지의 일환으로 신원 확인을 포함한다.
④ 자금세탁방지제도는 중앙은행만 시행하며, 민간 금융기관은 대상이 아니다.
⑤ 자금세탁은 불법자금을 그대로 사용하여 금융거래를 수행하는 것을 의미한다.

정답 ③ 고객의 신원을 확인·검증하고 실제 소유자, 거래의 목적, 자금의 원천을 확인하도록 하는 제도다.

PART 01. 금융 2024광주은행 2020신협은행 2020하나은행 2023·2020농협은행 2019국민은행 2023·2019·2018신한은행 2023·2020·2019·2018기업은행 2017·2014새마을금고

은행의 업무 Ⅱ (여신업무)

#대출상품 #서민금융 #어음종류 #채무자 구제제도

1 여신 업무의 정의

금융기관이 고객에게 신용을 제공하는 업무로 일반적으로 대출을 말한다. 은행이나 보험사 등 금융기관의 대출, 할부금융, 주택금융, **팩토링**⊕ 등이 해당된다.

2 대출상품의 종류 2019 기업은행 2019 신한은행 2018 우리은행 OX문제

구분	내용
일반자금 대출	일정한 금액을 대출받고, 매일/매반월 또는 매월 단위로 원금 및 이자 등을 상환하는 대출로써 이러한 상환방법에는 원금일시상환, 원금균등분할상환, 원리금균등분할상환 등이 있다.
종합통장 대출	입출금이 자유로운 예금을 모계좌로 해서 자동 대출 약정을 맺은 후에 예금 잔액을 초과해서 인출하게 되면 대출로 처리되며, 입금 시에 자동으로 상환되는 것을 말한다.
주택담보 대출	• 초장기 보금자리론 : 청년층 및 신혼가구 세대의 주택구입 시 부담을 완화하기 위해서 40년, 50년 대출만기를 적용하는 상품이다. • 생애최초 주택구입자 보금자리론 : 생애최초로 주택을 구입하고자 하는 고객에게 최대 대출 한도를 LTV 80%까지 제공하는 상품이다. 신청일 기준으로 부부가 모두 무주택자이어야 하고 자금은 주택구입용도로 한정된다. • 디딤돌대출 : 무주택 세대주를 대상으로 하는 대출상품에 해당한다. 통계청에서 발표하는 소득분위에 따라 대출을 받을 수 있다. • 특례보금자리론 : 기존 보금자리론과 달리 소득요건에 상관 없이 대출을 받을 수 있는 상품이다. • 전세사기피해자 보금자리론 : 전세사기피해자가 전세사기피해를 받은 주택을 낙찰받거나 신규로 주택을 구입하는 경우 LTV를 완화하거나 우대금리를 적용하는 대출상품이다.
계약금 내의 대출	계금/부금/적금 등의 계약금액을 한도로 해서 만기일까지 자금을 융통해주는 것을 말한다.
학자금 대출	학부생 또는 대학원생 등이 등록금 범위 내에서 학자금을 융통하는 것을 말한다.
어음할인 대출	어음을 할인 및 매입하는 형식으로 할인 의뢰인에게 자금을 융통해주는 것을 말한다.
당좌대출	은행과 당좌거래를 하고 있는 업체가 예금 잔액을 초과하여 일정한도까지 어음이나 수표를 발행하는 것이다.
담보대출	주택, 부동산, 예금, 자동차 등의 경제적 가치가 있는 자산을 담보로 잡아 대출하는 것이다.
신용대출	고객의 신용도를 평가·판단하여 대출하는 것이다.
햇살론	대학생, 청년 또는 저신용, 저소득자 등에게 신용보증재단의 보증을 담보로 저금리로 제공하는 대출상품이다. 생활안정자금, 고금리대안자금 등을 제공한다.

PLUS 팁

⊕ 팩토링

금융기관들이 기업으로부터 매출채권을 매입하고, 이를 바탕으로 자금을 빌려주는 제도를 말한다. 기업들이 상거래 대가로 현금 대신 받은 매출채권을 신속히 현금화, 기업 활동을 돕자는 취지로 미국에서 처음 도입되었다. 기업이 상품 등을 매출하고 받은 외상매출채권이나 어음을 팩토링 회사(신용판매회사)가 사들여 채권을 관리하며 회수하고, 사들인 외상매출채권이 부도가 날 경우의 위험 부담은 팩토링 회사가 부담한다. 상품을 매출한 기업으로서는 외상판매 또는 신용판매를 하고도 현금판매와 같은 효과를 얻을 수 있고, 채권의 관리·회수에 필요한 인력과 비용을 덜 수 있는 이점이 있다. 한국에서는 1980년부터 팩토링 금융이 도입되어 빠른 성장을 보이고 있다.

OX문제

담보대출은 신용을 담보로 해서 대출을 하는 상품이다.

O X

OX문제 답 X

PLUS 팁

더 알아보기

서민금융 2019 신한은행 2017·2014 새마을금고

사회적 취약계층을 대상으로 한 소액금융활동이다.

구분	내용
사잇돌대출	4 ~ 7등급의 중·저신용자의 부담을 덜기 위해 만든 중금리 대출상품을 말한다.
미소금융	저소득자와 저신용자를 대상으로 창업 및 운영자금·시설개선자금 등을 지원해 주는 소액대출사업이다.
새희망홀씨대출	시중은행의 대출상품으로, 저소득자를 위한 생계지원이 목적이다.
햇살론	상호금융기관의 대출상품으로, 저신용자와 저소득층을 위한 저금리 자금 지원제도이다.
바꿔드림론	고금리대출을 이용 중인 저신용자가 낮은 금리의 정책금융상품으로 갈아탈 수 있도록 지원하는 대출이다.

3 채무자 구제제도

관련기사

'채무자 대리인' 이용자, 73.3% "지원 제도 도움 돼…"

'채무자 대리인'은 불법사금융업자 등으로부터 불법 추심 피해를 당하거나 법정 최고금리(연 20%) 초과 대출을 받은 서민·취약계층을 대상으로 정부가 지원하는 무료 법률 서비스다. 기존에는 불법사금융업자의 전화번호가 있어야 신청이 가능했지만, 이제는 SNS 아이디만 알아도 신청할 수 있다. 변화하는 불법추심 유형에 대응하기 위한 취지다. '채무자 대리인' 지원사업은 2020년에 시행된 이후 매년 3,000건 이상 불법추심 피해 등을 겪고 있는 피해(우려)자를 지원하는 대표적인 불법사금융 피해구제 제도로 자리매김하고 있다. 2024년도 채무자대리인 이용자 실태조사 결과에 따르면 2년 연속('23~'24년) 이용자의 약 75% 이상('23년 75.0%, '24년 73.3%)이 "채무자대리인지원 제도가 도움이 되었다"고 응답할 만큼 높은 만족도를 보였다. '채무자 대리인' 신청 창구를 기존 금감원, 법률구조공단에서 서민금융진흥원, 법률구조서비스 플랫폼(법무부)으로 확대해 나갈 예정이며 금감원 내 전담인력을 확대해 이용의 편의성과 신속성을 제고할 계획이다. 또한 해당 지원 제도를 모르고 이용하지 못하는 일이 없도록 관계기관과 함께 사회취약계층을 대상으로 한 맞춤형 홍보 등 대국민 홍보도 강화해 나갈 방침이다.

기출문제

2014.05.17. 새마을금고

Q 다음 중 서민금융 대출상품으로 옳지 않은 것은?

① 사잇돌대출
② 신용대출
③ 새희망홀씨대출
④ 미소금융
⑤ 햇살론

정답 ② 서민금융 대출상품으로는 사잇돌대출, 새희망홀씨대출, 미소금융, 햇살론, 바꿔드림론 등이 있다.

① 과중한 채무로 고통 받고 있는 채무자의 경제적 회생을 지원하는 제도이다.

② 신용회복위원회에서 지원하는 신속채무조정, 사전채무조정, 개인워크아웃제도와 프리워크아웃제도, 법원에 의해 운영되는 개인회생과 개인파산이 있다.

㉠ 신용회복위원회(사적구제제도) 2014 농협은행 OX문제

- 신속채무조정(연체 전 채무조정) : 채무를 정상 이행중이거나 30일 이하로 단기 연체 중인 채무자에 대한 신속한 채무조정 지원으로 연체 장기화를 방지하는 제도이다.
- 사전채무조정(이자율 채무조정) : 31일 이상 89일 이하인 단기 연체채무자의 신용카드대금이나 대출금 상환 등의 과중채무자를 대상으로 이자율 인하, 상환기간 연장을 통해 금융채무불이행자로 전락하지 않도록 지원하는 제도이다.
- 채무조정(개인워크아웃제도) : 90일 이상 장기 연체 채무자의 신용카드대금이나 대출금 등을 대상으로 채무감면, 상환기간 연장 등을 통해 지원하는 제도이다. 일정한 소득이 있어야 신청할 수 있다.
- 프리워크아웃제도 : 연체일수가 90일 미만인 자에 한하며 개인워크아웃과 달리 이자 부분만 어느 정도 감면을 지원한다. 또한, 대상자는 총 채무액이 15억 원(담보채무 10억 원, 무담보채무 5억 원) 이하인 30일 초과 90일 미만의 단기 연체 채무자이다. 신용상 기록이 남지 않고 원금에 대한 감면이 없으며, 이자율은 50% 조정되지만 결국에는 이자를 납부해야 한다.

㉡ 법원(공적제도)

- 개인회생 : 재정적 어려움으로 인하여 파탄에 직면하였으나 장래에 안정적이고 정기적인 수입을 얻을 수 있는 개인채무자를 구제하기 위한 법적 절차이다. 가용소득 범위 내에서 일정 기간 동안 채무를 변제한 뒤 잔여채무는 법원의 결정에 따라 면책될 수 있다.
- 개인파산 : 자신의 모든 재산으로도 채무를 변제할 수 없을 때 채무의 정리를 위해 파산을 신청하고, 파산절차를 통해 변제되지 못한 채무는 면책을 구하는 법적 제도이다. 채무 상환능력이 없는 한계채무자에 대해 파산면책 결정을 통해 채무 상환 책임을 면제하는 법원의 결정이다.

PLUS 팁

OX문제

채무를 정상이행 중이거나 30일 이하로 단기 연체 중인 채무자에 대한 신속한 채무조정지원은 개인워크아웃제도이다.

O X

기출문제

2014.05.17. 새마을금고

Q 다음 중 개인회생과 개인워크아웃에 대한 설명으로 가장 적절한 것은?

① 개인회생과 개인워크아웃은 모두 법원의 결정이 필요하다.
② 개인회생은 신용회복위원회에서 운영하는 제도이다.
③ 개인워크아웃은 일정한 소득이 없어도 신청할 수 있다.
④ 개인워크아웃은 법적 강제력이 있어 채권자가 거부할 수 없다.
⑤ 개인회생은 법원을 통해 채무를 조정하며, 일정 기간 변제 후 남은 채무가 면책될 수 있다.

정답 ⑤ 개인회생은 공적제도로 법원을 통해 채무를 조정한다. 일정 기간 동안 채무를 변제한 뒤 잔여채무는 면책될 수 있다.

OX문제 답 ×

④ 어음종류 2024 광주은행 2023 신한은행 2023 농협은행 2020 하나은행 2023·2020 신협은행 2020 기업은행 OX문제

구분	내용
약속어음	• 발행인이 일정 금액을 약정한 시기에 직접 지불할 것을 약속한 어음이다. • 약속어음은 환어음과 함께 완전 유가증권에 속한다.
환어음	어음 발행인이 수취인에게 직접 지급하는 것이 아니라 외상채권이 있는 제3자에게 일정한 금액을 일정 일에 지급하는 것이다.
융통어음	• 기업이 상거래를 수반하지 않고 단기운전자금 확보를 목적으로 발행하는 어음이다. • 만기에 돈을 갚으면 되고 연장이 되기도 한다.
백지어음	서명 외에 어음의 요건 전부 혹은 일부를 기재하지 않은 미완성어음으로 후에 취득자가 보충하게 할 목적으로 유통시킨 어음이다.
진성어음	• 기업 간 상거래를 하고 대금결제를 위해 발행되는 어음이다. • 진성어음을 받은 납품업체는 약정된 기일에 현금을 받을 수 있으나 자금 순환을 위해 할인을 받아 현금화하는 것이 보통이다. 예 기업이 하청업체로부터 물건을 납품받고 현금 대신 발행하는 어음
기업어음(CP)	기업이 만기 1년 미만의 단기자금 조달을 위해 발행하는 융통어음이다. 보통 무보증어음으로 거래되지만 중개금융기관이 지급보증하기도 한다.
전자어음	발행인, 수취인, 금액 등의 어음정보가 전자문서로 발행되고 전자어음 관리기관인 금융결제원의 전산시스템에 등록되어 유통되는 약속어음을 말한다.
표지어음	금융기관들이 발행한 어음을 할인해 사들인 뒤 이 어음을 근거로 기업이 은행을 지급인으로 새로 만들어 일반인이나 기관투자자에게 판매한다.

PLUS 팁

● 어음 정의

약정한 금액을 약정한 날짜와 장소에서 치르기로 한 유가증권을 말한다.

● 약속어음 예시

약 속 어 음

아00000000

○○○○ 귀하

금 ₩ 2,000,000 ₩ 2,000,000

위의 금액을 귀하 또는 귀하의 지시인에게
이 약속어음과 상환하여 지급하겠습니다.

지급기일 20 년 월 일 발행일 20 년 월 일
지급지 ○○은행 발행지 ○○은행
지급장소 ○○지점 주 소 ○○시 ○○구 ○○동 ○○번지
발행인 ○○○ (인)

OX문제

기업어음은 기업 간 상거래를 하고 대금결제를 위해 발행되는 어음이다. 이 어음을 받은 납품업체는 자금 순환을 위해 할인을 받아 현금화하는 것이 보통이다.

○ ×

기출문제

2024.10.12. 광주은행

Q 다음 중 어음에 대한 설명으로 옳지 않은 것은?

① 어음은 지급기일과 지급액이 명시된 금전 지급의 약속을 담고 있다.
② 상업어음은 주로 기업 간 거래에서 사용되며, 만기일이 짧은 것이 특징이다.
③ 어음은 반드시 서면으로 작성되어야 하며, 구두로는 효력이 없다.
④ 표지어음은 금융기관이 기업으로부터 받은 어음을 분할하거나 통합하여 일반인이나 기관 투자가에게 판매하는 어음이다.
⑤ 진성어음은 발행자가 자신의 지급 의무를 확약하는 어음으로, 만기일 이전에 일시불로 지급된다.

정답 ⑤ 진성어음은 발행자가 지급 의무를 확약하는 어음이지만, 만기일에 지급되는 것이 원칙이다.

OX문제 답 ×

PART 01. 금융

퇴직연금

2024수협은행 2024기술보증기금 2024·2023·2021·2020·2019·2018기업은행 2024·2023·2019 · 2018신한은행 2024·2020하나은행 2024·2022농협은행 2020신협은행 2019국민은행 2017·2014새마을금고

#DB형 #DC형 #IRP #디폴트옵션 #ISA

PLUS 팁

관련기사

은행에서 증권·보험사까지… 퇴직연금 '무한경쟁'

퇴직연금이 금융 시장의 격전장으로 부상하고 있다. 고령화로 인한 노후 대비 수요 증가, 정부의 퇴직연금 활성화 정책(디폴트옵션 도입 등), 그리고 올해 기준금리 인하로 은행권의 성장 정체가 예상되면서 금융사들은 새로운 수익성 확대 전략으로 퇴직연금에 사활을 건 모습이다. 무엇보다 지난해 10월 31일부터 '퇴직연금 실물이전'까지 가능해지면서 금융권의 '머니 무브'가 가속화됐다. 퇴직연금 실물이전은 은행, 증권사, 보험사 등의 퇴직연금 가입자가 상품을 매도하지 않고 그대로 다른 금융 회사 계좌로 옮길 수 있는 제도다. 예금 상품 보유자라면 중도해지 없이 약정이율을 받을 수 있고, 손실을 보고 있는 투자 상품도 이전을 위해 과거처럼 매도할 필요가 없어졌다. 동시에 약 400조 원 규모의 퇴직연금 시장을 놓고 은행·보험·증권 업계 간 경쟁에 불이 붙었다.

1 퇴직연금제도 2024 하나은행 2022 농협은행 2019 신한은행 2018 기업은행

① 정의 : 기존의 퇴직금 제도는 퇴직금 사용용도의 절반 이상이 생활비의 충당 등으로 사용되어 실제적인 퇴직금 본연의 기능에 충실하지 못했다. 이를 보완하고자 2005년 12월부터 퇴직금을 안전한 금융기관에 사외예치 및 운영하여 근로자가 안전하게 퇴직급여(일시금, 연금)를 받아 노후 생활을 누릴 수 있도록 만든 제도이다.

② 목적

㉠ 연금 수급 : 근로자들이 퇴직급여를 일시금뿐만 아니라 연금으로도 받을 수 있도록 하여 본격적인 노후 생활의 수단으로 활용이 가능하다.

㉡ 세제 혜택 : 근로자들의 퇴직연금 기반 형성을 위해 소득공제 등의 세제 혜택기능을 강화하였다.

㉢ 수급권의 보호 : 퇴직금을 금융기관에 예치해서 이를 안정적으로 지급받을 수 있다. 이는 근로자의 퇴직금을 안정적인 금융기관 등에 사외예치하여 혹시라도 기업이 도산하거나 또는 기업 내 문제가 발생하더라도 근로자들이 안정적으로 퇴직급여를 받을 수 있도록 한다.

● 퇴직연금제도의 구조

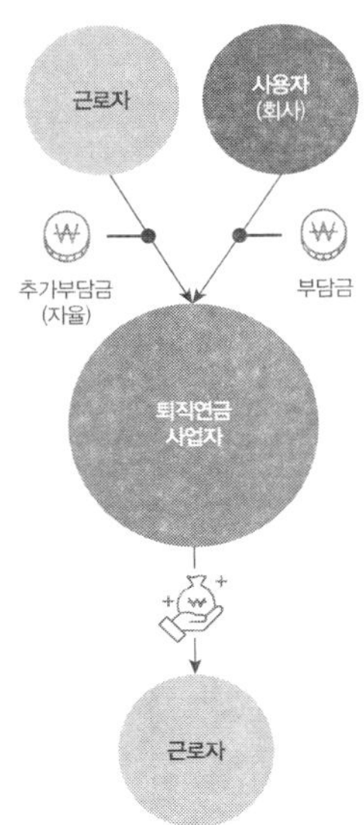

더 알아보기

퇴직연금의 종류 그림으로 보기

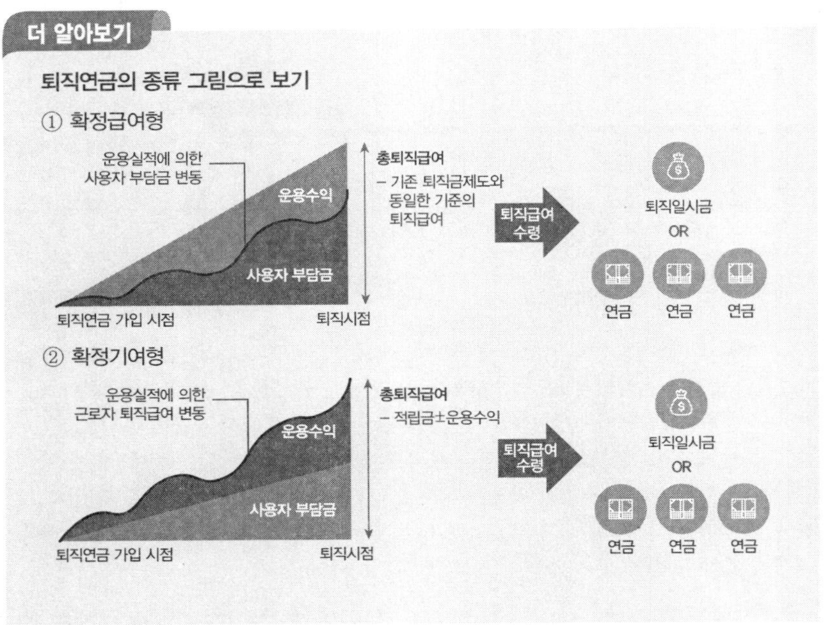

② 확정급여형(DB, Defined Benefit) 2024 농협은행 2024 수협은행 2023·2018 신한은행 2021 기업은행 2019 국민은행 OX문제

① 정의 : 근로자가 퇴직 후에 지급받을 급여의 수준이 사전에 결정되는 제도이다.

② 특징

㉠ 운용실적에 의해서 기업의 부담금이 변동된다.

㉡ 금융상품을 기업이 직접 선택 가능하다.

㉢ 적립금의 운용에 대한 책임은 기업에 있으며, 운용에 대한 결과는 기업에 귀속된다.

㉣ 퇴직연금의 재정 건정성을 위해 최저적립금 수준이 정해져 있다.

㉤ 근무 마지막 연도의 임금을 기준으로 지급되므로 임금상승률이 높고 장기근속 가능한 기업의 근로자에게 유리하다.

③ 확정기여형(DC, Defined Contribution) 2024 농협은행 2024 수협은행 2024 기술보증기금 2023 신한은행 2021 기업은행 OX문제

① 정의 : 기업이 매년 연간 임금총액의 일정 비율을 적립하고 근로자가 적립금을 운용하는 제도이다.

② 특징

㉠ 근로자는 본인 부담으로 추가 납입이 가능하다.

㉡ 적립금 운용에 대한 책임 및 운용 결과는 근로자 본인에게 있다.

㉢ 운용실적에 의해 근로자의 퇴직급여액이 변동된다.

㉣ 파산 위험 및 임금체불 위험이 있는 회사에 근무하는 근로자나 임금상승률이 낮은 근로자 등에게 유리하다.

PLUS 팁

OX문제

확정급여형 연금은 사용자(기업)가 부담해야 할 부담금의 수준이 사전에 결정되는 퇴직연금제도를 말한다.

O X

회사가 매년 연간 임금총액의 일정 비율을 적립하고 근로자가 적립금을 운용하는 퇴직연금을 확정기여형(DC)이라고 한다.

O X

확정기여형 연금은 근로자가 퇴직 후에 지급받을 급여의 수준이 사전에 결정된다.

O X

OX문제 답 X, O, X

4 개인형 퇴직연금(IRP, Individual retirement Pension) 2024 농협은행 2024 수협은행 2023 신한은행 2019 신한은행 2014 새마을금고

① 정의 : 근로자가 퇴직 시 수령한 퇴직연금을 계속해서 운용하거나 재직 중인 근로자가 추가로 납입한 개인부담금을 운용하여 일시금이나 연금으로 수령할 수 있는 제도이다.

② 특징

㉠ 부담금 납입 주체는 기업이며, 근로자들이 원할 경우에는 추가 적립이 가능하다.

㉡ 퇴직급여의 수준은 근로자의 개인별 적립금 운용실적에 따라 변동된다.

㉢ 지급방식은 일시금 또는 연금 형식으로 가능하다.

5 디폴트 옵션(사전지정운용제도)[✪] 2023 기업은행

① 정의 : DC형, IRP 가입자가 별도로 운용지시를 하지 않은 경우 사전에 선택한 상품으로 가입자의 적립금을 투자하여 자동으로 운용하는 제도이다. 퇴직연금을 운용하지 않는 가입자들의 수익률을 높이기 위해서 도입되었다.

② 상품유형 : 승인 가능한 상품의 유형은 원리금보장상품, 법령상 허용되는 유형의 펀드상품, 포트폴리오 유형 상품이다.

③ 상품 심의기준 : 예금·이율보증보험계약(GIC) 등 원리금보장상품은 금리·만기의 적절성, 예금자 보호 한도, 상시가입 가능 여부 위주로 심의하며, 펀드·포트폴리오 유형은 자산 배분의 적절성, 손실가능성, 수수료 등의 사항에 대하여 심의한다.

PLUS 팁

● 디폴트 옵션
사전지정운용방법

① DC형 상품이나 IRP 상품에 적용한다. DB형에는 지정할 수 없다.
② 근로자가 신규로 가입했거나 기존 상품의 만기가 도래했음에도 운용지시를 하지 않거나, 사전지정운용방법으로 본인의 적립금을 바로 운용(OPT-IN)을 원할 경우 적용된다.
③ 기존 상품의 만기가 도래했음에도 4주간 운용지시가 없는 경우 퇴직연금사업자로부터 2주 이내 운용지시를 하지 않으면, 해당 적립금이 사전지정운용방법으로 운용됨을 통지받으며, 통지 후 2주 이내에도 운용지시가 없을 경우 적립금이 사전지정운용방법으로 운용된다.
④ 운용 중에도 근로자의 의사에 따라 언제든지 원하는 다른 방법으로 운용지시가 가능(OPT-OUT)하다.

기출문제

2024.09.21. 수협은행

Q 확정급여형 연금에 관한 내용으로 옳지 않은 것은?

① 급여지급 시 개인형 퇴직연금제도로 이전된다.
② 퇴직연금의 재정 건정성을 위해 최저적립금 수준이 정해져 있다.
③ 운용실적에 의해 기업의 부담금이 변동된다.
④ 금융상품을 기업이 직접 선택 가능하다.
⑤ 적립금의 운용에 대한 책임은 근로자에게 있다.

정답 ⑤ 적립금 운용에 대한 책임이 근로자에게 있는 것은 확정기여형 연금이다.

6 퇴직연금제도의 문제점 및 개선방안 OX문제

① 근로자의 최적선택을 제한하는 현행 퇴직연금제도의 문제점을 개선하기 위해서 혼합가입 또는 유형전환 등을 허용해야 한다.

② 중간정산 퇴직금이 노후생활의 보장 목적으로 활용되지 못하는 문제점을 개선하기 위해서 해당 근로자들에 대해 IRA제도를 선택할 수 있는 사실을 교육해야 한다.

③ 퇴직연금은 근로소득에 비해 조세혜택은 낮은 수준이며 지급형태만 차이가 있는 퇴직일시금에 비해서도 역시 조세혜택이 낮은 수준이다.

④ 노후생활 안정을 위한 퇴직연금의 선택을 유도하기 위해 연금소득공제를 근로소득공제 수준으로 증가시켜야 하고, 퇴직연금을 종합과세 대신 분류과세해야 한다.

⑤ 퇴직연금에 대한 조세혜택을 제공해야 한다.

더 알아보기

퇴직금 및 퇴직연금의 차이점

구분	퇴직연금	퇴직금
지급 방식	연금 또는 일시금으로 선택	퇴사 시 일시금으로 지급
급여액	• DB형 : 퇴직금과 동일 • DC형 : 운용실적에 의해 상이함	일 평균임금×30일× (근속일/365에 따른 금액 보장
적립 방식	외부 금융기관에 적립	기업 내부 적립
세제 혜택	세제 혜택	세 부담
운용 및 수익	적립금 운용으로 수익 기대	적립금 운용 불가

7 개인종합자산관리계좌(ISA, individual savings account)

2024 신한은행 2024 기업은행 2017 새마을금고

① **정의** : 하나의 계좌로 예금, 펀드, 파생상품 등의 다양한 금융상품을 관리할 수 있다. 또한 일정 기간 동안에 상품을 운용한 결과로 발생하게 된 손익을 통산하여 손이익을 기준으로 세제혜택을 부여한다.

② **상품의 종류** : 중개형, 신탁형, 일임형으로 구분된다.

③ **가입조건**

㉠ 19세 이상 또는 직전연도에 근로소득이 있는 만 15~19세 미만 대한민국 거주자이어야 한다.

㉡ 직전 3개년 중에 1회 이상 금융소득종합과세 대상이 아닌 자이어야 한다.

㉢ ㉠과 ㉡이 동시에 충족되어야 가입이 가능하다.

PLUS 팁

OX문제

퇴직연금은 근로소득에 비해 조세혜택이 낮다.

O X

OX문제 답 ○

PART 01. 금융

통화

2024 · 2022 · 2020 · 2017기업은행 2024 · 2022신용보증기금 2024광주은행 2024전북은행 2022한국자산관리공사 2020신협은행 2021 · 2020 · 2019농협은행 2019부산은행 2019경남은행 2019우리은행 2019하나은행 2019 · 2017 · 2015국민은행 2019 · 2018신한은행 2016수협은행

#통화지표 #유동성 #금리 종류

PLUS 팁

1 정의

발행권한이 부여된 기관에 의하여 금액이 표시된 지불수단으로 강제통용력이 인정된 것을 말한다. 금액이 표시되지 않았거나 강제통용력이 인정되지 않은 것은 통화로 보기 어렵다.

2 화폐 OX문제

① 화폐의 발전 : 화폐는 시대 흐름에 따라 상품화폐 → 금속화폐 → 지폐 → 신용화폐 → 전자화폐로 발전해 왔다.

② 화폐의 기능

기능	내용
교환수단	재화 및 용역을 교환하는 수단으로 화폐의 가장 근원적인 기능이다.
지불수단	원하는 물건의 값을 치르는 지불 기능과 거래로 인하여 발생한 채무를 결제할 수 있는 기능을 가지고 있다.
보관수단	언제든지 교환이 가능한 수단이기 때문에 부를 축적하는 기능을 가지고 있다.
가치척도	물건의 가치를 판단할 수 있는 기능을 가지고 있다.

3 본원통화(Reserve Base) 2024 기업은행 2024 광주은행 2024 신용보증기금 2022 한국자산관리공사 2020 · 2019 농협은행

① 정의 : 통화는 일차적으로 중앙은행의 창구를 통하여 공급되는데, 이를 통화량의 원천이 되는 통화라 하여 본원통화(RB, Reserve Base)라고 한다. 즉, 중앙은행인 한국은행이 지폐와 동전 등 화폐 발행의 독점적 권한을 통해 공급한 통화를 말한다.

② 계산식

본원통화 = 현금통화 + 지급준비금
= 현금통화 + (**시재금**⊕ + **지준예치금**⊕)
= (현금통화 + 시재금) + 지준예치금
= 화폐발행액 + 지준예치금

⊕ 시재금과 지준예치금

지급준비금을 예치하여야 할 의무가 있는 예금은행이 지급준비금 액의 대부분을 한국은행에 예치하고 나머지는 자신의 은행 금고에 현금 형태로 보관한다. 예금은행이 지급준비금으로 맡겨놓은 예치금을 지준예치금이라고 하며, 은행 금고 내에 보관하고 있는 현금을 시재금이라고 한다.

OX문제

언제든지 교환이 가능하고 부를 축적하는 화폐의 특성을 지불수단의 기능이라고 한다.

O X

OX문제 답 X

㉠ 본원통화는 민간보유현금과 금융기관의 지급준비금의 합계이다.

㉡ 중앙은행 대차대조표상의 화폐발행액과 금융기관의 지급준비예치금의 합계와 같다.

③ 구성

㉠ 중앙은행이 증권을 매입하거나 금융기관에 대출을 실시하면 금융기관의 지급준비금이 늘어나 본원통화가 증가하게 된다.

㉡ 중앙은행이 보유하고 있는 정부예금을 정부가 필요에 따라 인출하는 경우에도 본원통화가 공급된다. 이렇게 공급된 통화의 일부는 민간의 현금보유 성향에 따라 민간보유로 남게 되며, 나머지는 대부분 금융기관의 예금에 대한 지급준비금이 된다.

㉢ 금융기관은 지급준비금 가운데 중앙은행에서 정하는 필요지급준비금을 제외한 나머지 자금을 대출 등으로 민간에 공급한다.

㉣ 민간에 공급된 자금은 상당부분이 금융기관에 예금 등으로 다시 유입되고, 금융기관은 그 가운데 필요지급준비금을 제외한 나머지를 또다시 민간에 공급한다.

PLUS 팁

구축효과

정부가 경기부양을 위해 재정지출을 늘려도 그만큼 민간소비가 줄어들어 경기에는 아무런 효과를 불러오지 못하는 현상을 말한다.

통화정책수단

공개시장운영, 여수신제도, 지급준비제도

기축통화

국가 간에 결제나 금융거래를 할 때 기본으로 사용이 되는 통화를 의미한다. 제2차 세계대전 이후에 기축 통화는 미국 달러화이다.

4 통화지표와 유동성 2024 전북은행 2020 신협은행 2019 부산은행 2017 국민은행

① 정의 : 통화량 측정의 기준이 되는 지표를 말하며, 통화정책 수립의 가장 기본적인 자료로 쓰인다. 통화지표는 우리나라에서는 M1(협의통화)과 M2(광의통화)를 통화지표로, Lf(금융기관유동성)와 L(광의유동성)을 유동성 지표로 이용하고 있다.

② 구성

구분		내용
통화 지표	M1 (협의통화)	M1 = 현금통화 + 결제성 예금 ※ 지급 수단으로서 화폐의 지급결제기능 통화지표, 결제성 예금은 수표발행과 자동이체서비스 등 입출금이 자유로워 바로 현금과 교환될 수 있기 때문에 M1에 포함된다.
	M2 (광의통화)	M2 = M1 + MMF, 2년 미만의 정기 예·적금, 수익증권 등 ※ 화폐의 거래 기능과 가치를 저장하는 수단으로서의 기능을 포괄한다. M1에 MMF, 예금취급기관의 각종 저축성예금, 시장형 금융상품, 실적배당형 금융상품, 금융채 등을 더한 것이다. 만기 2년 미만의 금융상품만 포함한다.
유동성 지표	Lf (금융기관 유동성)	Lf = M1 + 2년 이상 장기금융상품 생명보험계약 준비금 등 ※ 전체 금융기관의 자금상황을 나타내는 지표이다. 과거 M3이라고 하였으나 Lf로 변경되었다. M2에 예금취급기관의 만기 2년 이상 정기 예·적금, 금융채 등과 생명보험회사의 보험계약준비금 등 유동성 낮은 금융상품까지 포함한다.
	L (광의유동성)	L = Lf + 기타 금융기관상품, 정부·기업 발행 채권 등 ※ 보유한 전체 유동성의 크기를 측정하기 위한 지표이다. Lf에 증권회사 RP, 여신전문기관의 채권, 예금보험공사채, 자산 관리공사채, 자산유동화전문회사의 자산유동화증권, 국채, 지방채, 기업어음, 회사채 등을 포함한다.

더 알아보기

유동성

자산을 현금으로 전환할 수 있는 정도이다. 기업의 자산을 필요한 시기에 손실 없이 화폐로 바꿀 수 있는 정도를 나타내며, 자산의 유동성과 경제주체의 유동성으로 구분된다.

① 자산의 유동성
- ㉠ 화폐의 유동성과 화폐를 제외한 자산의 유동성으로 나뉜다.
- ㉡ 화폐가 다른 재화나 서비스로 전환되는 정도를 말한다.
- ㉢ 전환 대상 자산의 양과 질, 시장의 형성, 거래 방법 등에 따라 유동성의 정도가 달라진다.

② 경제주체의 유동성
- ㉠ 경제주체의 유동성은 경제주체가 채무를 충당할 수 있는 능력을 말한다.
- ㉡ 유동성은 시중의 현금과 다양한 금융상품 중 어디까지를 통화로 정의할지 구분하는 기준으로 사용된다.
- ㉢ 통화 및 유동성 지표를 현금통화, M1, M2, Lf, L로 구분한다. 다른 형태로는 한국은행이 실시한 유동성 공급 정책과 같이 통화 그 자체로 사용되기도 한다.

5 리디노미네이션(Redenomination) 2018 우리은행

① 정의 : 화폐 단위를 하향 조정하는 것이다. 화폐의 가치 변동 없이 모든 은행권 및 지폐의 액면을 동일한 비율의 낮은 숫자로 조정하거나, 이와 함께 새로운 통화 단위로 화폐의 호칭을 변경한다.

예 1,000원을 1원으로 하는 것으로 6,000원짜리 커피가 6원이 되고 1억짜리 자동차가 10만 원이 되는 것으로, 물가나 임금, 채권채무 등 경제수량 간의 관계에는 변화가 없다. 우리나라에서는 1953년의 제1차 통화조치에 따라 100원(圓)이 1환(圜)으로, 1962년의 제2차 통화조치에 따라 10환(圜)이 1원(圓)으로 변경된 사례가 있다.

구분	내용
시행 목적	• 지속적인 인플레이션으로 인해 재화와 서비스의 교환가치를 화폐로 나타내는 숫자가 많아서 초래되는 계산 및 회계기장 등의 불편 해소 • 자국 통화의 대외적 위상 제고
장점	• 화폐 거래와 회계상 표기 간편화 • 지하경제 양성화 • 위조지폐 방지 • 자국 통화 위상 제고
단점	• 심리적 불안 발생 • 인플레이션 야기 • 제조비용 및 사회적 비용 발생 • 부동산 투기

PLUS 팁

● 리디노미네이션 어원

이전에는 리디노미네이션을 디노미네이션(Denomination)이라 불렀으나, 한국은행은 '디노미네이션'은 화폐·채권·주식 등의 액면금액을 의미하므로 '리디노미네이션'이 정확한 표현이라고 밝혔다. 더불어 전 한국은행 총재는 '리디노미네이션'이라는 어려운 말 대신 '화폐 단위 변경'이라는 말을 쓰는 것이 적합하다고 주장하기도 했다.

● 리디노미네이션 진행 절차

화폐 단위 변경 결정 및 법 개정 → 화폐 도안 결정 → 화폐발행 → 화폐교환 → 신·구화폐 병행 사용 → 화폐 단위 완전 변경

② 주요 사례 OX문제

㉠ 터키 : 1998년부터 터키중앙은행에 화폐 단위 변경 추진 위원회를 구성하고 7년간의 논의 끝에 터키의 화폐 단위 100만 리라를 1 신리라로 변경하는 데 성공하였다. 리디노미네이션 이후 지금까지도 혼란 없이 사용되고 있어, 리디노미네이션의 대표적인 성공 사례로 평가 받고 있다.

㉡ 프랑스 : 취지 및 방법을 국민들에게 널리 홍보하여 심리적 불안함을 해소하였고, 3년에 걸쳐 신권과 구권을 병행하여 혼란을 최소화하였다. 이와 같은 과정 속에서 발생할 수 있는 부정부패를 방지하기 위한 처벌조항도 만들었고, 1960년에 100 대 1의 리디노미네이션을 시행하여 성공적인 결과를 거두었다.

㉢ 짐바브웨 : 물가 안정을 위해 2006년에 화폐 단위를 1,000 대 1로 절하하였으나, 환율과 물가가 함께 급등하는 혼란을 겪었다. 극심한 인플레이션이 계속되자, 2008년에는 100억 대 1, 2009년에는 1조 대 1의 리디노미네이션을 시행하였다. 그럼에도 물가가 치솟자 짐바브웨는 2015년 자국 화폐인 짐바브웨달러를 폐기하고 미국 달러를 쓰기로 결정하였고, 리디노미네이션의 대표적인 실패 사례로 손꼽히고 있다.

㉣ 베네수엘라 : 물가 상승을 잡기 위한 개혁이었지만, 오히려 물가 상승에 가속도가 붙어 **하이퍼인플레이션**⊕을 초래하였다. 2008년에 1,000 대 1를 시행하고 2018년에는 10만 대 1 리디노미네이션을 시행하였으나, 물가상승률은 1만%를 훌쩍 넘었다.

6 국가별 화폐단위 2018 하나은행

구분	내용	구분	내용
유럽	EUR 유로	영국	GBP 파운드
인도	INR 루피	대만	TWD 달러
베트남	VND 동	싱가포르	SGD 달러
튀르키예	TRY 리라	쿠웨이트	KWD 디나르
캄보디아	KHR 리엘	체코	CZK 코루나
말레이시아	MYR 링깃	러시아	RUB 루블
인도네시아	IDR 루피아	에티오피아	Birr 비르/버르
덴마크	DKK 크로네	이스라엘	ILS 세겔
브라질	BRL 헤알	남아프리카공화국	ZAR 랜드
스위스	스위스 프랑	태국	THB 바트
일본	JPY 엔	중국	CNY 위안

PLUS 팁

⊕ **하이퍼인플레이션** 2022 농협은행

통제 불가 상태의 인플레이션을 말한다. 과도하게 통화량을 증대시킬 경우 발생한다.

● **손상화폐 교환기준**

① 지폐

㉠ **전액으로 교환** : 남아있는 면적이 원래 크기의 3/4 이상인 경우

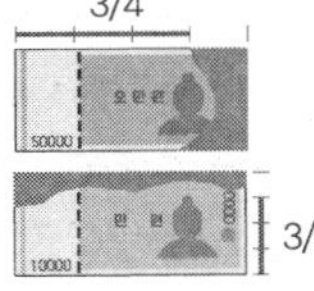

㉡ **반액으로 교환** : 남아있는 면적이 원래 크기의 2/5 이상인 경우

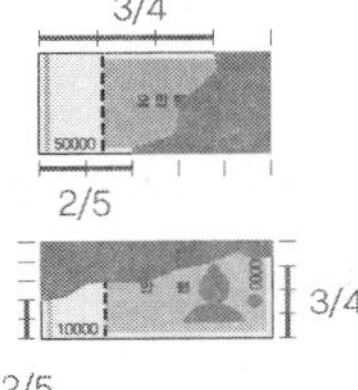

㉢ **무효로 처리** : 남아있는 면적이 원래 크기의 2/5 미만인 경우

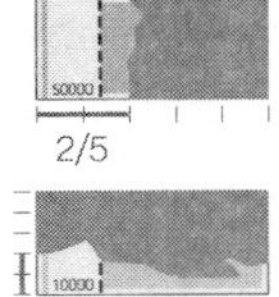

② 주화

㉠ 찌그러지거나 녹이 슬거나 기타 사유로 사용하기 적합하지 않은 주화는 액면금액의 전액으로 교환

㉡ 모양을 알아보기 어렵거나, 진위 판별이 어려운 주화는 교환 불가능

OX문제

리디노미네이션의 대표적인 성공 사례로 베네수엘라이다.

O | X

OX문제 답 X

몽골	MNT 투그릭	필리핀	PHP 페소
사우디아라비아	SR 리얄	우크라이나	UAH 흐리우냐
이집트	EGP 파운드	소말리아	SOS 실링
가나	GHS 세디	나이지리아	MGN 나이라
나미비아	NAD 달러	짐바브웨	ZWD 달러
멕시코	MXN 페	미얀마	MMK 짯
인도	INR 루피	파키스탄	PKR 루피
아프가니스탄	AFN 아프기니	우즈베키스탄	UZS 숨

7 금리

① 정의 : 자금이 거래되는 시장에서 자금 공급자가 자금 수요자에게 자금을 빌려준 대가로 지급하는 이자금액 혹은 이자율을 뜻한다. 국제 동향과 금융 시장 상황 등을 포괄적으로 평가하여 결정한다.

② 금리의 기능

㉠ 합리적 배분기능 : 여유 자금은 항상 금리가 높은 곳으로 흘러가 자금의 원활한 이동을 촉진한다. 이익을 많이 낼 수 있는 산업으로 자금을 흘러들게 하여 전체적인 규모로 볼 경우 사업의 윤활유와 같은 역할을 한다.

㉡ 자금의 공급과 수요의 조절기능 : 금리는 수요와 공급이 만나는 시점에서 가격이 결정되는데, 자금의 공급보다 수요가 많은 경우 높은 금리를 주어야 돈을 빌려 쓸 수 있기 때문에 금리는 오르게 되며 반대로 수요가 적고 공급이 많아지면 금리는 내려간다.

③ 금리의 계산 : 계산 방법에 따라서 단리법과 복리법으로 구분할 수 있다. 기간이 길어질수록 단리와 복리는 달라진다.

PLUS 팁

스프레드 2018 우리은행

기준금리에 대출자의 신용도에 따라 더해지는 가산금리이다. 신용도가 높을수록 스프레드는 낮아진다.

제로금리 정책

물가 상승률을 차감한 실질 또는 명목금리가 0%대인 것을 말한다. 이러한 초저금리는 고비용 구조를 해소하고 국가경쟁력을 높이며 소비촉진을 통해 경기침체 가능성을 줄여준다는 이점이 있는 반면에, 노년층 등 이자소득자들의 장래가 불안해짐에 따라 중장년을 중심으로 소비가 위축될 수 있다. 부동산투기, 주택가격 폭등 등 자산버블이 우려되며, 근로 의욕을 저하시킬 수도 있다. 대표적인 국가로 일본을 들 수 있는데, 내수자극을 통한 경기회복, 엔화 강세 저지, 기업의 채무부담 경감, 금융회사들의 부실채권 부담 완화 등의 효과를 겨냥하여 제로금리정책을 시행한 바 있다.

테이퍼링

미국 연방준비제도(Fed)가 양적완화 정책의 규모를 점진적으로 축소해나가는 것을 말한다. 시중에 풀려있는 달러들이 미국으로 회수됨으로써 신흥국에 투자된 달러들도 빠져나가게 되는 리스크를 겪을 수 있다.

기출문제

2018.10.27. 하나은행

Q 각 국의 통화 단위가 알맞게 묶인 것은?

① 이스라엘 – ZAR 랜드
② 에티오피아 – TRY 리라
③ 브라질 – BRL 헤알
④ 터키 – MYR 링깃
⑤ 말레이시아 – Birr 비르

정답 ③ ① 이스라엘 – ILS 세켈, ② 에티오피아 – Birr 비르/버르, ④ 터키 – TRY 리라, ⑤ 말레이시아 – MYR 링깃

㉠ 단리법 : 원금에 대해 일정한 기간 동안 미리 정해 놓은 이자율만큼 이자를 주는 것이다.

㉡ 복리법 : 이자를 원금에 포함시킨 금액에 대해 이자를 주는 것이다.

예 은행에 100만 원을 저축했을 때 이자는?(단, 이자가 4%라고 가정한다.)

종류	이자 적용 방법	계산 예시		3년 후 찾을 수 있는 돈
단리법	원금 이자 적용	1년	100만 원 + 이자 4%(4만 원)	112만 원
		2년	100만 원 + 이자 4%(4만 원) + 이자 4%(4만 원)	
		3년	100만 원 + 이자 4%(4만 원) + 이자 4%(4만 원) + 이자 4%(4만 원)	
복리법	원금, 이자 모두 적용	1년	100만 원 + 이자 4%(4만 원)	112만 4,864원
		2년	104만 원 + 이자 4%(4만 1,600원)	
		3년	108만 1,600원 + 이자 4% (4만 3,264원)	

④ 금리의 종류 2024 기업은행 2024 광주은행 2020 농협은행 2019 하나은행 2019 우리은행 2019·2018 신한은행

구분	내용
공정금리	한국은행에서 시중 금융기관에 적용하는 대출금리에 해당한다. 중앙은행인 한국은행에서 시중 은행에 어음 할인, 대출 등을 할 때 적용하는 기준금리에 해당한다. 금융시장의 표준금리 작용을 한다.
표준금리	은행에서 채무자에게 대출을 할 때 기준이 되는 금리로, 시중은행의 대출 최저금리에 해당한다.
가산금리	기준금리에 신용도나 담보 등의 조건에 따라서 조건을 붙여서 금리를 가산하는 것을 의미한다. 스프레드(spread)라고 한다.
우대금리	신용도가 높은 고객에게 적용하는 최저금리를 의미한다.
대출금리	금융기관에서 대출을 받은 후에 적용받는 금리를 의미한다.
예금금리	금융기관에서 예금상품에 대하여 지급을 하는 금리이다.
리보금리	런던 금융시장에서 신뢰도가 높은 은행의 단기금리를 의미한다. 세계 금융거래에 기준금리에 해당한다.
코리보 (KORIBOR)	국내은행의 자금 거래에서 적용하는 금리이다. 국내의 각 은행에서 제공받은 금리정보를 통해서 고시된다. 홍콩에는 HIBOR, 싱가포르에는 SIBOR가 있다.
명목금리	물가인상률이 반영되지 않은 예금이나 증권의 액면금액에 대한 금리를 의미한다.

PLUS 팁

● 양적완화정책(QE) 2020 기업은행

금리중시 통화정책을 시행하는 중앙은행이 정책금리를 제로 수준으로 인하하였음에도 경제 회복이 기대에 미치지 못하여 장기금리 하락을 유도하기 위해 국채 등을 무제한으로 매입하여 유동성을 충분히 공급하여 중앙은행의 재무상태표를 확대하는 정책을 말한다. 양적완화는 민간 경제주체들의 향후 경기회복에 대한 기대를 높이거나, 금융시장 유동성 사정 개선 및 위험 회피 심리 완화로 금융 시장 및 실물경제에 영향을 미치게 된다. 그러나 장기간 지속될 경우에는 민간 경제주체들의 과도한 수익 추구 행위 등으로 금융 불균형이 심화되는 부작용이 발생할 가능성이 있다.

● 장 · 단기 금리 종류

단기금리	장기금리
CD, CP금리, 콜금리	국고채, 회사채

실질금리	물가인상률을 고려하여 책정된 금리를 의미한다. 명목금리에서 물가상승률을 차감하면 나온다.
표면금리	은행에서 상품별로 표면적으로 작성한 금리에 해당한다.
실효금리	대출을 받은 기업이나 채무자가 실질적으로 부담하는 금리를 의미한다. 표면금리에서 이자소득세와 같은 강제성예금을 뺀 실질적인 금리이다.
고정금리	상품 가입기간 동안 기준금리가 변동되더라도 금리가 변동되지 않고 고정되는 것을 의미한다.
변동금리	기준금리가 변화할 때마다 대출기간 동안 금리가 변동되는 것을 의미한다.
코픽스(COPIX)	은행에서 대출을 받을 때 금리의 기준이 되는 자금조달비용지수이다. 은행연합회에서 국내 8개 은행에서 제공받은 정보를 통해 산출한 것이다.
CD금리	CD(양도성예금증서)가 거래될 때 적용되는 금리이다. 시장조달금리의 단기기준금리에 해당한다.
CP금리	CP(기업어음)에 적용되는 금리이다. 기업에서 자금조달을 받기 위해 발행하는 어음에 적용되는 단기금리이다.

8 예대마진과 역마진

2021 농협은행 2020 신협은행 2019 우리은행 2019 신한은행 2017 기업은행 2016 수협은행 OX문제

① 예대마진

예대마진 = 대출이자(%) − 예금이자(%)

㉠ 예대마진은 예대금리차라고도 한다.

㉡ 대출금리에서 예금금리를 차감한 것으로, 분석목적에 따라 신규취급액 또는 잔액을 기준으로 측정할 수 있다.

㉢ 대출금리가 높고 예금금리가 낮을수록 예대마진이 커지고, 금융기관의 수입은 그만큼 늘어나게 되므로 금융기관의 수익성을 나타내는 지표가 된다.

② 순이자마진(NIM, Net Interest Margin)

순이자마진 = (이자수익 − 자금 조달비용) ÷ 이자수익자산

㉠ 금융기관이 자산을 운용해 낸 이자수익에서 자금조달비용을 뺀 나머지를 운용자산총액으로 나눈 수치이다.

㉡ 금융기관 수익성을 나타내는 핵심 수익성 지표다.

㉢ 순이자마진이 높을수록 은행의 수익이 커지는 반면 고객의 예금을 저금리로 유치해 고금리 대출을 한다는 비난을 받을 가능성이 커진다.

③ 역마진(Reverse Margin) : 순이자마진과 반대 상태이다. 은행의 자금 조달금리가 대출금리보다 높은 것을 말한다. 즉, 손해를 입은 경우로 역마진은 특수한 경우이다.

PLUS 팁

CD(양도성예금증서)

은행에서 단기로 자금을 조달받기 위해서 발행하는 정기예금증서로 양도성예금증서이다. 은행에서 자금조달을 위해 발행한 CD를 투자목적으로 투자자가 매입하는 것이다.

CP(기업어음)

기업어음에 해당한다. 신용이 좋은 기업에 자금조달을 위해 무담보로 만기 1년 이내로 발행하는 어음이다.

배드뱅크(Bad Bank)

금융기관의 부실자산이나 채권만을 사들여 전문적으로 처리하는 기관이다. 부실자산이나 채권만을 사들여 별도로 관리하면서 전문적으로 처리하는 구조조정 전문기관이다.

OX문제

예대금리차라고도 하며 대출금리에서 예금금리를 차감한 것을 순이자마진(NIM)이라고 한다.

O X

OX문제 답 X

PART 01. 금융

2022예금보험공사 2020 · 2019 · 2018기업은행 2019하나은행 2019신한은행 2019농협은행

금융 시스템

#금융 시장의 구조 #투자은행(IB) #도드 – 프랭크법 #볼커룰

1 정의

금융시스템은 금융 시장 및 금융기관과 이들을 운영하며 원활하게 기능하도록 하는 금융 인프라를 포괄하는 개념이다.

2 금융 시장 2020 · 2019 기업은행 2019 하나은행

기업, 가계, 정부, 금융기관 등 경제주체가 금융상품을 거래하여 필요한 자금을 조달하고 여유 자금을 운용하는 곳을 의미한다. 금융 시장의 유형은 다음과 같다.

① 금융의 구분

구분	내용
직접금융	주식, 채권 등과 같이 자금 수요자가 금융기관을 통하지 않고 금융 시장에서 직접 필요자금을 조달하는 금융방식
간접금융	금융기관이 일반 대중으로부터 예금을 받아 이를 자신의 명의로 경제주체에게 대출해 주는 등 자금의 공급자와 수요자 사이에 금융기관이 개입하는 금융방식

② 금융 시장의 구분

구분	내용
단기금융 시장 (화폐시장)	만기 1년 이내의 단기금융상품을 거래하는 시장 예 콜시장, 기업어음(CP)시장, 양도성예금증서(CD)시장, 환매조건부채권매매(RP)시장, 통화안정증권시장 등
장기금융 시장 (자본시장)	만기 1년 이상의 장기채권이나 만기 없는 주식이 거래되는 시장 예 주식 시장과 국채, 회사채 및 금융채 등이 거래되는 채권시장
외환시장	외환의 형성, 결제 등 정기적 또는 지속적으로 이루어지는 시장 예 자금의 대차거래는 아니지만 자금이 운용되고 있다는 점에서 금융 시장에 포함
파생금융 상품 시장	금리나 환율, 주가 등의 장래 가격을 예상하여 만든 파생금융상품을 거래하는 시장 예 선도, 선물, 옵션, 스와프 등

PLUS 팁

● 금융 시장의 구조

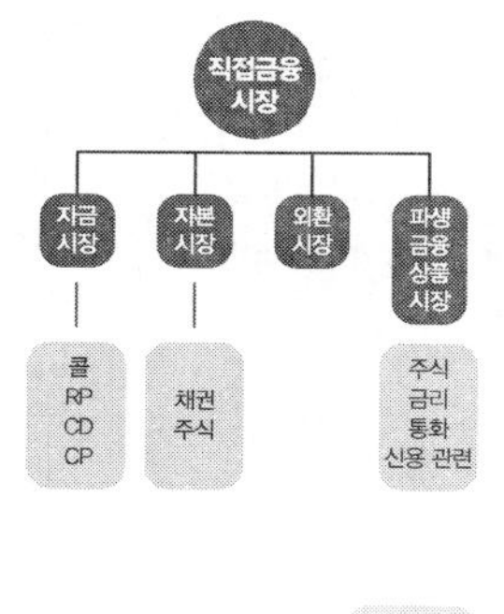

● 볼커룰(Volker Rule) 2019 농협은행

미국이 서브프라임 모기지 사태를 겪으며 금융시스템의 부실이 반복되는 것을 막기 위해 제정한 도드–프랭크법 조항 중 하나이다. 상업은행과 투자은행을 엄격하게 분리하자는 규제를 담은 금융개혁법으로, 자기매매는 은행에 고수익을 가져다줄 수 있지만 금융위기로 이어질 수 있다는 이유로 금융기관이 자기자본(자산총액 – 부채총액 = 순재산액)이나 빌린 돈으로 주식이나 채권, 파생 상품 등에 투자하지 못하도록 하는 것이다. 연방준비제도이사회(FRB), 연방예금보험공사(FDIC), 증권거래위원회(SEC), 상품선물거래위원회(CFTC), 통화감독청(OCC) 등의 승인을 거쳐 2015년 7월 21일부터 시행하였으나, 대형 투자은행들의 거래가 위축되자 볼커룰이 영업활동을 지나치게 제한한다고 주장하는 목소리가 커졌다. 이에 2019년에 대형 은행의 60일 이내 단기거래를 자기자본거래로 간주한다는 규정 폐지, 자기자본거래 의혹 은행의 입증 절차를 간소화한다는 내용의 완화 개정안을 발표하였다.

③ 금융기관 2022 예금보험공사 2019 신한은행 2019 농협은행 2018 하나은행 OX문제

구분	내용	
은행⊕	일반은행	시중은행, 지방은행, 외국은행 국내지점, 인터넷은행
	특수은행	한국산업은행, 한국수출입은행, 중소기업은행, 농협은행, 수협은행
비은행 예금 취급 기관	상호저축은행	
	신용협동기구	신용협동조합
		새마을금고
		농업협동조합, 수산업협동조합, 산림조합
	우체국 예금	
	종합금융회사	
보험 회사	생명보험회사	
	손해보험회사	손해보험회사
		재보험회사
		보증보험회사
	우체국보험	
	공제기관	새마을공제, 수협공제, 신협공제
금융 투자 업자	투자매매·중개업자	증권회사
		선물회사
	집합투자업자	자산운용회사
	투자자문·일임업자	투자자문, 투자일임, 증권, 자산 운용회사
	신탁업자	은행·증권·보험·부동산신탁
금융 보조 기관	금융감독원	
	예금보험공사	
	금융결제원	
	한국예탁결제원	
	한국거래소	
	신용보증기관	신용보증기금
		기술신용보증기금
	신용정보회사	
	자금중개회사	
기타 금융 기관	금융지주회사	은행지주
		비은행지주
	여신전문금융회사	시설, 카드, 할부금융, 신기술금융
	벤처캐피탈회사	중소기업창업투자회사
		신기술사업금융
	증권금융회사	
	한국무역보험공사	
	한국주택금융공사	
	한국자산관리공사	

PLUS 팁

⊕ 은행

① **시중은행** : 국민은행, 신한은행, 우리은행, 하나은행, SC제일은행, 한국씨티은행
② **인터넷은행** : 케이뱅크, 카카오뱅크, 토스뱅크
③ **지방은행** : 대구은행, 부산은행, 경남은행, 광주은행, 전주은행, 제주은행
④ **특수은행** : 농협은행, 수협은행, 중소기업은행, 한국산업은행, 한국수출입은행

● 금융권

구분	내용
제1금융권	• 금융기관 중 예금은행 • 특수은행, 일반은행, 지방은행, 외국계은행, 인터넷은행 등
제2금융권	• 은행을 제외한 금융기관(비은행금융기관) • 보험회사, 증권회사, 신용카드회사, 벤처캐피탈 등
제3금융권	• 사금융권 • 사채업체, 대부업체 등

OX문제

인터넷은행은 특수은행에 속한다.

O X

OX문제 답 X

① **금융기관의 역할** : 금융시장에서 경제주체가 원활하게 금융거래를 할 수 있도록 한다.

② **금융기관의 기능**

㉠ 다양한 리스크 관리 기법과 분산투자 등을 통해 자금을 안정적으로 운용한다.

㉡ 지급결제수단을 제공하여 경제활동을 활성화한다.

③ **우리나라의 금융기관** : 제공하는 금융 서비스의 성격에 따라 은행, 비은행 예금취급 기관, 보험회사, 금융투자회사, 기타 금융기관, 금융보조기관 등으로 분류할 수 있다.

④ **은행** : 「은행법」에 의해 설립된 일반은행과 개별 특수은행법에 의해 설립된 특수은행으로 분류할 수 있다.

㉠ **일반은행(CB)** : 예금·대출 및 지급결제 업무를 **고유업무**⊕ 로 하고 시중은행, 지방은행, 외국은행 국내지점, 그리고 인터넷전문은행으로 분류된다.

㉡ **특수은행** : 일반은행이 재원의 제약, 수익성 확보의 어려움 등을 이유로 필요한 자금을 충분히 공급하기 어려운 부문에 자금을 원활히 공급하기 위하여 설립되었다. 한국산업은행, 한국수출입은행, 기업은행, NH농협은행 및 수협은행이 있다.

⑤ **비은행예금취급기관**

㉠ **상호저축은행** : 특정한 지역의 서민 및 소규모 기업을 대상으로 하는 여신업무를 전문으로 한다.

㉡ **신용협동기구** : 조합원에 대한 저축편의 제공과 대출을 통한 상호 간의 공동이익 추구를 목적으로 운영되며 신용협동조합, MG새마을금고 그리고 농업협동조합·수산업협동조합·산림조합의 상호금융을 포함한다.

㉢ **우체국예금** : 민간금융이 취약한 지역을 지원하기 위해 전국의 체신관서를 금융창구로 활용하는 국영금융이다.

㉣ **종합금융회사** : 가계대출, 보험, 지급결제 등을 제외한 대부분의 기업금융업무를 영위한다.

⑥ **보험회사** : 사망·질병·노후 또는 화재나 각종 사고를 대비하는 보험을 인수·운영하는 금융기관으로 생명보험회사, 손해보험회사, 우체국보험, 공제기관 등으로 구분된다. 손해보험회사에는 일반적인 손해보험회사 외에도 재보험회사와 보증보험회사가 있다. 또한 국가기관이 취급하는 국영보험인 우체국보험과, 유사보험을 취급하는 공제기관이 있다.

⑦ **금융투자업자**

㉠ 주식, 채권 등 유가증권과 장내·장외파생 상품 등 금융투자 상품의 거래와 관련된 업무를 하는 금융기관이다.

㉡ 투자매매·중개업자, 집합투자업자, 투자자문·일임업자, 신탁업자로 분류된다.

PLUS 팁

은행업무

① **고유업무** : 자금을 중개하는 금융기관의 본질적인 3대 업무를 말한다.

㉠ **수신업무** : 신용을 바탕으로 거래하는 상대방의 여유 자금을 예금으로 받는 업무

㉡ **여신업무** : 대출을 해주거나 보증을 서주는 등, 신용을 제공하는 업무

㉢ **환업무** : 격지 간 자금을 당사자 간의 직접적인 수수 없이 금융기관을 통해 처리하는 업무

② **부수업무** : 고유업무를 영위함에 있어 필요한 업무로 팩토링, 보호예수 등이 있다.

③ **겸영업무** : 은행업이 아닌 업무로, 파생 상품 업무, 보험대리점 업무, 신용카드 업무 등이 있다

⑧ 기타 금융기관 : **금융지주회사**⊕, 리스·신용카드·할부금융·신기술사업금융을 취급하는 여신전문금융회사, 벤처캐피탈회사, 대부업자 및 증권금융회사 등이 있다.

⑨ 공적 금융기관 : 금융거래에 직접 참여하기보다 정책적 목적으로 각각의 기능에 맞게 설립된 기관을 의미한다. 여기에는 한국무역보험공사, 한국주택금융공사, 한국자산관리공사, 한국투자공사 등이 해당된다.

⑩ 금융보조기관

㉠ 금융거래에 직접 참여하기보다 금융제도의 원활한 작동에 필요한 여건을 제공하는 것을 주된 업무로 하는 기관이다.

㉡ 예금보험공사, 금융결제원, 한국예탁결제원 등 **금융하부구조**⊕와 관련된 업무를 영위하는 기관과 한국거래소, 신용보증기관, 신용정보회사, 자금중개회사 등이 포함된다.

4 금융 인프라

금융시장과 금융기관이 원활히 기능하도록 하는 각종 **금융규제 및 감독제도**⊕, **금융안전망**⊕, 지급결제 시스템 등을 총칭한다.

5 투자은행(IB) 2018 기업은행

① 상업은행(CB)과 달리, 수신업무는 하지 않고 유가증권 인수를 통한 자금공급을 주업으로 한다.

② 기업공개(IPO), 회사채 발행 등의 중개와 인수합병(M&A) 등을 주관하고 자문하는 투자은행이나 투자은행 업무를 가리킨다.

③ 주식·채권 등을 통해 장기자금을 조달하려는 수요자(기업)와 자금 공급자인 투자자를 연결시키며, 직접 투자하기도 한다. 상업은행과 투자은행의 겸업은 불가하다.

PLUS 팁

⊕ 금융지주회사

은행, 증권, 보험 등 하나 이상의 금융회사를 자회사로 소유하고 경영하는 지주회사로, 금융감독위원회의 인가를 받은 회사를 말한다.

⊕ 금융하부구조

금융시장과 금융기관의 기능을 원활히 수행할 수 있도록 하는 것이다. 금융규제 및 감독제도, 금융안전망, 지급결제수단 등을 포괄하는 개념이다. 예금보험공사가 운영하는 예금보험제도는 금융시스템의 불안을 방지하기 위한 금융안전망으로 예금보호 대상 금융기관으로부터 일정한 예금보험료를 받아두었다가 금융기관이 예금 등을 지급할 수 없게 되는 경우 예금보험공사가 이를 대신 지급해주는 제도, 보호 대상 금융기관과 금융상품 및 금액의 한도를 정하여 운영하는 부분 지급보장 방식으로 운영되고 있다.

⊕ 금융규제 및 감독제도

금융 시장 참가자가 일정한 룰을 준수하도록 함으로써 공정하고 투명한 시장이 효율적으로 작동할 수 있게 하는 제도로 금융관련 법률과 규정, 금융기관의 인허가, 건전성 감독 및 감시, 제재 등이 포함된다.

⊕ 금융안전망

금융시스템이 불안해지면서 경제에 악영향을 미치는 것을 방지하기 위한 보완장치로 예금자보호제도와 중앙은행의 긴급유동성 지원제도(= 최종대출자 기능)가 있다.

기출문제

2019.03.17. 농협은행

Q 금융기관에 대한 설명으로 옳지 않은 것은?

① 보험회사, 증권회사는 제2금융권에 해당한다.
② 우체국예금은 특수은행에 해당한다.
③ 인터넷은행은 제1금융권에 해당한다.
④ 비은행금융기관에는 새마을금고도 포함된다.
⑤ 지역농협은 제2금융권에 해당한다.

정답 ② 우체국예금은 전국의 체신 관서를 금융창구로 활용하는 국영금융으로 비은행예금취급기관이다.

PART 01. 금융

2024 · 2023국민은행 2022 · 2019기업은행 2019신한은행 2019신용보증기금 2019 · 2017농협은행 2015새마을금고

그림자 금융 및 리스크 관리

#그림자 금융 #리스크관리 #VaR #레버리지 #추정손실액 #차이니즈월

PLUS 팁

1 그림자 금융 2024 국민은행 2019 신한은행 2019 기업은행

관련기사

그림자 금융으로 숨어드는 기업들

국고채 금리와 더불어 회사채 금리가 급등하며 자금조달 환경이 악화되고 있어 기업들의 불안감이 높아지고 있다. 조달환경의 어려움과 경기침체 우려감까지 더해지고 있어 기업들이 그림자 금융으로 몰리고 있다. 그림자 금융은 은행과 유사한 신용 중개기능을 수행하면서도 은행처럼 엄격한 건전성 규제와 감독을 받지 않고 있어 시스템적 리스크를 초래하여 한국 경제에 잠재적 위험이 될 수 있다.

① 정의
- ㉠ 규제영역 밖에 있는 신용 중개 활동이다.
- ㉡ 은행과 유사한 신용 중개기능을 수행하는 비은행 금융기관이 은행과 같은 엄격한 건전성 규제와 중앙은행의 유동성 지원이나 예금자보호를 받을 수 없어 시스템적 리스크를 초래할 가능성이 높은 기관 및 금융상품을 말한다.

② 대표적인 그림자 금융의 종류 OX문제
- ㉠ 투자은행 · 헤지 펀드 · 구조화투자회사 등의 금융기관
- ㉡ 머니마켓펀드(MMF)
- ㉢ 환매조건부채권(RP)
- ㉣ 자산유동화증권(ABS)
- ㉤ 신용파생상품

OX문제

그림자 금융은 은행과 전혀 다른 기능을 하는 금융기관 및 금융상품을 말한다.

O X

기출문제

2019.03.17. 농협은행

Q 그림자 금융의 종류로 옳지 않은 것은?

① 헤지 펀드 ② 머니마켓펀드
③ 환매조건부채권 ④ 자산담보부 기업어음
⑤ 콜금리

정답 ⑤ 그림자금융의 종류로는 투자은행, 헤지 펀드, 머니마켓펀드, 환매조건부채권, 신용파생상품 등이 있다.

OX문제 답 X

2 그림자 금융의 특징 및 리스크 요인 2024 국민은행

① 특징

㉠ 은행에 대한 자본, **레버리지**, 유동성 규제 등과 같은 엄격한 건전성 규제 대상이 아니며 중앙은행의 유동성 지원, 예금보험 등 공공부문의 지원 대상이 아니다.

㉡ 규제 및 금융 소비자의 수요 등 금융환경 변화에 맞추어 빠르게 성장하였다.

㉢ 신용을 직접 공급하거나 신용 중개를 지원하는 기관 및 활동만을 포함하며, 신용 중개기능이 없는 단순 주식거래, 외환거래는 제외된다.

㉣ 복수의 기관이 연계하여 수행하기 때문에 신용 중개 경로가 길고 복잡하며, 은행이 같은 신용 중개 과정 내에 포함될 수도 있다.

② 그림자 금융의 리스크 요인

㉠ 그림자 금융이 급성장에 대한 규제 및 공적 보호 장치가 미흡하다.

㉡ 건전성 규제 대상이 아니며 공공부문의 명시적 지원도 받지 못하므로 위기 시 대규모 자금인출사태(뱅크런)를 야기할 위험이 있다.

㉢ 은행과 상호연계성이 높아 위기가 은행시스템으로 전이가 가능하다.

㉣ **레버리지** 확대를 통한 경기순응성이 증폭될 위험이 있다.

PLUS 팁

레버리지(Leverage)

차입자본을 사용하여 수익증대를 위한 자산매입을 하는 투자전략을 의미한다. 기업이 자본을 조달할 때 부채에 얼마나 의존하는지를 나타내는 부채의존도를 지칭하기도 한다. 자산으로부터 얻는 이익이 부채에 대한 이자보다 클 경우 기업은 부채를 조달하여 자기자본이익률을 극대화시킬 수 있기 때문에 금리가 낮을수록 레버리지에 대한 유인이 증가하게 된다. 한편, 디레버리지(Deleverage)는 레버리지와는 반대로 차입금이나 부채를 줄이는 것을 말한다. 레버리지가 과도한 상태에서 디레버리지가 진행될 경우 자산가격 하락을 유발하여 부채 디플레이션이 발생할 수 있다.

3 리스크 관리 2023 국민은행 2019 신용보증기금 2017 농협은행

관련기사

금융정의연대 "시중은행들 금융사고 잇따라… 내부통제 강화"

금융정의연대는 "배임과 횡령, 불법 대출 등 시중은행들의 대형 금융사고가 점입가경"이라며 금융감독 당국에게 상시 감독을 주문했다. 또한 금융사들에게는 금융사고를 사전에 탐지하고 예방할 수 있는 상시 모니터링 시스템 도입 등 내부통제 시스템 강화 방안을 마련하라고 촉구했다. 금감원장은 정기검사 발표에서 ▲실효성 있는 내부통제 구현 ▲건전성·리스크 관리 강화 ▲자율 쇄신을 통한 조직문화 개선을 위한 세부방안을 마련해 추진하겠다고 밝혔으나 금융정의연대는 "감독당국은 국민과 금융소비자들이 납득할 수 있는 수준에서 책임자와 해당 금융사에 대한 엄중한 제재 조치를 취해야 한다"며 "더 나아가 강력한 재발방지 대책 마련에도 앞장서야 한다"고 촉구했다.

더 알아보기

차이니즈 월(Chinese Wall) 2015 새마을금고

금융회사의 부서 간 또는 계열사 간 정보 교류를 차단하는 장치나 제도이다. 불필요한 정보 교류를 차단하지 않으면 고객의 이익보다 회사의 이익을 위하는 방향으로 자산을 운용할 가능성이 있기 때문이다. 한편, 파이어 월(Fire Wall)은 방화벽 또는 침입방지 보안시스템을 의미한다.

익스포저(Exposure)

리스크에 노출되어 있는 금액을 말한다. 시장 리스크 익스포저는 금리, 환율 등의 변동에 따른 손실 가능성에 노출된 금액을, 신용 리스크 익스포저는 거래상대방의 신용도 하락, 채무불이행에 따른 경제적 손실 가능성에 노출된 금액을 의미한다. 포괄적인 개념으로 발생 가능한 손실액을 측정하지만 발생 가능성(위험가중치)으로 측정하지 않는다는 점이 위험가중자산과 차이가 있다.

① 정의 : 금융회사 금융 위험을 측정하여 대처계획을 세우고 관리하는 것이다.

② 유형

구분	내용
시장 리스크	• 금융기관이 보유하고 있는 자산이 주가나 금리, 환율, 상품가격이 변동함에 따라 손실이 발생할 가능성을 의미한다. • 시장 리스크는 **추정손실액(VaR)** 등에 의해 측정할 수 있는데 자산 또는 자기자본에 대한 VaR 비율이 클수록 손실 위험이 크다.
신용 리스크	거래상대방의 채무불이행, 이행거부 또는 신용도 하락 등으로 인해 손실이 발생할 가능성을 의미한다. ※ 공정하게 여신을 취급하고, 여신취급 이후에는 개별여신의 철저한 모니터링과 더불어 여신포트폴리오 전체에 대한 부적절한 대출구조 및 불충분한 통제여부를 점검해야 할 필요가 있다.
유동성 리스크	일시적인 자금 부족으로 인해 정해진 결제 시점에서 결제의무를 이행하지 못하여 거래상대방의 자금 조달 계획 등에 악영향을 미쳐 손실이 발생할 가능성을 의미한다. ※ 거래상대방이 파산하여 채권 회수가 영원히 불가능한 신용리스크와 차이가 있으나 실제로는 구별이 쉽지 않다.
운영 리스크	• 부적절하거나 잘못된 내부 프로세스, 인력, 시스템 등으로 인해 발생할 수 있는 손실 가능성을 의미한다. • 인력 관련 발생요인 : 인적자원의 부족, 실수 또는 의사소통상 오해 등 • 프로세스 관련 발생요인 : 부적절한 업무 분장으로 인한 과도한 업무강도, 과다한 업무량, 취약한 프로세스 등
환 리스크	환율 변동으로 인해 기업이 보유하고 있는 외화자산표시와 부채의 원화 환산가치가 변동하여 **환차손**이 발생할 수 있는 위험을 말한다.

PLUS 팁

추정손실액(VaR) 2019 신한은행

추정손실액은 일정 기간 동안 예상되는 최대손실 추정 금액을 말한다. 금융기관이 가지고 있는 주식, 채권 및 외화자산별로 구하여 합산하되 주가, 채권가격 및 환율의 일일 등락률이 정규분포를 보인다는 가정하에 계산한다. 예를 들어 90% 신뢰수준의 VaR 10억 원이라고 하면 1년 동안 발생할 수 있는 손실이 10억 원을 초과하지 않을 확률이 90%라는 의미이다.

팻 핑거(Fat Finger)

운영 리스크의 하나로 굵은(Fat)과 손가락(Finger)의 합성어로, 주문자의 주식이나 채권 외환 등 금융상품 주문을 잘못 입력하여 발생하는 주문실수를 가리킨다.

환차손

환 리스크로 인해 보유하고 있는 통화가 손실을 입게 되는 것을 환차손이라고 한다.

경제주체별 환 리스크

구분	외환	환율 상승	환율 하락
수출업자	수출대금 수령	이익	손실
수입업자	수입대금 지급	손실	이익
외화 대출자	외화부채 보유	손실	이익
외화 보유자	외화자산 보유	이익	손실

기출문제

2017.11.29. 농협은행

Q 리스크 관리 내용으로 옳지 않은 것은?

① 시장 리스크 – 스트레스 테스트
② 시장 리스크 – 차이니즈 월 설치
③ 신용 리스크 – 익스포저 관리
④ 유동성 리스크 – 모니터링 강화
⑤ 운영 리스크 – 파이어 월 설치

정답 ② 차이니즈 월은 금융사의 부서 또는 계열사 간의 정보교류를 차단하는 제도를 말한다.

PART 01. 금융

2024기업은행 2024 · 2023한국주택금융공사 2022수협은행 2022 · 2020 · 2019농협은행 2019신한은행 2019우리은행 2014국민은행

ELS, ELD, ELF

#주가연계증권 #주가지수연동예금 #주가연계펀드

1 주가연계증권(ELS) 2024 기업은행 2024 · 2023 한국주택금융공사 2022 농협은행 2022 수협은행 2019 신한은행 2014 국민은행

① 정의 : 장외파생금융상품 겸영취급인가를 받은 증권회사가 발행 및 판매하는 상품이다. 투자금의 대부분을 원금보장이 가능하도록 투자하고, 나머지는 주가와 주가지수의 변동과 연계된 상품에 투자하여 손실을 채권투자에서 보전하는 것이다.

② 특징

㉠ 약정한 보장수준에 따라서 일정수준의 원금보장이 가능하다. 또한 원금보장정도, 투자기간, 기초자산, 상품구조 등 다양한 형태의 상품 투자가 가능하다.

㉡ 투자금의 일부를 투자한 주식이나 옵션 등의 파생상품에서 초과이익을 얻을 수 있다.

㉢ 기존 주식에 비해서 복잡하고 유가증권시장에 상장되지 않기 때문에 유동성이 낮다. 또한 발행증권사의 신용리스크에 노출된다.

더 알아보기

파생결합증권(DLS : Derivatives Linked Securities)

이자율, 통화(환율), 실물자산(금, 원유 등), 신용위험(기업 신용등급의 변동, 파산 등)등 변동과 연계하여 미리 정한 방법으로 이익이 결정되는 상품이다.

PLUS 팁

ELD 수익구조 유형

구분	내용
상승형 (낙-아웃콜)	주가지수가 하락할 시 원금이 보장되고 주가지수가 상승할 시 참여율을 적용한 수익률이 배당된다.
하락형 (낙-아웃풋)	주가지수가 상승할 시 원금이 보장되고, 주가지수가 하락할 시 참여율을 적용한 수익률이 배당된다.
양방향형 (낙-아웃콜풋)	주가지수가 일정한 지수 범위 내에서 상승 혹은 하락할 시 사전에 정한 참여율을 적용하여 수익률이 배당된다.

2 주가지수연동예금(ELD) 2024 기업은행 2022 수협은행 2023 한국주택금융공사 2019 신한은행 2014 국민은행 OX문제

① 정의 : 시중은행에서 정기예금 형태로 판매하고 수익률은 코스피200지수에 연동되어 금리를 결정한다. 예금자보호법에 의해서 투자원금이 보장된다.

② 특징

㉠ 원금이 보장되므로 안정적이면서도 정기예금보다는 높은 금리를 원하는 경우에 적합한 상품이다.

㉡ 주가지수가 높아질수록 고수익을 얻을 수 있으며, 투자에 따른 손실이 발생하더라도 원금은 보장된다.

㉢ 생계형·세금 우대형으로 가입하면 세금 절감의 효과도 얻을 수 있다. 단, 중도에 해지할 경우에는 수수료로 인해 원금이 손실될 수 있다.

㉣ 주가의 변동에 따라 수익률의 상한과 하한을 둔다.

ELD의 특징과 지급방식

① 기존의 일반예금과 다른 점 : 주식 관련 옵션이 내재되어 있으며, 이 내재옵션에 따라 주가연계예금의 성격과 판매 가격이 결정된다.

② 지급방식 : 투자금의 대부분을 정기예금에 넣고, 여기서 나오는 이자를 주가지수 옵션 등 파생상품으로 운용하여 발생한 수익을 고객에게 지급하는 방식이다.

③ 주가연계펀드(ELF) 2023 한국주택금융공사 2022 수협은행 2019 신한은행 2020 농협은행 OX문제

① 정의 : 주가연계증권을 펀드로 만든 상품이다. 투자 위험을 분산할 수 있다.

② 특징

㉠ 투자금의 상당액을 채권으로 운용하면서 여기에서 발생하는 이자로 증권사가 발행하는 ELS 워런트에 투자한다.

㉡ 주가나 주가지수의 변동과 연계되어 수익이 결정된다.

㉢ 환매가 자유롭고 소액 투자가 가능하다. 만기 시점까지 기초자산이 손실구간 밑으로 떨어지지 않으면 원리금과 이자를 돌려받는다는 점에서 수익구조는 ELS와 거의 차이가 없다.

㉣ 예금자보호를 받을 수 없다.

더 알아보기

ELS, ELD, ELF 한눈에 비교하기

구분	ELS	ELD	ELF
발행기관	증권회사	은행	투자/자산운용사
상품형태	유가증권형	정기예금	펀드
원금보장	보장형/비보장형	보장	보존추구
만기상환소득	배당소득	이자소득	배당/이자소득
특성	발행회사의 신용도가 중요	예금자보호법 적용	운용사의 운용능력이 중요

PLUS 팁

OX문제

ELD는 주로 시중은행에서 정기예금 형태로 판매되는데 원금은 예금자보호법에 따라 보장된다.

O X

ELF는 투자금의 대부분을 채권, 예금 등으로 원금 보장이 가능하도록 투자하고 나머지는 주식 및 주식 관련 파생상품 등에 투자하여 약정 수익 재원 확보를 위한 초과수익을 추구한다.

O X

기출문제

2024.09.28. 한국주택금융공사

Q ELS(주가연계증권)에 대한 설명으로 옳은 것은?

① ELS는 원금이 100% 보장되는 금융상품이다.
② ELS의 만기상환소득은 배당소득으로 과세된다.
③ ELS는 개별 주식이 아닌 국채나 회사채를 기초자산으로 한다.
④ 투자자는 중도에 언제든지 원금과 확정 수익을 보장받고 환매할 수 있다.
⑤ ELS는 주식시장과 무관하게 항상 일정한 이자를 지급하는 상품이다.

정답 ② 주식 배당처럼 직접 배당을 받는 건 아니지만, 상품 구조상 ELS 발행사가 운용한 결과를 배당 형태로 지급받는 것과 유사하여 배당소득으로 간주한다.

OX문제 답 O, X

CHAPTER 10 주식시장 Ⅰ

#발행시장 #유가증권시장 #코스닥 #공매도 #상장

PLUS 팁

1 주식시장의 정의 2021 신한은행 2015 하나은행

주식회사의 지분권을 표시하는 유가증권인 주식이 거래되는 시장으로 주식이 새롭게 공급되는 발행시장과 이미 발행된 주식이 투자자 간에 거래되는 유통시장으로 구분할 수 있다.

① **발행시장(1차 시장)** : 자금 수요자인 기업, 금융기관 등의 발행인, 자금공급자인 투자자, 주식발행사무를 대행하고 발행위험을 부담하는 인수인으로 구성된다.

② **유통시장** : 발행된 주식의 시장성과 환금성을 높여주고 자유경쟁을 통해 공정한 가격을 형성하는 역할을 한다.

구분	내용
유가증권시장(코스피시장)	장내시장
코스닥시장	
코넥스시장	
K－OTC시장	장외시장

③ 장내시장의 주식매매단계

㉠ 매매되기 위해서는 상장이라는 등록절차를 거쳐야 한다.

㉡ 유통시장에서 투자자의 매매주문은 투자중개업을 영위하는 금융투자회사를 거쳐 한국거래소에서 체결한다.

㉢ 결제는 매매일로부터 3일째 되는 날 한국예탁결제원을 통해 이루어진다.

장내시장
상장이 된 주식을 거래하는 시장을 의미한다.

장외시장
비상장 주식을 거래하는 시장을 의미한다.

OX문제
공매도(Short Selling)는 주가 상승을 예상하고 금융기관으로부터 주식을 빌려 투자하는 기법이다.
O X

기출문제

2015.10.03. 하나은행

Q 장외시장으로 옳은 것은?

① 유가증권시장
② 코스피시장
③ 코스닥시장
④ K－OTC시장
⑤ 코넥스시장

정답 ④ ①②③⑤ 장내 시장에 해당한다.

OX문제 답 ×

2 주식 시장의 종류 2024 국민은행 2021 농협은행 2019 기업은행

① **코스피(KOSPI)시장** : 증권거래소에 상장된 회사들의 유가증권이 유통되는 시장으로 코스피는 종합주가지수를 뜻하며 유가증권시장의 주가지수를 코스피지수, 유가증권시장을 코스피시장이라고 부르기도 한다.

② **코스닥(KOSDAQ)시장** : 기업과 벤처기업의 자금 조달을 목적으로 나스닥(NASDAQ)을 기반으로 개설된 첨단 벤처기업 중심 시장이다. 시장의 특성을 고려하여 코스피시장에 비해 진입요건이 상대적으로 완화되었다.

③ **코넥스(KONEX)시장**✪ : 설립 초기 중소기업에 특화되어 중소기업이 자금을 조달할 수 있도록 개장한 시장이다. 「중소기업기본법」상 중소기업만 상장 가능하다.

④ **K-OTC시장** : 금융투자협회가 운영하던 비상장 주식 장외 매매시장인 **프리보드**✪를 확대 개편한 장외주식 시장이다.

3 공매도(Short Selling) 2024 전북은행 2021·2019 농협은행 OX문제

① **정의** : 주식을 보유하지 않은 상태에서 주가 하락을 예상하고 금융기관으로부터 주식을 빌려 차익을 얻는 투자를 말한다.

예 투자자가 주식을 빌려 주당 20,000원에 팔고 며칠 후 그 주식이 15,000원으로 하락하였다면 20,000원에 주식을 매입하여 빌린 주식을 되갚으면 주당 5,000원의 이익을 얻는다.

② **특징**

㉠ 형태는 실물거래지만 가지고 있지 않은 주식을 파는 것이다.

㉡ 주식 시장의 변동을 확대하기 때문에 각국에서는 공매도에 대해 많은 규제를 하고 있다.

㉢ 과도한 공매도로 주식 시장 급락이 우려될 때는 거래를 제한할 수 있도록 하는 조항이 신설되었다.

4 주식의 상장 OX문제

① **정의** : 요건에 충족한 기업이 발행한 주권을 증권시장에서 거래할 수 있도록 자격을 부여하는 것으로 한국거래소(KRX)가 심사한다. 어디까지나 증권시장에서 자유롭게 거래할 수 있도록 허용하는 것일 뿐, 가치를 보증 받는 것은 아니다.

PLUS 팁

✪ 코넥스시장 혜택

① 공시관련 부담 완화

구분	내용
수시공시 부담 완화	공시 대상 항목을 대폭 감소하고 상장유지비용 절감
증권신고서 제출의무 완화	코넥스시장 참여자를 대상으로 주식을 발행하는 경우 증권신고서 제출이 면제됨에 따라 기업이 자금 수요가 있는 경우 신속한 자금 조달 가능
분·반기 보고서 제출의무 면제	부담 완화를 위해 분기 및 반기 보고서 제출의무를 면제하고 기업현황 보고서를 반기에 1회 제출

② **회계관련 부담 완화** : K-IFRS 적용 및 증권선물위원회의 감사인 지정 면제

③ **지배 구조 관련 부담 완화** : 사외이사 및 상근감사 선임의무 면제

④ **투자 촉진을 위한 규제 완화** : 코넥스시장 상장기업과 비상장기업 간 합병할 경우 상장기업에 적용되는 합병 등의 특례규정 및 우회상장 규제 면제

⑤ 보호예수 의무 완화 및 수수료 면제

⑥ 코스닥시장 이전상장 용이

✪ 프리보드

비상장주권의 매매거래를 하기 위해 금융투자협회가 운영하던 장외시장이다.

OX문제

증자, 합병, 전환사채 혹은 신주인수권부사채를 소유한 자의 권리행사 등으로 새롭게 발행한 주권을 상장시키는 것을 신주상장이라고 한다.

O | X

OX문제 답 ○

② 상장의 종류

구분	내용
신규상장	기업이 발행한 주권을 처음 증권시장에 상장시키는 것을 말한다.
신주상장	증자, 합병, 전환사채 혹은 신주인수권부사채를 소유한 자의 권리행사 등으로 새롭게 발행한 주권을 상장시키는 것을 말한다.
재상장	상장법인의 분할 또는 분할합병에 의하여 설립된 법이나, 상장법인간의 합병에 의하여 설립된 법인 또는 상장이 폐지된 후 5년이 경과되지 않은 법인이 발행한 주권을 상장시키는 것을 말한다.
변경상장	주권의 기재내용이 변경(상호, 종류, 액면금액 등)되거나 새 주권을 교체 및 발행하여 상장시키는 것을 말한다.

③ 유가증권시장 상장요건

㉠ **규모요건** : 기업규모와 상장주식수(100만주 이상)가 충족되어야 한다.

㉡ **분산요건** : 소액주주 소유주식수, 소액주주수(의결권주 기준 1,000명 이상), 의무공무, 양도제한에 대한 요건이 충족되어야 한다.

㉢ **경영성과요건** : 매출액 및 이익, 기준시가총액, 영업현금흐름이 요건에 해당해야 한다.

㉣ **안정성 및 건전성 요건** : 영업활동기간, 감사의견, 최대주주 1년 동안 변경제한, 매각제한(보호예수) 등의 요건이 충족되어야 한다.

④ 코스닥시장 상장요건

㉠ 벤처기업을 제외한 일반기업은 3년 이상 경과년수가 지나야 한다.

㉡ 자기자본, 시가총액 중에 한 가지가 기준에 충족해야 한다.

㉢ 주식분산이 되어 있어야 하며 자본잠식이 없어야 한다.

㉣ 법인세 비용 차감 전에 계속 사업이익이 시현되어야 한다.

㉤ 1년간 자본전입총액이 2년 전 자본금의 100% 이하로 무상증자를 한다.

㉥ 연간 총액이 2년전 자본금의 100% 이하로 유상증자를 한다.

㉦ 심사청구일 이전 1년간 최대주주 변경하지 않아야 한다.

㉧ 상장후 일정기간 지분매각 제한하여야 한다.

⑤ 코넥스시장 상장요건

㉠ **규모요건** : 기업규모는 자기자본 300억 원 이상이어야 하고, 상장주식수는 100만주 이상이 되어야 한다.

㉡ **분산요건** : 정해진 주식수와 주주수(일반주주 500명 이상)를 충족하고, 발행주권에 대한 양도제한이 없어야 한다.

㉢ **경영성과요건** : 매출액 및 수익성, 기준시가총액, 이익액, 자기자본, 기준시가총액(1조 원 이상) 등의 요건을 충족하여야 한다.

㉣ **안정성 및 건전성 요건** : 설립 후 3년 이상의 영업활동기간과 감사 기간, 매각제한(보호예수) 등의 요건을 충족하여야 한다.

PLUS 팁

● **기업공개(IPO)**

기업이 주식을 법정절차와 방법에 따라 재무내용을 공시하는 것이다. 넓은 의미로는 기업의 전반적 경영내용의 공개지만, 좁은 의미로는 주식공개를 말한다. 원활한 자금 조달과 재무구조 개선을 도모하고 국민의 기업참여를 장려하여, 국민경제의 건전한 발전에 기여함을 목적으로 한다. 주주의 분산투자 촉진 및 소유분산과 자금 조달능력의 증가, 주식가치의 공정한 결정 및 세제상의 혜택 등을 볼 수 있다.

⑥ 혜택 및 효과

㉠ 상장의 효과 OX문제

구분	내용
필요자금 조달의 용이	유상증자, 해외DR 발행, 전환사채, 교환사채 등 다양한 방법을 통해 대규모 필요자금을 쉽게 조달할 수 있다.
기업인지도 제고	• 상장법인의 주가 등이 신문·TV 등 언론매체에서 수시로 보도됨으로써 기업의 홍보효과가 극대화되고 국내외 투자자에 대한 당해 기업의 인지도를 제고할 수 있다. • 기업인지도 제고에 따라 우수 인재의 입사지원 증가 및 우수 인력의 확보가 용이하다.
기업구조 조정의 원활한 추진	상장법인의 분할 또는 합병 등에 의해 설립된 회사를 쉽게 상장할 수 있도록 상장 요건 정비 등 환경을 조성함으로써 상장법인의 경영목적에 맞는 방법으로 구조조정을 원활하게 추진할 수 있다.

㉡ 기업에 대한 혜택

구분	내용
공모를 통한 유상증자 용이	• 상장법인은 정관이 정하는 바에 따른다. • 이사회의 결의로 주주의 **신주인수권**⊕을 배제하고 불특정 다수인(당해 기업의 주주를 포함)을 상대로 하여 신주를 모집할 수 있다.
의결권 없는 주식의 발행 한도 특례	• 비상장법인은 의결권 없는 주식을 발행주식총수의 25%까지 발행할 수 있다. • 상장법인이 외국에서 주식을 발행하거나 외국에서 발행한 해외전환사채, 해외신주인수권부사채, 기타 주식과 관련된 증권 또는 증서의 권리행사로 발행하는 의결권 없는 주식의 경우는 발행한도의 계산에 산입되지 않는다.
주식배당 특례	비상장법인은 주식배당을 이익배당총액의 1/2를 초과하지 못하나, 상장법인은 이익배당총액에 상당하는 금액까지 주식배당을 할 수 있다.
주주총회 소집절차 간소화	• 비상장법인의 주주총회의 소집통지는 주주총회일 2주 전에 각 주주에게 서면으로 하게 되어 있다. • 상장법인의 주주총회 소집통지는 의결권 있는 발행주식총수의 1% 이하를 소유하는 주주에 대하여 정관이 정하는 바에 따라 주주총회일 2주 전에 2개 이상의 일간신문에 각각 2회 이상 공고하거나 금융감독원 또는 한국거래소가 운용하는 전자공시시스템을 통하여 공고함으로써 이를 갈음할 수 있다.

PLUS 팁

⊕ **신주인수권**

증자를 하기 위해 신주가 발행되는 경우 우선적으로 인수를 청구할 수 있는 권리이다.

OX문제

상장법인이 되면 전환사채나 교환사채 등 다양한 방법을 통해 대규모 필요자금을 쉽게 조달할 수 있다.

O | X

OX문제 답 O

㉢ 주주에 대한 혜택

구분	내용
주식 양도소득의 비과세	• 상장 주식은 대주주 등을 제외하고 주식양도에 따른 양도소득세를 부과하지 않고 있기 때문에 상장을 위해 모집하거나 유가증권시장을 통하여 양도하는 경우에는 양도소득세가 면제된다. • 비상장 주식은 양도차익의 20%(중소기업의 경우 10%, 대주주의 1년 미만 보유한 중소기업 외의 법인의 주식의 경우 30%, 대주주의 그 외의 주식의 경우 양도차익이 3억 원 이하는 20%, 3억 원 초과는 25%)를 세금으로 납부하여야 한다.
상속 및 증여재산의 시가평가	비상장법인이 발행한 주식을 상속 또는 증여할 경우 상속세 및 증여세법에서 정한 산식으로 평가하나, 상장법인이 발행한 주식을 상속 또는 증여할 경우 평가기준일 전·후 각각 2개월간 최종시세의 평균액으로 평가한다.
증권거래세 탄력세율 적용	비상장법인의 발행주식을 양도하는 경우 0.5%의 증권거래세율이 적용되지만, 유가증권시장을 통해 양도되는 상장법인의 주식은 0.1%(0.15%의 농특세 추가부담)의 세율이 적용된다.
소수주주권 행사완화 등	상장법인의 경우 상법상 소수주주권 및 집중투표제 행사요건(1%) 등이 완화되어 적용된다.

5 주가지수 2019 하나은행

① 주식 시장에는 다양한 종목의 주식이 거래되기 때문에 주식 시장의 성과를 파악하기 위해서는 평균적으로 주식 가격의 등락을 판단할 수 있는 지표(Index)가 필요하다.

② 주가지수를 작성하는 원리는 물가지수를 작성하는 것과 같다. 지수 작성의 목적에 맞추어서 특정 종목의 주식을 대상으로 평균적으로 가격이 상승한 인지 하락한 것인지를 판단한다.

PLUS 팁

주식

① 정의 : 기업이 발행하는 유가증권의 하나로 투자자로부터 돈을 받고 증표를 발행한 것을 말한다. 회사는 이익이나 이자의 배당 또는 남은 재산의 분배에 관해 내용이 다른 여러 종류의 주식을 발행할 수 있다. 주주의 지분은 1주 단위로 분할되고 각 주주의 지분의 크기는 보유 주식수에 따라 다르며 지분은 주권으로 표시한다.

② 종류 2018 신한은행

㉠ **보통주** : 배당을 먼저 받을 수 있는 특별한 권리를 부여받지 않은 일반 주식을 말하며 보통주를 갖는 주주에게는 주주총회에 출석하여 결의에 참가할 수 있는 의결권이 부여된다.

㉡ **우선주** : 보통주에 비해 배당이나 남은 재산 분배 등에서 우선권을 갖는 주식을 말한다.

㉢ **혼합주** : 이익배당은 보통주에 우선하고 남은 재산 분배에 있어서는 열등한 지위에 있는 주식을 말한다.

㉣ **상환주** : 회사가 자금이 필요한 경우 발행하였으나 일정 기간이 지난 후 해당 주식을 회수하여 소각하려는 경우에 발행하는 주식을 말한다.

㉤ **후배주** : 배당이나 남은 재산분배 등의 이익분배의 참가순위가 보통주보다 열등한 지위에 있는 주식을 말한다.

주가지수

비교시점의 시가총액 / 기준시점의 시가총액 × 10

기출문제

2018.10.13. 신한은행

Q 국내외 주가지수로 다르게 묶인 것은?

① 한국 – 코스닥 종합지수
② 미국 – 나스닥
③ 미국 – 다우존스 산업평균지수
④ 대만 – 항셍지수
⑤ 중국 – 상하이종합

정답 ④ 대만 – 자이취엔지수

6 주가변동요인 OX문제

① **경제성장률** : 경제성장률이 높아지면 기업들의 생산·판매 및 고용이 증가하고 매출액과 이익이 늘어나기 때문에 주가가 상승한다. 경제활동이 활발해지면 주가지수가 상승하고 반대로 불경기가 되면 주가지수가 하락한다. 경제의 건강성이 반드시 주가지수 변동으로 연결되는 것은 아니지만 경제 상황을 판단하게 해주는 지표가 될 수 있다.

② **통화량** : 통화 공급이 늘어나거나 이자율이 하락하는 경우에도 소비와 투자가 늘어나, 기업의 이익이 커지므로 주가는 상승한다.

③ **외국인 투자** : 일반적으로 한국의 주식 시장에서 외국인 투자가 늘어나면 주가가 올라가고 반대로 외국인 투자가 감소하면 주가가 하락한다.

④ **사회 변동** : 주가는 국내에 정치상황에 의해서도 큰 영향을 받게 된다.

7 국내외 주가지수 2019 신한은행

구분	내용
한국	코스피(KOSPI), 코스피200(KOSPI200), 코스닥 종합지수
미국	다우존스 산업평균지수((DJIA), 아메리카증권거래소(AMEX), 나스닥(NASDAQ), S&P500지수
일본	니케이225
중국	상하이종합
대만	자이취엔지수
홍콩	항생지수
독일	닥스지수
영국	푸츠 100

PLUS 팁

OX문제

경제활동이 활발해지면 주가지수가 상승하고 불경기가 되면 주가지수는 하락한다.

O X

기출문제

2018.10.13. 신한은행

Q **유가증권시장에 상장된 보통주를 구성종목으로 산출하는 지수로서 유가증권시장에서 형성되는 주가변동을 종합적으로 보여주는 국내 주요경제지표는?**

① 다우지수 ② S&P500지수
③ 코스피지수 ④ 나스닥지수
⑤ 유로스톡스50

정답 ③ 코스피지수는 한국증권거래소에 상장되어 거래되는 모든 주식을 산출해 전체 장세의 흐름을 나타내는 지수를 말한다.

OX문제 답 O

① 국내 OX문제

㉠ **코스피지수(KOSP, Korea Composite Stock Price Index)** : 한국증권거래소(KRX)에 상장되어 거래되는 모든 주식을 산출하여 전체 장세의 흐름을 나타내는 지수이다.

㉡ **코스피200(KOSPI200, Korea Composite Stock Price Index 200)** : 한국거래소가 증시를 대표하는 종목 200개를 선정하여 만든 지수로 주가지수 선물, 옵션거래 대상 지수뿐만 아니라 인덱스 펀드 구성 시 그 기준 지수로도 사용된다.

㉢ **코스닥종합지수(KOSDAQ Composite Index)** : 코스닥 시장에 상장된 기업의 주가에 주식수를 가중한 시가총액 지수로 코스닥시장 전체의 주가동향을 파악할 수 있는 투자분석지표이다. 코스닥종합지수는 주가에 등록주식수를 곱한 시가총액 방식을 택하고 있으며, 코스닥은 유가증권시장의 상장에 비하여 상장하기가 쉽기 때문에 벤처기업이 코스닥의 주요 종목이다.

② 국외 OX문제

㉠ **다우존스 산업평균지수(DJIA, Dow Jones Industrial Average)** : 미국의 다우 존스사가 뉴욕증권시장에 상장된 우량기업 주식 30개 종목을 기준으로 하여 산출하는 세계적인 주가지수를 말하며, 미국의 대표적인 경제신문 월스트리트저널(Wall Street Journal)이 작성 및 발표를 하고 있다. 세계에서 가장 오래된 주가지수이면서 미국 증권시장의 동향과 시세를 알려주는 대표적인 주가지수이다.

㉡ **니케이지수** : 니혼게이자이 신문사에서 발표하는 도쿄증권거래소의 주요 주가 225개의 종목의 주가지수이다.

㉢ **나스닥(NASDAQ, National Association of Securities Dealers Automated Quotation)** : 벤처기업들이 상장되어 있는 미국의 장외시장을 말한다. 뉴욕 증권거래소와는 달리 시세결정 과정이 컴퓨터에 의해 자동으로 처리된다. 비상장 회사이기 때문에 투자자들 입장에서는 상장기업들에 비해 위험성이 높지만, 투자가 성공했을 때의 높은 수익을 얻을 수 있다는 이점이 있다.

㉣ **S&P500지수(Standard & Poor's 500 Index)** : 국제 신용평가기관인 미국의 S&P가 작성한 주가지수이다. 다우존스 지수와 마찬가지로 뉴욕 증권거래소에 상장된 기업의 주가지수지만, 다우지수의 30개보다 많은 500개이다. 때문에 시장 전체의 동향 파악이 용이하고 시장구조에 적절히 대응할 수 있다.

㉤ **FTSE100지수** : FTSE인터내셔널에서 산출하는 지수이다. 런던국제증권거래소(LSE)에 상장된 100개의 우량주식으로 구성된 지수이다.

㉥ **CAC지수** : 프랑스 증권거래소협회(SBF)에서 파리증권거래소에 상장된 40개의 우량종목을 대상으로 산출한 주가지수를 의미한다.

PLUS 팁

OX문제

한국거래소에 상장되어 거래되는 모든 주식을 산출하여 전체 장세 흐름을 나타내는 지수를 코스닥 종합지수라고 한다.

O | X

미국의 대표적인 경제신문 월스트리트저널이 작성 및 발표하고 있는 주가지수는 다우존스 산업평균지수다.

O | X

OX문제 답 X, O

CHAPTER 11

PART 01. 금융

주식시장 Ⅱ

2024광주은행 2024 · 2022 · 2019 · 2018기업은행 2024 · 2022 · 2019농협은행 2023부산은행 2022 · 2021 · 2018 · 2016국민은행 2022 · 2015새마을금고 2020하나은행 2019신한은행 2019 · 2018우리은행 2016산업은행

#레드칩 #증자 #감자 #사이드 카 #서킷 브레이커

1 주식거래 용어

2024 농협은행 2024 광주은행 2024·2020·2019 기업은행 2023 부산은행 2022 국민은행 2019 신한은행 2019 우리은행

① **레드칩** : 중국 정부와 국영기업들이 최대주주로 참여해 홍콩에 설립되었다. 원래는 홍콩 증권시장에 상장된 중국 기업들의 주식을 통틀어 일컬었다. 지금은 중국 정부와 국영기업이 최대주주로 참여해 홍콩에 설립한 기업들 가운데 우량기업들의 주식만을 가리키는 용어로 국한되어 쓰인다.

② **블루칩** : 카지노에서 쓰이는 흰색, 빨간색, 파란색 세 종류의 칩 가운데 가장 가치가 높은 것이 블루칩인 것에서 유래된 표현이다. 오랫동안 안정적인 이익창출과 배당지급을 실행해온 기업의 주식을 말한다.

③ **옐로우칩** : 블루칩에 비해 한 단계 낮은 주식을 지칭하는 용어이다. 블루칩보다는 시가총액이 적지만 재무구조가 안정적이고 업종을 대표하는 우량 종목들로 구성된다.

④ **증자** OX문제 : 기업이 주식을 추가로 발행해 자본금을 늘리는 것으로 유상증자와 무상증자로 나눈다.

구분	내용	
유상증자	• 새로 발행한 주식을 주주들에게 판매하여 자본금을 조달하는 방식이다. • 발행주식수가 늘어나면서 **주당순이익(EPS)**⊕은 줄어든다.	주주우선공모방식 주주배정방식 제3자 배정방식 일반공모방식
무상증자	• 새로 발행한 주식을 주주들에게 무상으로 지급하는 방식으로 자본의 구성과 발행주식수만 변경하는 형식적인 증자이다. • 발행주식수가 늘어나고 그만큼 자본금이 늘어나지만 자산이 증가하는 것은 아니다.	

⑤ **레버리지 효과** : 타인 자본을 지렛대로 삼아 자기자본이익률을 높이는 것으로 실제 가격 변동률보다 몇 배 많은 투자수익률이 발생하는 현상이다. 총 투자액 중에서 부채의 비중이 커지면(자기자본의 비중이 작아지면) 증가하게 된다.

⑥ **시가총액** : 각 종목 상장 주식수에 시가를 곱해 이 산출한 것으로 주가가 오르면 시가총액도 커진다. 이는 자본시장 규모를 보여주는 중요한 경제지표다.

PLUS 팁

⊕ 주당순이익(EPS)

기업의 순이익(당기순이익)을 기업이 발행한 주식수로 나눈 값이다. 전환사채(CB)의 주식 전환이나 증자로 주식수가 늘어나면 EPS는 낮아지게 된다. EPS는 기업의 수익성을 분석하는 중요한 지표이며, 주가수익 비율(PER) 계산의 기초가 된다. 개별 기업의 EPS 증가는 동 기업의 시장지배력이 확대되는 것으로 이해된다.

OX문제

유상증자는 주주들에게 새로 발행한 주식을 판매하여 자본금을 조달하는 방식이다.

O X

OX문제 답 O

⑦ **액면분할** : 한 장의 증권을 여러 개의 소액증권으로 분할하는 것을 의미한다. 증권의 가격이 높아 매매가 어려울 때 이를 소액으로도 매매가 가능하도록 하기 위해 실시한다.

예 5,000원짜리 주식을 500원 10장으로 분할하는 것

⑧ **액면병합** : 액면가를 높이는 것으로 낮아진 주가를 끌어올리기 위해 사용된다. 주식수가 줄어든다는 측면에서는 감자와 비슷하지만 자본금에 변화가 없으며 주주들의 지분 가치에도 변함이 없다는 점이 다르다.

예 500원인 주식을 합쳐 5,000원으로 만드는 것

⑨ **감자** : 주식회사가 자본금을 줄이는 것이다. 각종 잉여금과 자기자본을 포함한 자산에서 부채요인을 빼서 **순수자산가치**[+]를 산정한 뒤 그만큼만 자본으로 인정하는 것을 말한다. 감자는 기존 주주들에게 큰 손해를 초래할 수 있는 사안이기 때문에 주주총회의 특별결의를 거쳐야만 시행할 수 있다.

구분	내용
유상감자	• 기업에서 자본금의 감소로 발생한 환급 또는 소멸된 주식의 대가를 주주에게 지급하는 것을 말한다. • 회사규모에 비해 자본금이 지나치게 많다고 판단될 경우 자본금 규모를 적정화해 기업의 가치를 높이고 주가를 높이기 위해 사용된다.
무상감자	기업에서 감자를 할 때 주주들이 아무런 보상도 받지 못하고 정해진 감자 비율만큼 주식수를 잃게 되는 것을 말한다.

⑩ **손절매** : 주가가 더욱 하락할 것으로 예상되고, 단기간에 가격 상승이 어렵다고 판단될 경우 가지고 있는 주식을 손해를 감수하며 매입 가격 이하로 파는 것을 말한다.

⑪ **숏스퀴즈(Short Squeeze)** : 주가 하락을 예상했던 공매도 투자자들이 주가 상승으로 인한 손실이 발생하여 추가 손실을 예방하기 위해 상품이나 주식을 매수하는 것을 말한다. 이러한 주식 구입은 주식 가격을 더욱 상승시킨다.

PLUS 팁

증자와 감자의 차이

① **증자** : 회사의 자본금을 늘리는 것
② **감자** : 회사의 자본금을 줄이는 것

순수자산가치

투자기업의 자산의 총시장가치에서 부채를 차감한 금액이다. 모든 자산을 시장가치로 매각한 뒤, 미지급 부채를 변제하고 남은 금액을 주주들에게 분배할 때, 주주가 받을 수 있는 금액을 나타낸다.

롱스퀴즈(long squeeze)

향후에 주식이 상승할 것을 기대하고 오랜 기간 보유하고 있던 투자자들이 주식 하락장으로 손실을 줄이기 위해서 매도를 하는 것이다.

기출문제

2019.05.25. 신한은행

Q 1,000원인 주식을 2주 합쳐 2,000원 1주로 만들고, 주식수를 줄이는 것은?

① 무상감자
② 액면분할
③ 액면병합
④ 유상증자
⑤ 유상감자

정답 ③ 액면병합은 액면가를 높이는 것으로 낮아진 주가를 끌어올리기 위해 활용되는 것을 말한다.

⑫ **숏커버링** : 주식시장에서 주식을 구매하기 위해서 빌린 후에 매도한 주식을 다시 갚기 위해서 환매수를 하는 것이다. 공매도한 주식을 다시 매수하는 것을 의미한다.

⑬ **호가** : 투자자가 특정 가격에 주식을 사고팔겠다고 하는 제시 가격이다. 매수 호가는 특정 가격에 주식을 사고 싶어 하는 가격이며 매도 호가는 특정 가격에 주식을 팔고 싶어 하는 가격이다. 호가는 실시간으로 변동되며 일반적으로 매수 호가는 낮고 매도 호가는 높아 그 차이를 스프레드(호가 차이)라고 한다.

2 제도 OX문제

① 사이드 카 2024 수협은행 2022·2019 농협은행 2022 기업은행

㉠ 정의

- 선물시장의 급등락에 따라 **현물시장**의 가격이 급변하는 것을 막기 위한 가격안정화 장치이다.
- 프로그램 매매만을 잠시 중지시키는 제도이다.

㉡ 특징

- 선물가격이 너무 올라 사이드 카가 발동되면 프로그램 매수 주문이 중지되고, 선물가격이 너무 내려 사이드 카가 발동되면 프로그램 매도 주문이 중지된다.
- 사이드 카는 주가지수 선물시장의 개설과 함께 국내에 도입되었다.
- 선물가격이 전날 종가보다 5%(코스피) ~ 6%(코스닥) 이상 급등락하는 상태가 1분간 지속되는 경우에 발동되며, 일단 발동되는 경우에는 그 시점부터 프로그램 매매 효과의 효력이 5분간 정지된다. 발동된 뒤 5분이 지나면 자동으로 해제되며, 장 종료 40분 전인 오후 2시 20분 이후에는 발동될 수 없고 발동 횟수도 1일 1회로 제한된다.

PLUS 팁

현물시장
개인 또는 기업에서 시중은행이나 거래사이트 등을 통해 실시간으로 거래가 이뤄지는 시장을 말하며, 선물시장은 정해진 날짜에 매매 약정을 맺는 거래가 이루어지는 시장을 말한다.

OX문제
사이드 카는 선물시장의 가격급변을 방지하기 위한 가격조절장치이다.
O | X

기출문제

2019.03.17. 농협은행

Q 주식 시장에서 주가가 갑자기 급등락하는 경우 시장에 미치는 충격을 완화하기 위해 주식매매를 일시정지하는 제도는 무엇인가?

① 마진 콜
② 숏커버링
③ 서킷 브레이커
④ 공매도
⑤ 롱스퀴즈

정답 ③ 서킷 브레이커는 주식시장에서 주가가 갑자기 급등락하는 경우 시장에 미치는 충격을 완화하기 위해 주식매매를 일시정지하는 것으로 주식거래 일시 중단 제도라고도 한다.

OX문제 팁 X

② 서킷 브레이커 2022 기업은행 2019 농협은행 2015 새마을금고

㉠ 정의

- 주식 시장에서 주가가 갑자기 급등락하는 경우 시장에 미치는 충격을 완화하기 위해 주식매매를 일시정지하는 제도이다.
- 주식거래 일시 중단 제도라고도 한다.

㉡ 특징

- 지수가 전날 종가보다 10% 이상 하락한 상태로 1분간 지속되면 서킷 브레이커가 발동돼 20분간 모든 종목의 거래가 중단된다.
- 서킷 브레이커가 발동되면 30분 후에 매매가 재개되는데 처음 20분 동안은 모든 종목의 호가접수 및 매매거래가 중단되고, 나머지 10분 동안은 새로 호가를 접수하여 단일가격으로 처리한다.
- 서킷 브레이커는 주식 시장 개장 5분 후부터 장이 끝나기 40분 전인 오후 2시 20분까지 발동할 수 있고, 하루에 한 번만 발동할 수 있다.
- 한 번 발동한 후에는 요건이 충족되어도 다시 발동할 수 없다.
- 미국 주가 대폭락사태인 **블랙먼데이**⊕ 이후 주식 시장의 붕괴를 막기 위해 처음으로 도입되었으며, 사이드 카와 비슷하나 서킷 브레이커가 보다 강력한 수단으로 작용된다.

3 주식 현상

① 불마켓과 베어마켓 2020·2018 기업은행 2018 신한은행 OX문제

㉠ 정의 : 황소와 곰이 서로 싸우도록 부추기는 미국의 전통 스포츠에서 유래되었다.

㉡ 불마켓(Bull Market) : 황소가 뿔을 하늘을 향해 찌르는 모습처럼, 시장 시세의 강세나 강세가 예상되는 경우를 말한다. 최근 저점대비 20% 이상 상승했을 때를 의미하곤 한다. 강세시장을 예고하는 패턴으로는 장기하락 후의 상승 전환 등이 있다.

㉢ 베어마켓(Bear Market) : 곰이 앞발을 아래로 내려치는 모습처럼, 주식 시장이 하락하거나 하락이 예상되는 경우를 말한다. 거래가 부진한 약세 시장을 의미한다. 최근 고점 대비 20% 이상 하락하는 경우를 의미한다. 장기간 베어마켓이 진행되는 가운데 일시적으로 단기간에 급상승이 일어나는 경우를 베어마켓랠리(Bear Market Rally)라고 하는데 그 기간은 길지 않은 편이다.

② 코요테 모멘트 2020 기업은행 : 두렵고 피하고 싶었던 상황에 처해 있다는 것을 갑자기 깨닫게 되는 순간을 의미한다. 증권시장에서는 증시의 갑작스러운 붕괴나, 지난 2008년 세계금융위기가 초래한 부동산 거품 붕괴 등을 일컫는다. 최근에는 코로나19를 코요테 모멘트로 지목하며 경기침체를 예고하기도 했다.

PLUS 팁

⊕ 블랙먼데이(Black Monday)

월요일 증시가 대폭락을 맞이할 경우 지칭하는 이름으로, 1987년 뉴욕 증시가 하루 만에 22.6% 폭락할 당시 월요일이었기 때문에 블랙먼데이라는 이름이 붙여졌다.

● 박스피(BoxPI)

박스(Box)와 코스피(KOSPI)를 합쳐 만든 신조어로, 일정 수치의 범주 내에서만 지속적으로 주가가 오르내리는 코스피를 말한다.

OX문제

불마켓은 주식 하락장을 의미한다.

O X

OX문제 답 X

③ **블랙스완** 2024 광주은행 2022·2018 기업은행 2016 산업은행 2015 국민은행 : 도저히 일어날 것 같지 않은 일이 일어나는 것을 말한다. 월가 투자전문가가 나심 니콜라스 탈레브가 자신의 저서 「블랙스완」을 통해 서브프라임 모기지 사태를 예언하면서 쓰였다.

④ **그레이 스완** : 이미 시장에 알려져 있거나 예측이 가능한 악재임에도 마땅한 해결책이 없어, 위험 요인이 계속 존재하는 상태를 말한다.

⑤ **회색 코뿔소** 2024 광주은행 2022 새마을금고 2019 기업은행 : 계속해서 경고하는 위험 요인이 보내는 신호를 무시하다가 큰 위험에 빠지는 것을 말한다. 개연성이 높고 파급력이 크지만 사람들이 간과할 때 사용하는데, 세계정책연구소 대표이사 미셸 부커가 2013년 다보스포럼에서 처음 발표한 개념이다. 코뿔소의 몸집이 커, 먼발치에서도 위험성을 느끼지만 막상 코뿔소가 다가오면 두려움 때문에 아무것도 하지 못하는 것을 비유한다. 예측과 대비가 어려운 '블랙스완'과 차이가 있다.

⑥ **캘린더 효과** 2021·2019 농협은행 : 증시가 특정한 시기에 일정한 상승세와 하락세 흐름을 보이는 현상을 말한다. 대표적인 캘린더 효과로 **1월 효과**⊕, 서머랠리, 산타랠리 효과가 있다.

④ 주식 관련 세금

① **배당소득세** : 주주들에게 배분되는 배당금에 적용되는 세금이다.

② **주식양도소득세** : 주식에 대한 소유권을 양도할 때 발생하는 양도차익에 대해 부과하는 세금이다.

③ **증권거래세** : 법인의 주식이 유상으로 이전되는 경우 양도자에게 양도강애글 기준으로 부과하는 세금이다.

④ **금융투자세** : 주식 또는 펀드 등과 같은 금융상품의 투자를 통해 얻은 모든 소득에 대해서 납부하게 되는 세금이다.

㉠ **장점** : 세수의 확대, 과세형평성, 투명성

㉡ **단점** : 중과세 위험, 투자 위축

PLUS 팁

⊕ 1월 효과

1월의 주가 상승률이 다른 달에 비해 상대적으로 높게 나타나는 현상을 말한다. 이러한 현상은 선진국보다 개발도상국에서 더욱 도드라지며 각종 정부 정책의 발표일이 1월이라는 것과 그해의 주식 시장의 긍정적인 전망 등을 요인으로 꼽았다.

기출문제

2021.03.21. 농협은행

Q 주식 시장 이상현상을 의미하는 것이 아닌 것은?

① 다른 달에 비해서 1월에 주가 상승률이 높다.
② PER가 높은 기업이 PER가 낮은 기업보다 수익률이 높다.
③ 6 ~ 7월 초여름에 주식 상승률이 좋다.
④ 투자자들의 관심이 없는 기업의 수익률이 높게 나타난다.
⑤ 매월 초기 · 중기 · 말기에 수익률이 차이가 있다

정답 ② PER가 낮은 기업에 투자하면 PER가 높은 기업보다 장기적으로 평균적인 수익률이 높다.

PART 01. 금융

2024 · 2022 · 2019농협은행 2022주택도시보증공사 2022수협은행 2023 · 2014새마을금고 2020하나은행 2022 2020기업은행 2019 · 2018신한은행 2015국민은행

채권

#채권시장 #국채 #회사채 #전환사채 #유로채 #정크본드 #코코본드

1 정의 2024 농협은행

① 확정이자부 유가증권이다. 발행시에 채무자(발행주체)가 지급해야 하는 이자와 상환금액이나 기한이 확정되어 있다.

② 정부, 공공기관, 특수법인과 주식회사의 형태를 갖춘 기업이 투자자들로부터 비교적 거액의 장기자금을 일시에 대량으로 조달받기 위하여 발행하는 일종의 차용증서이다.

2 채권 시장 2022 기업은행

① 거래 방식에 따른 채권시장

㉠ **국채전문유통시장(KTS)** : 국고채 활성화 및 거래투명성을 위한 국채 전자거래시장이다. 거래대상채권은 국고채, 통안증권, 예금보험공사채권이나, 국고채가 대부분이다.

㉡ **환매조건부채권(REPO)시장**

- 채권을 매도(또는 매수)함과 동시에 특정 시점(환매일)에 환매수(또는 환매도)를 사전에 약속하는 매매계약이다.
- 유가증권을 담보로 자금을 빌려주고 약정기간 후에 원금과 약정이자를 받는 확정금리상품이다.
- RP 매도자는 보유하고 있는 유가증권을 담보로 단기자금을 조달하고, RP 매수자는 유가증권을 담보로 단기자금을 운용한다.
- 거래대상채권은 국고채권, 외국환평형기금채권, 통화안정증권, 예금보험공사채권 및 발행인(또는 보증기관)의 신용등급이 AA 이상인 회사채 및 기타 특수채 증권이다.

㉢ **일반채권시장** : 한국거래소에 상장된 모든 종목의 채권을 거래할 수 있는 시장이다.

㉣ **소액채권시장** : 일반 국민이 주택 구입, 부동산 등기 등 인·허가 시에 의무적으로 매입한 국공채(첨가소화채권)의 환금성을 높이기 위해 개설된 특수목적의 시장이다. 거래대상채권은 제1종 국민주택채권, 서울도시철도채권, 지역개발채권, 지방도시철도채권 등이 있다.

PLUS 팁

회사채의 신용등급

기업 사정에 따라 원리금 상환능력에 차이가 있으며 이를 표시하는 것이 회사채 신용등급이다. 기업이 회사채나 기업어음(CP)을 발행할 때 발행 금리에 영향을 미치는 중요한 요인으로 작용하는데 최상등급은 AAA+이며, BB+등급 이하부터는 투기부적격등급으로 분류된다.

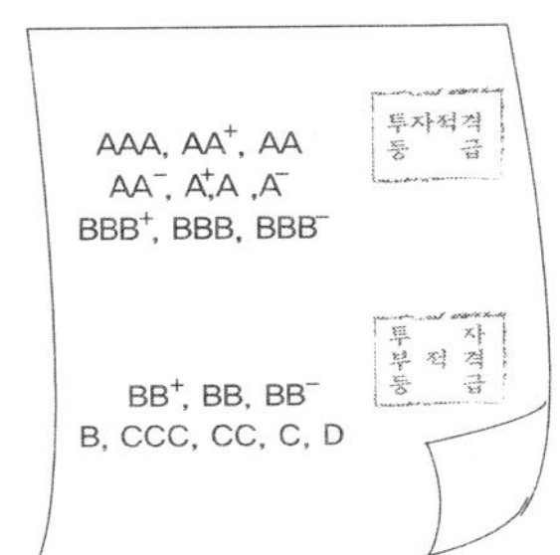

② 거래 구조에 따른 채권시장

㉠ **발행시장**: 새로운 채권이 처음 발행되어 투자자에게 판매되는 시장으로 기업이나 정부, 공공기관 등이 자금 조달을 위해 국채 및 회사채 등을 발행한다.

㉡ **유통시장**: 이미 발행된 채권이 투자자들 간 거래되는 시장으로 채권 가격은 시장 상황과 금리 변동에 따라 달라진다.

㉢ **장내 채권시장**: 증권거래소에서 표준화된 규칙에 따라 거래된다. 거래의 투명성이 높고 기관투자자뿐만 아니라 개인투자자도 참여할 수 있다.

㉣ **장외 채권시장**: 증권사나 금융기관 간 자유롭게 거래되는 시장으로 거래소를 거치지 않고 협상으로 가격과 조건이 결정된다. 기관투자자 중심으로 운영되며 대규모 거래가 이루어지는 경우가 많다.

3 채권의 종류 2022 주택보증기금 2023 새마을금고 2022 수협은행 2019·2018 신한은행

구분	발행기관	종류
국채	국가	국고채, 국민주택채권, 외국환 평형기금채권
지방채	지방자치단체	상수도공채, 지역개발공채
특수채	**특별법에 의해 설립된 법인**	토지개발채권, 한국전력공사채권
금융채	금융기관	금융채, 산업금융채권, 중소기업금융채권
회사채(사채)	일반주식회사	보증사채, 무보증사채, 전환사채, 신주인수권부사채, 교환사채, 이익참가사채

① 국채

㉠ 중앙정부가 공공목적에 필요한 자금을 조달하기 위하여 발행하는 채권으로 **국고채**, 국민주택채권, **외국환 평형기금채권**이 있다.

㉡ 국고채권이 국채의 대부분을 차지하며, 만기는 3년, 5년, 10년, 20년, 30년, 50년이 있다.

② 지방채

㉠ 지방자치단체가 재정자금을 조달하기 위하여 발행하는 채권으로, 지방개발사업에 필요한 경비를 조달하기 위해 발행된다.

㉡ 서울특별시에서 발행하는 지하철 공채와 각 지방단체에서 발행하는 상수도 공채, 지역개발공채 등이 있다.

③ 특수채

㉠ 한국전력공사처럼 특별법에 의해 설립된 특별법인이 발행하는 채권이다.

㉡ 한국토지공사가 발행하는 토지개발채권, 한국전력공사가 발행하는 한국전력공사채권 등이 있다.

PLUS 팁

특별법에 의해 설립된 법인

예금보험공사, 한국전력공사

국고채

국가가 필요에 따라 발행하는 국채의 일종으로 예산사업을 하기 위해 국민들로부터 돈을 빌려 쓸 때 발행하는 채권이다. 3년 만기의 채권이 주로 발행되고 있다.

외국환 평형기금채권

환율을 안정시키기 위한 채권으로 '외평채'라고도 한다. 외국환평형기금(원화의 대외가치 안정과 투기성 외화의 유출입에 따른 악영향을 막기 위해 정부가 운영)의 재원조달을 위해 발행한다. 원화표시로만 발행되었으나 외환위기 이후 외환 부족을 해결하기 위해 외화표시 증권도 발행하기 시작했다. 해외시장에서 발행할 경우 기준금리에 발행국가의 신용도와 유통물량을 고려하여 가산금리가 붙는다.

④ 금융채

㉠ 은행, 여신금융전문회사 등 금융기관이 자금을 조달하기 위하여 발행하는 채권이다.

㉡ 한국은행이 발행하는 통화안정증권이 대표적이다. 일반은행의 금융채와 특수은행인 산업은행이 발행하는 산업금융채권, 기업은행이 발행하는 중소기업금융채권 등이 있다.

⑤ 회사채

㉠ 일반 주식회사가 자금을 조달하기 위하여 발행하는 채권으로 사채라고도 하며, 대부분 국채보다 금리가 높다.

㉡ 보증사채, 무보증사채, 전환사채, 신주인수권부사채, 교환사채, 이익참가사채로 각각 분류된다.

4 채권지수

① 정의 : 상장되어 있는 채권에 투자할 경우, 기간의 경과에 따라 발생하는 모든 채권의 기간별 투자수익률 또는 일정시점에서의 가격수준 및 수익률 수준을 지수화한 것이다.

② 특징

㉠ 채권운용실적과 채권의 수익성을 신속하고 간편하게 비교할 수 있다.

㉡ 수익률의 움직임을 예측·분석하여 투자에 이용할 수 있는 채권투자지표이다.

5 정크본드(Junk Bond) 2014 새마을금고

① 정의 : 리스크가 상대적으로 큰 기업들이 자금 조달을 목적으로 발행한 고수익·고위험 채권을 말한다.

② 특징

㉠ 신용도가 낮은 회사가 발행한 채권이어서 원리금 상환 불이행 위험이 크기 때문에 일반 채권금리에 가산금리를 더한 이자를 지급한다.

㉡ 미국의 경우 회사채는 만기 10 ~ 30년의 장기채 발행이 대부분을 차지하고 있는데, 신용등급이 높은 우량기업 발행채권이 대부분을 차지한다.

㉢ 우리나라의 정크본드 시장은 **자산유동화증권(ABS)**⊕과 관련이 있다. ABS 설계 시 위험요소가 경감될 수 있도록 원리금 지급 우선순위에서 선순위와 후순위로 차등을 둔다.

PLUS 팁

⊕ 자산유동화증권(ABS) 2022 농협은행

① 정의

㉠ 특수목적기구법인(SPC)이 자산 보유자로부터 자산을 양도·신탁 받아 유동화증권을 발행하고 해당 유동화자산의 관리·운용·처분에 의한 수익이나 차입금으로 유동화증권의 원리금 또는 배당금을 지급하는 것을 말한다.

㉡ 자산유동화는 자산 보유자의 신용과 분리하여 유동화자산에서 발생되는 현금흐름을 바탕으로 자금을 조달하는 금융기법이다.

② **장점** : 자산 보유자의 재무구조 개선, 자금 조달 비용 절감, 투자자 확대 등의 장점이 있다.

③ **종류** : 유동화대상 자산 에 따라 그 종류가 다양한데 주택담보대출이 기초자산인 경우는 주택저당증권(MBS), 기초자산이 기업 매출채권인 경우에는 자산담보부 기업어음(ABCP)이라고 한다.

⑥ 코코본드(Contingent Convertible Bond) 2015 국민은행

관련기사

지방 금융지주, 코코본드 발행 잠잠

지방 금융지주들이 지난 몇 년 전과 달리 올해 코코본드 발행에 보수적인 태도를 취하고 있다. 금리 인하로 은행권 코코본드 인기가 주춤할 것으로 예상될 뿐만 아니라 발행 대기 물량이 늘어 흥행 요인이 줄었기 때문이다. 코코본드의 조달 비용 부담이 커지고 있고, 자본적정성 비율도 안정 범위에 오르면서 발행 유인이 줄었다는 분석도 나온다. JB금융지주는 2014년 9월 국내 최초로 코코본드를 발행했다. 당초 3,000억 원 규모 발행을 목표로 했으나 새로운 금융상품에 대한 투자자들의 부담으로 인해 첫 번째 시도에서 흥행에 실패했으나 굴하지 않고 2,000억 원 규모로 무려 6.40%의 금리를 제공하는 고금리 상품을 다시 선보이며 코코본드 발행에 성공했다. 다만 올해 코코본드 발행에 대해서는 아직 계획이 없다는 입장이다. BNK금융지주는 2015년 8월 BIS비율을 높이기 위해 1,500억 원 규모의 코코본드 발행에 처음으로 도전했으나 올해는 상황이 다르다. 자본비율이 규제 이상으로 충족된 상태인 데다, 조달 비용이 높아지는 추세이기 때문이다. DGB금융은 2020년 들어 거의 매해 코코본드를 발행하고 있다. 자본적정성이 안전궤도에 오른 만큼 아직 추가적인 코코본드 발행은 고려하지 않는다는 것이 DGB금융의 입장이다.

① 발행기관이 경영개선명령을 받거나 부실 금융기관으로 지정될 경우, 상각되거나 보통주로 전환되는 조건이 부가되어 있는 채권(조건부 자본증권)을 말하며, 우발전환사채라고도 한다.

② 강제로 상각되거나 주식으로 전환되어 발행기관의 채무 부담은 줄어들고 자본은 확충된다.

③ 채권이 상각될 경우 투자자가 원금 손실을 입게 되는 위험을 반영하여 코코본드의 발행금리는 일반 회사채보다 비교적 높게 형성된다.

④ 바젤Ⅲ에서 금융기관 자본의 인정요건을 강화하였는데, **후순위채권**⊕ 등에 대해서는 유사 시 주식으로 전환되거나 상각되는 조건부자본 요건을 추가로 충족하도록 요구하고 있다.

⑤ 바젤Ⅲ 규제하에서 금융기관 입장에서는 코코본드를 발행하게 되면 자본이 증가해 건전성지표인 자기자본비율이 개선되는 효과가 있다.

PLUS 팁

⊕ 후순위채권

기업이 파산할 경우, 다른 채권자들의 부채가 청산된 다음 상환 받을 수 있는 채권으로, 금리는 다른 채권에 비해 조금 높다는 장점이 있다. 자기자본비율을 유지하거나 이를 높이기 위한 목적으로, BIS가 자기자본비율을 산정할 때 후순위채권은 부채가 아닌 자기자본으로 계산된다. 자본을 늘리는 가장 바람직한 방법은 유상증자를 실시하는 것이지만, 재무구조가 부실한 금융기관의 경우에는 주가가 액면가를 밑돌아 증자에 참여하는 투자자들을 구하기가 어렵기 때문에 이자율이 높은 장점을 이용해 후순위채권을 발행한다. 만기가 5년 이상 되는 채권은 100% 순자기자본으로 인정되지만 5년 미만짜리 채권은 매년 20%씩을 순자기자본에서 제외시킨다. 때문에 보통 7년 내지 10년 만기로 발행하고, 발행할 때 5년 후 상환하겠다는 콜 옵션을 붙인다

7 외국채와 유로채

① 외국채 2020 하나은행 2019 농협은행 : 채권의 표시통화 국가에서 발행되는 채권이다. 발행하는 국가에 따라 명칭이 달라진다.

예 우리나라 기업이 미국 금융 시장에서 달러화 표시채권을 발행하고 미국 투자가들이 인수한 경우는 양키본드, 미국 기업이 한국 금융 시장에서 원화로 표시채권을 발행하고 한국 투자자들이 인수한 경우를 아리랑본드라고 한다.

구분	내용
양키본드(미국)	미국 시장에서 비거주자가 발행하여 유통되는 달러 표시채권을 말한다.
사무라이본드(일본)	일본 시장에서 비거주자인 외국 정부나 기업이 발행하는 엔화 표시채권을 말한다.
불독본드(영국)	영국 시장에서 외국 정부나 기업이 발행하는 파운드화 표시채권을 말한다.
판다본드(중국)	중국 시장에서 외국 정부 또는 기관이 발행하는 위안화 표시채권을 말한다.
아리랑본드(한국)	한국 시장에서 비거주자가 발행하여 유통되는 원화 표시채권을 말한다.

② 유로채 2024·2019 농협은행 : 채권 발행자가 본국 이외의 국가에서 발행하는 채권으로, 대부분 유럽지역에서 발행되어 유로채라고 불린다.

구분	내용
쇼군본드(일본)	일본 시장에서 외국기업이 엔화가 아닌 다른 통화로 발행하는 채권을 말한다. 엔화 표시로 채권을 발행하면 사무라이본드가 된다.
딤섬본드(홍콩)	홍콩 시장에서 외국기업이 위안화 표시로 발행하는 채권을 말한다.
김치본드(한국)	국내 시장에서 외국기업이 외화 표시로 발행하는 채권을 말한다.

PLUS 팁

외국채와 유로채 비교하기

구분	외국채	유로채
금융당국 규제	있음	없음
채권 형태	기명채권	무기명채권
발행 규모	소규모	대규모
발행 방법	주로 사모 발행	주로 공모 발행
신용 평가	필요	불필요
이자 소득세	과세	비과세

주식과 채권 비교

	주식	채권
발행 기관	주식회사	정부, 공공기관, 금융기관, 주식회사, 특수법인
소유자	주주	채권자
권리 행사	자격있음	자격없음

부실채권(NPL)

금융기관의 대출 및 지급보증 중 원리금이나 이자를 제때 받지 못하는 돈을 말한다.

기출문제

2019.10.12. 하나은행

Q 다음 중 유로채인 것을 모두 고르면?

① 딤섬본드
② 양키본드
③ 김치본드
④ 아리랑본드
⑤ 불독본드

정답 ①,③ 유로채는 채권 발행자가 본국 외의 국가에서 발행하는 채권으로 쇼군본드, 딤섬본드, 김치본드 등이 있다.

CHAPTER 13

PART 01. 금융

2024전북은행 2024기술보증기금 2024 · 2023 · 2022 · 2019 · 2018기업은행 2023한국자산관리공사 2022 · 2012농협은행 2021 · 2019 · 2017산업은행 2020 · 2019하나은행 2018국민은행

전환사채(CB) · 교환사채(EB) · 신주인수권부사채(BW)

#CB #EB #BW #주식연계채권

PLUS 팁

1 전환사채(CB, Convertible Bond)

2024 전북은행 / 2024 기술보증기금 / 2024 · 2019 기업은행 / 2023 한국자산관리공사 / 2022 농협은행 / 2021 · 2017 산업은행 / 2020 하나은행 / 2018 국민은행

> **관련기사**
>
> 전환사채 시장 건전성 제고 방안
>
> 전환사채(CB)가 불공정거래에 악용되는 사례를 막기 위해 금융위원회는 전환사채 발행·유통 공시가 강화된 '증권의 발행 및 공시 등에 관한 규정' 개정안을 의결했다. 전환사채는 향후 주식으로 전환할 수 있는 권리가 부여된 채권으로, 국내의 경우 콜옵션(미리 정한 가액으로 전환사채 등을 매수할 수 있는 권리), 리픽싱 조건(주가 변동 시 전환가액을 조정) 등과 결합해 중소·벤처기업의 주요 자금조달 수단으로 활용되고 있다. 그러나 발행·유통 과정에서 시장 감시와 견제 기능이 제대로 작동하지 않고, 만기 전 취득한 전환사채를 최대주주에게 재매각한 뒤 주식으로 전환하는 방식 등 불공정거래에 악용될 우려가 있다는 지적도 잇따랐다. 이에 개정안은 회사가 콜옵션 행사자를 지정하거나, 콜옵션을 제삼자에게 양도한 경우에는 주요사항보고서를 통해 공시하도록 했다.

① 정의 : 발행 당시엔 사채로 발행되지만, 일정 기간이 지나면 발행 회사의 주식으로 전환할 수 있는 권리가 부여된 사채를 말한다.

② 특징

㉠ 주식 전환권이 행사되면 채권을 주식으로 바꿔 주가 상승의 이익을 취할 수 있다.

㉡ 발행만기 기간과 전환가격 등을 표시하며 주식으로의 전환은 의무사항이 아니다.

㉢ 주식으로 전환하지 않을 경우 별도로 정해놓은 이자율을 받을 수 있다.

㉣ 전환사채를 발행하려면 정관 또는 정관 변경의 특별결의서로서 전환의 조건, 전환으로 인하여 발행할 주식의 내용, 전환을 청구할 수 있는 기간 등을 정해야 한다.

2 교환사채(EB, Exchangeable Bond)

2019 · 2018 기업은행 / 2019 하나은행 / 2018 국민은행 / OX문제

① 정의 : 사채권자의 의사에 따라 사채를 교환사채 발행기업이 보유하고 있는 여타의 유가증권과 교환할 수 있는 선택권이 부여된 사채를 말한다.

② 특징

㉠ 발행하는 채권에 주식이 연계되어 있다는 점에서 발행 회사의 신주를 일정한 조건으로 매수할 수 있는 신주인수권부사채나, 발행 회사의 주식으로 전환할 수 있는 권리가 부여된 전환사채 등과 함께 주식연계증권으로 불린다.

OX문제

유가증권과 교환할 수 있는 사채는 교환사채이다.

O | X

OX문제 답 O

㉡ 주식 전환이 가능한 채권이라는 점에서 전환사채와 유사하나 전환 대상 주식이 발행사가 아닌 다른 회사의 주식이라는 점에서 차이가 있다.
㉢ 교환사채를 발행할 수 있는 법인은 상장 회사로 발행이율, 이자 지급조건, 상환기한 및 전환기간 등은 자율화되어 있다.
㉣ 교환가격은 교환 대상 주식 기준 주가의 90% 이상이며 교환비율은 100% 이내로 제한된다.
㉤ 발행 회사는 자기회사지분율이 변하는 위험을 없애면서 보유 주식을 보다 비싼 값에 팔 수 있는 이점이 있으나 교환 대상 주식을 발행한 기업이 동의해야만 교환사채를 발행할 수 있다.

PLUS 팁

3 신주인수권부사채(BW, Bonds with Warrant) 2023·2019 기업은행 2019 산업은행 2018 국민은행 2012 농협은행

① 정의 : 채권을 발행한 회사가 주식을 발행할 경우 투자자가 미리 약정된 가격에 일정한 수량의 신주(기업이 증자나 합병 등으로 새로 발행한 주식)를 인수할 수 있는 권리인 워런트가 결합된 회사채를 말한다.

② 특징 OX문제

㉠ BW는 발행 회사의 주식으로 전환할 수 있는 권리가 부여된 CB와 비슷한 것처럼 보이지만, CB는 전환 시 그 사채가 소멸되고 BW는 인수권 부분만 소멸될 뿐 사채부분은 계속 효력을 갖게 된다. 즉, 사채권자와 동시에 주주의 지위를 갖는다.
㉡ 상환에 갈음하여 그 가격으로 신주의 발행가액의 납입을 대신하는 대용납입을 할 수 있으므로, 이 경우에는 전환사채와 비슷하게 된다.
㉢ 전환사채는 사채권과 전환권이 동일증권에 의하여 표창되나, 신주인수권부사채는 신주인수권을 행사하더라도 사채권에는 영향이 없으므로 사채권과 신주인수권을 반드시 동일증권에 의하여 표창할 필요가 없다.

OX문제
신주인수권부사채는 사채권자의 지위가 상실된다.
O X

기출문제

2018.10.13. KB국민은행

Q CB와 BW의 비교로 옳지 않은 것은?

① CB는 전환 시 사채가 소멸되지만 BW는 인수권 부분만 소멸된다.
② CB와 BW는 자본금 변동이 있다.
③ CB와 BW의 발행 대상은 발행 회사에 있다.
④ CB와 BW 모두 사채보다 낮은 이자로 자금을 조달하려는 목적이 있다.
⑤ CB는 사채권자와 동시에 주주의 지위를 갖는다.

정답 ⑤ 사채권자 지위를 유지하는 동시에 주주의 지위를 얻는 것은 BW이다.

OX문제 답 X

4 발행방식 OX문제

① **공모** : 인수단이 구성되어 주식을 인수한 후 투자자에게 판매하는 방식이다. 거래소, 상장, 신고서, 사업설명서 제출 등 법적장치를 수반해 발행되므로 관련 사항이 투자자에게 전달된다.

② **사모** : 특정소수 기관을 대상으로 하여 비공개적으로 모집한다. 일반투자자는 투자참여 및 발행정보공유에서 배제되므로 기존 일반주주의 경우 사모전환사채가 주식으로 전환될 때는 통상적 신주인수권을 원칙적으로 봉쇄당한 채 증자에 따른 불이익을 떠안게 된다.

더 알아보기

CB, EB, BW 한 눈에 비교하기

구분	주식연계채권		
	전환사채(CB)	교환사채(EB)	신주인수권부사채(BW)
권리	전환권	교환권	인수권
목적	사채보다 낮은 이자로 자금 조달		
지위	사채권자 지위 상실, 발행 회사 주주 지위	사채권자 지위 상실, 발행 회사 주주 지위	사채권자 지위, 주주 지위
자본금 변동	변동 있음	변동 없음	변동 있음
대상	발행 회사	다른 회사	발행 회사

PLUS 팁

OX문제

특정소수 기관을 대상으로 하여 비공개적으로 모집하는 방식은 공모이다.

O | X

기출문제

2019.04.20. 기업은행

Q 전환사채(CB)의 특징으로 옳지 않은 것은?

① 사채보다 이자는 낮다.
② 사채권자 지위를 유지하는 동시에 주주의 지위도 얻는다.
③ 일정 기간이 지나면 발행 회사의 주식으로 전환할 수 있는 권리가 있다.
④ 자본금에 변동이 있다.
⑤ 발행방식에는 사모와 공모가 있다.

정답 ② 사채권자와 동시에 주주의 지위를 갖는 것은 신주인수권부사채(BW)이다.

OX문제 답 X

2024 · 2021 · 2019 · 2013국민은행 2024한국자산관리공사 2024 · 2020농협은행 2024 · 2019신한은행 2023산업은행 2022수협은행 2022 · 2018신용보증기금 2022 · 2019 · 2018기업은행 2019 · 2018우리은행 2016하나은행

파생금융상품

#KIKO #CDS #CRS #IRS #콜 옵션 #풋 옵션

1 정의 2024·2023·2023 농협은행 2023 산업은행 2022·2018 기업은행 2019 신한은행 2018 우리은행

① 옥수수, 쌀, 주식 등과 같은 현물에서 유래되어 파생된 것으로 기초자산의 가격변화에 따라 가격이 결정되는 일종의 금융상품이다.

② 통화, 채권, 주식 등 기초금융자산의 가치 변동에 의해 결정되는 금융상품을 말한다.

③ 1996년 한국증권거래소에서 주가지수를 이용한 KOSPI200 선물과 KOSPI200 옵션을 상장하여 처음 파생 상품 거래가 시작되었으며, 1999년 한국선물거래소의 설립으로 국채, 금, 달러 등 다양한 상품이 거래되고 있다.

④ 구분

장내파생 상품	장외파생 상품
선물거래, 장내옵션	선도거래, 장외옵션, 스와프

㉠ **장내파생상품** : 거래소에서 상장되어 거래된다. 거래소에서 계약이행을 보장한다.

㉡ **장외파생상품** : 거래소 없이 계약을 통해서 거래가 진행된다. 신용도에 의존하기 때문에 **거래상대방 위험**이 상대적으로 높다.

PLUS 팁

거래상대방 위험

장외파생 상품 거래상대방의 계약의무 불이행에 따른 위험으로, 신용위험에 해당된다.

2 구조 OX문제

① **선도(Forward)** : 표준화되지 않은 상품을 거래당사자 사이에 가격을 합의하여 미래시점에 자산을 매매하는 것이다. 구체적인 계약조건은 당사자 간의 협상으로 이루어진다.

② **선물(Future)** : 공인된 거래소에서 표준화된 상품의 매매계약을 체결하고 일정 기간이 경과한 후에 이루어지는 거래를 말한다.

③ **옵션(Option)** : 특정한 자산을 미리 정해진 계약조건에 의해 사고(콜 옵션) 팔 수 있는(풋 옵션) 권리를 말한다.

④ **스왑(Swap)** : 두 당사자가 각자 가지고 있는 미래의 서로 다른 자금흐름을 일정 기간 동안 서로 교환하기로 한 계약을 말한다. 크게 금리스왑(IRS)과 통화스왑(CRS)으로 구분한다.

㉠ **금리스왑**(interest rate swap) : 거래당사자가 각자 가지고 있는 자산 또는 부채의 금리조건을 상호 교환하기로 계약하는 것이다.

㉡ **통화스왑**(cross currency swap) : 거래당사자가 각자 가지고 있는 자산이나 부채를 다른 통화의 자산이나 부채로 전환하면서 금리조건도 상호교환 하는 계약이다.

OX문제

특정한 자산을 미리 정해진 계약조건에 의해 사고팔 수 있는 권리를 스왑이라고 한다.

O X

OX문제 답 X

더 알아보기

선물거래와 선도거래 비교 2019 국민은행 2019 우리은행 2019 신한은행

구분	선물거래	선도거래
거래조건	거래 방법 및 계약단위, 만기일 등 거래조건이 표준화되어 있다.	매매 당사자 간의 합의에 따라 결정되어 조건이 다양하다.
거래장소	거래소에서 공개적으로 거래가 이루어진다.	당사자 간에 직접적인 거래가 이루어진다.
중도청산	시장 상황에 따라 자유롭게 청산이 가능하다.	상대방이 응하지 않으면 중도에 청산이 쉽지 않다.
신용위험	거래소가 계약이행을 보증하여 신용위험이 없다.	당사자 간의 약속으로 계약불이행의 위험이 존재한다.

PLUS 팁

주식워런트증권 (ELW, Equity Linked Warrant)

특정 주식이나 주가지수 등 기초 자산을 미리 정한 조건에 따라 미래에 사거나 팔 수 있는 권리가 붙은 증권으로 옵션과 비슷한 파생 상품이지만 발행자가 증권회사인 점과 다양한 수익구조로 발행이 가능한 점에서 구분된다. 콜 워런트(살 권리)는 기초자산 가격이 오를 때, 풋 워런트(팔 권리)는 주가가 내릴 때 수익이 난다. 따라서 기초자산의 가격이 상승할 거라고 믿는다면 콜 워런트를, 하락할 거라고 예측하면 풋 워런트를 매입하면 된다.

3 파생상품시장

① 정의

㉠ 주가지수, 금리, 통화, 개별 주식 및 일반 상품을 기초자산으로 하는 다양한 파생상품이 거래되는 국내 유일의 종합파생상품거래소이다.

㉡ 세계 최대의 KRX 파생상품시장으로 최적의 위험 관리 수단을 제공하고 금융산업의 국제경쟁력 강화에 큰 영향을 미치고 있다.

② 기능

㉠ **가격예시의 기능** : 파생상품시장에서 결정되는 선물가격은 해당 상품의 수요와 공급에 관련된 정보들이 집약되어 결정된다. 현재시점에서 미래 현물가격에 대한 수많은 시장 참가자들의 공통된 예측을 나타낸다.

㉡ **위험전가 기능** : 파생상품시장의 구조 자체가 가격 변동의 위험을 원하지 않는 헤저(위험 회피자)로 가격 변동 위험을 감수하면서 보다 높은 이익을 추구하려는 투기자로의 이전을 가능하게 하는 것을 의미한다.

㉢ **자원배분의 효율성** : 장기보관이 가능한 농산물의 출하시기의 시차를 적절히 조절함으로써 수급을 안정시키고 이를 통해 적절한 시기에 자원배분의 효율성을 증대시킨다고 볼 수 있다.

㉣ **자본형성 기능** : 헤저(위험 회피자)에게는 가격 변동 위험을 조절할 수 있는 위험조절의 장으로서, 투기자에게는 파생상품 거래가 갖는 투자 레버리지의 효과로 인해 높은 수익을 얻을 수 있는 기회를 제공한다. 파생상품시장은 투기자의 부동자금을 흡수하여 기업을 안정적으로 경영 하고자 하는 헤저들의 효율적인 자금관리와 자본형성에 도움을 준다.

4 KIKO(Knock In–Knock Out) 2019 신한은행

① 정의 : 서로 다른 통화를 일정한 환율로 교환하는 것이 목적인 파생금융상품이다.

② 특징

㉠ 환율 하락으로 인한 환차손 위험을 커버하기 위해 수출기업과 은행이 체결하는 일종의 통화옵션 계약이다.

㉡ 환율이 일정 범위에서 움직이는 기업은 환헤지 효과와 더불어 환차익을 얻을 수 있다.

㉢ 환율이 하한 이하로 내려가면 계약이 무효가 되고 환차손이 발생하고 상한 이상으로 올라가면 큰 손실을 입는다.

5 신용부도스왑(CDS, Credit Default Swap) 2024 농협은행 2024·2021·2020·2018 국민은행 2019 기업은행 2018 신한은행 OX문제

① 채무불이행의 위험(신용위험)을 대비하기 위한 수단으로, 채권을 발행하거나 금융기관에서 대출을 받아 자금을 조달한 기업의 신용위험만을 분리해서 사고파는 신종 금융파생 상품 거래를 말한다.

② 채무불이행 위험을 회피하려는 보장매입자가 이 위험을 대신 부담하는 보장매도자에게 수수료를 지불하고 실제로 부도가 발생하면 사전에 약속한 보상을 지급받는 계약이다.

③ 신용위험의 **헤지**⊕를 목적으로 1995년 도입되었다. 우리나라는 달러 조달을 위한 외평채 부도 위험에 대비하여 CDS가 국제금융시장에서 거래되고 있다.

6 통화스왑(CRS, Currency Swap) 2016 하나은행

① 장외파생 상품의 일종으로 거래당사자끼리 서로 다른 통화를 교환하고 이자를 주고받으며, 일정 기간(만기) 후 원금을 재교환하기로 약정하는 거래이다.

② 외화용 마이너스통장의 개념으로 환율을 고정시켜두고 일정 기간, 일정 한도로 서로 다른 통화 교환하여 환율 변동을 헤지하는 것이다.

③ 기업과 국가 모두 환율과 금리 변동 리스크를 방지와 외화 유동성 확충을 위해 사용한다. 우리나라 경우엔 외환위기를 겪은 이후 통화스왑시장이 성장하였다.

PLUS 팁

CDS 프리미엄 2019 기업은행

부도 위험을 헤지하는 데 들어가는 보험료를 CDS 프리미엄이라고 한다. 신용위험도가 높아질수록 CDS 프리미엄은 오르게 되고 낮으면 떨어진다. 따라서 CDS 프리미엄을 보면 국가나 기업의 부도 확률을 알 수 있다.

스왑 스프레드(Swap Spread)

'IRS 금리 – 국고채 금리'를 의미하며, 'CRS 금리 – IRS 금리'를 스왑 베이시스(Swap Basis)라고 한다. 금리스왑 스프레드는 금리전망, 거래상대방의 신용위험 등에 의해 변동된다. 예를 들어 시장금리가 하락할 것으로 예상하여 변동금리를 지급하는 대신 고정금리를 수취하는 IRS Receive를 하는 경우 고정금리 수취 수요가 증가함에 따라 IRS 금리가 하락하면서 금리스왑 스프레드는 축소된다. 이 둘은 외국인들의 국내 채권 투자에 영향을 미친다.

⊕ 헤지(Hedge)

환율, 금리 또는 주가지수의 변동에서 오는 가격 변동 위험을 제거하기 위해 행하는 거래이다. 헤지의 목적은 이익을 극대화가 아닌 가격변화에 따른 손실 방지이다.

OX문제

채권을 발행한 국가나 기업이 부도가 발생했을 때 전에 약속한 보상을 지급받는 상품으로, 이 상품의 가격은 시장 위험을 나타내는 지표 역할을 한다. 신용위험의 헤지를 목적으로 1995년 도입되었다.

O | X

OX문제 답 O

7 금리스왑(IRS, Interest Rate Swap) 2022 신용보증기금 2022 기업은행 2013 국민은행

① 금리 변동 위험 헤지 및 차입비용 절감 등을 위하여 원금 교환 없이 이자 지급을 교환하는 것을 말한다.

② 변동금리와 고정금리의 교환이 대표적이다. 고정금리를 지급하고 변동금리를 수취하는 거래를 IRS Pay라고 하며, 고정금리를 수취하고 변동금리를 지급하는 거래를 IRS Receive라고 한다.

③ IRS의 금리는 금리 변동에 대한 예상과 고정금리에 대한 수요 등에 의해 결정된다. 신용위험이나 금리상승이 예상되거나 고정금리 수요가 감소할 경우 IRS 금리가 상승하게 된다.

8 콜 옵션과 풋 옵션 2024 한국자산관리공사 2024·2019 신한은행 2022 수협은행 2022 기업은행 2024·2019 농협은행 2019·2018 우리은행 2018 신용보증기금

① 거래의 종류

구분	내용
선물거래	먼저 계약을 하고 거래하는 방식으로 지정한 날 반드시 거래를 이행해야 한다.
옵션거래	사거나 팔 수 있는 권리를 매매하는 것으로 거래를 이행할지 선택한다.

② **옵션거래의 종류**⊕

㉠ 콜 옵션(Call Option) : 특정 기본자산을 당사자들이 미리 정한 가격(행사가격)으로 미래의 특정 시점 또는 그 이전에 살 수 있는 권리를 매매하는 계약이다. 콜 옵션 매수자는 콜 옵션 매도자에게 프리미엄을 대가로 지급하며 그 대신 매도자는 기본자산을 사전에 정한 가격에 팔아야 할 의무를 진다.

㉡ 풋 옵션(Put Option) : 특정 기본자산을 당사자들이 미리 정한 가격(행사가격)으로 만기일 또는 그 이전에 팔 수 있는 권리를 매매하는 계약이다. 풋 옵션 매수자는 풋 옵션 매도자에게 사전에 정한 가격으로 일정 시점에 매도할 권리를 소유하는 대가로 프리미엄을 지급하며 매도자도 매수자가 기본자산을 미리 정한 가격에 사줘야 할 의무를 진다.

PLUS 팁

⊕ 옵션거래

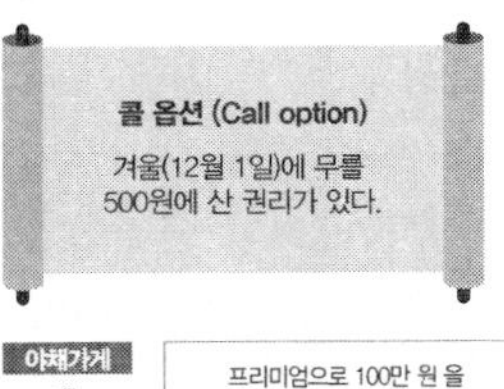

야채가게

프리미엄으로 100만 원을 선지급할테니, 무를 500원에 파세요. 대신 내가 사기 싫으면 안 삽니다.

농부

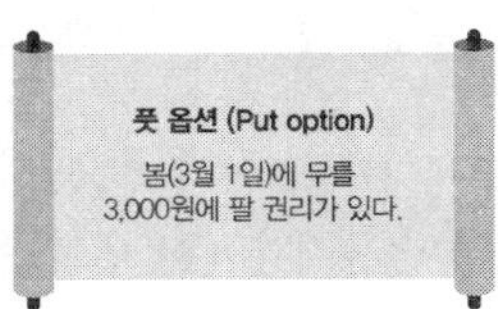

농부

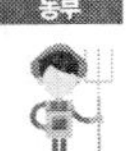

프리미엄으로 100만 원을 선 지급할테니, 무를 3,000원에 사세요. 대신, 내가 팔기 싫으면 안 팔지만, 팔 경우에는 반드시 사야합니다.

야채가게

- 옵션 매수자는 콜(Call)과 풋(Put)의 구분 없이 선택권이 있기 때문에 자신에게 유리한 경우에만 행사하고 불리하면 포기하는 것이 가능하다.
- 옵션 매도자는 매수자로부터 프리미엄을 받았기 때문에 권리를 행사할 시 반드시 응해야 할 의무가 있다.
- 옵션의 매수자가 권리를 행사하지 않는 경우, 매도자는 프리미엄이 이익이 되지만 권리를 행사하는 경우, 손실을 진다.

2024수협은행 2019경남은행 2018농협은행 2017한국거래소 2014국민은행

펀드 Ⅰ

간접 투자 # 단기금융펀드 # 투자3원칙

① 정의

다수의 투자자로부터 자금을 모아 전문적인 운용기관인 자산 운용사가 주식, 채권, 부동산 등 자산에 투자하여 운용한 후 그 실적에 따라 투자자에게 되돌려주는 간접 투자 상품이다.

② 장 · 단점

① 장점 : 전문가가 대신 운용하므로 시간과 노력을 절약할 수 있고 정보나 수익률에서 유리하다. 소액의 자금으로도 분산투자가 가능하므로 위험을 줄일 수 있다.

② 단점 : 수수료 등으로 인해 직접 투자에 비해 거래비용이 크고 다른 사람이 운용함에도 투자로 인해 발생하는 위험은 투자자가 부담해야 한다.

③ 펀드 투자 3원칙

1	목표 투자	• 본인의 투자목표를 설정하면 투자규모, 투자기간 등 구체적인 투자 방법을 정할 수 있다. • 투자목표는 추후 투자의 성공, 실패 여부를 판단 하여 투자 방법 을 조정하는 기준이 된다.
2	분산 투자	한 종류의 펀드에만 투자하는 것보다 투자 대상을 분산시켜 투자 하거나, 투자시점을 분산시켜 투자하면 투자위험을 줄일 수 있다.
3	장기 투자	• 장기로 투자하면 일시적인 경기하락을 극복하고 수익을 누릴 수도 있다. • 투자기간이 늘어나면 투자위험이 낮아질 수 있다.

PLUS 팁

직접 투자

매매 시점 적중 시 단기간에 고수익을 낼 수 있고 거래비용이 저렴하다. 단, 위험을 분산시키기 어렵고 정보가 미흡할 수 있다.

OX문제

헤지펀드는 소수의 투자자들에게 거액을 투자받아서 운용하는 펀드이다.

O X

OX문제 답 O

4 펀드 운용구조

① **자산운용회사** : 운용 주체로서 간접 투자 재산을 운용하는 회사로, 주식이나 채권 등 유가증권투자만을 전문으로 하는 회사이다. 자산운용회사가 되기 위해서는 일정한 자격을 갖추어 금융감독위원회의 허가를 받아야 한다.

② **펀드 판매 회사** : 집합투자업자인 자산운용회사 등의 집합투자기구(펀드)와 집합투자증권(펀드증권)의 판매계약(투자매매업자) 또는 위탁판매계약(투자중개업자)을 체결하여 펀드증권의 판매 및 환매업무를 영위하는 회사를 말한다. 주로 은행, 증권, 보험회사가 펀드를 판매하고 있다.

③ **수탁 회사** : 증권투자신탁과 관련하여 전반적인 보관관리업무를 담당하는 회사이다. 또한 자산 운용회사의 펀드 운용을 감시하는 역할도 한다.

5 투자 대상에 따른 펀드 구분 2014 한국거래소

구분		내용
증권 펀드	주식형	주식 및 주식 관련 파생 상품에 60% 이상 투자한다.
	채권형	주식에 전혀 투자하지 않고 채권 등에 주로 투자한다.
	혼합형 (주식혼합형, 채권혼합형)	주식이나 채권 중 어느 한 쪽에 60% 이상 투자할 수 없다.
부동산 펀드		부동산 관련 자산에 주로 투자한다.
특별자산 펀드⊕		증권이나 부동산이 아닌 여타 자산(금, 석유, 곡물 등의 실물, 수익권 등)에 주로 투자한다.
혼합자산 펀드⊕		증권, 부동산, 특별자산 등에 자유롭게 비중을 조절하여 투자한다.
단기금융 펀드(MMF)⊕		단기금융에 투자한다.

6 유의사항

① 원금이 보장되지 않는 실적배당형 상품으로, 예금자보호 대상에서 제외된다.

② 수익이 제한 없이 늘어날 수 있지만, 원금에 손실이 발생할 수 있다.

③ 과거 운영 실적이 미래의 수익을 보장하는 것은 아니며, 미래 시장 상황에 대한 정확한 예측이 어렵다.

PLUS 팁

⊕ 특별자산 펀드

증권이나 부동산이 아닌 여타 자산(상품, 원자재, 선박, 지적재산권 등)에 투자하는 펀드

⊕ 혼합자산 펀드

투자 대상에 제한 없이 시장 상황에 따라 어떤 자산에라도 투자가 가능한 펀드

⊕ 단기금융 펀드(MMF) 2024 수협은행 2019 경남은행 2018 농협은행 2014 국민은행

① **정의** : 고객의 자금을 모아 채권, 기업어음(CP), 양도성예금증서(CD) 등 금리 위험과 신용위험이 적은 국공채, 어음 등에 운용하는 단기금융상품으로 머니마켓펀드라고도 한다.

② **특징**

㉠ 수시입출금이 가능하며 당일 입금 및 당일 환매가 이루어짐에 따라 다른 펀드에 비해 유동성이 높은 편이다.

㉡ 그림자 금융의 유형으로 예금자보호 대상이 아니며, 우량채권에 대한 투자이므로 원금 손실 우려는 낮으나 원금 보장은 되지 않는다는 것이 특징이다.

③ **실례** : 미국에서는 금리가 규제되고 있던 시대에 혁신적인 금융상품의 하나로 성장하면서 미국 금융시장에서 금리 규제 철폐와 금융자유화를 가속화하는데 중요한 역할을 한 대표적인 금융혁신 상품으로 평가된다.

PART 01. 금융

펀드 Ⅱ

2024 · 2020농협은행 2023한국자산관리공사 2024 · 2023 · 2019기업은행 2024 · 2023 · 2021기업은행 2023 · 2019 · 2018신한은행 2023한국거래소 2020신용보증기금 2019 · 2016하나은행 2019국민은행 2019 광주은행 2019 · 2018우리은행 2015새마을금고

#뮤추얼 펀드 #인덱스 펀드 #하이일드 펀드 #사모펀드 #공모펀드 #라임사태 #불완전판매

1 공모 펀드(Public Offering Fund) 2023 신한은행 2019 기업은행

① 정의 : 공개적으로 50인 이상의 불특정 투자자에게 자금을 모으는 펀드이다.

② 특징

㉠ 펀드규모의 10% 이상을 한 주식에 투자할 수 없고 유가증권에도 한 종목에 10% 이상 투자할 수 없다.

㉡ 투자자 보호를 위하여 자산 운용규제, 투자설명서 설명·교부의무, 외부감사 등 엄격한 규제가 적용된다.

2 사모 펀드(PEF, Private Equity Fund) 2022 한국자산관리공사 2021 기업은행 2015 새마을금고

① 정의 : 소수의 투자자로부터 자금을 모아 주식, 채권 등에 운용하는 펀드이다.

② 특징 : 운용 대상에 제한 없이 자유로운 운용이 가능하며 이익이 발생할 만한 어떠한 투자 대상에 투자할 수 있다.

더 알아보기

공모펀드와 사모펀드 2023 한국거래소

구분	공모펀드	사모펀드
투자자	50인 이상 대규모 공개 모집	50인 미만 소규모 비공개 모집
공시의무	정기·수시로 공시	없음
상품홍보	가능	불가
수익	중수익	고수익
위험	저위험	고위험

PLUS 팁

라임사태 2020 새마을금고

국내 최대 헤지 펀드인 라임자산 운용의 주식 가격이 하락하면서 뱅크런 위기를 맞고, 모펀드 4개와 자펀드 173개에 대해 환매 중단을 선언하였다. 이어 폰지사기, 수익률 조작, 불완전판매 등에 연루됐다는 의혹이 나오면서 일파만파 확산된 사태를 말한다.

기출문제

2019.04.20. 기업은행

Q 다음 중 공모펀드의 특징은?

① 10% 이상 한 주식에 투자할 수 없다.
② 불특정 다수의 투자자 10명을 공개적으로 모집하는 펀드이다.
③ 투자자 모집은 비공개로 진행이 가능하다.
④ 상품홍보가 불가능하다.
⑤ 고수익 상품으로 주로 운용한다.

정답 ① 공모펀드는 펀드 규모의 10% 이상을 한 주식에 투자할 수 없으며, 유가증권에도 한 종목에 10% 이사 투자할 수 없다.

3 헤지 펀드(Hedge Fund) 2019·2018 신한은행 OX문제

① 정의 : 소수의 거액 투자자들에 의해 투기적으로 운용되는 펀드이다.

② 특징

㉠ 헤지란 위험을 회피, 분산시킨다는 의미이지만 지역이나 투자 대상 등 규제를 받지 않고 고수익을 노리는 만큼 투자 위험도 높은 투기 성격을 지닌다.

㉡ 손실이 커질 경우 금융 시장 불안을 야기하기도 한다.

㉢ 1980년대 후반 세계적으로 금융자유화가 확산되면서 급속히 성장했으며, 헤지 펀드의 대표적인 예로 퀀텀 펀드나 타이거 펀드 등이 있다.

4 뮤추얼 펀드(Mutual Fund) 2024 농협은행 2015 새마을금고 2018 신한은행 2016 하나은행

① 정의 : 투자자들의 자금을 모아 하나의 **페이퍼 컴퍼니**를 설립하여 주식이나 채권 파생 상품 등에 투자한 후 그 운용 수익을 투자자들에게 배당의 형태로 돌려주는 펀드이다.

② 특징

㉠ 안정적인 자산증식을 원하는 대다수 소액 투자자들이 **포트폴리오** 수단으로 활용된다.

㉡ 펀드 전문가가 운용해 주는 간접 투자라는 점이 특징이다. 운용 실적대로 배당이 이뤄지며 투자손익에 대한 책임도 투자자들이 진다.

㉢ 투자 대상은 주식과 채권, 기업어음(CP), 국공채 등 유가증권이 주를 이룬다.

5 인덱스 펀드(Index Fund) 2023 기업은행 2019·2018 신한은행 2019 국민은행

① 정의 : 목표지수를 특정 주가지표 변동과 비례하게 포트폴리오를 구성하여 펀드의 수익률을 이들 지표와 동일하게 실현하고자 하는 펀드이다.

PLUS 팁

페이퍼 컴퍼니(Paper Company) 2014 새마을금고

물리적 형태로는 존재하지 않고 서류 형태로만 존재하면서 회사기능을 수행하는 회사를 말한다. 법적으로는 엄연히 자격을 갖추고 있으므로 유령 회사와는 다르다.

포트폴리오 2024·2023 기업은행 2018 신한은행

주식투자에서 다수 종목에 분산투자 함으로써 위험을 회피하고 투자수익을 극대화하는 방법이다.

기출문제

2015.05.16. 새마을금고

Q 뮤추얼 펀드에 대한 설명으로 옳지 않은 것은?

① 예금자보호를 받을 수 있는 상품이다.
② 안정적인 자산증식을 원하는 대다수 소액 투자자들이 운용한다.
③ 간접 투자이다.
④ 투자 대상은 유가증권이 주를 이룬다.
⑤ 운용 실적대로 배당이 이루어진다.

정답 ① 양도성 예금증서, 환매조건부채권, 수익증권, 뮤추얼펀드 같은 금융투자상품은 예금자보호 대상 금융상품에 해당하지 않는다.

② 특징

㉠ 증권시장의 장기적 성장 추세를 전제로 하여 주가지표의 변동에 따라 함께 연동되도록 포트폴리오를 구성·운용하여 시장의 평균 수익률을 실현하는 데 있다.

㉡ 최소한의 비용과 인원으로 투자 위험을 최대한 줄이기 위해 가능한 한 적은 종목으로 주가지표 움직임에 근접한 포트폴리오를 구성하는 것이 이 펀드의 운용 핵심이다.

㉢ 인덱스 펀드의 장점으로는 매입하여 보유하는 것을 원칙으로 하여 일반펀드에 비해 거래 수수료나 비용이 적게 드는 반면, 시장이 침체될 경우에는 펀드 수익률도 동반 하락한다는 단점이 있다.

6 벌처 펀드(Vulture Fund) 2019 하나은행 2019 우리은행 OX문제

① 정의 : 파산한 기업이나 경영위기에 처한 기업 혹은 부실채권을 저가에 인수하여 경영을 정상화 시킨 후 고가에 되팔아 단기간에 차익을 내는 회사 또는 그 자금을 말한다.

② 특징

㉠ 투자 대상은 최근 3년 이내에 1회 이상 부도를 내거나 파산 등을 신청한 기업, 부채비율이 업종 평균 1.5배를 넘는 기업들이다.

㉡ 부실기업이나 정크본드를 주요 투자 대상으로 하기 때문에 고위험, 고수익이다.

㉢ 미국 투자은행 로스차일드사가 운영하는 벌처 펀드가 한라그룹에 투자한 사례 등이 이에 속한다. 제일은행을 인수한 뉴브리지캐피털, 대한생명 인수를 추진했던 파나콤 등도 모두 벌처 펀드의 성격이 강하다.

㉣ 영업 형태는 직접 경영권을 인수하여 되파는 방법과 부실기업의 주식 또는 채권에 투자하여 주주로서 권리행사를 통해 간접 참여하는 방법 등이 있다.

PLUS 팁

드라이 파우더
사모 펀드가 투자금 중 아직 투자를 진행하지 않은 미투자 자금을 말한다.

기출문제

2019.10.12. 하나은행

Q 벌처 펀드에 대한 설명으로 옳지 않은 것은?

① 투자 대상은 최근 3년 이내에 1회 이상 부도를 내거나 파산 등을 신청한 기업이다.
② 부실기업이나 정크본드를 주요 투자 대상으로 한다.
③ 제일은행을 인수한 뉴브리지 캐피탈도 벌처 펀드 성격이 강하다.
④ 직접 경영권을 인수하여 되파는 방법 등이 있다.
⑤ 운용 대상에 제한 없이 자유로운 운용이 가능하다.

정답 ⑤ 규제가 약해 운용에 제한 없이 자유로운 운용이 가능한 것은 사모펀드이다.

7 메자닌 펀드(Mezzanine Fund) 2019 하나은행

① 정의 : 메자닌은 건물 1층과 2층 사이의 라운지 공간을 의미하는 이탈리아어로 채권과 주식의 중간 위험단계에 있는 상품에 투자하는 펀드를 말한다.

② 특징 : 안전자산인 선순위대출과 위험자산인 보통주 사이의 중간단계에 있는 후순위채권, 전환사채, 신주인수권부사채, 교환사채, 상환전환우선주식 등 주식 관련 채권에 투자한다.

8 모태 펀드(Fund of Funds) 2019 하나은행 OX문제

① 정의 : 직접 주식이나 채권에 투자하는 것이 아니라 주식이나 채권 등에 투자하는 펀드에 재투자를 하는 펀드로, 여러 펀드에 분산투자해 위험을 최소화하면서 수익을 추구한다.

② 특징

㉠ 이중구조의 상품으로 수수료가 다소 비싸지만 분산투자를 하기 때문에 투자 위험(리스크)을 줄일 수 있는 것이 가장 큰 장점이다.

㉡ 시장에서 검증된 펀드만 골라 가입할 수 있어 펀드 운용의 안정성이 상대적으로 높다.

9 하이일드 펀드(High Yield Fund) 2019 신한은행 2018 광주은행 OX문제

① 정의 : 수익률은 매우 높은 반면 신용도가 취약한 고수익, 고위험 채권에 투자하는 펀드를 말한다.

② 특징

㉠ 채권의 신용등급이 투자부적격 채권을 주로 편입해 운용하는 펀드이므로 발행자의 채무불이행 위험이 정상채권에 비해 상당히 높다.

㉡ 투자를 잘하면 고수익이 보장되지만 반대의 경우 원금을 날릴 수도 있다.

10 상장지수 펀드(ETF, Exchange Traded Fund) 2020 농협은행 OX문제

PLUS 팁

OX문제

모태 펀드는 수수료가 저렴하고 투자 위험이 높다.

O X

하이일드 펀드는 수익률은 매우 높은 반면 신용도가 취약한 채권에 투자하는 펀드이다.

O X

상장지수 펀드는 조세회피지역에서 운용하는 펀드이다.

O X

관련기사

블랙록, 유럽에서 비트코인 상장지수펀드(ETF) 출시 예정

세계 최대 자산운용사 블랙록이 비트코인과 직접 연계된 상장지수펀드(ETF)를 유럽에서 출시할 계획이다. 이는 비트코인 시장에 중요한 변화를 가져올 전망이다. 블룸버그에 따르면 블랙록의 비트코인 ETF는 스위스에 등록될 예정이다. 이르면 이달 중으로 본격적인 마케팅이 시작될 것으로 보인다. 블랙록은 이번 출시를 통해 유럽 디지털 자산 시장에서도 영향력을 확대할 계획이다. 유럽 시장에는 현재 160개 이상의 디지털 자산 상장지수상품(ETP)이 거래되고 있다. 유럽 시장의 전체 규모는 173억달러로, 미국 시장과 비교하면 상대적으로 작다. 그러나 유럽연합의 규제 완화와 기관 투자자들의 관심 증가로 인해 시장이 성장하고 있다. 블랙록은 북미 외 지역에서 최초로 가상화폐 ETF를 출시하는 것이다..

OX문제 답 X, O, X

① 정의 : 주식 시장에 상장되어 주식처럼 거래가 가능한 펀드이다.

② 특징

㉠ 특정 주가지수의 수익률을 따라가도록 설계된다.

㉡ 주식처럼 증권시장에서 매매가와 수량 등 자유롭게 조절하고 매매할 수 있다.

㉢ 수수료가 저렴하고 소액으로 한 번에 분산 투자가 가능하다.

㉣ 지수가 하락할 경우 원금 소실 가능성이 있으며 수익률이 지수에 완전히 일치하지 않을 수 있다.

㉤ 국내 ETF vs 미국 ETF

구분	국내 ETF	미국 ETF
거래소	한국거래소(KRX)	뉴욕증권거래소(NYSE), 나스닥(NASDAQ)
ETF 사례	KOSPI 200 ETF, KOSDAQ(코스닥) 150	S&P 500 ETF, NASDAQ 100 ETF

11 엄브렐러 펀드(Umbrella Fund) 2019 신한은행

① 정의 : 하나의 펀드 아래 서로 다른 여러 개의 하위 펀드가 모여 구성된 상품이다.

② 특징

㉠ 투자 자금을 시장 상황과 고객의 투자목적, 특성에 따라 주식형, 채권형 등으로 이동할 수 있는 펀드를 말하며 직접 투자와 간접 투자의 중간성격을 갖고 있다.

㉡ 주식투자를 하다 증시가 조정을 받을 경우 MMF, 채권 등에 투자해 수익률을 높이는 선진국형 상품이다.

㉢ 기존 하이일드 펀드 보다 더 많은 **공모주**⊕를 배정받을 수 있어 고수익이 기대되지만 부실채권을 모아 담보로 발행한 후순위채권에 주로 투자해 다소 위험도 있다.

PLUS 팁

⊕ 공모주

기업의 주식 공모 시 일반 투자자가 주식을 사겠다고 하는 것이다.

기출문제

2020.02.23 농협은행

Q 상장지수펀드(ETF)의 특징으로 옳지 않은 것은?

① 특정 주가지수 또는 자산의 가격 움직임을 추종한다.
② 주식시장에 상장되어 있어 일반 주식처럼 매매할 수 있다.
③ 액티브 펀드보다 운용 비용이 높은 편이다.
④ 분산 투자 효과를 기대할 수 있다.
⑤ 배당을 지급하는 ETF도 존재한다.

정답 ③ ETF는 일반적으로 지수 추종 전략을 사용하므로 액티브 펀드보다 운용 비용이 낮은 편이다.

12 스팟 펀드(Spot Fund) OX문제

① 정의 : 주식 시장에서 인기주로 부상할 가능성이 있는 특정 주식들을 소규모로 묶어 단기간에 고수익을 노릴 수 있도록 고안된 주식형 수익증권을 말한다.

② 특징

㉠ 기존 펀드들과는 달리 50억 원 안팎의 소규모로 설정하여 20 ~ 30개 주식에 집중 투자한다.

㉡ 만기 2년에 구애받지 않고 설정 1년 내 20%, 2년 내 35% 이상 수익률이 달성되면 곧바로 중도 상환되지만, 목표 수익률을 달성하지 못하면 만기 전에 중도 환매할 수 없다.

13 역외 펀드(Off Shore Fund) OX문제

관련기사

TF부터 역외펀드까지… 글로벌 공략 본격화

국내 투자은행(IB) 업계에 따르면 한국투자파트너스(한투파)가 미국 TFT를 구성하고 올해 1억 달러(약 1,460억 원) 규모의 미국 현지 펀드를 결성할 전망이다. 한투파는 이를 위해 자체 현지 LP 네트워크뿐만 아니라 국내외 LP 네트워크의 지원을 받을 예정이다. 해당 펀드 재원으로는 인공지능(AI)과 차세대 반도체, 우주항공을 포함한 딥테크 분야에 투자가 이뤄질 것으로 보인다. 이외에도 대체식품을 포함한 바이오·헬스케어, 지속 가능 분야에 대한 투자도 진행한다. 유망 기업을 발굴하기 위해 한투파가 △일론 머스크가 설립한 'xAI' △생성형 AI 스타트업 '엔트로픽' △칩 설계 기업 '텐스토렌트' 등 그동안 현지 유명 딜(deal)에 참여해 구축한 딜 소싱 채널을 적극 활용한다는 방침이다. 또한 미국 현지 VC에 출자사업을 진행하며 갖춘 네트워크도 활용한다. 투자 대상에는 국내 기업도 포함한다는 방침이다. 관계자는 "미국에서 창업한 한국인 창업자에 대한 지원이 있을 거라 예상된다"며 "몰로코와 같은 글로벌 성공사례를 찾기 위해 노력할 것"이라 밝혔다.

① 정의 : 세금이나 각종 규제를 피하여 유가증권에 투자하기 위해 조세회피지역 등 제3국에서 운용하는 펀드이다.

② 특징 : 해외에서 만들고 운용하므로 국내법을 적용받지 않는다.

PLUS 팁

OX문제

주식 시장에서 인기주로 부상할 가능성이 있는 특정 주식들을 단기간에 고수익을 노릴 수 있도록 고안된 수익증권을 스팟 펀드라고 한다.

O X

역외펀드는 해외에서 구성해 운영하는 관계로 국내법을 적용받지 않는다.

O X

OX문제 답 O, O

PART 01. 금융

2024 · 2020 · 2019 · 2023농협은행 2022새마을금고 2021 · 2020국민은행 2021신협중앙회 2021산업은행 2020예금보험공사 2019우리은행 2019 · 2018 · 2017하나은행 2019 · 2018신한은행 2019수협은행 2019경남은행 2019 · 2018 · 2017 · 2016기업은행 2018신용보증기금

핀테크 서비스

#P2P금융 #로보어드바이저 #블록체인 #빅블러

PLUS 팁

1 핀테크(FinTech)

2024·2023·2020 농협은행 2022 새마을금고 2022·2019 하나은행 2022 전북은행 2019 신한은행 2019 우리은행 2019 수협은행 2018 신용보증기금 2018 기업은행

> **관련기사**
>
> **뱅킹앱, 모든 기능을 갖춘 슈퍼앱 구축 도전**
>
> 기존 핀테크 앱에서 뱅킹앱의 성장세가 두드러지고 있다. 뱅킹앱에서 금융업무를 넘어서서 비금융 서비스까지 함께 제공하면서 핀테크 앱과 경쟁을 하고 있다. 디지털 경제로 전환되면서 산업 간의 경계가 사라지면서 핀테크 앱은 다양한 서비스를 제공하면서 소비자에게 다가갔다. 이에 뱅킹앱에서도 증권, 카드, 배달서비스 등 다양한 서비스를 제공하는 슈퍼앱을 만들어서 일상에서 금융 플랫폼을 키워나가고 있다.

① 정의 : 금융을 뜻하는 '파이낸스(Finance)'와 기술을 뜻하는 '테크놀로지(Technology)'의 합성어이다.

② 특징 OX문제

㉠ 예금, 대출, 자산 관리, 결제, 송금 등 다양한 금융 서비스가 IT, 모바일 기술의 발달과 더불어 새로운 형태로 진화하고 있으며, 넓은 의미에서 이러한 흐름에 해당하는 모든 서비스가 핀테크 서비스이다.

㉡ 서비스 외에 관련된 소프트웨어나 솔루션, 플랫폼을 개발하기 위한 기술과 의사결정, 위험 관리, 포트폴리오 재구성, 성과 관리, 시스템 통합 등 금융시스템의 개선을 위한 기술도 핀테크의 일부라 할 수 있다.

더 알아보기

핀테크의 구분

구분	내용
전통적 핀테크	기존 금융 서비스를 자동화하려는 금융회사가 **가치사슬**⊕ 핵심에 위치하고 IT기업은 이를 보조하는 역할을 수행한다. 예 씨티은행 : 블록체인 및 분산원장기술을 활용해서 디지털화폐로 글로벌 본·지점을 연결하여 자금을 결제·청산하는 시스템
신흥 핀테크	플랫폼을 제공하는 IT기업이 가치사슬의 핵심을 맡고 기존 금융 서비스 전달 체계를 변혁하여 파괴적 속성을 갖는다. 예 인터넷전문은행 : 공인인증서 없는 비대면 거래로 기존 관행을 파괴함으로써 단기간에 대규모 고객을 확보, 인터넷 뱅킹·모바일지급서비스·크라우드 펀딩·P2P대출·로보어드바이저·스마트계약·바이오인증 금융거래

⊕ **가치사슬(Value Chain)**

기업이 제품 또는 서비스를 생산하기 위해 자원을 결합하는 과정이다.

OX문제

서비스 외에 관련된 기술과 의사결정, 시스템 통합 등 금융시스템의 개선을 위한 기술도 핀테크의 일부라고 할 수 있다.

O X

OX문제 답 O

2 인터넷전문은행 2022 신협중앙회 2021 국민은행 2019 기업은행 OX문제

① 정의 : 모바일과 인터넷으로만 영업하는 은행이다. 보조적으로 활용하는 오프라인 은행의 인터넷 뱅킹과는 다르다. 오프라인 지점이 없을 뿐 시중은행과 똑같은 개인 금융 서비스를 제공한다.

② 업무 : 예·적금, 대출, 외국환, 신용카드, 수납 및 지급대행 등 모든 은행 업무를 한다.

③ 특징 : 오프라인 지점이 없어 비용을 줄인 만큼 더 높은 예금금리와 보다 싼 대출금리를 적용할 수 있다. 현재 우리나라에는 케이뱅크와 카카오뱅크, 토스뱅크가 인터넷전문은행으로 인가받아 영업을 하고 있다.

3 P2P 금융 2020 국민은행 2020 농협은행 2018 신한은행 2017 하나은행

① 정의 : 온라인으로 대출과 투자를 연결하는 서비스이다.

② 특징

㉠ 온라인으로 모든 대출과정을 자동화하여 지점운영비용이나 인건비, 대출영업비용 등의 경비 지출을 최소화하여 대출자에게는 낮은 금리를, 투자자에게는 높은 수익을 제공하는 금융과 기술을 융합한 것이다.

㉡ 일반은행이나 카드사 대출보다 금리가 낮은 게 특징이다.

4 온라인 대환대출

① 정의 : A금융회사에서 대출을 받은 부채를 B금융회사에 부채를 갚는 금융 거래 방식이다. 금리나 한도에서 더 유리한 경우 기존에 받은 대출을 대환으로 갈아타는 것이다.

② 특징

㉠ 낮은 금리로 대출을 할 수 있도록 온라인·원스톱 대환대출을 할 수 있다.

㉡ 금융회사에서 받은 대출을 영업점에 방문하지 않고 갈아탈 수 있다.

PLUS 팁

OX문제

인터넷전문은행은 오프라인 은행이 보조적으로 활용하는 뱅킹이다.

O X

기출문제

2019.05.18. 우리은행

Q 핀테크의 특징으로 옳지 않은 것은?

① 전통적 핀테크와 신흥 핀테크로 분류할 수 있다.
② 기술 발달과 더불어 다양한 금융 서비스도 핀테크 서비스에 포함된다.
③ 기존 금융 서비스 전달 체계를 변혁한다.
④ 인터넷전문은행의 비대면 거래도 핀테크에 포함된다.
⑤ 금융시스템 개선을 위한 기술은 핀테크라고 할 수 없다.

정답 ⑤ 핀테크는 기술을 활용해 금융시스템을 개선하고 혁신하는 것이다.

OX문제 답 X

5 로보어드바이저(Robo Advisor) 2024·2018 신한은행 2023 하나은행 2022 수협은행 2016 기업은행 OX문제

① 정의 : 로봇의 '로보(Robo)'와 자문 전문가를 의미하는 '어드바이저(Advisor)'의 합성어로, 투자자의 성향 정보를 토대로 알고리즘을 활용해 개인의 자산 운용을 자문하고 관리해주는 자동화된 서비스를 말한다.

② 로보어드바이저 구분

㉠ 로보어드바이저 서비스는 사람의 개입 여부에 따라 직·간접 서비스를 제공한다.

㉡ 자문·운용인력이 로보어드바이저의 자산배분 결과를 활용해 투자자에게 자문한다.

㉢ 사람의 개입 없이 로보어드바이저가 직접 자문한다.

③ 로보어드바이저의 특징

㉠ 다양한 미래 변수를 고려하여 미래 예측이 가능하다.

㉡ 상품의 중위험·중수익을 지향한다.

㉢ 젊은 금융 소비자층이 주를 이룬다.

㉣ 비대면 채널로 서비스를 제공한다.

㉤ 24시간 이용 가능하다.

6 금산분리 2015 기업은행 OX문제

① 정의 : 금융자본인 은행과 산업자본인 기업 간의 결합을 제한하는 것이다.

② 특징

㉠ 금융 특성이 자기자본 비율이 낮고 대부분 고객, 채권자의 자금으로 영업한다는 점을 감안하여 기업들이 은행을 소유할 수 없도록 법으로 규정한 것이다.

㉡ 대기업과 같은 산업자본이 자기자본이 아닌 고객의 예금으로 금융 산업을 지배하는 것을 막고자 하는 것이다.

7 간편 결제

① 정의 : 모바일 기기에 저장된 생체정보나 신용카드 정보 등을 이용하여 온·오프라인 상거래에서 빠르고 간편하게 결제할 수 있는 전자결제 서비스를 말한다.

② 특징

㉠ 복잡한 결제단계가 줄어들기 때문에 편의성이 높아지는 것은 물론 복잡한 절차로 결제를 포기하는 일이 다소 줄어들기 때문에 매출에서 긍정적 효과를 나타낸다.

㉡ 현재 간편 결제 서비스는 금융기관을 비롯해 유통사, 제조사, 통신사, 대형 포털 등 다양한 업계가 진출해 있다.

PLUS 팁

OX문제

로보어드바이저는 투자자의 성향 정보를 토대로 개인의 자산 운용을 자문하고 관리해주는 자동화 서비스이다.

O X

금산분리는 은행과 기업 간의 결합을 제한하는 것을 말한다.

O X

OX문제 답 O, O

8 빅블러(Big Blur) 2019 우리은행 OX문제

관련기사

'빅블러'시대

유통, 금융 등을 가리지 않고 빅블러 현상이 나타나고 있다. 금융혁신의 시대에 이르러서 국내 금융회사에서도 디지털 전환과 함께 빅블러 시대에 대응하고 있다. 마이데이터로 오픈된 금융데이터를 기반으로 **씬파일러**⊕ 등의 금융접근성을 높이는 방안, 네비게이션 또는 택시 이용 위치 정보 파악 등 공공데이터를 기반으로 금융의 경계가 사라지면서 금융회사가 디지털 전환을 하고 있다.

① 정의 : 빠르게 변화하는 소비패턴과 기술의 발달로 인해 산업의 경계가 모호해지는 현상을 말한다.

② 특징 : 금융회사 대신 핀테크를 이용하여 해외로 송금 하는 것, 온라인 지급결제 서비스가 온라인 가맹점을 내는 것 등이 이에 해당된다.

더 알아보기

빅블러의 사례

① 스타벅스 : 모바일 주문 결제 시스템 '사이렌 오더'를 사용한다. 이에 그치지 않고, 사이렌 오더 고객의 통화를 관리하기 위한 사업을 구상하여, 아르헨티나 은행과 파트너를 맺고 오프라인 은행인 Coffee Bank를 오픈하였다. 예치금이 암호화폐로 전환된다면 단순 결제 이외에도 투자나 예금이자, 이체, 환전 등이 가능해진다. 다른 산업이 금융 산업에 진출한 것이다.

② 금융 산업 : 모바일 금융 이용자의 저변을 확대하기 위해 추진된 금융과 통신사업으로, 저렴한 통신비에 약정 없이 서비스를 제공하겠다는 취지이다.

9 오픈API 2022 기업은행 2020 농협은행

① 정의 : 인터넷 사용자가 웹 검색 및 사용자인터페이스 등을 제공받는 것에 그치지 않고 직접 응용프로그램과 서비스를 개발할 수 있도록 공개된 API이다.

② 특징

㉠ 검색, 블로그 등의 데이터 플랫폼을 외부에 공개하여 다양하고 재미있는 서비스 및 애플리케이션을 개발할 수 있도록 외부 개발자나 사용자들과 공유한다.

㉡ 구글은 구글 맵의 API를 공개해 친구 찾기·부동산 정보 등 300여 개의 신규서비스를 창출했다. 이처럼 다양한 서비스에서 시도되고 있으며, 누구나 접근하여 사용할 수 있다는 장점이 있다.

PLUS 팁

⊕ 씬파일러(Thin Filer)

최근 2년간 카드 사용 내역이 없고 3년간 대출 실적이 없는 등 신용을 평가할 수 없을 만큼 금융 거래 정보가 거의 없는 사람을 말한다. 주로 사회초년생·전업주부 등을 가리킨다.

OX문제

각종 규제 및 법규에 효율·효과적으로 대응하고 소비자 신뢰와 준법성을 향상시키기 위한 기술을 빅블러라고 한다.

O | X

OX문제 답 X

10 크라우드 펀딩(Crowd Funding) 2020 신용보증기금 2020 농협은행 OX문제

① 정의 : 대중을 의미하는 크라우드(Crowd)와 자금 조달을 뜻하는 펀딩(Funding)의 합성어로, 온라인 플랫폼을 이용해 대중으로부터 자금을 조달하는 방식을 말한다.

② 크라우드 펀딩의 형태

구분	내용
후원형	대중의 후원으로 목표 금액을 달성하면 프로젝트가 성공하는 방식으로, 공연과 예술 분야에서 많이 활용되고 있다.
기부형	보상이나 대가 없이 기부 목적으로 지원하는 방식이다.
대출형	개인과 개인 사이에서 이뤄지는 P2P 금융으로, 소액대출을 통해 개인 혹은 개인사업자가 자금을 지원받고 만기에 원금과 이자를 다시 상환해 주는 방식이다.
증권형	이윤 창출을 목적으로 비상장 주식이나 채권에 투자하는 형태로, 투자자는 주식이나 채권 등의 증권으로 보상받는다.

11 블록체인(Blockchain)⁺ 2024 국민은행 2022 수협은행 2024·2021 새마을금고 2024·2019·2018·2016 기업은행 2022·2019 농협은행 2021 산업은행 2020 예금보험공사 2019 경남은행 2019 우리은행 2018 신한은행 2018·2017 하나은행

① 정의 : 블록에 데이터를 담아 체인 형태로 연결하여 수많은 컴퓨터에 복제하여 저장하는 분산형 데이터 저장 기술. 공공 거래 장부라고도 부르며, 가상화폐 거래에서 해킹을 막는 기술이다.

② 특징

㉠ 기존 금융회사의 경우 중앙 집중형 서버에 거래 기록을 보관하는 반면, 블록체인은 거래에 참여하는 모든 사용자에게 거래 내역을 보내주며 거래마다 이를 대조하여 데이터 위조를 막는다.

㉡ 대표적으로 **가상화폐**⁺인 비트코인에 활용되고 있다. 이 밖에도 위조화폐 방지, 전자투표, 전자시민권 발급, 부동산 등기부, 병원 간 공유되는 의료기록 관리 등 신뢰성이 요구되는 다양한 분야에 활용할 수 있다.

PLUS 팁

⊕ 블록체인 관련 용어 2018 하나은행

① **블록(Block)** : 데이터를 저장하는 단위로, 바디(Body)와 헤더(Header)로 구분된다. 바디에는 거래 내용이, 헤더에는 암호코드가 담겨 있다. 블록은 약 10분을 주기로 생성되며, 거래 기록을 끌어 모아 블록을 만들어 신뢰성을 검증하면서 이전 블록에 연결하여 블록체인 형태가 된다. 한편, 처음 시작되어 앞에 어떤 블록도 생성되지 않은 최초의 블록을 제네시스 블록이라고 한다.

② **노드(Node)** : 블록체인은 중앙 집중형 서버에 거래 기록을 보관, 관리하지 않고 거래에 참여하는 개개인의 서버들이 모여 네트워크를 유지 및 관리한다. 이 개개인의 서버, 즉 참여자를 노드라고 한다. 중앙 관리자가 없기 때문에 블록을 배포하는 노드의 역할이 중요하며, 참여하는 노드들 가운데 절반 이상의 동의가 있어야 새 블록이 생성된다. 노드들은 블록체인을 컴퓨터에 저장해 놓고 있는데, 일부 노드가 해킹을 당해 기존 내용이 틀어져도 다수의 노드에게 데이터가 남아 있어 계속적으로 데이터를 보존할 수 있다.

③ **하드 포크(Hard Fork)와 소프트 포크(Soft Fork)** : 포크(Fork)는 블록체인을 업그레이드하는 기술로, 호환성 여부에 따라 나뉜다. 소프트 포크는 이전 버전과 호환 가능한 업그레이드를, 하드 포크는 불가능한 업그레이드를 말한다. 하드 포크를 적용하면 이전 버전의 블록체인을 사용할 수 없기 때문에 이전 버전에서 개발, 채굴하던 사용자의 대다수가 업그레이드에 찬성해야 적용할 수 있다.

기출문제

2020.02.23. 농협은행

Q 온라인 플랫폼을 이용하여 대중으로부터 자금을 조달하는 방식으로 옳은 것은?

① 오픈API
② 크라우드 펀딩
③ 로보어드바이저
④ P2P 금융
⑤ 인슈어테크

정답 ② 크라우드 펀딩은 대중을 의미하는 크라우드와 자금조달을 의미하는 펀딩을 합한 것으로 온라인 플랫폼을 활용해 대중들로부터 자금을 조달하는 것을 말한다.

더 알아보기

가상화폐 종류 2022 기업은행 2022 수협은행 2021 국민은행

① 비트코인(Bitcoin) : 2009년 나카모토 사토시에 의해 개발된 가상화폐

② 비트코인 캐시(Bitcoin Cash) : 2017년 8월 비트코인에서 분화된 알트코인

③ 비트코인 골드(Bitcoin Gold) : 2017년 10월 두 번째로 비트코인이 분화된 형태

④ 이오스(EOS.IO) : 2018년 6월 런칭, 빠른 트랜잭션 가능 및 수수료 미지불

⑤ 라이트코인(Litecoin) : 2011년 10월 찰리 리가 개발한 가상화폐

⑥ 네오(NEO) : 2014년 다홍페이가 개발한 가상화폐

⑦ 모네로(Monero) : 익명성을 완벽히 보장하는 2014년 4월 개발된 가상화폐

⑧ 대시(Dash) : 2014년 1월 개발된 가상화폐

⑨ 리플(Ripple) : 2012년 설립된 리플에서 만든 코인으로 금융거래를 위한 리플 프로토콜에서 사용되는 기초 화폐

⑩ 이더리움(Ethereum) : 러시아 이민자 출신 캐나다인 비탈리크 부테린이 2014년 개발한 가상화폐

PLUS 팁

가상화폐 관련 용어

① 스테이킹(Staking) : 자신이 보유하고 있는 암호화폐의 일정한 양을 블록체인 네트워크에 일정 기간 예치하고 해당 플랫폼의 운영·검증에 참여하면 그 기간 동안의 보상을 암호화폐로 받는 것을 말한다.

② 디파이(D-Fi) : 블록체인 기술이 바탕이 되어 탈중앙화된 금융을 말한다. 블록체인 업체들이 구축한 스마트 콘트랙트에 의해 코인 거래, 코인 대출 등의 금융거래를 가능하게 하는 것이 목표이다.

③ 에어드랍(Airdrop) : 암호화폐 시장에서 무상으로 코인을 배분하여 지급하는 행위를 말한다. 주식에서 '무상증자'와 유사한 개념이다.

④ CBDC(Central Bank Digital Currency) : 중앙은행과 디지털 화폐의 합성어로 중앙은행에서 발행한 디지털 화폐를 의미한다.

12 레그테크(Regtech) 2022 새마을금고 2022 농협은행 2018 기업은행

① 정의

㉠ 규제(Regulation)와 기술(Technology)의 합성어이다.

㉡ 기존 금융사업을 영위하거나 핀테크 등 혁신적인 사업 모델을 운영함에 있어 각종 규제 및 법규에 효율적, 효과적으로 대응하고 소비자 신뢰와 준법성을 향상시키기 위한 기술이다.

② 특징 : 인공지능(AI), 블록체인(Blockchain), 빅데이터(Bigdata) 분석 등을 통하여 규제 대응을 실시간으로 자동화할 수 있다.

이상거래탐지시스템(FDS)

레그테크의 가장 대표적인 기술로, 전자금융거래에서 사용되는 개인용 컴퓨터·모바일 등의 단말기 정보, 사용자의 접속 정보 및 거래내용 등을 종합적으로 분석해 이상금융거래를 차단하는 것을 말한다.

기출문제

2019.10.27. 농협은행

Q 분산형 데이터 저장 기술이라고도 부르며 암호화폐와도 관련이 있는 기술은?

① 블록체인　　② 로보어드바이저

③ 핀테크　　④ 비트코인

⑤ 가상화폐

정답 ① 블록체인은 각각의 블록에 데이터를 탑재해 이를 체인화된 형태로 연결해 많은 컴퓨터에 복제해 저장하는 일종의 분산형 데이터 저장 기술, 공공거래 장부라고도 하며 주로 가상화폐 거래에서 해킹의 기술을 막는 기술로 활용된다.

13 인슈어테크(Insurtech) 2018 기업은행

① 정의

㉠ 보험(Insurance)과 기술(Technology)의 합성어로, 보험 관련 핀테크를 의미한다.

㉡ 데이터 분석, 인공지능 등의 정보기술(IT)을 활용한 혁신적인 보험 서비스를 지칭한다.

② 특징 : 인슈어테크가 도입되면 기존의 운영방식이나 상품 개발 및 고객 관리 등이 재설계되어 고차원적인 관리 및 서비스가 이뤄진다. 또 블록체인 등을 이용한 안전한 결제 시스템 등을 구축할 수도 있다.

14 챗봇(Chatter Robot) 2017 국민은행 2016 기업은행

① 정의 : 인공지능(AI)이 빅데이터 분석을 바탕으로 대화하는 메신저로, 챗봇은 크게 인공지능형과 시나리오형으로 나눌 수 있다.

② 특징

㉠ 시나리오형 : 미리 정해 놓은 단어에 따라 정해진 답을 하기에 보안 위험은 크지 않다.

㉡ 인공지능형 : 복잡한 질문에도 응답할 수 있고 자기학습도 가능하기 때문에 이용자의 입력 단어에 의도치 않게 행동하여 개인정보 유출 및 해킹 같은 보안 위험이 있다.

PLUS 팁

OX문제

크라우드 펀딩은 대중으로부터 자금을 조달하는 방식이다.

O X

기출문제

2018.04.21. 기업은행

Q 다음 중 인슈어테크의 특징으로 옳은 것을 모두 고르면?

> ㉠ 규제와 기술의 합성을 의미한다.
> ㉡ 보험 관련 핀테크를 의미한다.
> ㉢ 블록체인을 통한 결제 시스템을 구축한다.
> ㉣ 은행 영업점에서 독점적으로 판매하는 보험이다.

① ㉠㉡ ② ㉡㉢
③ ㉢㉣ ④ ㉠㉡㉢
⑤ ㉡㉢㉣

정답 ② 인슈어테크는 보험과 기술의 합성어로 보험 관련한 핀테크를 말하며, 인슈어테크가 도입되면 이전 운영방식 또는 상품개발, 고객관리 등이 재설계되어 고차원적인 관리 및 서비스가 이루어지게 되며 블록체인을 활용한 안전한 결제시스템의 구축이 가능하다.

OX문제 답 O

15 온디맨드(On Demand) 2024 국민은행 2022 농협은행 2018 신한은행 OX문제

① 정의 : 모바일 기술 및 IT 인프라를 통해 소비자의 수요에 즉각적으로 서비스나 제품을 제공하는 것을 말한다.

② 특징

㉠ 공급자가 아닌 수요자가 주도하는 경제 시스템이나 전략 등을 총칭한다.

㉡ 가사노동, 차량 제공, 법률 자문, 전문 연구개발(R&D) 등 다양한 분야에서 활용되고 있다.

㉢ 일부 경제학자들은 "수요 공급의 법칙, 시장의 기능이 가장 충실히 구현되는 자본주의 시장경제의 결정판"이라고 평하기도 한다.

16 NFT(Non fungible Token) 2023 새마을금고

① 정의 : 대체 불가능한 토큰(Non-Fungible Token)을 의미한다.

② 특징

㉠ 디지털 자산이 블록체인 기술을 활용하여 희소성을 가진 것이다.

㉡ 고유의 인식값이 있기 때문에 상호교환이나 복제가 불가하다.

㉢ 디지털 작품 제작자에게 수수료가 가는 구조로 원작자가 수익 창출이 용이하다.

㉣ NFT 3대 구성요소

- 메타데이터(NFT Meta Data) : 디지털 콘텐츠의 속성에 대해서 설명하는 메타데이터 정보를 말한다.
- NFT 디지털 컨텐츠(NFT Media Data) : NFT로 생성할 수 있는 파일(자산)로 모든 유무형의 자산을 말한다.
- 스마트계약(NFT Smart Contract) : 블록체인에서 실행되는 프로그램 코드로써 어떤 특정한 조건이 만족되었을 때 이를 자동으로 계약 및 검증 등의 과정을 실행하는 스크립트를 말한다.

17 FIDO(Fast Identity Online) 2022 경남은행 2021 농협은행 2019 기업은행

① 정의 : 인증을 위해 사용하는 아이디와 비밀번호가 아닌 생체 인증 체계를 사용하여 인증을 하는 것이다.

② 특징

㉠ 지문, 홍채, 얼굴 인식, 목소리, 정맥 등의 생체 정보를 통해서 인증을 받는 시스템을 의미한다.

㉡ 프로토콜과 인증수단을 분리하여서 보안성이 높고 편리성이 높다.

㉢ Universal Authentication Framework(UAF) 프로토콜과 Universal 2nd Factor(U2F) 프로토콜로 구성이 된다.

PLUS 팁

● 긱 이코노미(Gig Economy) 2018 신한은행

온라인을 통해 고객의 수요를 해결해주는 온디맨드 서비스에 적합한 방식으로, 산업현장에서 필요할 때마다 임시직을 섭외해 일시적인 계약을 맺고 일을 맡기는 형태의 경제방식을 말한다.

OX문제

온디맨드는 소비자 수요에 따라 신속하게 서비스를 제공하는 것이다.

O | X

OX문제 답 O

18 중앙은행 디지털화폐(CBDC, Central Bank Digital Currency)

2024 신한은행 | 2022 신용보증기금 | 2021 국민은행 | 2021 농협은행

PLUS 팁

> **관련기사**
>
> **한국은행 조직개편… 경제통계국 나누고 CBCD 부서 확대**
>
> 한국은행이 통계 업무의 전문성을 높이기 위해 경제통계국을 1·2국으로 나눠 관리하고, 중앙은행디지털화폐(CBDC) 관련 부서를 확대하는 방향으로 조직을 개편한다고 밝혔다. CBDC 기술과제 및 제도 관련 연구를 강화하기 위해 금융결제국 소속 디지털화폐연구부를 디지털화폐연구실로 확대한다. 정부·국회 등 유관기관과의 협력 및 글로벌 논의 과정에의 적극 참여가 기대된다. 국가 간 지급결제 인프라 연구 과제인 아고라(Agora) 프로젝트의 추진도 안정적으로 뒷받침할 수 있을 것으로 보인다. 국고·증권 업무를 담당하는 금융업무실은 금융업무국으로 확대 개편한다. 중앙은행 대출제도 및 커스터디 업무 수요가 늘어나는 데 대응하기 위한 목적이다. 한편 커스터디란 국내 채권에 투자하는 외국 중앙은행, 국제금융기구 등을 대신해 해당 증권의 보관, 기록, 결제 등 제반 관리서비스를 제공하는 업무를 말한다. 금융업무실 산하 대출채권담보운영반과 증권커스터디반은 팀으로 승격하고, 국채기금팀도 새로 만든다.

① **정의**: 각국의 중앙은행이 발행하는 디지털 화폐로 기존 실물 화폐와는 다르게 가치가 전자적으로 저장되며 이용자 간에 자금이체의 기능을 통해 지급결제가 이루어진다.

② **특징**

㉠ 장점

- 중앙은행이 통화 정책을 효과적으로 운영하는 데 있어 도움이 된다.
- 암호화폐보다 안전하며 효율적이다.
- 금융 불안정성을 완화하는 데 있어 도움이 된다.

㉡ 단점

- 중앙은행의 통화 정책에 대한 정부의 통제력을 강화시킬 수 있다.
- 개인의 프라이버시를 침해할 수 있다.
- 암호화폐와 같은 스테이블코인의 대량 채택을 촉진시킬 수 있다.

기출문제

2024.10.06. 신한은행

Q 다음 중 CBDC에 대한 설명으로 옳지 않은 것은?

① 중앙은행이 직접 발행하고 관리하는 디지털 형태의 법정화폐이다.
② 기존 암호화폐와 동일한 방식으로 발행되며, 가격 변동성이 크다.
③ 금융 포용성을 높이고 결제 효율성을 향상시키는 역할을 할 수 있다.
④ 중앙은행의 정책에 따라 현금과 함께 사용될 수도 있다.
⑤ 일부 국가는 CBDC 도입을 위한 연구와 시범 운영을 진행하고 있다.

정답 ② 일반적인 암호화폐는 분산형 블록체인 네트워크에서 발행되어 탈중앙화 방식이나 CBDC는 중앙집중형 디지털화폐이며 법정화폐와 동일한 가치를 가지기 때문에 중앙은행이 직접 가치를 보장하여 안정적인 화폐이다.

PART 01. 금융

2023 · 2022기업은행 2022새마을금고 2021한국예탁결제원 2020전북은행 2019한국예탁결제원 2019 · 2018신한은행 2018국민은행

매파, 비둘기파 및 스튜어드십 코드

#매파 #비둘기파 #올빼미파 #스튜어드십 코드 7원칙

1 매파 2033 기업은행 2018 신한은행 2018 국민은행 OX문제

관련기사

美연준 매파 월러 "연내 3 ~ 4회 금리인하" 전망

강경 매파로 평가받는 크리스토퍼 월러 연방준비제도(Fed · 연준) 이사가 인플레이션 개선을 낙관하며, 올해 3~4회의 금리 인하 가능성을 언급했다. 이는 최근 시장의 비관적인 금리 인하 전망을 반박하는 비둘기파 발언으로 해석된다. 월러 이사는 CNBC와의 인터뷰에서 "인플레이션은 연준의 2% 목표치에 가까워지고 있다"며 개인소비지출(PCE) 근원 물가지수 지난 8개월 중 6개월 동안 목표 수준에 근접했다고 강조했다. 이날 월러 이사의 발언에 10년물 미국 국채 금리는 6.1bp 하락해 4.592%를 기록했다.

① 정의 : 물가안정을 위해 긴축정책과 금리인상을 주장하는 세력이다.

② 특징

㉠ 경기 과열을 막고, 인플레이션을 억제하자는 입장이다.

㉡ 인플레이션은 통화량 확대와 꾸준한 물가 상승 그리고 화폐 가치의 하락을 의미하기 때문에 긴축정책을 통해 금리를 올려 시중의 통화량을 줄이고 지출보다 저축의 비중이 높여 화폐의 가치를 올리자는 것이다.

인플레이션 억제, 물가 안정 추구 → 긴축정책 및 금리인상
→ 시중 통화량 감소 → 화폐 가치 상승으로 인한 물가 안정

2 비둘기파 2022 기업은행 2018 신한은행 2018 국민은행

① 정의 : 경제성장을 위해 양적완화와 금리 인하를 주장하는 세력이다.

② 특징

㉠ 경제 성장을 위하여 적절한 인플레이션이 필요하다는 입장이다.

㉡ 금리를 인하하면 대출 및 투자와 소비가 증가하여 시장경제가 활성화되기 때문에 경제활동을 촉진시키기 위해 적절한 인플레이션이 필요하다고 주장하는 것이다.

인플레이션 장려, 경제 성장 추구 → 금리인하 → 시중 통화량 증가
→ 화폐 가치 하락으로 인한 물가 상승 → 경제 성장

PLUS 팁

매파와 비둘기파

미국 연방준비제도(FED)는 달러의 발행과 금리 결정권을 가지고 있어서 우리나라 경제에도 큰 영향을 미친다. 연준 의장은 임기 동안 매년 8번의 연방공개시장위원회(FOMC)를 진행하며 의장과 위원들의 성향에 따라 경제 흐름이 달라진다.

올빼미파

매파와 비둘기파 사이의 중립파를 의미한다.

매파와 비둘기파의 비교

매파 (Hawkish)	비둘기파 (Dovish)
진보성향	보수성향
물가 안정 (인플레이션 억제)	경제 성장 (적절한 인플레이션 장려)
긴축정책과 금리인상 주장 → 경제 성장 둔화 및 가계부채 야기	양적완화와 금리인하 주장 → 심각한 인플레이션 및 파산 야기

스튜어드십 코드 2021 한국예탁결제원 2020 전북은행 2019 농협은행

관련기사

스튜어드십 코드 개정 검토… 전문가 "이행 점검 동반돼야"

기업 밸류업 프로그램의 일환으로 상장사 지배구조 개선 논의가 이어지면서 스튜어드십 코드 개정 움직임이 나타나고 있다. 금융당국이 자산운용사들에 적극적인 의결권 행사를 강조하는 것과 같은 맥락이다. 전문가들은 스튜어드십 코드를 바꾸는 것보다 이를 적극적으로 이행하도록 유도하는 것이 중요하다고 지적한다.

① **정의** : 자산을 운용하는 **기관투자자**가 투자한 기업의 의사 결정에 주주로써 적극적으로 참여하여 역할을 충실히 하고 투자자에게 투명하게 보고하는 행동지침을 의미한다.

② **특징**

㉠ 주요 기관투자자가 주식을 보유하는 데에 그치는 것이 아니라 투자 기업의 의사결정에 적극 참여해 주주와 기업의 이익을 추구한다.

㉡ 지속 가능한 성장과 투명한 경영을 이끌어 내는 것이 목적이다.

③ **스튜어드십 코드의 7원칙** OX문제

㉠ **수탁자 책임정책 제정 및 공개** : 고객, 수익자 등 타인 자산을 관리·운영하는 수탁자로서 책임을 충실히 이행하기 위한 명확한 정책을 마련해 공개해야 한다.

㉡ **이해상충 방지정책 제정 및 공개** : 수탁자로서 책임을 이행하는 과정에서 실제 직면하거나 직면할 가능성이 있는 이해상충 문제를 어떻게 해결할지에 관해 효과적이고 명확한 정책을 마련하고 내용을 공개해야 한다.

㉢ **투자 대상 회사 주기적 점검** : 투자 대상 회사의 중장기적인 가치를 제고하여 투자자산의 가치를 보존하고 높일 수 있도록 투자 대상 회사를 주기적으로 점검해야 한다.

㉣ **수탁자 책임 활동을 위한 내부지침** : 투자 대상 회사와의 공감대 형성을 지향하되, 필요한 경우 수탁자 책임 이행을 위한 활동 전개 시기와 절차, 방법에 관한 내부지침을 마련해야 한다.

㉤ **의결권 정책 및 행사 내역 공개** : 지침·절차·세부기준을 포함한 의결권 정책을 마련해 공개해야 하며, 의결권 행사의 적정성을 파악할 수 있도록 의결권 행사의 구체적인 내용과 그 사유를 함께 공개해야 한다.

㉥ **수탁자 책임 활동 주기적 보고** : 의결권 행사와 수탁자 책임 이행 활동에 관해 고객과 수익자에게 주기적으로 보고해야 한다.

㉦ **역량 및 전문성 확보** : 수탁자 책임의 적극적이고 효과적인 이행을 위해 필요한 역량과 전문성을 갖추어야 한다.

PLUS 팁

기관투자자

법인형태의 투자자를 말한다. 기관투자자는 대규모 자금과 조직, 정보 등을 바탕으로 투자하기 때문에 주가에 큰 영향을 미친다. 증권회사, 은행, 보험회사, 투자신탁회사, 그 외에 각종 연금과 기금 등이 기관투자자에 속한다. 우리나라의 대표적인 기관투자자 국민연금은 2018년에 스튜어드십 코드의 제한적 도입을 의결했다.

스튜어드십 코드 국내 시행

국민연금이 한진칼·대한항공에 대해 처음으로 스튜어드십 코드를 시행했다.

OX문제

매파는 인플레이션 억제로 인한 물가 안정을 목표로 한다. O X

스튜어드십 코드 7원칙에 따라 의결권 정책 및 행사 내역은 비공개로 한다. O X

OX문제 답 O, X

PART

02

경제

기출 용어 Preview

- 헥셔-오린의 정리
- 무차별곡선
- 독점시장
- 게임이론
- 외부효과
- 최고가격제
- 최저임금제
- GDP
- 실업률
- 인플레이션
- 필립스곡선
- 경기지수
- 빅맥지수
- 로렌츠곡선
- 지니계수
- 10분위분배율

PART 02. 경제

2023 · 2022 · 2021농협은행 2020예금보험공사 2018우리은행 2016국민은행

거시경제

고전학파 # 세이의 법칙 # 절약의 역설 # 케인스파

PLUS 팁

① 정의

국민소득 이론에 입각하여 소비·투자·저축 등의 산출량으로 국민소득의 결정을 논하는 경제학이다. 즉 경제 전반의 움직임에 초점을 맞춤 경제학이다. 현대경제학은 거시경제학의 영향을 받고 있다.

② 고전학파 2023·2022·2021 농협은행 2020 예금보험공사 2016 국민은행

① 배경 : 애덤 스미스의 「국부론」에서는 '보이지 않는 손'의 개념을 제시하고 경제주체들의 이익은 곧 경제 전체의 이익을 달성하는 것이라고 주장하였다.

② 입장 : **공급이 수요를 창출한다**[+]고 보고 공급을 중시하였다.

③ 국민소득 결정이론 가정

㉠ 공급된 재화는 모두 판매되어 공급과잉이 생기지 않는다고 가정한다.

㉡ 모든 가격변수는 신축적이다.

㉢ 모든 시장은 완전경쟁시장으로 이루어져 있다.

㉣ 저축은 미덕이다.

④ 평가

㉠ 공급의 증가는 국민소득을 증가시키며 공급을 늘리기 위해서는 생산설비를 확충해야 한다.

㉡ 생산설비 확충을 위해서는 자본을 축적해야 하므로 저축은 미덕이다.

㉢ 고전학파의 주요 가정은 현실성이 떨어지고 대공황을 겪으면서 비판을 면치 못했다.

+ 세이의 법칙 2018우리은행

공급 스스로가 수요를 창출한다는 고전학파의 주장이다

기출문제

2020.09.26. 예금보험공사

Q A국에서는 저축을 미덕으로 생각할 뿐만 아니라 정부는 성장을 높이기 위해 저축을 열심히 해야 한다며 국민적 저축 캠페인을 전개하고 있다. 다음 설명 중 옳은 것은?

① 일본의 잃어버린 10년의 경제 상황에 적용할 수 있다.

② 절약의 역설은 케인스가 설정한 가설하에서만 성립한다.

③ 절약의 역설은 미국과 같이 경제 내에서 해외부문이 국민경제에서 차지하는 비중이 아주 작은 나라에서는 성립하며 해외부문이 국민경제에서 차지하는 비중이 클 경우에는 성립하지 않는다.

④ 절약의 역설은 개인들이 저축을 많이 할수록 국가 전체의 저축량이 증가한다.

⑤ 균형재정하에서 절약의 역설은 성립하지 않는다.

정답 ③ 저축을 하게 되는 가장 기본적인 동기는 생산자원을 더욱 더 많이 축적시킴으로 인해 미래의 소득을 증대시키기 위함이다.

③ 케인스파

① 배경 : 대공황으로 인해 경제가 침체되어있던 시기에 케인스는 「고용, 이자 및 화폐에 관한 일반이론」을 출간하였고, '보이지 않는 손'에 의문을 품으며 정부가 나서서 수요를 증가시켜야 한다고 주장하였다.

② 입장 : 정부의 적극적인 시장 개입으로 수요를 증가시켜야 한다고 보고 수요를 중시하였다.

③ 국민소득 결정이론 가정

㉠ 소비는 소득의 함수이며 소비가 미덕이다.

㉡ 공급은 충분하지만 유효 수요가 부족하다.

㉢ I(투자), G(정부 지출), NX(순수출)은 외생적으로 주어진다.

④ 평가 : 소비가 미덕임을 강조하여 **절약의 역설**⊕을 주장하였다.

PLUS 팁

⊕ 절약의 역설(Paradox of Thrift)

케인스는 사람들이 저축을 더 많이 하면 할수록 국가 전체로서는 자금이 반드시 증가하는 것은 아니라고 지적하였다. 즉, 가계가 미래소득을 증가시키는 방법은 장래 소비를 더욱 증대시키기 위해 현재 소비의 일부를 저축하는 것이다. 가계가 저축하는 가장 근본적인 동기는 생산자원을 더 많이 축적시켜 미래소득을 증대시키려는 것이다. 개별 가계의 입장에서는 저축이 효용극대화의 목표를 달성시키는 데 효과적인 방법이나, 저축의 증가는 현재소비의 감소에서 나오기 때문에 저축의 증가는 가계의 지출을 같은 크기만큼 감소시킨다. 기업의 투자지출은 가계의 저축결정과 독립적으로 결정되므로 당기에 저축의 증가는 투자수준에 영향을 미치지 못한다. 따라서 경제에서 저축된 양은 기업들이 투자하려는 양보다 더 크며 초과저축이 발생하게 되면서 총수요가 감소하고 이에 상응하는 총공급이 감소하여 고용과 가계의 소득이 낮아진다.

더 알아보기

미시경제학과 거시경제학 차이

나무를 보는 미시경제학
미시경제학 관점
산업조직, 기술, 재정, 무역 등

숲을 보는 거시경제학
거시경제학 관점
국가정책, 경기변동, 국제금융, 실업률 등

2023기업은행 2022신용보증기금 2021산업은행 2020기업은행 2019농협은행 2019 · 2018신한은행 2019 · 2018우리은행

절대 우위론과 비교 우위론

애덤 스미스 # 데이비드 리카도

1 절대 우위론 2019 농협은행 2019·2018 신한은행 2018 우리은행 OX문제

① 영국의 경제학자 애덤 스미스가 주장한 이론으로, 특정 재화를 생산하는 데 얼마만큼의 노동량이 들어가는지를 기준으로 한다.

② 생산에 들어가는 노동량을 기준으로, 서로 비용을 줄이기 위해서 국제적인 분업과 교역이 생긴다는 이론이다.

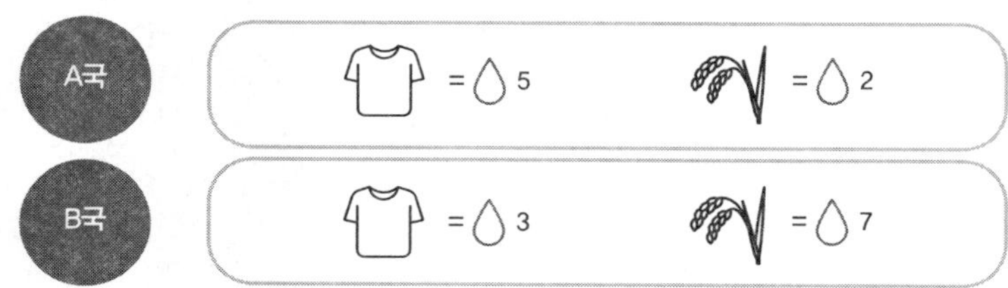

(노동단위)

예 두 나라에서 옷과 곡물을 생산한다고 할 때, A국은 옷을 생산하는 데 5만큼의 노동량과 곡물을 생산하는 데 2만큼의 노동량을 들이고 B국은 옷을 생산하는 데 3만큼의 노동량, 곡물을 생산하는 데 7만큼의 노동량을 들인다고 가정해보자.

㉠ A국은 B국에 비해서 곡물을 생산할 때 노동비용이 더 적게 들고, B국은 A국에 비해서 옷을 생산할 때 노동량을 더 적게 들이게 된다. 이러한 상황을 절대 우위에 있다고 한다.

㉡ A국은 곡물을 특화 생산하고, B국의 옷을 수입함으로써 생산비용을 절감하여 이득을 얻을 수 있고, B국은 반대로 옷을 특화 생산하고, 곡물을 수입하면서 이득을 얻게 되는 것이다.

	교역 전	특화 후	교역 후
A국	옷 1벌 곡물 1되 5 + 2 = 7	곡물 2되 2 × 2 = 4	4 (3만큼 이익)
B국	옷 1벌 곡물 1되 3 + 7 = 10	옷 2벌 3 × 2 = 6	6 (4만큼 이익)

(노동단위)

PLUS 팁

OX문제

생산에 들어가는 노동량을 기준으로 서로 비용을 줄이기 위해 국제적인 분업과 교역이 생긴다는 이론을 비교 우위론이라고 한다.

O X

OX문제 답 X

② 비교 우위론 2023·2020 기업은행 2019 신한은행 2019·2018 우리은행

① 영국의 경제학자 데이비드 리카도가 주장한 이론이다.

② 다른 나라에 비해 더 작은 **기회비용**⊕으로 재화를 생산할 수 있는 능력을 뜻한다. 한 나라에서 어떤 재화를 생산하기 위해 포기하는 재화의 양이 다른 나라보다 적다면 비교 우위가 있는 것이다.

③ 경제적 능력이 서로 다른 국가 간에 무역이 이루어질 수 있게 해 주는 원리이다. 각 나라의 경제 여건의 차이는 비교 우위를 결정하는 요인이 된다.

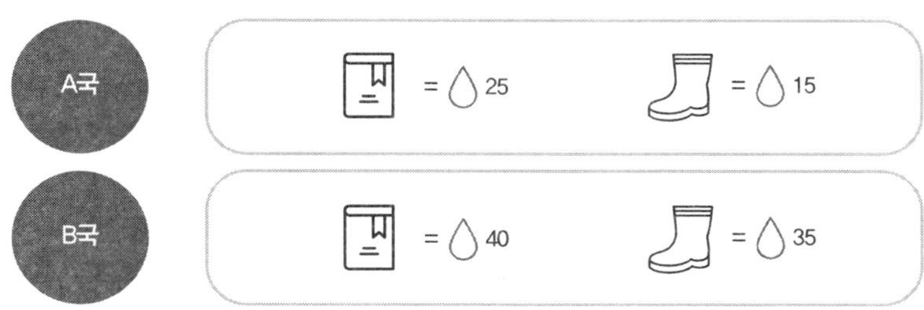

노동단위

예 두 나라에서 신발과 도서를 생산한다고 할 때, A국은 도서를 생산하는 데 25만큼의 노동량과 신발을 생산하는 데 15만큼의 노동량을 들이고 B국은 신발을 생산하는 데 40만큼의 노동량, 도서를 생산하는 데 35만큼의 노동량을 들인다고 가정해보자. A국은 B국보다 모든 재화에 대해 노동량이 적으므로 절대 우위에 있다. 그래서 교역하지 않아도 되지만 기회비용을 고려하면 A국은 도서 1단위에 1.67(25/15), 신발 1단위에 0.6(13/25)이 된다. B국은 도서 1단위에 1.14(40/35), 신발 1단위에 0.875(35/40)가 된다. 그러므로 기회비용 측면에서는 비교 우위를 갖게 된다.

	교역 전	특화 후	교역 후
A국	책 1권 신발 1켤레 25 + 15 = 40	신발 2켤레 15 × 2 = 30	30 (10만큼 이익)
B국	책 1권 신발 1켤레 40 + 35 = 75	책 2권 35 × 2 = 70	70 (5만큼 이익)

(노동단위)

PLUS 팁

⊕ 기회비용

여러 대안 중 하나를 선택했을 때 그 선택으로 인해 포기해야 하는 가치를 말한다.

헥셔 – 오린의 정리 2021 산업은행

양국이 갖는 재화의 생산 함수가 동일하지만 요소집약도가 상이하여 양국의 요소부존비율도 상이한 경우, 각국은 타국에 비하여 상대적으로 풍부하게 갖고 있는 생산요소를 집약적으로 사용하는 재화의 생산에 비교 우위성을 갖게 된다는 이론이다.

절대 우위와 비교 우위의 차이

애덤 스미스의 절대 우위론에 미루어 본다면 양국은 모두 재화를 특화하기 어렵다. 반면, 데이비드 리카도의 비교 우위론에 따르면 한 나라가 상대적으로 어떤 재화를 다른 나라보다 더 유리하게 생산할 수 있을 때 비교 우위를 가진다고 할 수 있으며, 각 나라가 자국에 비교 우위가 있는 재화를 특화 생산하여 무역을 하면 서로 이득을 얻을 수 있다.

구분	절대우위	비교우위
핵심	누가 더 많이 생산할 수 있는가?	누가 더 적은 비용으로 생산할 수 있는가?
기준	생산량 자체 비교	기회비용 비교
결과	• 한 국가가 모든 재화에서 우위일 수 있음 • 절대우위만 보면 교역의 필요성을 크게 느끼지 못함	• 각 나라가 특화할 수 있는 재화가 생김 • 비교우위에 따라 서로 특화하면 교역이 유리함

CHAPTER 03

PART 02. 경제

2023한국자산관리공사 2023 · 2022 · 2020기업은행 2020농협은행 2019국민은행 2019대구은행 2019 · 2018우리은행 2019 · 2018신한은행

수요와 공급

#수요곡선 #공급곡선 #균형 이동

1 수요 2023 한국자산관리공사 2024·2023·2022 기업은행 2023·2019 신한은행 2019 국민은행

① 정의

㉠ 일정 기간 동안 재화나 용역을 구매하고자 하는 욕구를 말한다.

㉡ '일정 기간'은 특정시점이 아니며 '구매하고자 하는 욕구'는 구매하려고 의도한 양을 의미한다.

㉢ 수요는 소비로 연결되므로 구매 의사가 있다고 하더라고 구매할 능력이 부족하다면 수요에서 제외된다.

② 수요법칙 : 다른 조건이 변하지 않을 때 재화의 가격이 상승하면 그 재화의 수요량이 감소하는 법칙이다.

예

수량	가격
20	900
35	800
42	700
48	600
53	500
60	400

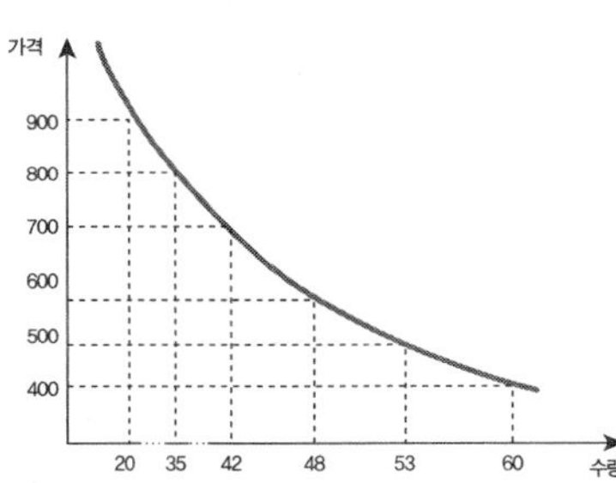

③ 수요곡선

㉠ 가격과 수요량의 관계를 보여주는 곡선이다.

㉡ 가격이 하락하면 수요량이 증가하기 때문에 수요곡선은 우하향한다.

㉢ 곡선이 오른쪽으로 이동하면 수요의 증가가 되고 왼쪽으로 이동하면 수요의 감소가 된다.

수요곡선	수요곡선 이동

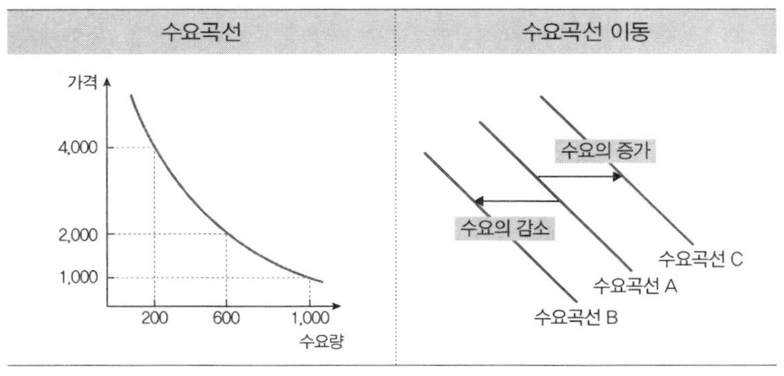

PLUS 팁

수요곡선 그래프 2024·2023 기업은행

구분	수요의 변동	수요량의 변동
원인	해당 재화의 가격 이외 요인	해당 재화의 가격 변동
행태	수요곡선 자체의 이동	수요곡선 상 점 이동

• 수요의 변동

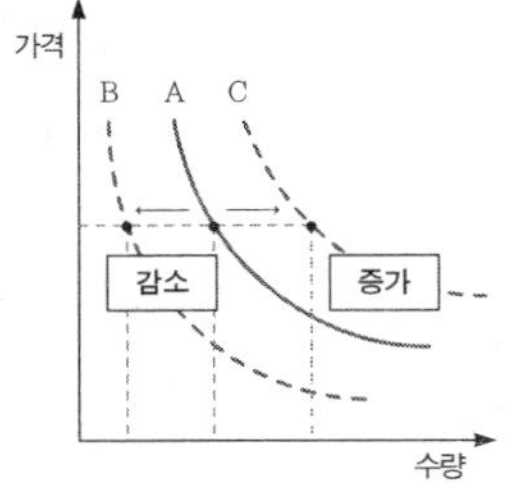

• 수요량의 변동

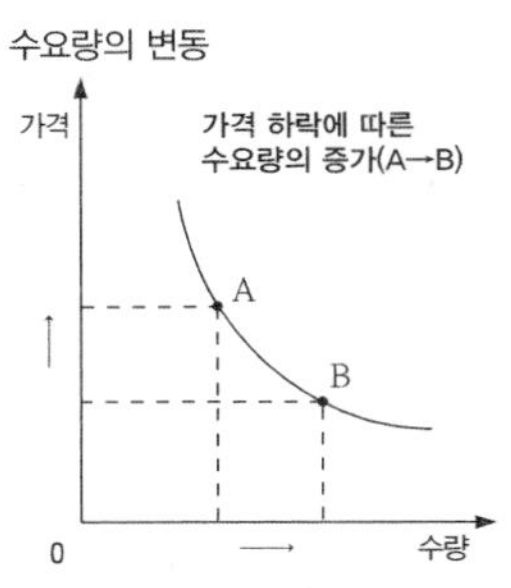

④ 수요변화 요인

㉠ 소비자의 소득 2024 한국자산관리공사 2024 농협은행 2020 기업은행 2018 우리은행

구분	내용
정상재	소득이 증가 혹은 감소하게 되면 수요가 증가 혹은 감소하여 수요곡선이 우상향 또는 좌상향으로 이동한다.
열등재	소득이 증가 혹은 감소하게 되면 수요가 감소 혹은 증가하며, 수요곡선이 좌하향 또는 우상향으로 이동한다.
기펜재	열등재의 일종으로 재화의 가격이 하락하면 오히려 재화의 수요도 감소하는 예외적인 수요법칙을 보인다.
중간재	소득 변화에도 불구하고 동일한 가격에서 수요량은 변하지 않는 재화다. 소득이 증가 혹은 감소하여도 수요 및 수요곡선은 변하지 않는다.

㉡ 관련된 재화의 가격 2024 농협은행 2024 수협은행 2024·2022·2019 기업은행 2024 신한은행

구분	내용
대체재	• 두 재화가 비슷한 성격을 지녀 한 재화 대신 다른 재화를 소비하더라도 만족에는 별 차이가 없는 관계를 말한다. • 한 재화의 가격이 하락하면 다른 한 재화의 수요가 감소하는 경쟁하는 성격을 지니고 있어 경쟁재라고도 한다. 예 연필과 샤프, 버터와 마가린 관계 등
보완재	• 각각의 재화를 소비하는 것보다 두 재화를 함께 소비하는 것이 만족을 주는 관계를 말한다. • 한 재화의 가격이 하락하면 다른 한 재화의 수요가 증가한다. 예 빵과 잼, 샤프와 샤프심 관계 등
독립재	• 한 재화의 가격이 다른 재화의 수요에 아무런 영향을 주지 않는 관계를 말한다. • 수요곡선도 변하지 않는다. 예 안경과 신발, 의자와 카메라 관계 등

㉢ 소비자의 선호 및 가격 예상 등

요인 \ 수요변화	수요곡선 우측 이동 (수요 증가)	수요곡선 좌측 이동 (수요 감소)
소비자 소득	정상재 소득 증가	정상재 소득 감소
	열등재 소득 감소	열등재 소득 증가
	기펜재 소득 증가	기펜재 소득 감소
재화 가격	대체재 가격 상승	대체재 가격 하락
	보완재 가격 하락	보완재 가격 상승
소비자 선호	선호 증가	선호 하락
가격 예상	가격 상승 예상	가격 하락 예상

PLUS 팁

공공재 2024·2020 기업은행 2024 농협은행 2024 신한은행 2019 우리은행

배제성(재화를 소비를 막을 수 있는 가능성)이 없고 소비에 있어서 경합성(한쪽이 재화를 소비하면 다른 한쪽이 소비에 제한을 받는 것)도 없는 재화를 말한다. 공유자원은 배제성은 없으나 소비에 있어서 경합성이 있기 때문에 공공재와 공유자원은 다른 의미이다.

구분	공공재	공유자원
배제성	없음	없음
경합성	없음	있음
예시	국방, 바람 등	어류, 우물 등

② 공급 2024·2023 기업은행 2023·2019 신한은행 2019 국민은행 2018 우리은행

① 정의

㉠ 일정 기간 동안 재화나 용역을 판매하고자 하는 욕구를 말한다.

㉡ '일정 기간'은 수요와 같은 기간의 개념이며, '판매하고자 하는 욕구'는 실제 판매한 양이 아닌 의도한 양을 말한다.

② **공급법칙** : 다른 조건이 변하지 않을 때 어떤 재화의 가격이 상승하면 그 재화의 공급량이 증가하는 법칙이다.

예

수량	가격
60	900
53	800
48	700
42	600
35	500
20	400

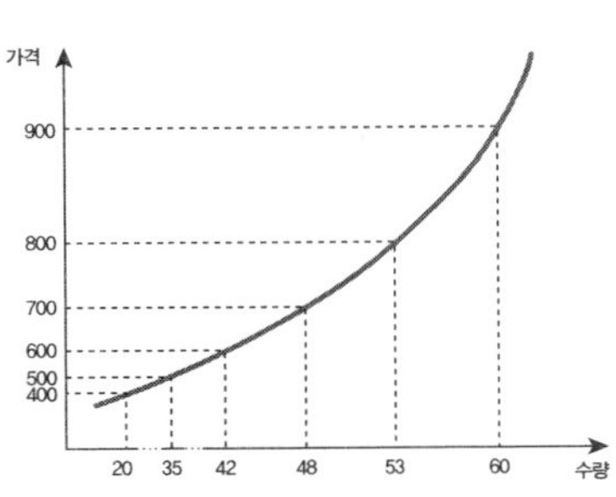

② **공급곡선**⊕ 2024 경남은행 2024 수협은행 2024 기업은행 2018 신한은행

㉠ 가격과 공급량의 관계를 보여주는 곡선이다.

㉡ 가격이 높을수록 공급량이 증가하기 때문에 공급곡선은 우상향한다.

㉢ 곡선이 오른쪽으로 이동하면 공급의 증가가 되고 왼쪽으로 이동하면 공급의 감소가 된다.

공급곡선	공급곡선 이동

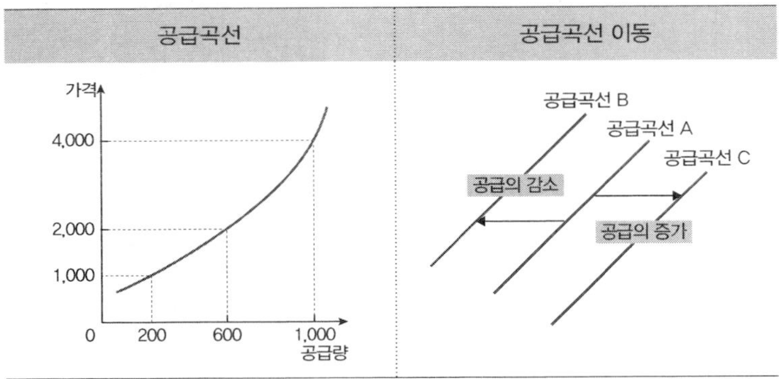

③ 공급변화 요인

㉠ **생산요소의 가격 변동** : 생산요소의 가격이 상승하면 공급자의 수익성이 감소하므로 생산량이 감소하여 공급곡선이 왼쪽으로 이동한다.

㉡ **기술 수준 발달** : 기술이 발달하면 생산비용이 낮아지게 되므로 공급이 증가하여 공급곡선은 오른쪽으로 이동한다.

PLUS 팁

⊕ 공급곡선

구분	공급의 변동	공급량의 변동
원인	해당 재화의 가격 이외 요인	해당 재화의 가격 변동
행태	공급곡선 자체의 이동	공급 곡선 상의 점 이동

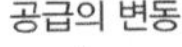

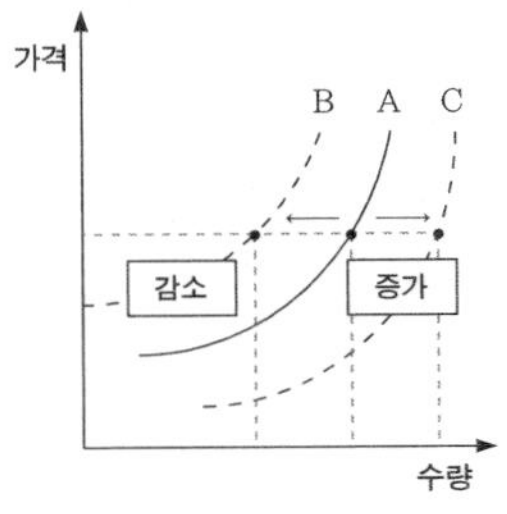

• 공급량의 변동

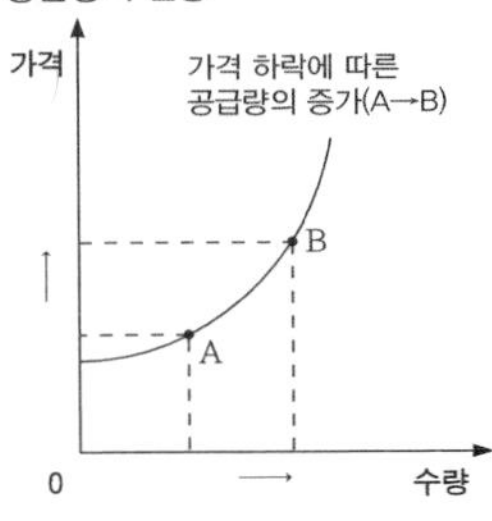

㉢ 판매자의 수 및 가격 예상 등

요인 \ 공급변화	공급곡선 우측 이동 (공급 증가)	공급곡선 좌측 이동 (공급 감소)
생산요소 가격 변동	생산요소 가격 하락	생산요소 가격 상승
기술 수준	기술 수준 발달	기술 수준 하락
판매자 수	판매자 수 증가	판매자 수 하락
가격 예상	가격 하락 예상	가격 상승 예상

3 수요와 공급 균형 2022 기업은행

① 수요와 공급 균형⊕

㉠ 수요량과 공급량이 일치하지 않으면 가격이 상승하거나 하락한다.

㉡ 수요량과 공급량이 일치하면 가격은 더는 변하지 않는다. 이때의 가격을 시장가격 또는 시장 균형가격이라고 하며, 시장가격에서 거래되는 양을 균형거래량이라고 한다.

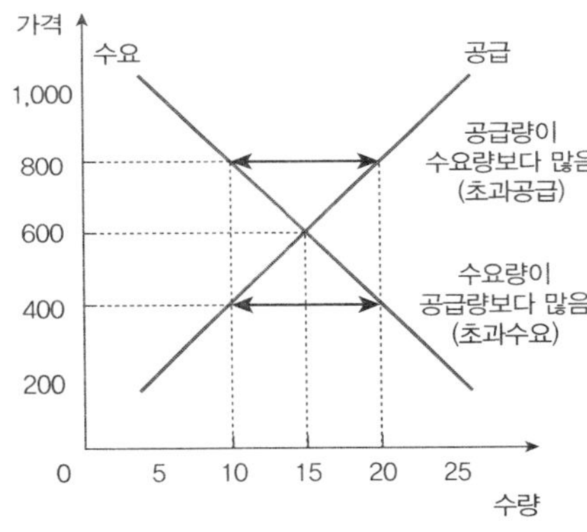

더 알아보기

수요와 공급이 변할 때 가격과 수량의 변동

구분	공급불변	공급 증가	공급 감소
수요불변	가격불변	가격 하락	가격 상승
	거래량 불변	거래량 증가	거래량 감소
수요증가	가격 상승	가격 불분명	가격 상승
	거래량 증가	거래량 증가	거래량 불분명
수요감소	가격 하락	가격 하락	가격 불분명
	거래량 감소	거래량 불분명	거래량 감소

PLUS 팁

⊕ 수요와 공급의 균형

공급량이 수요량보다 많을 경우에는 초과공급(공급과잉)이라고 하며 수요량이 공급량보다 많을 때는 초과수요(물량부족)이라고 한다.

② 요인에 따른 균형의 이동 [OX문제]

㉠ 수요증가 혹은 감소

수요증가에 의한 균형의 이동	수요감소에 의한 균형의 이동

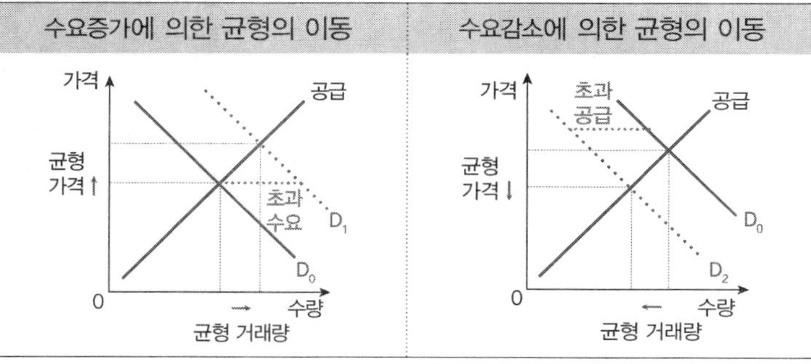

- 수요의 증가 : 수요곡선이 오른쪽으로 이동하며 균형가격이 상승하고 균형거래량도 증가한다.
- 수요의 감소 : 수요곡선이 왼쪽으로 이동하며 균형가격이 하락하고 균형거래량도 감소한다.

㉡ 공급 증가 혹은 감소

공급 증가에 의한 균형의 이동	공급 감소에 의한 균형의 이동

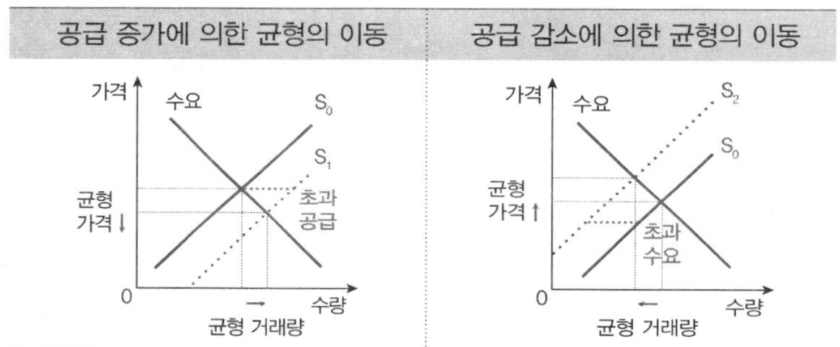

- 공급의 증가 : 공급곡선이 오른쪽으로 이동하면 균형가격이 하락하고 균형거래량은 상승한다.
- 공급의 감소 : 공급곡선이 왼쪽으로 이동하면 균형가격은 상승하고 균형거래량은 감소한다.

PLUS 팁

[OX문제]

수요의 감소는 수요곡선이 왼쪽으로 이동한다.

O | X

공급의 증가는 공급곡선이 왼쪽으로 이동한다.

O | X

기출문제

2019.05.25. 신한은행

Q 공급곡선이 오른쪽으로 이동할 경우 이동 요인으로 알맞은 것은?

① 생산요소의 가격 상승
② 생산량의 감소
③ 기술 수준의 발달
④ 공급량 감소
⑤ 대체재 및 보완재의 가격 상승

정답 ③ 기술이 발달하면 생산비용을 낮아져 공급이 증가하고 공급곡선은 오른쪽으로 이동한다.

OX문제 답 O, X

2023산업은행 2023한국자산관리공사 2023 · 2020기업은행 2021 · 2019농협은행 2019 · 2018국민은행 2019 · 2018우리은행 2018신한은행

가격탄력성

#수요의 가격탄력성 #공급의 가격탄력성

PLUS 팁

1 정의

① 경제량 상호의 변동관계를 파악하기 위한 개념으로, 가격이 변했을 때 수요량이나 공급량이 변화하는 것을 나타내는 지표는 수요(공급)의 가격탄력성이라고 한다.

② 탄력성이 크다는 것은 가격변화에 대한 수요와 공급의 변화가 크다는 것을 의미한다.

2 수요의 가격탄력성 2023 기업은행 2021 농협은행 2019 국민은행 2019 우리은행 OX문제

① 정의 : 재화의 가격이 변동할 때, 수요량이 얼마나 변동하는지를 나타내는 지표이다.

② 수요의 가격탄력성 결정요인

구분	내용
대체재의 유무(有無)	• 재화를 대체할 수 있는 또 다른 재화의 수가 많다면 그 재화의 수요는 탄력적이다. • 대체재가 많을수록 탄력적이며, 적을수록 비탄력적이다
기간의 장단(長短)	탄력성을 측정하는 기간이 길수록 탄력적이다. 즉, 장기의 경우 단기의 경우보다 탄력적이다.
재화의 성격	생필품에 대한 수요는 비탄력적이지만 사치품에 대한 수요는 탄력적이다. 이는 소비자의 선호에 따라 달라진다.

③ 수요의 가격탄력성 공식

$$\text{수요의 가격탄력성(Ed)} = \frac{\text{수요량 변화율(\%)}}{\text{가격 변화율(\%)}} = \frac{\Delta Q/Q}{\Delta P/P} = \frac{\Delta P}{\Delta Q} \times \frac{Q}{P} = \frac{\text{수요 변화량}}{\text{기존수요량}} \Big/ \frac{\text{가격 변화량}}{\text{기존 가격}}$$

OX문제

대체제가 많다면 재화의 수요는 탄력적이다.

O X

OX문제 답 O

④ 수요의 가격탄력성 크기와 곡선 OX문제

가격탄력성 크기	가격변화율과 수요량 변화율
Ed > 1	$\frac{\Delta P}{P} < \frac{\Delta Q}{Q}$: 가격의 변화율 < 수요량의 변화율
Ed = 1	$\frac{\Delta P}{P} = \frac{\Delta Q}{Q}$: 가격의 변화율 = 수요량의 변화율
Ed < 1	$\frac{\Delta P}{P} > \frac{\Delta Q}{Q}$: 가격의 변화율 > 수요량의 변화율

탄력적 1 < Ed	단위 탄력적 Ed = 1
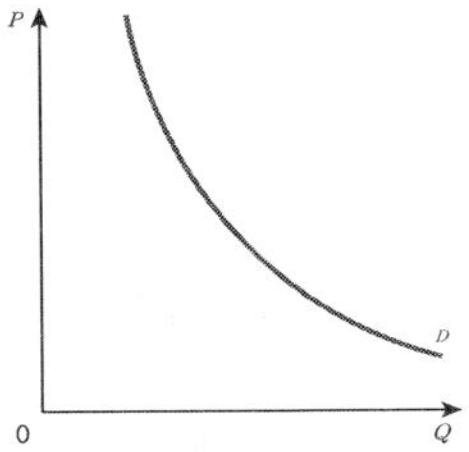 P, D, 0, Q	P, D, 0, Q
비탄력적 1 > Ed	**완전 비탄력적 Ed = 0**
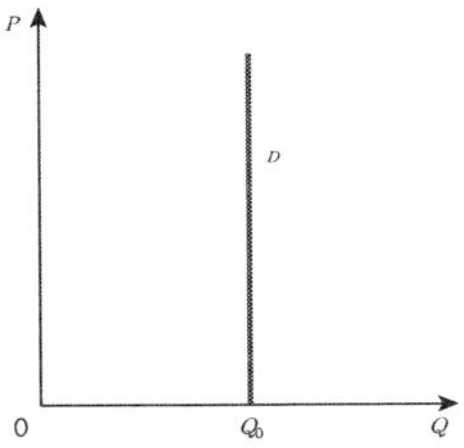 P, D, 0, Q	P, D, 0, Q_0, Q

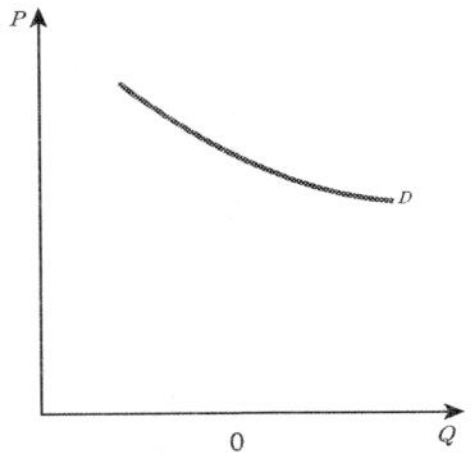

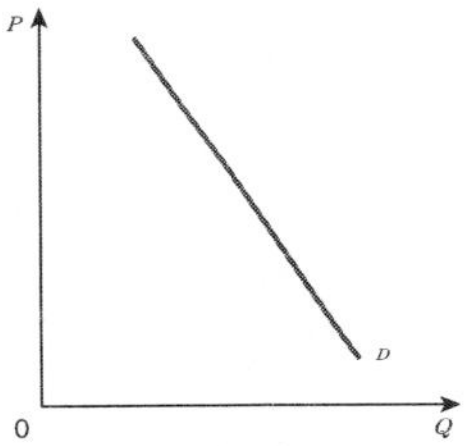

완전 탄력적 Ed = ∞
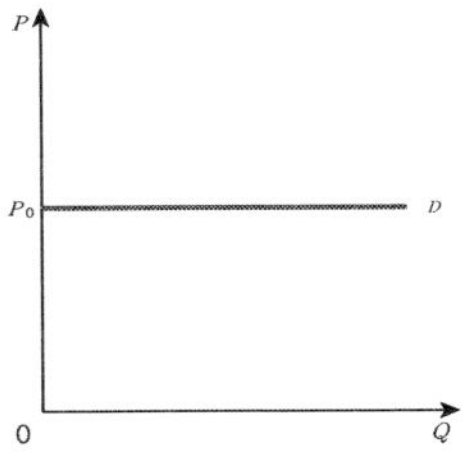 P, P_0, D, 0, Q

예 커피가 한 잔당 4,000원에서 3,000원으로 가격을 내렸을 때 커피의 수요량이 하루 40잔에서 48잔으로 늘어났다. 이때의 수요의 가격탄력성을 구하려면,

$$\text{커피 수요의 가격탄력성} = \frac{8}{40} \Big/ \frac{1,000}{4,000} = \frac{1}{5} \Big/ \frac{1}{4} = \frac{4}{5} = 0.8$$

따라서 커피 수요의 가격탄력성은 0.8이 된다.

PLUS 팁

수요의 소득 탄력성

소득변화에 따른 수요량 변화정도를 나타내는 지표로 각 재화는 소득 탄력성 부호에 따라 정상재와 열등재로 구분된다.

$$\epsilon_M = \frac{\text{수요량의 변화율}(\%)}{\text{소득의 변화율}(\%)} = \frac{\frac{\Delta Q}{Q}}{\frac{\Delta I}{I}} = \frac{dQ}{dI} \cdot \frac{I}{Q}$$

※ 정상재 : > 0 (소득 증가→수요증가)
열등재 : < 0 (소득 증가→수요감소)

수요의 교차탄력성

한 재화(Y재)의 가격이 변화할 때 다른 재화(X재) 수요량의 변화 정도를 나타내는 지표이다. 교차탄력성 부호에 따라 두 재화 간의 관계를 알 수 있다.

$$\epsilon_{xy} = \frac{X\text{재의 수요량변화율}(\%)}{Y\text{재의 가격변화율}(\%)} = \frac{dQ_X}{dP_Y} \cdot \frac{P_Y}{Q_X}$$

※ > 0 : 대체재
= 0 : 독립재
< 0 : 보완재

OX문제

수요량의 변화율과 가격의 변화율이 같을 경우 단위탄력적이라고 한다.

O X

OX문제 답 O

3 공급의 가격탄력성 2023 한국자산관리공사 2023 산업은행 2022 농협은행 2018 국민은행 2018 우리은행 2018 신한은행

① 정의 : 재화의 가격이 변동할 때, 공급량이 얼마나 변동하는지를 나타내는 지표이다.

② 공급의 가격탄력성 결정요인 OX문제

구분	내용
공급자들의 조절	• 공급자들이 생산량을 얼마나 조절할 수 있는지에 따라 달라진다. • 추가 생산이 가능한 재화는 가격이 높아지면 추가로 생산량을 늘릴 수 있기 때문에 공급이 탄력적이다.
기간의 장단(長短)	• 공급의 가격탄력성은 짧은 기간보다 긴 기간일수록 커진다. • 짧은 기간에 기업이 생산을 늘리거나 줄이기 위해 쉽게 공장 규모를 변경하기가 어렵다. 그러나 긴 기간에는 공장을 새로 짓거나 기존의 공장을 폐쇄하는 등 공급량을 조절할 수 있게 되어 공급량이 가격 변화에 민감하게 반응한다.
재화 경쟁	공급자들의 경쟁이 심할 경우에 상품의 가격이 오르면 경쟁이 심하지 않은 경우보다 상품의 공급량이 더 크게 증가할 수 있기 때문에 공급의 가격탄력성은 커지고 경쟁이 없으면 작아진다.

③ 공급의 가격탄력성 공식

$$\text{공급의 가격탄력성(Ep)} = \frac{\text{공급량 변화율(\%)}}{\text{가격변화율(\%)}}$$

$$= \frac{\Delta Q^S / Q^S}{\Delta P / P} = \frac{\Delta P}{\Delta Q^S} \times \frac{Q^S}{P}$$

$$= \frac{\text{공급 변화량}}{\text{기존공급량}} \bigg/ \frac{\text{가격 변화량}}{\text{기존 가격}}$$

PLUS 팁

OX문제

공급자들의 생산량 조절은 공급의 가격탄력성과 무관하다.

O X

기출문제

2019.06.10. 우리은행

Q 수요의 가격탄력성에 영향을 주는 요인으로 옳지 않은 것은?

① 대체재의 유무(有無)
② 소비자 선호
③ 재화 경쟁
④ 재화의 성격
⑤ 기간의 장단(長短)

정답 ③ 재화 경쟁은 공급의 가격탄력성에 영향을 미치는 요인이다.

OX문제 답 X

④ 공급의 가격탄력성 크기와 곡선

가격탄력성 크기	가격변화율과 공급량 변화율
Ep > 1	$\frac{\Delta P}{P} < \frac{\Delta Q^S}{Q^S}$: 가격의 변화율 < 공급량의 변화율
Ep = 1	$\frac{\Delta P}{P} = \frac{\Delta Q^S}{Q^S}$: 가격의 변화율 = 공급량의 변화율
Ep < 1	$\frac{\Delta P}{P} > \frac{\Delta Q^S}{Q^S}$: 가격의 변화율 > 공급량의 변화율

탄력적 1 < Ep	단위탄력적 Ep = 1
비탄력적 1 > Ep	완전비탄력적 Ep = 0

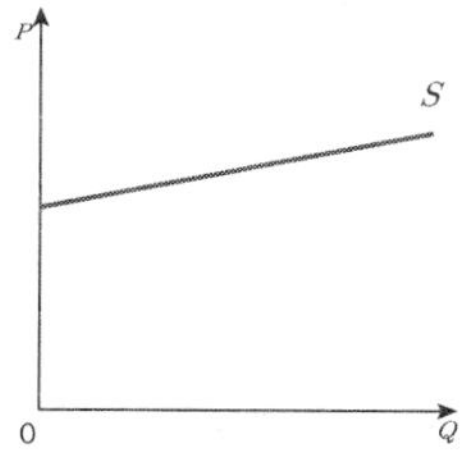

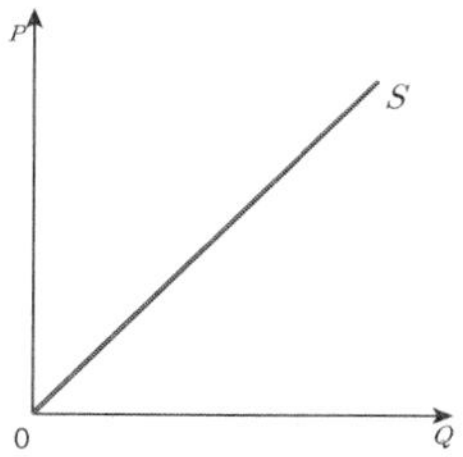

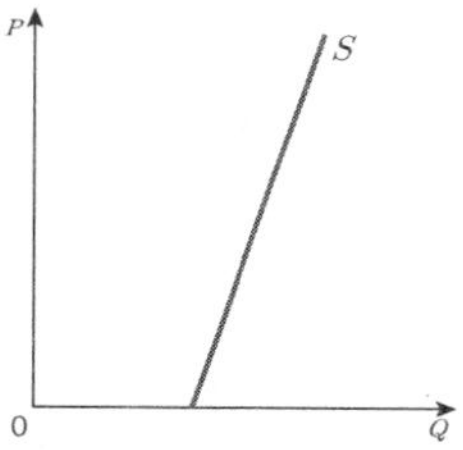

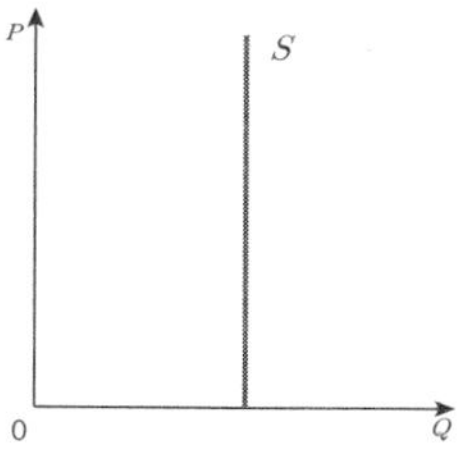

완전탄력적 Ep = ∞

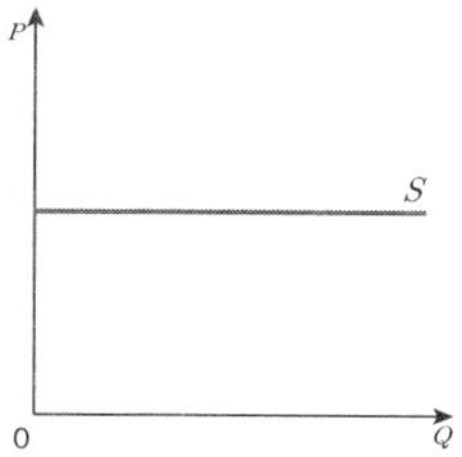

예 고구마 한 박스당 30,000원일 때 120박스를 공급했다가 고구마 한 박스당 40,000원으로 가격을 올리고 140박스를 공급할 때 공급의 가격탄력성을 구하려면,

$$\text{고구마 공급의 가격탄력성} = \frac{20}{120} \Big/ \frac{10,000}{30,000} = \frac{1}{6} \Big/ \frac{1}{3} = \frac{3}{6} = 0.5$$

따라서 고구마의 가격탄력성은 0.5가 된다.

PLUS 팁

OX문제

공급자들이 생산량을 얼마나 조절할 수 있는지에 따라 공급의 가격탄력성이 결정된다.

O X

OX문제 답 O

PART 02. 경제

2024새마을금고 2024 · 2019국민은행 2024 · 2023농협은행 2023한국자산관리공사 2021수협은행 2020 · 2018기업은행 2019 · 2018신한은행 2018하나은행 2018우리은행

기회비용과 매몰비용

#암묵적 비용 #깨진유리창 이론 #매몰비용

PLUS 팁

1 기회비용(Opportunity Cost)

2024 새마을금고 2023·2022 농협은행 2020 기업은행 2019 국민은행 2019·2018 신한은행 2018 우리은행 2018 하나은행

관련기사

5만 전자, 비중 확대는 계륵?… "기회비용 너무 크다"

삼성전자 주가가 5만 원대로 내려앉았지만 매수하기에는 기회비용이 너무 크다는 분석이 나왔다. 개인 투자자가 삼성전자의 주가 하락에 매수로 대응하고 있지만, 당장 주가 반등 모멘텀이 제한적인 삼성전자를 보유 혹은 비중 확대하는 것은 '계륵'일 수 있다는 의견이다. "삼성전자의 주가와 최고위층 반성문을 근거로 저가 매수의 당위성과 시급성을 주장하는 시장 일각의 목소리가 커지고 있지만 상당기간 시간싸움이 가능하고 삼성전자 보유에 따른 추가 기회비용이 제한되는 초장기·극소수 개인 투자가 일방에 국한된 단편적 전술 대응"이라고 선을 그었다.

① 정의

㉠ 여러 대안 중 하나를 선택하면서 포기한 다른 대안들 가운데 최대 가치(유·무형)를 기회비용이라고 한다.

㉡ 기회비용의 관점에서는 어떠한 경제활동의 비용은 그것을 위해 포기해야 하는 다른 경제활동의 양이다. 자원의 희소성이 존재하는 한 기회비용은 반드시 발생하게 되어 있다.

② 기회비용 공식

기회비용 = 명시적 비용 + 암묵적 비용

※ 이때, 합리적인 선택을 위해서는 선택으로 얻은 이익이 기회비용보다 커야 한다.

예 하루 50,000원의 외주 업무를 받던 A가 오늘 하루 일을 포기하고 영화 관람을 하였다. 교통비 2,500원과 영화 티켓 값으로 11,000을 지불했을 때 A의 기회비용을 구하려면, 기회비용 = 교통비 2,500원 + 영화 티켓 11,000원(명시적 비용) + 외주 업무 50,000(암묵적 비용) = 63,500원이 되는 것이다.

③ 깨진 유리창 이론 : 1850년 프랑스 경제학자 프레데릭 바스티아가 자신의 에세이 「보이는 것과 보이지 않는 것」에서 '깨진 유리창' 이야기를 통해 기회비용을 우회적으로 다루었다. 경제활동을 촉진시킨 아들의 잘못은 '보이는 것'이다. 유리창을 수리하면서 가게 주인이 다른 소비의 기회를 포기하게 된 것(기회비용)이라고 하며, 이것이 '보이지 않는 것'이다.

암묵적 비용

눈에 보이지 않는 비용. 즉 자신이 선택하지 않고 포기하는 다른 기회의 잠재적 비용을 의미한다.

'깨진 유리창' 이야기

어느 가게 주인의 아들이 유리창을 깨자 주인은 아들을 나무랐다. 이를 보던 주변 사람들은 "당신에게는 손해지만, 다른 사람에겐 이득이오. 유리가 깨지지 않았다면 유리 장수는 어떻게 살겠소." 라며 가게 주인을 위로했다.

2 매몰비용(Sunk Cost) 2021 수협은행 2019 신한은행 2018 하나은행 2018 우리은행 2014 국민은행 OX문제

PLUS 팁

관련기사

'매몰비용의 오류' 범하는지 확인해보려면?

경제학엔 매몰비용이란 개념이 있다. 이미 지출했기 때문에 회수할 수 없는 비용을 말한다. 개인 투자에서도 마찬가지다. 주식 투자를 위해 어떤 회사를 조사하는 시간·경제적 비용이 늘어날수록, 어떤 종목을 보유하는 기간이 길어질수록 매몰비용은 커진다. 이 경우 어느 시점에 해당 주식이나 상품을 매도하는 게 낫다는 판단이 들더라도 쉽게 놓아주지 못한다. 본인이 매몰비용의 오류를 범하고 있는지 확인하는 좋은 방법이 있다. "지금 하고 있는 것을 다른 누군가가 무료로 제공한다면 할 것인가"란 질문을 스스로에게 해보는 것이다. 이 경제학 개념을 배운 이후로는 일상에서 이 오류를 범하지 않기 위해 노력한다. 세상을 보는 시야를 달리 해준 '좋은' 개념이라 할 수 있겠다. 지난 2017년 노벨 경제학상을 수상한 리처드 세일러 시카고대 교수도 그의 책 '행동경제학'에서 다음과 같이 고백한다. "나 역시 어떤 연구에 이미 상당한 시간을 투입했을 땐, 그만두는 게 분명히 나은 선택임을 알고 있음에도 포기하고 그만두는 게 너무 힘들다."

선택으로 인해 포기한 최대 가치를 기회비용(보이지 않는 비용)이라고 하면, 매몰비용은 선택하면서 발생한 비용(보이는 비용) 중 다시 회수할 수 없는 비용을 말한다.

예 영화 상영 시작 후 입장 여부와는 관계없이 A가 이미 지불한 영화 티켓 값을 되돌려 받을 수 없을 경우, 영화 티켓 값은 매몰비용이 된다.

OX문제

선택을 통해서 이익을 얻은 비용은 매몰비용이라고 한다.

O | X

기출문제

2018.10.27. 하나은행

Q 설명을 보고 알맞은 것끼리 묶인 것은?

종인은 꼭 한 번 보고 싶었던 뮤지컬이 내한 공연을 한단 소식에 (가) 14만 원짜리 뮤지컬 티켓을 (나) 현장 구매하고자 한다. 현장 구매를 하기 위해서는 (다) 아르바이트를 포기하고 버스로 1시간을 이동해야 한다. 현장 구매 티켓은 어떠한 사유에도 환불이 되지 않아서 구매하면 반드시 뮤지컬을 보러 가야한다. 하지만 언제 다시 내한할지 모른다는 생각에 (라) 구매하기로 마음먹었다.

<보기>

㉠ (가)는 기회비용에 포함된다.
㉡ (나)는 명시적 비용에 포함된다.
㉢ (다)는 암묵적 비용에 포함된다.
㉣ (라)는 매몰비용에 포함된다.

① ㉠㉡
② ㉡㉢
③ ㉡㉣
④ ㉠㉡㉢
⑤ ㉠㉢㉣

정답 ⑤ ㉠ 기회비용은 여러 대안 중 하나를 선택함으로 인해 포기한 대안들 중 최대가치를 의미한다.
㉢ 암묵적비용은 자신이 선택하지 않고 포기하는 다른 기회의 잠재적 비용을 의미한다.
㉣ 매몰비용은 선택하면서 발생하게 된 비용 중 다시는 회수불가능한 비용을 의미한다.

OX문제 답 X

2024 · 2022 · 2020 · 2019농협은행 2019신한은행 2019국민은행 2019 · 2018우리은행

한계비용과 한계효용

#한계효용 체감의 법칙 #고센의 법칙

1 한계비용(MC, Marginal Cost) 2024·2022·2019 농협은행 2019 우리은행 OX문제

① 정의 : 필요한 총비용 증가분을 말한다.

예 탄산수 100병을 생산하는 데 10,000원의 비용이 소요된다면 탄산수 1병의 평균생산비용은 100원이다. 추가로 탄산수 한 병을 더 생산하여 101병, 102병을 생산할 때 비용이 각각 10,080원, 10,150원이라면 탄산수 101병째의 한계비용은 10,080원 − 10,000원 = 80원, 102병째의 한계비용은 70원이 된다.

② 특징

㉠ 총비용 증가분의 생산량 증가분에 대한 비율로 표시하며, 한계생산비라고도 한다.

㉡ 한계비용함수는 U자형을 취한다.

㉢ 생산량 0에서 출발하여 생산량이 증가함에 따라 한계비용이 점차 감소하다가 어느 생산량을 지나면 점차 증가하기 시작하는데, 이는 한계생산물의 감소와 증가를 반영하는 것이다.

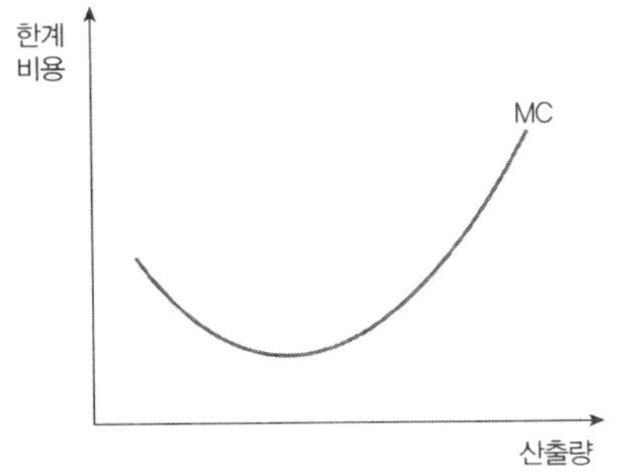

PLUS 팁

한계수입(MR, Marginal Revenue)

재화의 판매량이 한 단위의 증가할 때의 매상금액, 즉 총수입의 증가분을 한계수입이라고 한다.

OX문제

한계비용함수의 모양은 M자형을 취한다.

O X

기출문제

2020.02.23. 농협은행

Q 한계비용의 설명으로 옳지 않은 것은?

① 필요한 총비용 증가분을 말한다.
② 한계생산비라고도 한다.
③ 한계비용함수는 J자형을 취한다.
④ 생산량 0에서 출발한다.
⑤ 감소하다가 어느 생산량을 지나면 점차 증가한다.

정답 ③ 한계비용함수는 "U"자형을 취한다.

OX문제 답 X

2 한계효용(MU, Marginal Utility)

2024·2023 기업은행 2024 농협은행 2023 새마을금고 2019 신한은행 2019 국민은행 2018 우리은행

① 정의 : 재화나 서비스의 소비량이 한 단위 증가할 때 변화하는 **총효용**의 증가분을 말한다.

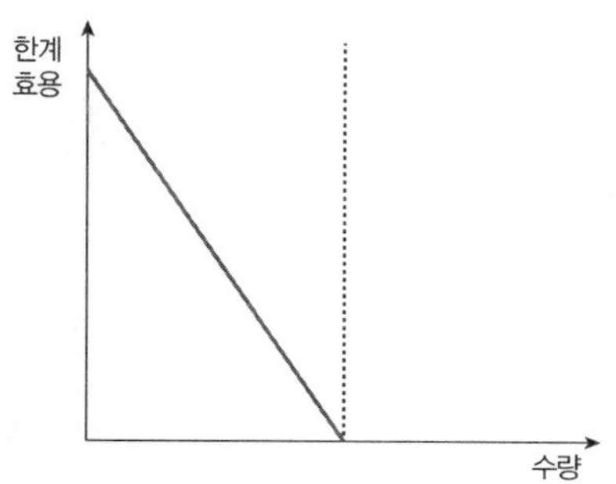

② 한계효용 체감의 법칙

㉠ 정의 : 재화의 소비가 증가할수록 재화의 희소성이 낮아지며 소비가 가져다주는 한계효용이 감소하는 것을 말한다.

㉡ 가치의 역설

- 사용가치가 큰 물은 교환가치가 작고, 사용가치가 작은 다이아몬드는 교환가치가 크다는 역설적인 현상을 말한다.
- 한계효용학파는 가격은 총효용이 아닌 한계효용에서 결정되는 것으로 다이아몬드는 총효용이 매우 작지만 수량이 작아 높은 한계효용을 가지므로 높은 가격이 형성되고, 물은 총효용은 크지만 수량이 풍부해 낮은 한계효용을 갖기 때문에 낮은 가격이 형성된다.

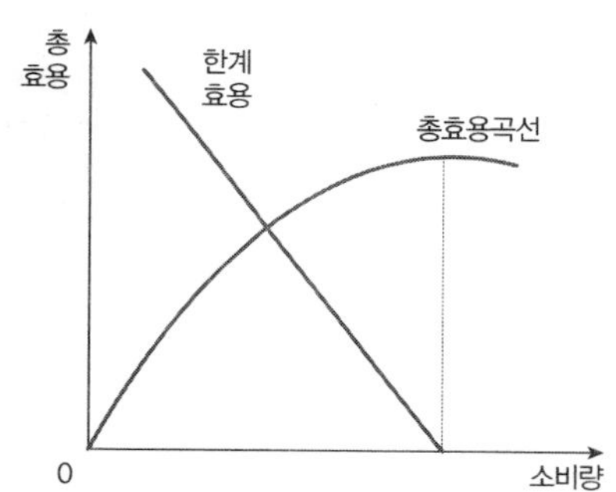

더 알아보기

한계효용학파

1870년대 스위스의 발라, 제번스 등 오스트리아 학파로 불리는 이론으로, 재화의 가치는 소요된 원가가 아닌 수요자가 느끼는 한계효용이 결정한다고 보았다. 즉, 주관적인 입장에서 경제현상을 접근한 것이다.

PLUS 팁

총효용(TU, Total Utility)

일정 기간 동안 재화를 소비하며 얻게 되는 주관적인 만족도의 총량이다.

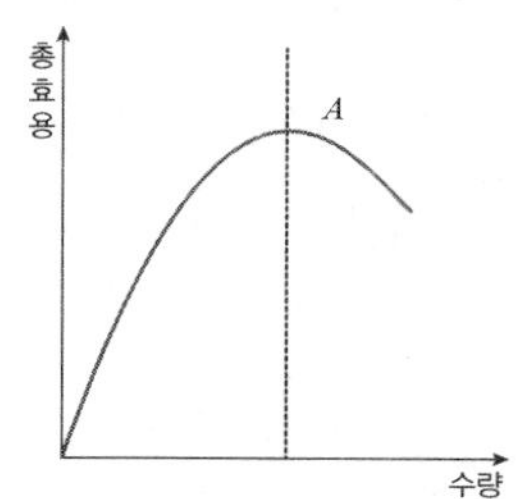

총효용과 한계효용의 관계

① 한계효용(MU) > 0 : 총효용 증가
② 한계효용(MU) = 0 : 총효용 극대
③ 한계효용(MU) < 0 : 총효용 감소

고센의 법칙

'한계효용 체감의 법칙'과 '한계효용 균등의 법칙'의 두 법칙을 일컫는다. 이 두 법칙에 대해 독일 경제학자 고센이 먼저 기술하였기 때문에 고센의 법칙이라고 부르게 되었다. '한계효용 체감의 법칙'을 고센의 제1법칙, '한계효용 균등의 법칙'을 고센의 제2법칙이라고 한다.

③ 한계효용 균등의 법칙

㉠ 소비자가 주어진 소득으로 최대의 효용을 얻도록 합리적인 소비를 하고 각 재화의 한계효용은 균등하게 되는 법칙이다.

㉡ 재화를 소비할 경우 각 재화의 한계효용이 같지 않다면, 한계효용이 낮은 재화의 소비가 아닌 한계효용이 보다 높은 재화로 소비를 바꿈으로써 똑같은 수량의 재화에서 얻어지는 **효용**⊕ 전체는 더 커지게 된다.

3 무차별곡선 2024·2022·2020 농협은행 2024 기업은행 2021 한국자산관리공사 2019 국민은행 2019 대구은행 OX문제

① 정의

㉠ 소비자에게 동일한 만족 혹은 효용을 제공하는 재화의 묶음들을 연결한 곡선을 말한다.

㉡ 총효용을 일정하게 했을 때 재화의 조합을 나타내는 것으로 무차별곡선상의 어떤 조합을 선택하여도 총효용은 일정하다.

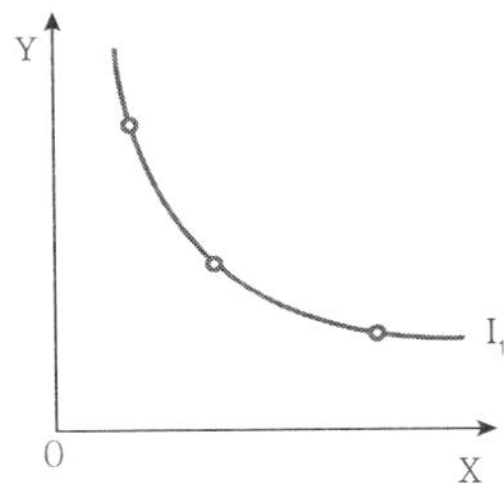

② 특징

㉠ 하나의 재화에 대한 소비량이 증가되면 다른 하나의 재화의 소비량은 감소하므로 무차별곡선은 우하향하는 모습을 띤다.

- 두 재화가 모두 만족을 주는 효용재라면 한 재화의 소비량이 감소할 때 동일한 만족을 얻기 위해서는 다른 재화의 소비량이 증가해야 한다.
- 두 재화 중 한 재화가 비효용재라면 무차별곡선은 우상향하는 모습으로 나타난다.

㉡ 원점을 향해 볼록한 모양을 갖게 되며 원점에서 멀수록 높은 효용수준을 나타낸다. 이때, 무차별곡선은 서로 교차하지 않는다.

- 무차별곡선에서 기울기는 **한계대체율**⊕을 나타내는데, 한계대체율이 체감하는 특성에 따라 무차별곡선은 원점에 대해 볼록한 형태를 띤다.
- 한계대체율이 체증한다면 재화의 양이 많을수록 그 재화의 중요성이 증가한다. 따라서 무차별곡선은 반대로 원점에 대해 오목한 형태를 띤다.

PLUS 팁

⊕ 효용(Utility)

재화를 소비하며 느끼는 주관적인 만족도를 나타낸 수치이다.

⊕ 한계대체율(MRS, Marginal Rate of Substitution)

무차별곡선에서 한 점의 기울기는 소비자가 만족수준을 유지하며 한 재화를 다른 재화로 대체할 때 교환되는 두 재화의 비율을 말한다. 즉, X재의 소비량을 증가할 때 Y재의 소비량이 감소하는데 이때 X재의 증가분에 대한 Y재의 감소분 비율을 바로 한계대체율이라고 한다.

$$MRS_{xy} = \frac{\Delta Y}{\Delta X} = \frac{M_X}{M_Y}$$

✔ 한계대체율 체감의 법칙

한계대체율은 무차별곡선상 기울기를 나타내므로 X재화의 소비량이 점차 증가하는 경우 소비자들은 점점 X재화에 싫증을 내기 때문에 X재화를 1단위 추가 소비 시 포기해야 하는 Y재화의 소비량은 감소하게 된다. 이는 X재화의 Y재화에 대한 한계대체율이 점차 감소함을 나타내는 것으로 이러한 현상을 바로 한계대체율 체감의 법칙이라 한다.

OX문제

무차별곡선은 원점을 향해 볼록한 모양을 갖게 되며 원점에서 멀수록 높은 효용수준을 나타낸다.

O X

OX문제 답 O

더 알아보기

무차별곡선이 지니는 가정

① 완전성(Completeness) : 선호는 완전하며 소비자는 선택 가능한 재화 바스켓을 서로 비교하며 순위를 매길 수 있다.

② 전이성(Transitivity) : 선호는 전이성을 가지며 만약 A 재화를 B보다 더 선호하고 B를 C보다 더 선호한다면 이는 소비자가 C보다 A를 더 좋아한다는 것을 의미한다.

③ 불포화성 : 아무리 소비를 증가시켜도 한계효용은 마이너스 값을 갖지 않는다.

③ 특수한 무차별곡선

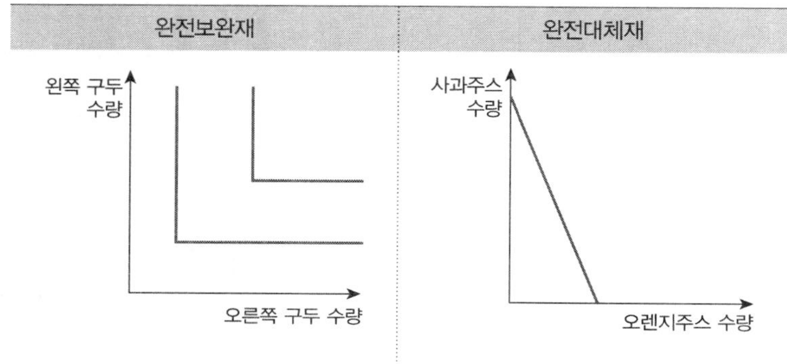

㉠ 완전보완재의 경우는 위 그림처럼 직각의 무차별곡선을 갖게 된다.

㉡ 사과주스와 오렌지주스처럼 완전대체재일 경우 우하향하는 직선 형태의 무차별곡선을 갖게 된다.

PLUS 팁

OX문제

무차별곡선의 가정으로는 전이성, 불완전성, 포화성 등이 있다. O X

무차별곡선은 불완전성을 가진다. O X

기출문제

2024.10.19. 기업은행

Q 다음 중 무차별곡선에 대한 설명으로 옳지 않은 것은?

① 소비자가 동일한 만족 수준을 유지하는 여러 상품 조합을 나타낸다.
② 일반적으로 우하향하는 형태를 가진다.
③ 서로 다른 두 개의 무차별곡선은 교차할 수 있다.
④ 원점에서 멀어질수록 더 높은 효용수준을 나타낸다.
⑤ 한 상품의 소비를 줄이면 다른 상품의 소비를 늘려야 동일한 효용을 유지할 수 있다.

정답 ③ 무차별곡선은 소비자의 선호를 나타내는 곡선으로 서로 다른 두 개의 무차별곡선이 교차할 경우 소비자의 선호 체계가 모순되는 문제가 발생한다.

OX문제 답 X, X

2024한국증권금융공사 2024한국자산관리공사 2024 · 2022 · 2020 · 2019기업은행 2024 · 2022신용보증기금 2024 · 2021 · 2020 · 2019농협은행 2023산업은행 2023새마을금고 2019우리은행

완전경쟁시장과 독점시장

#게임이론 #내쉬균형 #죄수의 딜레마

1 완전경쟁시장 2014·2022 우리은행 2023 산업은행 2023 새마을금고 2019 우리은행 OX문제

① 정의

㉠ 동질의 상품이 다수에 의해 공급되고 다수에 의해 수요되는 시장이다. 소비자가 특정 생산자를 특별히 선호하지 않는다.

㉡ 개별 공급자와 수요자는 시장가격에 영향을 미치지 못하고 시장가격을 주어진 것으로 받아들이는 가격수용자(Price Taker)이다.

② 특징

㉠ **제품의 동질성** : 공급자들의 재화는 동질의 상품이다.

㉡ **가격수용자** : 시장에는 다수의 공급자와 다수의 소비자가 존재하므로 개별 생산자, 개별 소비자는 가격에 아무런 영향을 미칠 수 없다.

㉢ **일물일가의 법칙**⊕ : 모두가 완전한 정보를 보유하고 있어서 정보의 비대칭성이 발생하지 않는다.

㉣ **자유로운 시장진입 및 퇴출** : 진입과 퇴출이 자유로우며 완전경쟁시장의 장기 균형에 중요한 영향을 미친다.

③ 완전경쟁시장의 균형

㉠ 단기균형

- 수요곡선과 공급곡선이 교차하는 점에서 가격과 수요량이 결정된다.
- 단기에 기업은 초과이윤을 얻을 수도 있고 손실을 입을 수도 있다.

㉡ 장기균형

- 장기는 고정비용이 발생하지 않는 기간이다.
- 장기에는 최적시설규모에서 최적량을 생산한다.

PLUS 팁

⊕ 일물일가의 법칙

시장에서 같은 종류의 상품은 하나의 가격만 성립한다는 이론이다. 완전경쟁이 이루어지고 있는 시장에서의 동일한 재화는 하나의 가격만이 성립한다는 이론으로 제본스는 이를 무차별의 법칙이라고 하였다.

✔ 시장지배력

공급자나 소비자가 시장가격에 영향을 줄 수 있는 힘을 말한다. 독점 기업은 완전한 시장지배력을 가지지만, 완전경쟁기업은 시장지배력을 가지지 못한다.

OX문제

완전경쟁시장은 차별화된 상품을 공급하기 때문에 시장지배력을 가진다.

O | X

기출문제

2019.06.10. 우리은행

Q 완전경쟁시장 특징으로 옳지 않은 것은?

① 공급자들의 재화는 모두 동질의 상품이다.
② 차별화된 상품을 공급하기 때문에 시장지배력을 가진다.
③ 시장에서는 개별 생산자, 개별 소비자가 가격에 아무런 영향을 미칠 수 없다.
④ 모두가 완전한 정보를 보유하고 있다.
⑤ 진입과 퇴출이 자유롭다.

정답 ② 독점기업의 경우 완전한 시장지배력을 가지지만, 완전경쟁기업의 경우 시장지배력을 가지지 못한다.

OX문제 답 X

④ 일반균형

㉠ **정의 :** 경제 내의 모든 생산물시장과 생산요소시장이 동시에 균형을 이루고 있는 상태를 의미한다.

㉡ **일반균형 충족 조건**

- 모든 소비자는 원하는 만큼 생산요소 공급
- 모든 기업은 주어진 조건하에서 이윤극대화 달성
- 모든 소비자는 주어진 예산제약하에서 효용극대화 달성
- 주어진 가격체계하에서 모든 생산물시장과 생산요소시장에서는 수요량과 공급량이 일치

⑤ 파레토 최적

㉠ **정의 :** 어떤 다른 사람의 효용의 감소 없이는 어떤 사람의 효용도 증가할 수 없는 상태를 말한다.

㉡ **파레토 최적의 기준**

- **실현가능성 :** 어떤 자원이나 생산물의 배분상태가 경제 내의 부존을 초과하지 않을 때 이 배분상태를 '실현가능'하다고 하며, 초과할 때는 실현가능하지 않다고 한다.
- **파레토우위 :** 어떤 두 배분상태를 비교할 때 한 배분상태가 다른 배분상태보다 구성원 누구 하나도 후생, 즉 효용이 감소되지 않으면서 적어도 한 사람의 후생이 증가된다면 그 배분상태는 다른 배분상태보다 '파레토우위' 또는 '파레토개선'(Pareto improvement)이라고 한다.

2 독점시장 2024 기업은행 2024·2022 신용보증기금 2024·2021 농협은행 2023 산업은행

① 정의

㉠ **불완전경쟁시장**⊕의 한 형태로 독점적 경쟁이 이루어지는 시장이다.

㉡ 완전경쟁시장과 독과점시장의 성격을 함께 지니고 있어서 다수의 기업이 존재하고, 시장진입과 퇴출이 자유롭다는 점에서 경쟁은 필연적이다.

㉢ 생산하는 재화가 질적으로 차별화되어 있기 때문에 저마다 제한된 범위의 시장을 독점한다.

㉣ 독점기업은 시장 내 유일한 기업으로, 직접 시장가격에 관여하는 가격설정자(Price Setter)가 된다.

② 진입장벽 발생원인

㉠ **자연독점**⊕

㉡ **생산요소의 공급 장악 :** 하나의 기업이 생산에 필요한 핵심 생산요소를 독점하면 다른 기업은 재화를 생산할 수 없다.

㉢ 특허권, 자격증(독점생산권)

PLUS 팁

⊕ 불완전경쟁시장

한 상품이나 서비스의 공급이 단일 혹은 소수 기업에 의하여 이루어지는 독과점시장을 말한다. 불완전경쟁시장은 공급자 수가 하나인 독점시장, 소수의 공급자가 있는 과점시장, 다수의 공급자가 각기 다른 재화를 생산하는 독점적 과점시장으로 구분된다.

⊕ 자연독점

독점기업이 규모의 경제로 인해 확립한 경쟁력이 자연적으로 지속되는 독점상태를 의미한다.

예 철도, 가스, 전기 등

✔ 생산자 이윤 극대

완전경쟁시장 및 독점시장에서 모든 생산자는 한계비용과 한계수입이 같아질 때까지 생산량을 늘려야 이윤이 극대화될 수 있다.

③ 특징

㉠ **상품 차별화** : 다수의 공급자들이 존재하며, 공급자들의 재화는 차별화된 상품이다.

㉡ **시장지배력** : 차별화된 상품을 공급하기 때문에 시장지배력을 가진다.

㉢ **자유로운 시장진입 및 퇴출** : 기업의 시장진입과 퇴출이 자유롭다.

㉣ 단기적으로는 초과이윤을 얻을 수 있지만, 장기적으로는 새로운 기업이 진입하여 유사제품을 공급하게 됨으로써 초과이윤은 사라진다.

④ 독점시장의 균형

㉠ 단기균형

- 독점기업은 한계수입과 한계비용이 만나는 점에서 가격과 수량이 결정된다.
- 단기에 독점기업은 초과이윤, 정상이윤, 손실 중 어느 것도 가능하다.
- 독점시장의 단기공급곡선은 조재하지 않는다.
- 가격(P) = 한계비용(MC)가 성립된다.

㉡ 장기균형

- 독점기업은 장기에 초과이윤을 획득한다.
- 초과설비를 보유한다.
- P > MC이므로 사회적 후생손실이 발생한다.

3 과점시장 2024 한국증권금융공사 2024 한국자산관리공사 2021 기업은행 2020 농협은행

① 정의

㉠ 소수의 공급자가 경쟁하면서 하나의 상품을 생산·공급하는 시장이다.

㉡ 기업들 중에서 어느 한 기업이 가격이나 생산량에 변동을 줄 경우 다른 기업에게 큰 영향을 끼친다.

㉢ 기업들이 이윤을 증대시키기 위해 담합하여 상호 간의 경쟁을 제한하는 경우에는 시장 경쟁의 효율성을 제한하게 되고 자원의 배분을 왜곡하게 된다.

② 특징

㉠ 소수의 공급자가 시장수요를 담당한다.

㉡ 공급자끼리 상호의존성이 강하다.

㉢ 상당한 진입장벽으로 기업의 시장진입이 어렵다.

㉣ 기업들 간에 **카르텔**과 같은 경쟁을 제한하는 경우가 있다.

PLUS 팁

카르텔

과점기업들이 담합을 통해 서로 가격이나 생산량, 출하량 등을 협정하여 경쟁을 제한하고 이윤을 확보하려는 행위이다. 카르텔의 조건은 소수의 기업이며, 경제력의 차가 적고 외부의 경쟁자가 존재하지 않으며 생산되는 상품의 표준화가 용이해야 한다.

4 게임이론 2024 한국자산관리공사 2022·2020·2019 기업은행 2020 농협은행 OX문제

① 정의

㉠ 경제행위에서 상대방의 행위가 자신의 이익에 영향을 미치는 경우 이익을 극대화하는 방법에 관한 이론이다.

㉡ 게임이론 자체는 응용 수학의 한 분야였지만, 경제학에서는 과점시장의 문제 분석 틀로 많이 사용된다.

② 종류

㉠ 내쉬균형

경기자 A \ 경기자 B	전략 1	전략 2
전략 1	(10, 8)	(6, 6)
전략 2	(6, 6)	(8, 10)

- 미국의 수학자 존 내쉬가 도입하였다. 상대방의 대응에 따라 최선의 선택을 하면, 균형이 형성되어 서로 자신의 선택을 바꾸지 않게 된다. 상대의 전략이 바뀌지 않으면 자신의 전략 역시 바꿀 유인이 없는 상태다.
- 경쟁기업들의 행동이 주어졌을 때, 각 기업들이 자신이 할 수 있는 최선의 선택을 함으로써 나타나는 균형을 뜻한다.
- 정치적 협상이나 경제 분야에서 전략으로 널리 활용되고 있다.

예

A \ B	광고 공세	광고 자제
광고 공세	(30, 30)	(5, 15)
광고 자제	(15, 5)	(15, 15)

위 예시에서 A 기업이 광고 공세를 펼칠 경우에 B 기업도 광고 공세를 하면 30의 보수를 얻는 반면 광고 자제를 하게 되면 15의 보수를 얻으므로 광고 공세가 유리하다고 볼 수 있다. 또한 A 기업이 광고 자제를 할 경우에 B 기업은 광고 공세(보수 5)보다 광고 자제(보수 15)전략을 취하는 것이 더 낫다. 그러므로 A, B 기업은 동시에 광고공세를 펼치거나 광고자제를 펼치는 전략을 선택하게 된다.

㉡ 우월전략균형 : 상대방의 전략과는 관계없이 자신의 이윤을 크게 만드는 전략으로 하나의 균형만이 존재한다.

경기자 A \ 경기자 B	전략 1	전략 2
전략 1	(10, 10)	(30, 5)
전략 2	(5, 30)	(20, 20)

PLUS 팁

게임이론의 기본요소

구분	내용
경기자	둘 이상의 경제주체로 기업과 개인 등이 있다.
전략	경기자들이 이윤극대화를 위해 선택할 수 있는 대안이다.
보수	게임을 통해 경기자가 얻게 되는 이윤이나 효용이다.

OX문제

내쉬균형에 우월균형전략이 포함된다.

O X

OX문제 답 ○

예

B / A	협동	경쟁
협동	(10, 10)	(7, 3)
경쟁	(3, 7)	(1, 1)

상대방이 협동을 하거나 또는 경쟁을 하거나 각자 협동을 하는 것이 우월전략이며 이를 기반으로 만들어진 균형이 우월전략균형이다. 하지만 우월전략균형은 각각의 참가자에게 우월전략은 하나이므로, 존재하게 되며 이는 유일한 균형이 된다.

㉢ 죄수의 딜레마(Prisoners Dilemma)

- 개별 경제주체 차원에서는 최적의 전략을 선택한 것이나, 경제 전체적 차원에서는 최적의 결과가 달성되지 못하는 합리성의 모순 상황을 보여준다.
- 서로 믿고 협력하면 모두에게 이득이지만, 자신의 이익을 최대화하려는 동료를 배신하면 모두에게 불행한 결과를 가져올 수 있음을 나타낸다.
- 죄수의 상황에 적용하면서 '죄수의 딜레마'라는 이름이 붙여졌다. 두 명의 용의자가 있고 서로 격리된 상태에서 의사소통이 불가능하며, 전략은 자백 아니면 부인, 두 가지가 있다.
- 자백을 하면 상대방보다 자신은 적은 형을 선고받을 수 있고 상대방이 자백을 하면 자신이 부인했을 경우 더 높은 형을 받는다.
- 용의자의 딜레마는 과점기업의 **카르텔 붕괴**⊕ 논리와도 연결된다.

예

경기자 B / 경기자 A	자백	부인
자백	(15, 15)	(1, 20)
부인	(20, 1)	(3, 3)

PLUS 팁

⊕ 카르텔 붕괴

카르텔 협정을 위반할 경우 더 많은 초과이윤이 보장되며 담합이 복잡하거나 담합위반의 보복정도가 낮을 경우 붕괴유인이 커진다.

기출문제

2024.10.20. 한국증권금융공사

Q **주로 정치적 협상 또는 경제분야에서 활용되는 것으로 각 회사가 취할 수 있는 모든 선택을 함으로 인해 나타나는 균형을 의미하는 것은?**

① 카르텔 붕괴
② 기업 담합
③ 죄수의 딜레마
④ 공공재 담합
⑤ 내쉬균형

정답 ⑤ 내쉬균형은 경쟁자들의 반응에 의해 최선의 선택을 하게 되면 서로가 자신의 선택을 바꾸지 않게 되는 균형상태를 말한다.

2024농협은행 2024산업은행 2019기업은행 2018신한은행

가격차별

#완전 가격차별 #수량단위 가격차별 #시장분할 가격차별

1 정의

① 독점기업은 동일한 상품에 대하여 상이한 시장에 상이한 가격을 매길 수 있는데, 이를 가격차별이라 한다.

② 독점기업이 가격차별을 실시할 경우 단일시장에서 균일한 가격으로 판매할 때보다 더 많은 이득을 획득할 수 있기 때문이다.

예 500원짜리 지우개를 누군가가 1,000원을 주고도 사려고 한다면 1,000원에 거래하는 것이 이윤을 극대화할 수 있다.

2 가격차별의 조건 OX문제

① 완전경쟁시장에서는 동질의 재화를 시장가격에 공급하기 때문에 가격차별이 불가능하므로 불완전경쟁시장이어야 한다.

② 서로 다른 집단으로 분리할 수 있어야 한다.

③ 시장 간 전매(A시장에서 구매한 재화를 B시장에서 재판매)는 불가능해야 한다.

④ 공급자가 시장에 대한 독점력을 가지고 있어야 한다.

⑤ 시장 분리에 들어가는 비용이 가격차별의 이익보다 적어야 한다.

PLUS 팁

유보가격

소비자가 지불할 용의가 있는 최고가격을 말한다.

OX문제

가격차별은 완전경쟁시장에서 더 두드러지게 나타난다.

O X

기출문제

2019.04.20. 기업은행

Q 다음 중 기업이 가격차별 할 수 있는 조건이 아닌 것은?

① 시장의 분리가 가능해야 한다.
② 기업이 독점력을 가지고 있어야 한다.
③ 각 시장에서 수요의 가격탄력성이 서로 달라야 한다.
④ 시장 간 재판매가 가능해야 한다.
⑤ 시장분리에 들어가는 비용이 가격차별의 이익보다 적어야 한다.

정답 ④ 시장 간 재판매는 불가능해야 한다.

OX문제 답 X

③ 가격차별의 유형 2024 농협은행 2024 산업은행 2019 기업은행 2018 신한은행 OX문제

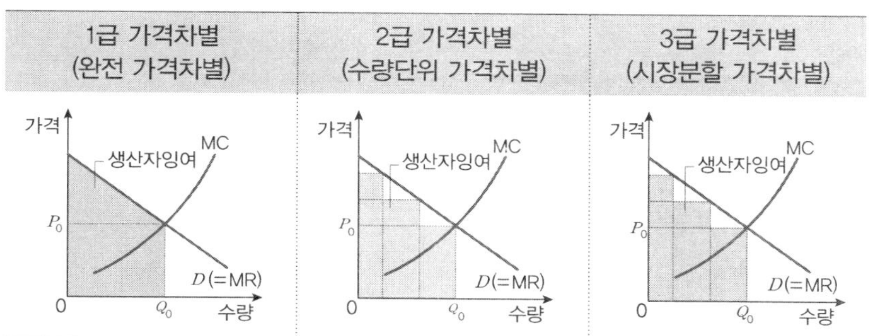

① 1급 가격차별(완전 가격차별)

㉠ 기업이 소비자의 소비패턴을 완벽히 파악하고 있어, 최대 지불 용의만큼, 즉 유보가격을 매길 수 있다. 즉, 상품을 각 단위당 소비자에게 다른 가격을 부과하는 형태를 말한다.

㉡ 소비자의 최대 지불 용의를 전제로 하기 때문에 소비자 잉여 부분을 생산자 잉여 부분으로 귀속시킨다.

예 경매 등

② 2급 가격차별(수량단위 가격차별)

㉠ 소비자의 구매량에 따라 각 구간별로 가격을 다르게 부과한다.

㉡ 구매량이 높아질수록 소비자들은 단일 가격을 책정하는 경우보다 이윤을 얻을 수 있다. 그러나 대량 생산으로 인해 생산비용이 절감하여 가격이 낮아진 경우는 가격차별로 볼 수 없다.

예 휴대폰 사용요금, 전기 요금 등

③ 3급 가격차별(시장분할 가격차별)

㉠ 대부분의 가격차별이 3급 가격차별에 속한다.

㉡ 소비자를 특성에 따라 서로 다른 집단으로 분리하여 가격을 책정한다.

예 영화관 조조할인, 버스 연령별 요금 등

PLUS 팁

가격차별 구분

① 기간에 따른 가격차별 : 서로 다른 수요함수를 갖는 소비자 그룹을 구분하여 기간에 따라 서로 다른 가격을 책정하는 것이다.

② 부하(Load)에 따른 가격차별 : 수요가 크게 늘어나는 시간대에 생산능력의 한계로 한계비용이 크게 높아짐에 따라 더 높은 가격을 책정하여 경제적 효율성을 증가시키려는 것이다.

OX문제

휴대폰 사용요금, 전기 요금은 3급 가격차별에 해당한다.

O X

기출문제

2018.10.13. 신한은행

Q 다음 중 가격차별의 사례로 옳지 않은 것은?

① 영화관 조조할인　② 비수기 비행기 요금할인
③ 할인마트 할인 쿠폰　④ 성수기 호텔 가격 인상
⑤ 의복 브랜드 노세일 전략

정답 ⑤ 가격차별의 사례로는 경매, 휴대폰 사용요금, 전기 요금, 택시 요금, 영화관 조조할인, 버스 연령별 요금 등이 있다.

OX문제 답 X

PART 02. 경제

2023 · 2022기업은행 2024 · 2022 · 2020 · 2019농협은행 2023 · 2021산업은행 2022신협은행 2022예금보험공사 2020 · 2018신한은행 2019대구은행 2018우리은행

소비자 잉여와 생산자 잉여

#시장실패 #외부경제 #외부불경제 #코즈의 정리

1 소비자 잉여(Consumer Surplus) 2024 · 2019 농협은행 2023 · 2022 기업은행 OX문제

① 정의 : 소비자들이 어떤 재화나 서비스에 대해 지불하고자 하는 값과 실제로 소비자들이 지불한 값의 차이를 말한다.

소비자 잉여 = 소비자가 누리는 가치 − 소비자가 지불한 금액

② 특징

㉠ 소비자가 지불할 용의가 있는 가격에서 실제 지불한 가격을 뺀 금액이며, 소비자가 상품을 구입함으로써 얻는 이익의 크기를 나타낸다.

㉡ 가격이 오르면 소비자 잉여는 감소한다.

소비자 잉여 곡선	가격 하락에 따른 소비자 잉여 증가

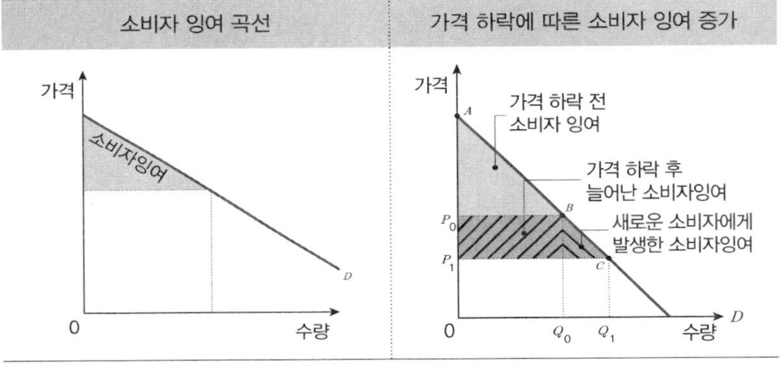

PLUS 팁

OX문제

가격이 오르게 되면 소비자 잉여도 증가한다.

O X

기출문제

2019.04.28. 농협은행

Q 다음 중 소비자잉여에 대한 내용으로 적절하지 않은 것은?

① 수요 및 공급의 균형 상태에서 소비자잉여와 생산자잉여의 합은 극대화된다.
② 소비자잉여는 수요곡선 아래, 균형가격 수준 윗부분의 면적으로 계산이 가능하다.
③ 소비자잉여는 소비자가 시장에 참여하여 얻는 이득을 표현한다.
④ 소비자잉여는 구입자의 지불용의에서 구입자가 실제로 지불한 금액을 뺀 나머지 금액을 의미한다.
⑤ 소비자잉여를 극대화하는 자원배분을 효율적이라고 한다.

정답 ⑤ 생산자와 소비자가 상품을 사고파는 과정에서 발생하는 소비자잉여와 생산자잉여를 합친 것을 '사회적잉여'라고 하며 이러한 사회적잉여를 극대화하는 자원배분을 효율적이라고 한다.

OX문제 답 X

② 생산자 잉여 2024·2023·2019 농협은행 2023·2022 기업은행 2020 신한은행

① 정의 : 생산자가 어떤 상품을 판매하여 얻는 실제수입과 생산자가 상품을 판매하여 반드시 받아야 하는 최저 수입의 차이를 말한다.

생산자 잉여 = 공급자가 받는 금액 − 공급자가 치르는 비용

② 특징 : 시장가격이 높아질수록 생산자 잉여는 커진다.

생산자 잉여 곡선	가격 상승에 따른 생산자 잉여 증가

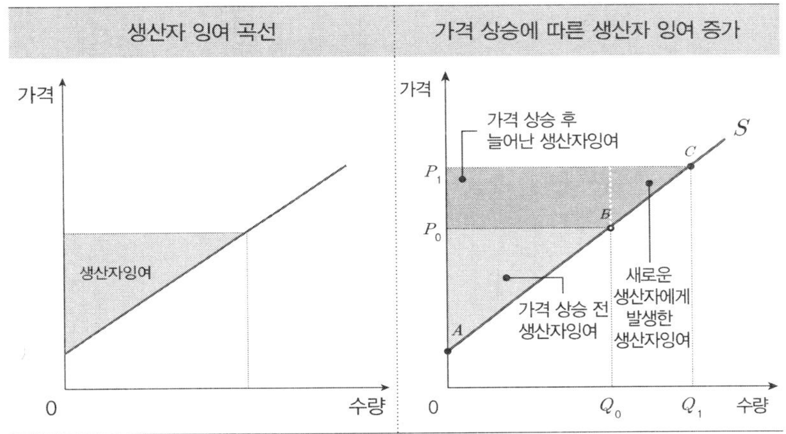

③ 시장의 효율성

자원배분이 **총잉여**⊕를 극대화할 때 효율성이라고 하는데, 배분 상태가 효율적이지 않다면 시장 거래로 얻을 수 있는 이득 중 일부를 얻지 못한다는 의미이다.

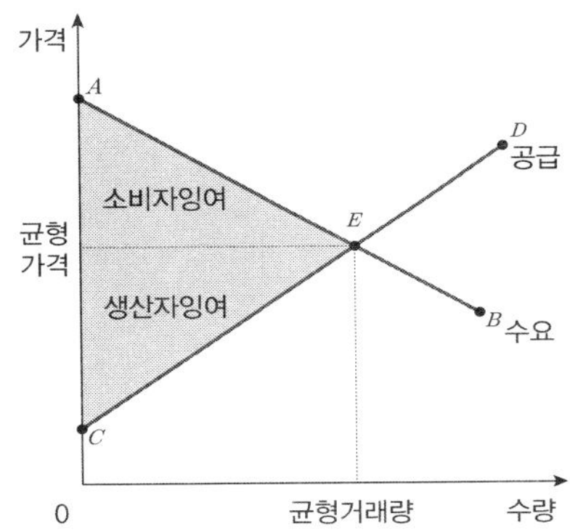

PLUS 팁

⊕ 총잉여

총잉여 = 소비자 잉여 + 생산자 잉여 = 소비자가 누리는 가치 − 공급자가 치르는 비용

OX문제

생산자잉여는 공급자가 받는 비용에서 소비자 잉여를 차감한다.

O X

더 알아보기

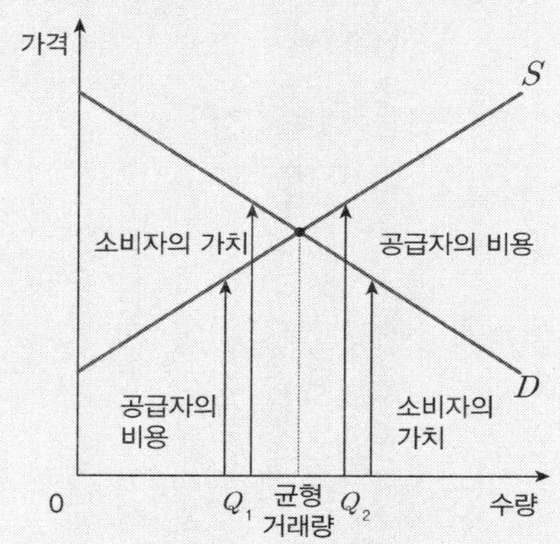

균형거래량의 효율성

균형거래량보다 적은 수량에서는 소비자가 느끼는 가치가 공급자의 비용보다 크다. 균형거래량보다 많은 수량에서는 공급자의 비용이 소비자가 느끼는 가치보다 크다. 그러므로 시장균형에선 소비자 잉여와 생산자 잉여는 극대화된다.

4 시장실패 2023·2021 산업은행 2022·2019 농협은행 2022 예금보험공사

① 정의 : 시장이 배분 상태가 효율적이지 못한 것을 말하며, 시장실패의 보완을 위해 정부의 개입이 필요한 경우가 있다.

② 시장실패의 원인

㉠ 시장지배력 : 생산물이나 생산요소의 공급자가 시장지배력을 가지면 비효율이 발생한다.

㉡ 외부 효과 : 시장에 의한 자원배분이 비효율적으로 이루어진다.

㉢ 정보의 비대칭 : 정보의 부족은 경쟁시장의 비효율성을 발생시킨다.

㉣ 공공재 : 많은 소비자들이 가치 있게 생각하는 재화를 시장이 공급하지 못하는 경우에도 시장실패가 발생한다.

5 외부 효과 2024·2022·2020 농협은행 2023 기업은행 2022 신협은행 2019 대구은행 2018 신한은행 2018 우리은행 OX문제

① 정의

㉠ 시장가격과 별개로 다른 소비자에게 의도하지 않은 혜택이나 손해를 입히는 경우를 말한다.

PLUS 팁

정부실패

시장실패가 일어나면 정부의 개입이 필요한 경우가 있는데, 정부 역시 시장에 대한 불완전 정보와 능력의 한계 등으로 의도와 다른 결과가 발생할 때 정부실패라고 한다.

교정적 조세

외부불경제에서 비롯되는 사회비용을 감안하도록 유도하기 위해 고안된 조세이다.

OX문제

코즈의 정리는 정부 개입을 찬성하는 입장이다.

O X

기출문제

2019.04.28. 농협은행

Q 시장실패 원인으로 옳은 것은?

① 정부의 개입
② 정보의 비대칭
③ 균등한 소득 분배
④ 소비자의 시장지배력
⑤ 효율적인 자원배분

정답 ② 시장실패의 원인으로는 시장지배력, 외부 효과, 정보의 비대칭, 공공재 등이 있다.

OX문제 답 X

㉡ 이익을 주는 긍정적 외부 효과를 외부경제라고 하며 손해를 끼치는 부정적 외부 효과를 외부불경제라고 한다.

구분	외부경제(긍정적 외부 효과)	외부불경제(부정적 외부 효과)
내용	경찰 방범, 소방 등	대기오염, 소음공해 등
곡선	가격 / 사회적 편익 곡선 / D / D′ / S / 사적 비용 곡선 / 사적 편익 곡선 / 0 / 수량	가격 / 사회적 비용 곡선 / S′ / S / 사적 비용 곡선 / 사적 편익 곡선 / D / 0 / 수량

② 외부 효과 대처

㉠ 코즈의 정리

- 미국 경제학자 로널드 코즈의 주장이다.
- 재산권이 확립되어 있는 경우에 거래비용 없이도 협상이 가능하다면, 외부 효과로 인해 발생할 수 있는 비효율성은 시장에서 스스로 해결할 수 있다는 이론이다.
- 이는 정부 개입을 반대하는 입장이다. 소유권이 확립되어 있다면 거래를 통해 효율적인 해결책을 찾을 수 있으므로 환경오염 등 외부성이 야기하는 문제 등을 바로잡기 위해 정부가 나설 필요가 없다.
- 코즈의 정리가 가진 약점은 실현 가능성이다.

㉡ 조세와 보조금 : 외부경제 시 보조금을 지급하여 장려하고, 외부불경제 시 조세를 부과하여 제재한다.

PLUS 팁

코즈의 정리 전제조건

① 자원에 대한 재산권이 확립되어 있어야 한다.
② 거래비용이 거의 없다.

기출문제

2020.02.23. 농협은행

Q 다음이 설명하는 것은?

> • 화원에 들어서면 진열된 갖가지 꽃을 보는 것만으로도 기분이 좋아진다.
> • 공장 가동 시에 발생하는 매연은 도시 공기를 오염시키지만 회사는 그 대가를 부담하지 않는다.

① 기회비용
② 정부실패
③ 외부효과
④ 내쉬균형
⑤ 규모의 경제

정답 ③ 외부효과는 시장가격과는 별개로 소비자들에게 의도하지 않은 이익 또는 손실 등을 입히는 것을 의미한다.

2024 · 2023 · 2021 · 2017기업은행 2022 · 2020농협은행 2019국민은행 2018신한은행

가격규제

#최고가격제 #최저가격제 #최저임금제

1 정의

시장에서 결정된 가격을 무시하고, 정부가 의도적으로 가격을 규제하는 정책으로 최고가격제와 최저가격제가 있다.

2 최고가격제 2023 기업은행 2022·2020 농협은행 OX문제

① 정의

㉠ 정부가 물가를 안정시키고 소비자를 보호하기 위하여 가격 상한을 설정하고 최고가격 이하에서만 거래하도록 규제하는 제도이다.

㉡ '가격 상한제'라고도 하며, 대표적으로 임대료 규제와 이자율 규제 등이 있다.

② 단점

㉠ 균형가격보다 낮은 가격으로 하락하므로 수요량은 증가하지만 공급량은 감소하여 초과수요가 발생한다.

㉡ 초과수요로 인한 **암시장**⊕이 형성된다.

③ 소비자·생산자 잉여 변화

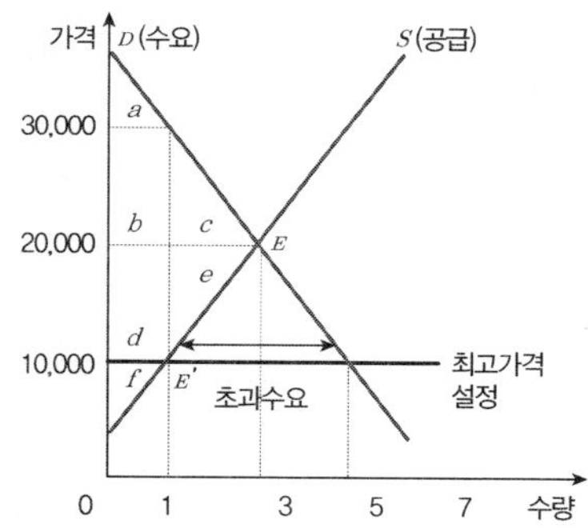

㉠ 소비자 잉여 변화

- 가격규제 전 : a + b + c
- 가격규제 후 : a + b + d

㉡ 생산자 잉여 변화

- 가격규제 전 : d + e + f
- 가격규제 후 : f

PLUS 팁

⊕ 암시장

상품이 정상가격보다 고가나 저가로 거래되는 시장이다. 불법 거래를 뜻하기도 하며 블랙마켓이라고도 한다.

OX문제

물가를 안정시키고 소비자를 보호하기 위한 제도를 가격하한제라고 한다. O X

OX문제 답 X

3 최저가격제 2024 기업은행 2022·2020 농협은행 2018 신한은행

① 정의

㉠ 공급과잉과 생산자 간의 과도한 경쟁을 대비, 방지하며 보호하기 위하여 가격 하한을 설정하고 최저가격 이하로는 거래를 못하도록 규제하는 제도이다.

㉡ '가격하한제'라고도 하며 대표적으로 최저임금제 등이 있다.

② 단점

㉠ 공급량이 수요를 초과하여 초과공급이 발생하며 최저가격은 균형가격보다 높을 때에 의미를 가지므로 균형가격보다 최저가격이 낮으면 실효성이 없다.

㉡ 초과공급으로 인한 암시장이 형성된다.

③ 소비자·생산자 잉여 변화

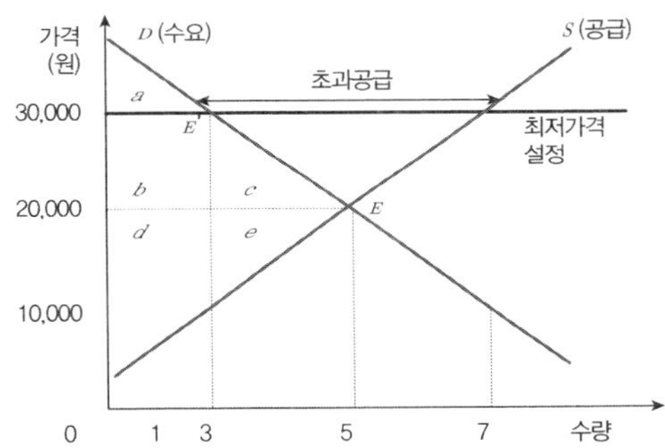

㉠ 소비자 잉여 변화
- 가격규제 전 : a+b+c
- 가격규제 후 : a

㉡ 생산자 잉여 변화
- 가격규제 전 : d+e
- 가격규제 후 : b+d

더 알아보기

최고가격제와 최저가격제 비교

구분	최고가격제	최저가격제
가격설정	균형가격보다 아래로 설정	균형가격보다 위로 설정
목적	물가 안정 및 소비자 보호	공급자(생산자 및 노동자) 보호
예시	임대료 및 이자율 규제 등	최저임금제 등
암시장 형성	초과수요로 인해 재화 부족 → 높은 가격으로 거래	초과공급으로 인해 재화 및 노동 포화 → 낮은 가격으로 거래

PLUS 팁

OX문제

공급과잉과 생산자 간의 과도한 경쟁을 보호하기 위한 제도를 가격상한제라고 한다.

O X

OX문제 답 X

4 최저임금제 2021·2017 기업은행 2019 국민은행 2018 하나은행 OX문제

관련기사

2025년 최저임금 1만 원 넘겼다

최저임금제도는 국가가 임금의 최저 수준을 정하고 사용자에게 이 수준 이상의 임금을 지급하도록 강제함으로써 저임금 근로자를 보호하는 제도이다. 2025년 최저임금은 시간 당 1만 30원으로 최종 확정되었다. 1988년에 최저임금제가 도입된 이후 처음으로 시간 당 1만 원을 넘어섰다. 참고로, 2024년에는 9,860원이었다.

① 정의 : 노동자를 보호하기 위해 시장 균형임금보다 높은 수준으로 임금을 설정하여 규제하는 제도이다.

② 특징

㉠ 최저임금제를 실시할 경우, 노동자들의 임금이 상승하게 된다.

㉡ 높은 임금으로 노동공급량은 증가하지만 수요량은 감소하여 초과공급이 발생할 수 있고 더 낮은 임금으로 공급하고자 하는 공급자로 인하여 암시장이 형성될 수도 있다.

㉢ 일반적으로 최저임금제에서의 초과공급은 실업이 발생하는 것을 의미한다.

③ 암시장 형성요인

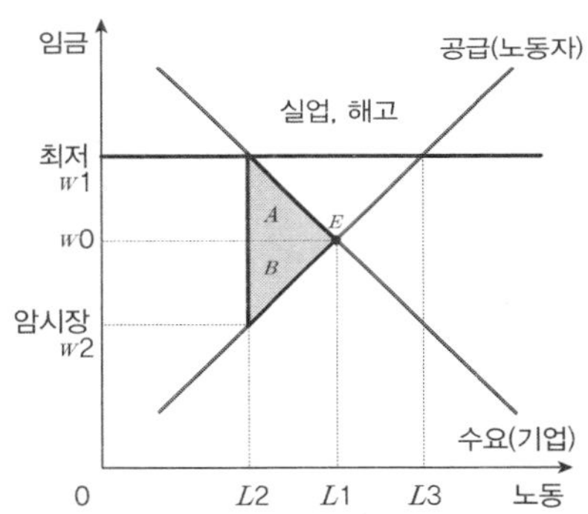

㉠ 최저임금은 균형임금보다 높으므로 노동공급량은 증가하면서 노동수요량은 감소한다.

㉡ 초과공급으로 수요자(기업)는 수요량을 줄이기 위해 공급자(노동자)를 해고한다.

㉢ 고용량은 L2로 감소하게 되며 A와 B 만큼의 사회적 후생손실이 발생하게 되고, 암시장이 형성되는 것이다.

PLUS 팁

OX문제

기업을 보호하기 위해 시장 균형임금보다 높은 수준으로 임금을 설정하여 규제하는 제도를 최저임금제도라고 한다.

O X

일반적으로 최저임금제에서의 초과공급은 실업이 발생하는 것을 의미한다.

O X

OX문제 답 X, O

PART 02. 경제

조세

2024경남은행 2024수협은행 2024 · 2023 · 2019 · 2018신한은행 2024 · 2018기업은행 2024 · 2019국민은행 2023새마을금고 2022신용보증기금 2022광주은행 2021농협은행 2018우리은행

#직접세 #간접세 #관세 #국세 #지방세

1 조세 2024 경남은행 2024 기업은행 2024 수협은행 2024 국민은행 2022 신용보증기금 2018 신한은행

① 정의 : 국가와 지방자치단체가 여러 가지 재정지출을 충당하기 위하여 법률상 규정된 **과세요건**⊕을 충족한 자에게 부과하는 세금이다.

② 조세의 기본원칙

구분	내용
조세법률주의	조세의 부과·징수는 반드시 국회에서 제정하는 법률에 의하여 과세권자의 일방적·자의적 과세를 방지한다.
조세평등의 원칙	조세의 부담이 수직적으로나 수평적으로나 공평하게 국민들 사이에 배분되도록 세법을 제정해야 한다.

③ 조세부과 특성

㉠ 조세부과 주체는 국가 혹은 지방자치단체이다. 공공사업에 부과하는 공과금은 조세에 포함되지 않으며, 위법행위에 대한 제재목적으로 부과되는 벌금·과태료 등도 조세에 포함되지 않는다.

㉡ 법률로 규정된 과세요건에 충족된 자에게만 부과한다.

㉢ 조세부과에 대하여 **반대급부**⊕ 는 없으며 국가는 납세의무자에게 국방·치안 및 복지혜택을 제공하지만 이것은 조세부과의 대가가 아니다.

㉣ 조세는 금전 납부를 원칙으로 하지만 법인세·소득세·상속세 및 증여세는 물납도 인정한다.

PLUS 팁

⊕ 과세요건

납세의무자·과세물건·과세표준·세율을 충족한 경우를 말한다.

⊕ 반대급부

어떤 일에 대응하는 이익 혹은 대가를 말한다.

✔ 누진세

소득금액이 증가할수록 높은 세율을 적용하는 세금

예 소득세, 법인세 등

✔ 비례세

소득금액에 관계없이 같은 비율의 세율을 적용하는 세금

기출문제

2018.04.28. 우리은행

Q 다음 중 조세에 대한 설명으로 옳지 않은 것은?

① 간접세는 조세부담이 다른 경제주체에게 전가되는 조세이다.
② 간접세는 직접세보다 저항이 적다.
③ 간접세는 직접세에 비해 징세행정이 복잡하다.
④ 직접세는 분배의 형평성을 높이는 데 사용될 수 있다.
⑤ 부가가치세는 간접세의 대표적인 조세이다.

정답 ③ 간접세는 직접세에 비해 징세행정이 복잡하지 않다.

② 국세와 지방세 2022 광주은행 2019 신한은행 2018 우리은행 OX문제

관련기사

작년 국세 수입 전년 대비 7.5조 감소… 법인세·관세 등 급감

기획재정부가 발표한 '월간 재정동향 2월호'에서 경기불황과 법인세수의 급감 등으로 인해 지난해 국세 수입이 전년 실적보다 7조 5천억 원 감소한 336조 5천억 원으로 집계되었다. 법인세는 1년 전보다 17조 9천억 원이 감소했으며, 관세는 수입액 감소와 할당관세의 영향으로 전년 대비 5천억 원이 감소했다. 반면 물가 상승과 민간 소비의 약진으로 부가가치세는 8조 5천억 원 증가했다. 기재부는 지난해 말 기준 총수입·지출과 재정수지, 국가채무 확정치는 기금 결산을 거쳐 오는 4월 국가결산 발표 시 공개할 예정이라고 밝혔다.

① 정의

㉠ 조세를 징수하는 주체에 따라 구별할 때 국세와 지방세로 나눈다.

㉡ 국세는 중앙정부가, 지방세는 지방정부가 징수하는 조세를 말한다.

② 구분

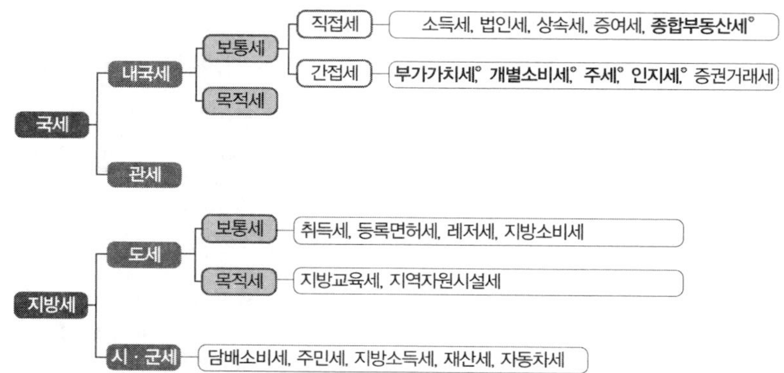

더 알아보기

직접세와 간접세의 구분

구분	내용	
직접세	납세자와 담세자 동일	소득세, 법인세, 상속세, 증여세, 종합부동산세
간접세	납세자와 담세자 구분	부가가치세, 개별소비세, 주세, 인지세, 증권거래세

PLUS 팁

⊕ 종합부동산세

일정한 기준을 초과하는 토지 및 주택 소유자에게 부과하는 세금이다.

⊕ 부가가치세

물건을 사고팔 때 부과하는 세금이다.

⊕ 개별소비세

보석이나 자동차 등 특정 물품을 사거나 특정 장소에서 소비하는 비용에 대해 부과하는 세금이다.

⊕ 주세

주류 가격에 포함되어 있는 세금이다.

⊕ 인지세

재산의 변동이나 승인을 표시하는 증서에 부과하는 세금이다.

OX문제

부가가치세는 직접세에 해당한다.

O X

OX문제 답 X

③ 관세 2024 기업은행 2024·2023 광주은행 2023 새마을금고 2012 농협은행

PLUS 팁

관련기사

트럼프, 해외업체 관세 부과 재확인

트럼프 대통령은 공화당 연방하원 콘퍼런스에서 해외 업체가 미국에 공장을 건설하는 경우 감세 혜택을 받겠지만, 그렇지 않다면 관세를 부과하겠다고 밝혔다. 이어 관세 부과 대상 산업으로 의약품과 반도체, 철강을 꼽으며 한국을 언급했다.

① 정의 : 국가가 조세법률주의의 원칙에 따라 우리나라에 반입하거나 우리나라에서 소비 또는 사용하는 수입물품에 대해서 부과·징수하는 조세이다.

② 관세의 효과

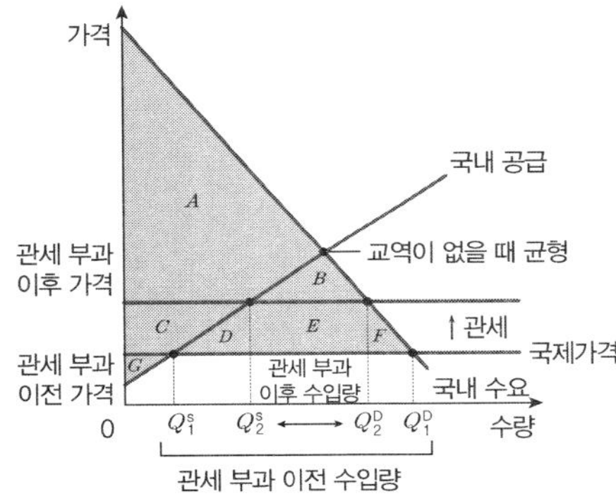

기출문제

2019.07.13. 한국예탁결제원

Q 관세의 효과로 옳지 않은 것은?

① 보호효과
② 소비효과
③ 독점효과
④ 국제수지 개선효과
⑤ 재분배효과

정답 ③ 독점효과는 관세의 전형적인 효과에 포함되지 않는다. 관세가 특정 기업이나 산업에 독점적 지위를 부여하는 효과로 보기는 어렵기 때문이다.

㉠ 경제에 미치는 영향

구분	관세부과 전	관세부과 후	변화
소비자 잉여	A + B + C + D + E + F	A + B	−(C + D + E + F)
생산자 잉여	G	C + G	+ C
정부 관세 수입	없음	E	+ E
총잉여	A + B + C + D + E + F + G	A + B + C + G	−(D + F)

㉡ 일반적인 영향

구분	내용
보호효과	국내 시장의 상품가격경쟁력과 공급을 확대하고, 외국상품의 수입을 억제하여 국내 산업을 보호한다.
소비효과	수입상품 가격을 상승시켜 소비를 억제한다. 관세율이 높을수록 효과는 커진다.
재정수입효과	관세부과로 국가 조세수입을 증대시킨다.
경쟁효과	수입상품과의 국내상품 경쟁을 피할 수 있게 한다. 다만 경쟁효과가 과해지면 국내산업은 정체된다.
국제수지 개선효과	수입량과 대외지출이 감소하면서 국제수지가 개선된다.
재분배효과	상품의 가격 상승으로 소비자의 실직소득은 감소하지만, 상품을 생산하는 국내 공급자의 실질소득은 증가한다.

③ 주요 관세 장벽

관련기사

중국산 저가 후판에 덤핑 관세 부과 추진… "최고 38%"

정부가 저가 중국산 후판에 최고 38%의 덤핑 방지 관세 부과를 추진한다. 덤핑으로 인한 국내 철강 산업 피해를 막기 위한 조치도 마련하기로 했다. 산업통상자원부 무역위원회는 제457차 무역위원회를 개최열고 이를 포함한 총 4건의 안건을 심의·의결했다. 이번 결정은 지난해 7월 말 현대제철이 중국산 저가 후판의 덤핑으로 국내 산업계가 피해를 보았다며 제소한 데 따른 것이다. 제소 이후 무역위는 지난해 10월 초 반덤핑 조사를 개시했다. 아울러 무역위는 글로벌 통상환경 변화에 체계적으로 대응하고, 통상방어기능을 강화하기 위해 조직확대 등 역량을 제고해 덤핑과 지재권 침해 등 불공정한 무역행위에 대해서 객관적이고 엄정하게 조사를 진행해 나갈 예정이다.

㉠ 반덤핑관세

- 덤핑 행위에 대해 부과되는 세금으로 해당 국가의 제품이 덤핑된 가격으로 수입되면 이를 차단 또는 시정하기 위해 적용된다.

PLUS 팁

대국과 소국의 관세 비용

대국(Large Country)은 국제 무역에서 차지하는 비중이 높으므로 가격결정권이 있다. 따라서 관세부과로 인한 교역조건을 개선시킬 수 있지만, 소국(Small Country)은 국제 무역에서 차지하는 비중이 작아 가격결정에 영향이 없으므로 교역조건에 영향을 미칠 수 없다. 따라서 소국은 후생손실이 생기지만 대국은 후생 변화가 극대화될 수 있다.

최적관세

관세부과로 교역조건을 변화시킬 수 있는 대국의 경우 수입상품에 대해 일정 수준의 관세를 부과하면 자국의 후생 변화를 극대화할 수 있다. 개선효과는 크게 하고, 무역량의 감소로 인한 손실은 작게 하는 것이 최적관세라고 하며 이때의 관세율을 최적관세율이라고 한다.

- 덤핑으로 인해 피해를 본 산업을 보호하기 위해 덤핑 제품에 부과되며, 공정한 경쟁을 보장하기 위해 도입한다.

㉡ 상계관세
- 외국 정부가 자국의 수출업체에 보조금을 지급하거나 불공정한 방식으로 자국 기업을 지원하는 경우, 이를 상쇄하기 위해 부과되는 세금이다.
- 정부가 자국 기업에게 직접적인 보조금을 주거나, 수출을 장려하는 세금 혜택을 제공할 경우 가격이 왜곡되므로 이를 교정하기 위함이다.

㉢ 보복관세
- 다른 국가의 무역 제한 조치에 대해 보복적으로 부과하는 세금이다.
- 무역 분쟁에서 상대국의 정책에 대응하기 위한 수단으로 사용된다.

PLUS 팁

덤핑

자국 시장보다 낮은 가격으로 제품을 수출하는 행위로, 외국 시장에서 자국 제품의 가격 경쟁력을 인위적으로 높여 현지 제조업체에 피해를 줄 수 있기 때문에 불공정 거래로 간주한다.

더 알아보기

주요 비관세 장벽

① 수입할당제(수입쿼터제)
㉠ 일국의 수입상품을 정해진 기준에 따라 수입대상 국가별 또는 수입업자별로 할당해 수입 수량 또는 금액을 제한하는 조치이다.
㉡ 통상 국내 유치산업의 육성, 기존산업의 보호, 국제수지의 균형유지를 목적으로 실시된다.

② 수출자율규제(VER)
㉠ 수출국이 자율적으로 수출 물량을 일정 수준 이하로 억제하는 정책이다.
㉡ 수출 자율 규제는 명목상으로는 자발적이지만 실질적으로는 수입 쿼터의 일종이다.

③ 수입과징금
㉠ 수입상품의 일부 또는 전부에 대해 일시적으로 부과를 조세하는 것이다.
㉡ 관세에 비해 일시적으로 부과되는 세금이며, 전 상품에 대해 조세가 부과될 수 있다.

④ 수출보조금
㉠ 정부가 자국 상품의 국가경쟁력을 높이기 위해 자국의 수출기업에게 제공하는 금융 및 재정적 지원이다.
㉡ 수출 증대 및 수입 억제를 위한 매우 강력한 수출장려정책이다.

기출문제

2024.10.19. 기업은행

Q 관세가 부과될 경우 경제에 미치는 효과로 옳지 않은 것은?

① 자국의 생산자들은 보호를 받아 자국 시장에서의 경쟁력이 강화된다.
② 소비자는 수입품의 가격 상승으로 인해 더 높은 가격을 지불하게 된다.
③ 수입품의 가격이 상승하면 자국의 수출이 증가한다.
④ 자국 정부는 관세 수입을 통해 추가적인 세수를 확보한다.
⑤ 자국 내 기업들은 외국 기업과의 경쟁이 줄어들어 더 많은 이익을 얻을 수 있다.

정답 ③ 수입품의 가격이 상승하면 자국 시장에서 외국 제품과의 가격 차이가 커지지만, 자국의 수출 증가와는 직접적인 연관이 없다.

더 알아보기

관세율 종류

① 국정세율 : 우리나라 법률로 정한 관세율이다.

구분	내용
기본 관세율	정상적인 상황에서 부과되는 기본적인 표준 세율
잠정세율	특정한 상황에서 임시적으로 부과되는 세금
탄력 관세율	• 국가가 경제적 상황에 따라 변동 가능한 세율 • 반덤핑관세, 보복관세, 긴급관세, 조정관세, 특별긴급관세, 상계관세, 편익관세, 계절관세, 할당관세 등

② 협정세율 : 우리나라의 통상과 대외무역의 증진을 위하여 필요하다고 인정할 때 특정 국가 또는 국제기구와 조약 또는 행정 협정 등으로 정한 세율이다.

③ 관세율 적용 순위

㉠ 1순위(최우선 적용) : 반덤핑관세, 보복관세, 상계관세, 긴급관세, 농림축산물에 대한 특별 긴급관세

㉡ 2순위 : 편익관세, 국제협정관세

㉢ 3순위 : 조정관세, 계절관세, 할당관세

㉣ 4순위 : 일반특혜관세

㉤ 5순위 : 잠정세율

㉥ 6순위 : 기본세율

PLUS 팁

기출문제

2024.10.12. 광주은행

Q 다음 중 관세율에 대한 설명으로 옳지 않은 것은?

① 기본관세율은 수입품에 대해 부과되는 가장 일반적인 세율로, 수입국의 법정 세율을 의미한다.
② 차등 세율은 같은 품목이라도 국가별로 다른 관세율을 적용하는 방식을 의미한다.
③ 편익관세는 개발도상국을 대상으로 낮은 세율을 적용하는 세금이다.
④ 최혜국세율은 최혜국대우를 받는 국가들에 적용한다.
⑤ 상계관세는 수입품이 과도한 보조금을 받았을 경우 이를 보상하기 위해 부과되는 세금이다.

정답 ③ 편익관세는 특정 국가나 지역에 대한 세금 혜택을 부여하는 것이다.

2024 · 2023 · 2022 · 2020 · 2018기업은행 2024전북은행 2024 · 2023새마을금고 2024 · 2023 · 2019농협은행 2020경기신용보증재단 2019대구은행 2019신한은행 2018우리은행 2018하나은행

국내총생산(GDP)과 경제 성장률

#명목 GDP #실질 GDP #GDP 갭

1 국내총생산(GDP, Gross Domestic Product)

2024·2022·2020 기업은행 | 2024 전북은행 | 2024·2023 새마을금고 | 2024 농협은행 | 2022·2019 국민은행 | 2019 대구은행 | 2019 신한은행

① 정의

㉠ 경제주체(가계, 기업, 정부)가 **한 국가 안에서 일정 기간(통상 1년) 동안 새롭게 창출한**[+] 부가가치 또는 최종 생산물을 시장가격으로 평가한 합계이다.

㉡ 국내에 거주하는 비거주자(외국인)에게 지급되는 소득도 포함된다. 이때 해외 거주자의 수입은 포함되지 않는다.

㉢ 적용방법에 따라 명목 GDP(Nominal GDP)와 실질 GDP(Real GDP)로 구분된다.

② GDP 구성 요소

㉠ 재화 : 내구자와 비내구재

㉠ 서비스 : 유통, 수송, 오락, 숙박·관광, 금융·보험, 이발·미용, 교육, 이때, 기본적인 활동은 포함되지 않는다.

③ 명목 GDP

㉠ 정의 : 1인당 국민소득, 국가경제 규모 등을 파악하는 데 이용되는 지표이다. 금년도 시장가격을 계산한 것으로 물가 변화는 반영되지 않는다.

㉡ 계산

명목 GDP = 금년도 최종 생산량 × 금년도 가격

예

구분	2022년		2023년	
	가격(만 원)	수량(개)	가격(만 원)	수량(개)
노트북	100	10	120	10
스마트폰	150	20	200	20

- 2022년 명목 GDP : (100만 원 × 10개) + (150만 원 × 20개) = 4,000만 원
- 2023년 명목 GDP : (120만 원 × 10개) + (200만 원 × 20개) = 5,200만 원

PLUS 팁

GDP 더보기

① 한 국가 안에서 : 생산자의 국적에 관계없이 그 나라의 GDP로 측정된다.

② 일정 기간 동안 : 보통 1년 혹은 1분기를 의미하며 지출의 흐름과 소득의 흐름을 나타낸다.

③ 새롭게 창출한 : 그해에 생산된 재화와 서비스만 포함하며, 과거에 생산된 재화나 서비스는 포함되지 않는다.

④ 실질 GDP

㉠ 정의 : 국내경제의 생산활동 동향을 나타내는 경제성장률 산정에 이용되는 지표이다. 기준 연도로 계산하며 물가 변화가 반영된다.

㉡ 계산

실질 GDP = 기준 연도 가격 × 당해 연도 생산량

예

구분	2022년		2023년	
	가격(만 원)	수량(개)	가격(만 원)	수량(개)
노트북	100	10	120	10
스마트폰	150	20	200	20

- 2022년 실질 GDP(단, 기준 연도 2022년) : (100만 원 × 10개) + (150만 원 × 20개) = 4,000만 원
- 2023년 실질 GDP(단, 기준 연도 2022년) : (100만 원 × 10개) + (150만 원 × 20개) = 4,000만 원

⑤ GDP 디플레이터

㉠ 정의 : 물가수준의 지표로, 명목 GDP를 실질 GDP로 나눈 수치에 100을 곱한 값이다. 모든 물가요인을 포괄하는 가장 종합적인 물가지수다.

㉡ 계산

$$\text{GDP 디플레이터} = \frac{\text{명목 } GDP}{\text{실질 } GDP} \times 100$$

예

구분	2022년	2023년
명목 GDP	4,000	5,200
실질 GDP	4,000	4,000

- 2022년 GDP 디플레이터 : (4,000 ÷ 4,000) × 100 = 100
- 2023년 GDP 디플레이터 : (5,200 ÷ 4,000) × 100 = 130

약 30% 상승

PLUS 팁

GDP의 한계

① 국내에서 생산된 재화나 서비스만 포함된다.
② 가사노동이나 봉사활동, 지하경제는 제외한다.

실질국내총소득

한 국가의 거주민이 국내외 생산요소들을 결합하여 발생한 소득을 의미하며 생산 활동을 통하여 획득한 소득의 실질구매력을 나타내는 지표이다.

기출문제

2020.05.23. 경기신용보증재단

Q GDP의 G가 의미하는 것은?

① Gross
② Global
③ General
④ Genetically
⑤ Golden

정답 ① 국내총생산을 뜻하는 GDP는 'Gross Domestic Product'의 약자다.

2 국민총소득(GNI, Gross National Income) 2024 전북은행 2019 신한은행

① 정의

㉠ 한 국가의 국민이 생산 활동에 참가한 대가로 받은 소득을 모두 합한 것이다. 국내총생산이 생산 활동을 측정하는 지표라면, 국민총소득은 사람들이 버는 소득을 측정하는 지표로 활용된다.

㉡ 1인당 국민총소득은 국민총소득을 달러로 환산한 후 그 나라의 인구로 나누어 구하는데, 여러 국가의 소득 수준을 비교할 때 자주 사용한다.

GNI
= GDP + 해외로부터의 요소소득 수령액 − 해외로부터의 요소소득 지급액

② 구분

구분	내용
명목 GNI	한 국가의 국민이 국내외에서 생산 활동의 참여 대가로 벌어들인 명목소득이다.
실질 GNI	한 국가의 국민이 국내외에 제공한 생산요소에 의해 발생한 소득 합계로, 거주자에게 최종적으로 귀착된 모든 소득의 합이다.

더 알아보기

국민총생산(GNP, Gross National Product)

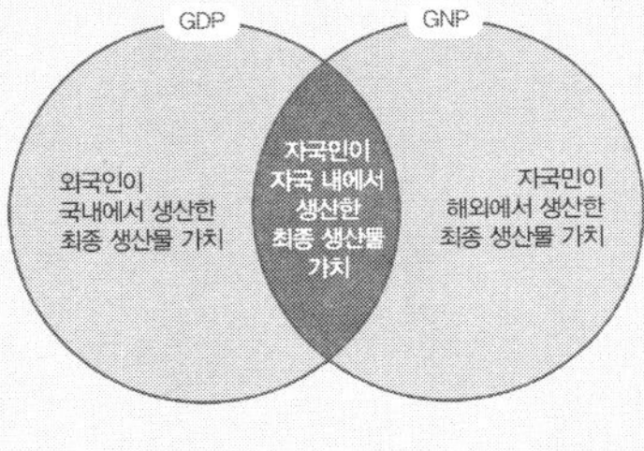

한 국가의 거주자가 일정 기간 동안에 생산한 모든 재화와 서비스를 시장가격으로 환산한 것이다. 한 나라의 거주자가 국내는 물론 국외에 제공한 생산요소에 기인하는 생산까지 포함되며, 비거주자의 생산요소 공급에 의한 생산은 포함하지 않는다.

PLUS 팁

잠재 GDP와 GDP 갭

한 국가에서 할 수 있는 최대 경제 성장 능력이다. GDP 갭은 GDP에서 잠재 GDP를 뺀 값으로(실질 GDP − 잠재 GDP), GDP가 잠재 GDP 보다 많을 시 경제 호황이라고 하며 적을 시에는 경제 불황이라고 한다. 예를 들어 A국가의 GDP가 2.8%이고 잠재 GDP가 3.1%라면 경제 불황이라는 의미이나 잠재되어 있는 가치까지 도달하지 못했기 때문이다.

기출문제

2018.10.20. 기업은행

Q GDP에 해당하지 않는 항목은?

① A 씨의 근로소득
② 국내 가전제품 회사의 국내소득
③ B 씨의 가사활동 및 봉사활동
④ 정부의 영리 소득
⑤ 국외 식품회사의 국내소득

정답 ③ GDP는 국내에서 생산된 재화, 서비스만 포함되며 가사노동, 봉사활동, 지하경제는 제외한다.

③ 경제 성장률 2024 새마을금고 2024·2021·2020 기업은행 2023 농협은행 OX문제

PLUS 팁

관련기사

OECD 세계경제성장률 전망

경제협력개발기구(OECD)는 세계경제가 개선되고 있으나, 개선흐름이 여전히 취약(fragile)하다고 진단하였다. 에너지 가격 하락 등으로 물가상승률이 둔화되는 가운데 가계·기업 심리가 반등하고 중국 리오프닝이 세계경제에 긍정적으로 작용할 것으로 평가하였다. 하지만 근원인플레이션이 여전히 높고, 고금리 영향이 자산·금융시장뿐만 아니라 시차를 두고 실물경제에도 영향을 미치고 있다고 보았다. 물가상승률은 에너지 가격 하락, 공급망 차질 완화 등으로 점차 둔화될 것으로 전망하였다. 다만, 이러한 전망에 대한 주요 하방리스크로 인플레이션 지속에 따른 고금리 장기화, 긴축과정에서의 금융시장·신흥국 불안, 에너지 위기 재점화 가능성 등을 제시하였다.

① 정의

㉠ 각 경제활동이 만들어낸 부가가치가 전년도에 비하여 얼마나 증가하였는가를 보기 위하여 경제성장률을 이용한다.

㉡ 경제성장률이라 하면 물가요인을 제거한 실질경제성장률을 의미한다.

$$\text{실질경제성장률} = \frac{\text{금년도 실질 } GDP - \text{전년도 실질 } GDP}{\text{전년도 실질 } GDP} \times 100$$

② 잠재성장률

㉠ 한 국가의 경제가 보유하고 있는 자본, 노동력, 자원 등 모든 생산요소를 사용해서 물가 상승을 유발하지 않으면서도 최대한 이룰 수 있는 경제 성장률을 말한다.

㉡ 잠재성장률이 낮으면 제대로 활용되고 있다는 의미이고, 잠재성장률이 높으면 앞으로 자본이나 노동 등이 더 활용되어야 한다는 의미이다.

OX문제

잠재성장률이 높으면 이미 자본이나 노동 등이 제대로 활용되고 있다는 의미이다.

O | X

기출문제

2020.12.19. 기업은행

Q 甲국의 명목 GDP가 작년 1,000억 원에서 올해 2,600억 원으로 증가하였고, GDP디플레이터는 같은 기간 100에서 200으로 증가하였다. 그렇다면 해당 기간 동안의 경제 성장률은?

① 5%
② 10%
③ 15%
④ 20%
⑤ 30%

정답 ⑤ 금년도실질GDP = 1,000 / 100 = 10, 전년도실질GDP = 2,600 / 200 = 13
(금년도실질GDP − 전년도실질GDP / 전년도실질GDP) × 100에 의해 {(13−10) / 10} × 10 = 30%가 된다.

OX문제 답 X

PART 02. 경제

2024 · 2023 · 2018기업은행 2024전북은행 2024신한은행 2022한국자산관리공사 2021농협은행 2018우리은행

물가지수

#소비자물가지수 #생산자물가지수

PLUS 팁

1 물가 2018 기업은행 OX문제

① 정의 : 개별 상품의 가격을 경제생활에 차지하는 중요도 등을 고려하여 평균을 낸 값을 말한다.

② 특징

㉠ 우리가 필요로 하는 각각의 상품이 가지고 있는 값을 가격이라고 부르는데, 개별 가격을 모아 평균하여 얻은 값이 바로 물가인 것이다. 물가는 작년과 비교하여 올랐는지 내렸는지를 알 수 있다.

구분	내용
물가 상승↑	상품 및 서비스 가격 상승↑
물가 하락↓	상품 및 서비스 가격 하락↓

㉡ 물가가 올랐다는 것은 시장에서 거래되는 상품과 서비스의 가격들이 전반적으로 올랐다는 뜻이고 반대로 물가가 내렸다는 것은 상품과 서비스들의 가격이 전반적으로 내렸다는 뜻이다. 물가는 물가지수로 표시할 수 있다.

2 물가지수

① 정의

㉠ 물가의 움직임을 알기 쉽게 지수화한 경제지표를 일컫는다.

㉡ 가격변화 추이를 수치로 나타내므로 조사 당시의 전반적인 물가수준을 측정할 수 있다.

㉢ 물가의 변동은 그 국가의 투자와 생산, 소비 등을 모두 반영하는 것으로 경제정책 수립에 반드시 필요한 지표이다.

OX문제

물가가 상승하면 상품 및 서비스의 가격이 전반적으로 상승했다는 것이다.

O | X

소비자물가지수는 조사대상 상품 및 서비스의 가중치는 고정적이다.

O | X

OX문제 답 O, X

② 소비자물가지수(CPI, Consumer Price Index) 2024 신한은행 2024 전북은행 2024·2023 기업은행 2022 한국주택금융공사 2022 한국자산관리공사 2021 농협은행 2018 우리은행 OX문제

관련기사

국내 소비자물가지수, 다시 2%대로 오름세를 키우나

환율이 크게 오르면 수입물가가 상승하고, 일정한 시차를 두고 생산자물가와 소비자물가 상승 압력으로 작용한다. 한국은행이 발표한 '2024년 12월 수출입물가지수 및 무역지수'(잠정치)에 따르면, 지난달 수입물가지수(원화 기준, 2020=100)는 142.14로 전달(138.80)보다 2.4% 상승했다. 수입물가는 전달 대비 기준 지난해 10월(2.1%) 이후 석 달째 오름세를 이어가는 가운데 지난해 4월(3.8%) 이후 가장 큰 상승세를 보였다. 또한 배추, 무 등의 경우 김장철이 지나 일반 소비자들에게 수요가 많은 시기가 아님에도, 작황 부진과 김치 업체의 저장 수요가 더해지며 가격이 높아진 것으로 보인다. 한국소비자원이 전국 대형마트와 편의점 500여 곳을 조사해 발표한 '생필품 가격 보고서'에 따르면 초콜릿, 카레, 커피 등 주요 가공식품 175개 품목의 절반 이상인 69%(121개)의 평균 가격이 1년 새 평균 3.9% 올랐다. 이는 지난해 연간 소비자물가지수 상승폭(전국 2.3%, 대전 2.4%)보다 높다.

㉠ **정의** : 일반 가구가 소비생활을 유지하기 위하여 구입하는 각종 상품과 서비스의 가격 변동을 종합적으로 파악하기 위하여 작성되는 물가지표이다.

㉡ **특징**

- 우리나라의 소비자물가지수는 통계청에서 작성하고 있으며 기준년을 100으로 하여 작성된다.
- 조사대상 상품 및 서비스의 구성과 가중치도 경제 상황에 맞게 주기적으로 조정된다.
- 가구가 구입하거나 돈을 지출하지만, 소비지출로 보기 어려운 세금, 저축, 투자, 부채상환비용 등은 소비자물가지수에서 제외된다. 소득세, 주식, 예술품, 주택구입비, 원자재 등은 소비성 지출이 아니며 소비자물가지수 품목에 포함되지 않는다.

㉢ **대표품목** : 소비자물가조사에 포함되는 구체적 상품과 서비스 품목이다. 2020년 기준 소비자물가지수는 458개의 대표품목으로 이루어진다. 선정기준은 △전국 가구의 월평균 소비지출액이 일정비율 이상이고, △동종 품목군의 가격을 대표할 수 있으며, △시장에서 계속적으로 가격조사가 가능한 품목이어야 한다.

PLUS 팁

✔ 소비자물가지수 품목이 될 수 없는 것

세금, 저축, 투자, 부채상환비용(예:소득세, 주식, 예술품, 주택구입비, 원자재 등)

③ 생산자물가지수(PPI, Producer Price Index) 2021 농협은행 OX문제

관련기사

생산자 물가지수 전월대비 상승

한국은행이 발표한 '2024년 12월 생산자 물가지수(잠정)'에 따르면 지난해 12월 생산자 물가지수는 119.51(2020=100)로 전월대비 0.3% 올랐다. 이번 상승률은 전월(0.1%)보다 상승폭이 0.2%p 커졌다. 2024년의 생산자 물가지수는 전년보다 1.7% 오른 것으로 조사됐다. 이 같은 상승 흐름은 공산품 및 농림수산품을 비롯해 전력·가스·수도 및 폐기물과 서비스가 모두 상승한 데에 영향을 받은 것으로 해석된다. 공산품은 국제유가와 환율 상승에 영향을 받아 석탄 및 유제품(2.2%) 및 화학제품(0.4%) 등이 올라 전월대비 0.3% 상승한 것으로 파악됐다. 전력·가스·수도 및 폐기물은 산업용 도시가스(4.9%) 등이 올라 전월대비 0.4%, 서비스 생산자물가는 음식점 및 숙박서비스(0.3%) 및 운송서비스(0.3%) 등이 상승해 전월 보다 0.1% 올랐다. 생산자 물가는 생산자가 시장에 공급하는 상품과 서비스 등의 가격 변동을 나타내며 품목마다 통상 1 ~ 3개월 시차를 두고 소비자 물가에 반영된다. 따라서 향후 소비자 물가에도 영향을 미칠 것으로 전망된다.

㉠ 정의 : 국내시장의 1차 거래단계에서 기업 상호 간에 거래되는 상품과 서비스의 평균적인 가격 변동을 측정하기 위하여 작성되는 물가지수이다.

㉡ 특징

- 대상 품목의 포괄범위가 넓어 전반적인 상품과 서비스의 수급 동향이 반영된 일반적인 물가수준의 변동을 측정할 수 있기 때문에 일반 목적 지수로서의 성격을 갖는다.
- 지수 작성에 이용되는 가격은 제1차 거래단계의 가격 즉, 생산자가 제품 한 단위당 실제로 수취하는 기초 가격이다.
- 한국은행에서 작성하고 있다.

㉢ 대상품목 : 국내출하액이 모집단 금액의 일정 수준(상품 1/10,000, 서비스 1/2,000) 이상의 거래 비중을 갖고 동종 제품군의 가격변동을 대표할 수 있으며 가격 시계열 유지가 가능한 품목을 조사대상 품목으로 선정한다. 2023년 기준 894개 품목이 있다.

PLUS 팁

국내공급물가지수

물가변동의 파급과정 등을 파악하기 위하여 국내에 공급(국내출하 및 수입)되는 상품 및 서비스의 가격변동을 원재료, 중간재, 최종재의 생산단계별로 구분하여 측정한 지수이다.

총산출물가지수

국내생산품의 전반적인 가격변동을 파악하기 위하여 국내출하 외에 수출을 포함하는 총산출 기준으로 상품 및 서비스의 가격변동을 측정한 지수이다.

OX문제

PPI는 한국은행에서 작성하고 있다.

O X

기출문제

2018.08.11. 우리은행

Q 물가지수에 대한 설명 중 옳지 않은 것은?

① 소비자물가지수는 통계청에서 작성한다.
② 소비자물가지수는 가계가 소비하는 서비스의 가격수준 및 변동을 파악하기 위함이다.
③ 생활물가지수는 장바구니 물가라고도 하며 기본생필품을 중심으로 작성하고 있다.
④ 생산자물가지수는 통계청에서 작성한다.
⑤ 신선식품지수는 소비자가 자주 이용하는 상품만을 반영하기 때문에 체감물가지수라고도 한다.

정답 ④ 생산자 물가지수는 한국은행에서 작성한다.

OX문제 답 O

더 알아보기

소비자물가지수와 생산자물가지수 비교

	소비자물가지수	생산자물가지수
작성기관	통계청	한국은행
목적	가계가 소비하는 서비스의 가격 수준 및 변동 파악	1차 거래단계에서 거래되는 상품과 서비스의 가격수준 및 변동 파악
가격	소비 가격	기초 가격
이용범위	경기판단 지표 및 국민연금 지급액 조정, 통화정책의 목표 등	상품 및 서비스의 수급동향 파악 및 경기 동향 판단지표
작성주기	매월	매월

④ 생활물가지수(CPI for Living) OX문제

㉠ 정의 : 장바구니 물가라고도 한다. 체감물가를 파악하기 위해 일상생활에서 구입 빈도가 높고 지출비중이 높아 가격 변동을 민감하게 느끼는 생활필수품을 대상으로 작성한 소비자물가지수의 보조지표이다.

㉡ 특징 : 통계청은 지수물가와 체감물가와의 차이를 설명하기 위해 일반소비자들이 자주 구입하는 품목과 기본생필품(쌀, 달걀, 배추, 소주 등)을 중심으로 141개 품목을 선정하여 생활물가지수를 작성하고 있다.

⑤ 수출입 물가지수(Export and Import Price Index)

㉠ 정의 : 수출 및 수입상품의 가격 변동을 파악하고 가격 변동이 국내물가, 생산 활동 및 대외 경쟁 등 미치는 영향을 사전에 측정하기 위하여 작성되는 지수이다.

㉡ 특징

- 수출입 관련 업체들의 수출채산성 변동 및 수입원가 부담 등을 파악한다.
- 수출입 물가지수의 상호비교를 통하여 가격측면에서의 교역조건을 측정하는 데에 이용한다.

⑥ 신선식품지수 OX문제

㉠ 정의 : 생활물가지수에서 가공식품을 제외한 채소, 생선, 과일 등을 기상과 계절 조건에 따라 가격 변동 폭이 큰 상품을 합해 계산한 지수이다.

㉡ 특징 : 생활물가지수와 신선식품지수는 소비자가 자주 이용하는 상품만을 반영하기 때문에 체감물가지수라고도 한다.

PLUS 팁

근원물가지수

경제상황에 따라서 변동이 심한 품목인 원유나 농산물 등을 제외하고 산출한 물가지수에 해당한다. 기초 경제 여건에 의해서 결정되는 물가를 의미한다. 유가나 농산물에 의해 발생한 물가상승으로 통화정책을 시행하는 경우 악영향을 줄 수 있으므로 일시적으로 변동이 큰 품목을 제외한 근원물가지수이다.

OX문제

생활물가지수는 한국은행이 소비자들이 자주 구입하는 품목과 생필품을 중심으로 선정하여 작성하고 있다.

O X

신선식품지수는 소비자가 자주 이용하는 상품을 반영하기 때문에 소비자물가지수라고도 한다.

O X

OX문제 답 X, X

2024산업은행 2023 · 2022새마을금고 2024 · 2019 · 2018신한은행 2023하나은행 2023 · 2019국민은행 2021 · 2018우리은행 2018기업은행

CHAPTER 14 실업

#비경제활동인구 #비자발적 실업 #실업률 #구조적실업

PLUS 팁

관련기사

2024년 실업률 사상 최저 수준

2024년 실업률이 사상 최저 수준인 5%를 기록했다. 2025년 역시 비슷한 수준을 유지할 것이라는 전망이 나온다. 국제노동기구(ILO)는 보고서를 통해 "작년 각국의 중앙은행들은 노동시장의 침체를 유발하지 않은 채 물가상승률을 목표치에 근접하게 맞추는 데 성공했다"며 "올해까지 3년 연속으로 실업률이 사상 최저 수준으로 유지될 것"이라고 내다봤다. 5% 실업률은 2023년과도 유사한 수준이다. 그러나 청년 일자리와 양질의 일자리는 여전히 부족한 상황이다. 보고서는 "전 세계 실업률은 안정적으로 유지됐지만 실질임금 상승은 노동 수요가 강한 일부 선진국에서만 나타났으며 대부분 국가에서는 코로나 팬데믹 시기와 인플레이션으로 인해 발생한 임금 손실분을 회복하지 못한 상태"라고 지적했다.

1 정의

노동할 의욕과 능력을 가진 자가 능력에 상응한 노동 기회를 얻지 못한 상태를 말한다.

2 실업률

2024 산업은행 2024 · 2018 기업은행 2023 · 2019 국민은행 2023 하나은행 2023 · 2022 새마을금고 2021 우리은행 2019 신한은행

경제활동인구 중 실업자가 차지하는 비율을 의미한다.

$$\text{실업률}(\%) = \frac{\text{실업자수}}{\text{경제활동인구}} \times 100 = \frac{\text{실업자수}}{\text{취업자수} + \text{실업자수}} \times 100$$

기출문제

2019.10.12. 국민은행

Q 15세 이상 인구가 35,635천 명이고 비경제활동 인구수는 13,326천 명이라고 했을 때 실업률은? (단, 취업자수는 18,453천 명이다.)

① 19.9%
② 17.2%
③ 6.72%
④ 10.26%
⑤ 21.8%

정답 ② 실업자수는 경제활동 인구에서 취업자 수를 뺀 값이다.
경제활동인구=35,635−13,326=22,309, 실업자수=22,309−18,453=3,856, 실업률=3,856/22,309*100=17.2%

3 경제활동 참가율

① 정의 : 15세 이상 인구 중에서 경제활동인구가 차지하는 비율을 의미한다.

$$\text{경제활동 참가율(\%)} = \frac{\text{경제활동인구}}{\text{15세 이상의 인구}} \times 100$$

② 경제활동 인구

㉠ 한 국가의 인구에서 일할 능력과 의사를 가진 사람을 경제활동인구라고 한다.

㉡ 만 15세 이상 사람들 가운데 일할 능력이 있어 취업한 자와 취업할 의지가 있으면서 취업이 가능한 인구를 말한다.

③ 경제활동 인구와 비경제활동 인구의 비교

구분	내용		
15세 이상	경제활동인구	취업자	• 수입을 목적으로 1시간 이상 일한 사람 • 주당 18시간 이상 일한 무급가족종사자 • 일시 휴직자
		실업자	4주간 구직활동을 했음에도 일자리를 얻지 못한 사람
	비경제활동인구	• 일할 능력이 없는 환자 • 고령자 • 주부·학생 • 군복무자 • 교도소 수감자 등	

PLUS 팁

비경제활동인구

만 15세 이상의 생산가능인구 가운데 일을 할 능력이 없거나 일을 할 능력은 있는데 일을 할 의사가 없는 사람, 경제활동에 참여하지 않는 사람들을 말한다. 구체적으로 가정주부, 학생, 일할 수 없는 연로자와 심신장애자, 종교인 등이 있으며 장기간 구직활동을 하지 않고 있는 구직단념자들도 포함된다.

더 알아보기

경제활동 인구 구조

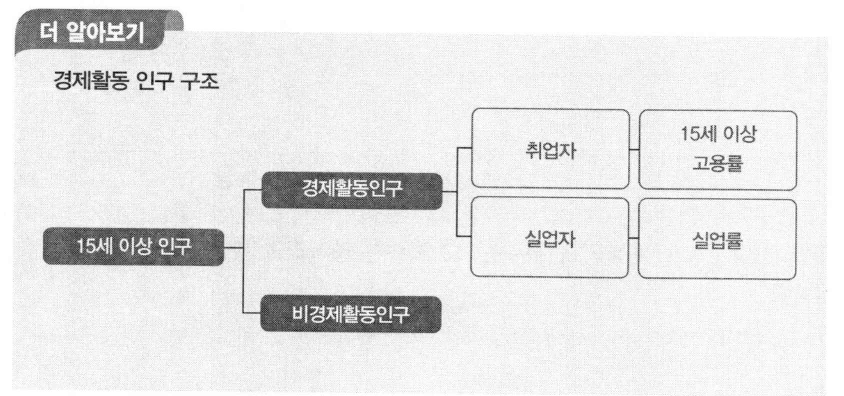

OX문제

경제활동 참가율은 만 15세 이상 인구 중 취업자가 차지하는 비율을 의미한다.

O X

OX문제 답 X

④ 고용률

15세 인상의 인구 중에서 취업자가 차지하는 비율을 의미한다.

$$고용률(\%) = \frac{취업자수}{15세이상의인구} \times 100$$

⑤ 청년실업률

15세부터 29세에 해당하는 청년층의 실업 비율을 의미한다.

$$청년실업률(\%) = \frac{15 \sim 29세 실업자}{15 \sim 29세 경제활동인구} \times 100$$

⑥ 실업의 유형

① 자발적 실업 2024 · 2018 신한은행 2018 우리은행

㉠ 일할 능력은 있지만 임금 및 근로 조건이 자신의 욕구와 맞지 않아 일할 의사가 없는 상태를 의미한다.

㉡ 자발적 실업은 크게 마찰적 실업과 탐색적 실업으로 구분할 수 있다.

구분	내용
탐색적 실업	기존의 직장보다 더 나은 직장을 찾기 위해 실업상태에 있는 것을 말한다.
마찰적 실업	직장을 옮기는 과정에서 일시적으로 실업상태에 놓여있는 것을 말한다.

PLUS 팁

구직급여

이직일의 다음날부터 수급기간인 12개월 내에서 피보험기간과 연령에 따라 120~270일 이직 전에 3개월 동안 평균 임금의 60%의 구직급여를 제공하는 것이다. 고용보험 가입근로자의 비자발적인 사유로 발생한 이직으로 재취업활동을 하는 기간에 구직급여를 지급함으로써 생활안정과 노동시장 복귀를 지원하는 것이다.

기출문제

2019.03.17. 농협은행

Q 비자발적 실업으로 옳지 않은 것은?

① 마찰적 실업
② 경기적 실업
③ 계절적 실업
④ 기술적 실업
⑤ 구조적 실업

정답 ① 마찰적 실업은 자발적 실업에 해당한다.

② 비자발적 실업 2024·2018 신한은행 2023 국민은행 2022 새마을금고 2019 농협은행 OX문제

㉠ 일할 능력과 의사가 있지만 어떠한 환경적인 조건에 의해 일자리를 얻지 못한 상태를 의미한다. 일반적으로 실업은 비자발적 실업을 의미한다.

㉡ 비자발적 실업은 크게 경기적 실업, 계절적 실업, 기술적 실업, 구조적 실업 등으로 구분된다.

구분	내용
경기적 실업	• 경기 하강으로 인해 발생하는 실업이다. • 경기가 회복되면 경기적 실업은 해소되므로 정부에서는 지출을 늘려 경기를 부양하는 확대재정정책 등을 시행하게 된다.
계절적 실업	• 재화의 생산이나 수요가 계절에 따라 변화를 가져올 때 발생하는 실업이다. • 농촌이나 어촌 등에서 농한기에 일시적으로 실업자가 되는 현상이다.
기술적 실업	• 기술의 진보에 따라 산업 구조가 변화하면서 발생하는 실업을 말한다. • 보통 기계가 노동을 대체하면서 나타난다.
구조적 실업	• 산업 구조의 변화와 함께 나타나는 실업이다. • 스마트폰 보급으로 유선전화기 제조가 사양화에 접어들면 그와 관련한 노동자들의 일자리가 사라지게 되는 것을 구조적 실업이라고 한다.

③ 대책

㉠ **완전고용**⊕ 상태에서도 자발적 실업은 존재하며 이를 줄이기 위해서는 시장의 직업정보를 경제주체들에게 원활하게 제공하는 것이다.

㉡ 경기적 실업은 경기가 살아나면 기업의 노동수요가 증가하여 실업이 어느 정도 해소될 것이다.

㉢ 구조적 실업은 노동자들에게 재교육을 시켜 다른 산업으로 이동할 수 있도록 도와주는 것으로 해소할 수 있다.

PLUS 팁

✔ 실망실업

취업을 하려는 의사가 있지만 조건에 맞는 일자리를 구하지 못해서 구직을 하지 않는 사람이다. 고용통계상 비경제활동인구에 분류된다.

⊕ 완전고용

구직을 원하는 노동자가 모두 취직이 되어 고용이 되어 있는 것으로 노동의 수요와 공급이 일치하고 있는 상태로 의미한다. 실업률 3~4%인 경우에 완전고용 상태로 본다.

OX문제

기술의 진보에 따라 산업 구조가 변화하면서 발생하는 실업을 구조적 실업이라고 한다.

O | X

OX문제 답 O

PART 02. 경제

2024 · 2023 · 2021 · 2020 · 2019농협은행 2024 · 2019신용보증기금 2024 · 2021산업은행
2024 · 2023 · 2022 · 2019 · 2017기업은행
2023 · 2018하나은행 2020신협은행
2020 · 2018 · 2014국민은행
2019 · 2018우리은행

CHAPTER 15 인플레이션과 디플레이션

#하이퍼인플레이션 #필립스 곡선 #스태그플레이션 #디플레이션 영향

PLUS 팁

1 인플레이션(Inflation) 2024·2023·2021·2019 농협은행 2024·2023·2022·2019 하나은행 2023 새마을금고 2022 광주은행 2020 신협은행 2020 국민은행 2018 하나은행

① 정의

㉠ 화폐 가치가 하락하여 물가수준이 전반적으로 상승하는 현상을 말한다.

㉡ 예측 가능한 인플레이션은 경제활동에 활력을 불어넣을 수 있다.

㉢ 예측할 수 없는 극심한 인플레이션은 경제 전체에 여러모로 부정적인 영향을 미칠 수 있다. 특히 인플레이션은 자원의 비효율적 배분과 소득의 불공평한 분배를 유발하는 원인이 되기도 한다.

② 원인 OX문제

㉠ 통화량의 과다증가로 인한 화폐 가치 하락

㉡ 과소비 등으로 수요초과 발생

㉢ 임금, 이자율 등 요소 가격과 에너지 비용 등의 상승으로 인한 제품의 생산비용 증가

③ 인플레이션의 영향

㉠ 예측하지 못한 인플레이션

- **부와 소득의 불평등 재분배** : 화폐 가치는 하락하고 실물 가치는 상대적으로 상승한다. 또한 채무자 입장에서는 돈의 가치가 떨어져 이익을 얻고, 채권자 입장에서는 손해를 보게 된다.
- **생산과 고용** : 가계가 **적응적 기대**⊕를 하므로 생산과 고용이 단기적으로 증가하나, 장기적으로는 고용확대효과가 사라진다.
- **경제의 불확실성 증대** : 장기계약과 거래를 피하게 되므로 장기채권에 대한 수요가 감소한다. 단기적 자금 대출 수요를 증대시켜 사회적 후생손실을 초래한다.

㉡ 예상된 인플레이션

- **가계와 기업에 비용 발생 효과** : 가격이 상승함에 따라 화폐의 명목가치는 그대로이나 실질가치가 감소한다.
- **투자 감소** : 실물 자산을 갖는 것이 유리하기 때문에 저축과 투자는 감소하고 토지 등에 대한 투기가 증가하여 건전한 성장을 방해하는 원인이 되기도 한다.
- **국제수지 악화** : 국내에서 생산된 수출품들의 가격이 다른 나라의 경쟁제품들에 비해 상대가격이 상승하여 수출품에 대한 외국인들의 수요는 감소하고, 수입품에 대한 내국인들의 수요는 증가하여 경상수지가 악화될 가능성이 높다.

⊕ 적응적 기대

예상 오차를 조금씩 수정하며 미래를 예측하는 것을 말한다.

✔ 인플레이션 조세

화폐 보유의 실질비용을 의미하며 인플레이션으로 실질가치가 하락함에 따라 마치 추가로 세금을 징수한 것과 같다고 하여 조세라고 한다.

OX문제

임금 및 이자율 등 요소 가격과 에너지 비용 등의 상승은 인플레이션의 원인이 되기도 한다.

O | X

OX문제 답 O

④ 인플레이션 유형 OX문제

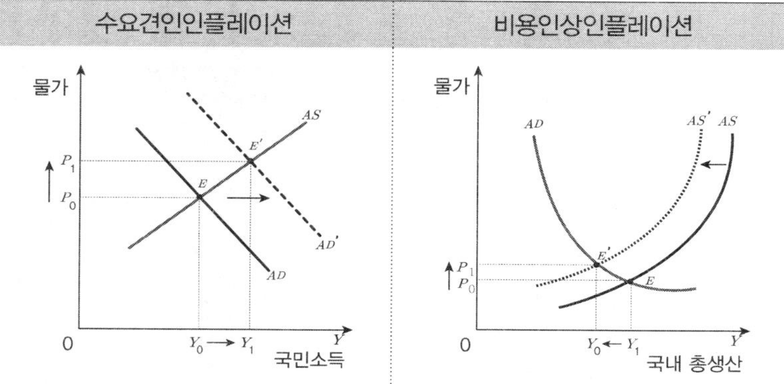

㉠ 수요견인인플레이션

- 정의 : 총수요가 증가하면서 총수요곡선(AD)이 우측으로 이동하게 된다. 국민소득의 증가와 함께 물가가 상승하는 것을 말한다.
- 원인 : 확대재정정책, 과도한 통화량 증가 또는 민간소비나 투자 등 갑작스러운 변동은 총수요를 증가시켜 물가 상승을 유발한다.

㉡ 비용인상인플레이션

- 정의 : 원자재 가격, 세금, 임금, 등과 같이 상품 원가를 구성하는 항목들의 가격 상승에 의해 물가가 지속적으로 올라가는 현상을 말한다.
- 원인 : 총수요의 변동이 없고 원자재 가격, 임금 등의 생산비용이 상승하면 기업들이 생산비용이 상승된 만큼 제품 가격을 인상시켜 물가 상승을 유발한다.

㉢ 하이퍼인플레이션

- 정의 : 물가 상승이 통제 불가의 상태인 인플레이션을 말한다. 물가 상승으로 인한 거래비용을 급격하게 증가시켜 실물경제에 타격을 미친다.
- 원인 : 정부나 중앙은행이 과도하게 통화량을 증대시킬 경우에 발생하는데, 전쟁 등 사회가 크게 혼란한 상황에서도 발생한다.

  예 독일은 1차 세계대전 패전 직후 전쟁 배상금을 물어야 했던 탓에 정부가 화폐 발행을 남발하여 하이퍼인플레이션이 발생했다. 하이퍼인플레이션을 겪는 나라에는 베네수엘라, 브라질, 아르헨티나, 멕시코 등이 있다.

㉣ 스태그플레이션

- 정의 : 경제활동의 침체로 생산이 위축되면서 실업률이 높아졌음에도 인플레이션이 지속되어 물가상승률과 실업률 사이에 역의 관계가 성립되지 않는 경우를 말한다.
- 특징 : 물가와 실업률이 동시에 상승하기 때문에 억제재정정책만을 사용해서는 큰 효과를 낼 수 없어 정부에서는 임금과 이윤, 가격에 대해 기업과 노동조합을 견제하는 소득정책을 동반 사용한다.

PLUS 팁

경상수지

재화나 서비스를 사고파는 거래인 상품수지, 내국인이 외국에 나가서 일을 하거나 외국인이 국내에서 일을 하며 발생하는 소득 등에 대한 소득수지, 해외여행이나 유학·연수 등 서비스수지, 기부금과 정부의 무상원조 등 대가 없이 주고받은 거래의 차액인 경상이전수지 등을 합친 수지이다.

인플레이션 용어

① **런치플레이션** : 점심과 인플레이션의 합성어로 점심메뉴 가격이 오른 것을 의미한다.
② **애그플레이션** : 농업과 인플레이션의 합성어로 곡물가격이 상승하면서 물가가 상승하는 현상을 의미한다.
③ **차이나플레이션** : 중국과 인플레이션의 합성어로 중국의 저임금 노동자 공급이 감소하면서 물가가 상승하는 현상을 의미한다.
④ **맥플레이션** : 빅맥 가격으로 물가 상승을 가늠하는 것이다.

② 디플레이션(Deflation) 2023·2018 하나은행 2020 농협은행 2020 신협은행 2019 신용보증기금 2018·2014 국민은행

① 정의

㉠ 인플레이션(Inflation)의 반대 개념으로 물가가 지속적으로 하락하는 것을 말한다.

㉡ 상품 거래량에 비해 통화량이 지나치게 적어져 물가는 떨어지고 화폐가치가 올라 경제활동이 침체되는 현상이다.

㉢ 공급이 수요보다 많으면 물가는 내리고 기업의 수익은 감소하기 때문에 경기 불황을 야기한다.

② 원인

㉠ 기술혁신이나 노동생산성의 향상으로 인한 초과공급 발생

㉡ 부의 불평등한 분배로 인한 소비량 감소

㉢ 소비와 투자의 감소로 인한 경제 성장률 하락

③ 영향

㉠ **화폐 가치의 상승 및 채무부담** : 재화의 가격이 하락하면서 화폐의 가치가 상승한다. 이로 인해 채무자는 부채 상환의 어려움을 겪게 되고 파산을 야기한다. 결국 금융시스템 붕괴로 이어지며 악순환이 반복된다.

㉡ **고용시장 악화** : 소비가 침체되면서 기업도 생산과 고용을 줄여 실업률이 증가한다. 이로 인해 소비가 감소하여 상품 가격은 더 하락하게 되고 악순환이 반복된다.

PLUS 팁

디플레이션의 영향

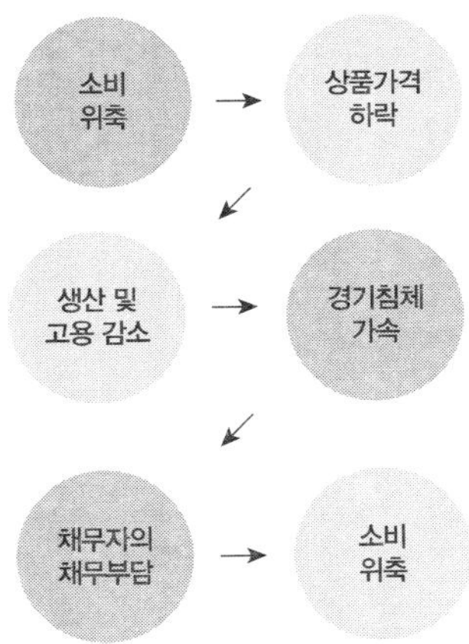

일본의 잃어버린 20년

장기 불황을 겪는 동안 부동산가격 폭락과 물가 하락이 차례대로 진행되었고, 1992 ~ 2016년 집값 누적 하락률은 53%를 기록하였다.

③ 인플레이션과 디플레이션 비교

구분	인플레이션	디플레이션
정의	• 물가 상승 • 화폐 가치 하락	• 물가 하락 • 화폐 가치 상승
원인	• 통화량 증가 • 수요초과 • 제품의 생산비용 등	• 부와 소득의 불평등한 재분배 • 초과공급 • 통화량 감소 등
영향	• 부와 소득의 불평등한 재분배 • 투자 감소 • 국제수지 악화 등	• 화폐 가치 상승 • 채무자의 채무부담 • 고용시장 악화 등
대책	• 통화량 감축 • 투기 억제 및 저축 장려 등	• 통화량 증대 • 투자 장려 및 수요 확대 등

물가/경기현상에 따른 변화

구분	물가	경기
인플레이션	상승↑	상승↑
하이퍼 인플레이션	상승↑↑↑↑	하락↓
스태그 플레이션	상승↑	하락↓

4 필립스 곡선 2024 신용보증기금 2024·2021 산업은행 2023·2021·2019·2017 기업은행 2019 농협은행 2019·2018 우리은행 OX문제

① 정의 : 물가상승률과 실업률 사이에 있는 역의 상관관계를 나타낸 곡선이다.

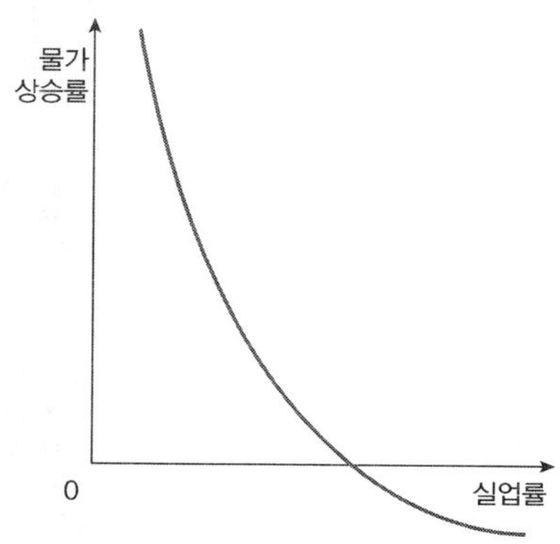

② 특징

㉠ 영국의 경제학자인 윌리엄 필립스가 1860년대부터 1950년대 사이 영국 실업률과 명목 상승률 통계자료를 분석하여 실업률과 명목임금 상승률 사이에 역의 관계가 존재한다는 것을 발견하였다.

㉡ 정부가 물가 상승률을 감소시키면 실업률은 증가하고, 실업률을 감소시킬 경우 물가가 상승한다.

㉢ 물가 안정과 완전고용이라는 두 가지 경제정책 목표는 동시에 달성될 수 없으며, 정부가 실업을 해결하기 위해서는 어느 정도의 인플레이션을 감수해야 하고, 물가를 안정시키기 위해서는 실업률 상승을 받아들여야 한다.

③ 필립스 곡선의 반론

㉠ 밀튼 프리드만과 펠프스는 마찰적 실업과 구조적 실업으로 인해 자연적으로 발생하는 자연실업률이 존재하며, 이로 인해 장기적으로 실업률은 자연실업률로 회귀한다는 가설을 제기하며 인플레이션과 실업률 사이의 장기적 상충관계를 부정하였다.

㉡ **고전학파 이론의 기초** : 고전학파는 인플레이션의 주된 원인을 통화량 증가로 파악하였으며 통화량의 증가는 실업률을 결정하는 요인들에는 아무런 영향을 미치지 않는다고 보았다.

㉢ **기대인플레이션** : 노동자의 의사결정 시 기준은 명목임금이 아닌 예상실질임금임을 지적하였으며, 기대인플레이션을 이러한 예상실질임금 결정에 중요 요인으로 보았다. 따라서 노동자들이 물가 상승을 인식하게 되면 기대인플레이션은 높아지고 노동자들은 이에 상응하여 명목임금의 인상을 요구하게 되므로 실업률은 낮아지지 않는다.

PLUS 팁

OX문제

필립스 곡선은 물가 안정과 완전고용이라는 두 가지 경제정책 목표는 동시에 달성될 수 있다는 입장을 가진다.

O | X

OX문제 답 X

PART 02. 경제

2022한국주택금융공사 2022 · 2021 · 2019농협은행 2021투자자산운용사 2019수협은행
2020 · 2018기업은행 2019수협은행 2017새마을금고

경기변동

#슘페터 #주글라 파동 #콘트라티에프 파동 #선행종합지수 #BSI

1 경기변동

① 정의 : 국민경제의 총체적 활동 수준인 경기는 호황 및 불황 등을 반복하는 현상을 의미한다. 다른 말로 경기순환이라고도 한다.

② 특징

㉠ 주기적으로 발생하나 정책적 개입이나 외부 요인에 따라 정확한 타이밍과 변동에 대한 예측 가능성이 제한된다.

㉡ 장기적으로 성장하는 경황을 보이나, 단기적으로는 침체와 호황을 반복하는 비대칭적 변동이 발생한다.

㉢ 많은 집합적 거시경제 지표들 간의 동조화, 즉 주요 거시경제 지표들은(GDP, 실업률, 물가, 소비지출 등) 경기변동에 맞춰 동반 상승 또는 하락한다.

2 발생 원인 2020 기업은행

① 경제 전체의 충격에 대해 가계, 기업, 정부 등의 경제주체들이 반응한 결과로써 발생한다.

② 경기변동을 초래하는 충격에 대해서는 투자지출과 같은 총수요 충격, 기술진보와 같은 총공급 충격, 통화량 변동과 같은 화폐적 충격, 해외 및 정치적 변수 등이 있어 더 나아가 이들 변수가 복합적으로 작용하며 경기가 변동하게 된다.

③ 고전학파(1930년대 이전)

㉠ 세이의 법칙(공급이 수요를 창출한다)이 성립한다.

㉡ 경기변동을 경제변수들의 순환적 변동으로 파악하여 경제의 외적인 요인을 강조하였다.

④ 케인스학파(1930년대)

㉠ 투자 및 내구소비재에 대한 불안정한 지출로 인해 경기순환이 발생하며, 이를 자본주의의 구조적인 문제점이라 판단하여 큰 정부를 주장하였다.

㉡ 총수요 및 경제의 내적 요인을 강조한 이론으로 투자지출의 변화에 따른 수요충격을 역설하였다.

⑤ 슘페터 학파(1950년대) : 기술혁신이나 생산성 변화, 기업가의 혁신 등 공급측 요인이 장기적 경기변동의 원인으로 주장하였다.

PLUS 팁

경기변동의 지속 요인

① **유발투자의 역할** : 승수효과로 인해 독립된 투자는 소득의 증가를 초래하고 소득 증가는 다시 투자를 초래한다. 연쇄작용을 통해 경기상승이 지속된다.

② **자본재 투자의 건설기간** : 일반적으로 상당한 기간이 소요되는 자본재 투자에서 손익의 예상에 따른 투자 조절로 경기가 지속될 수 있다.

주요 경제학파

① **고전학파** : 애덤 스미스, 데이비드 리카도, 존 스튜어트 밀

② **케인스학파** : 존 메이너드 케인스

③ **통화주의학파** : 밀턴 프리먼

④ **새고전학파** : 로버트 루카스, 에드워드 프레스콧

⑤ **슘페터 학파** : 조지프 슘페터

⑥ 통화주의학파(1960년대)

㉠ 불안정한 통화의 공급을 경기변동의 원인으로 파악하였다.

㉡ 지출요소가 안정적인 반면 통화 공급은 불안정하여 불안정한 총수요가 발생하고, 따라서 총통화관리는 필요하지 않다고 판단하였다.

⑦ 새고전학파

㉠ 화폐적 경기변동이론(MBC) : 불완전 정보에 따른 경제주체들의 예측오류가 경기변동을 촉발시킨다고 판단하였다.

㉡ 실물적 경기변동이론(RBC) : 기술충격 등의 실물적 요인을 경기변동의 가장 중요한 원인으로 파악하였다.

3 슘페터의 경기변동 2022·2021 농협은행 2022 한국주택금융공사 2020 기업은행

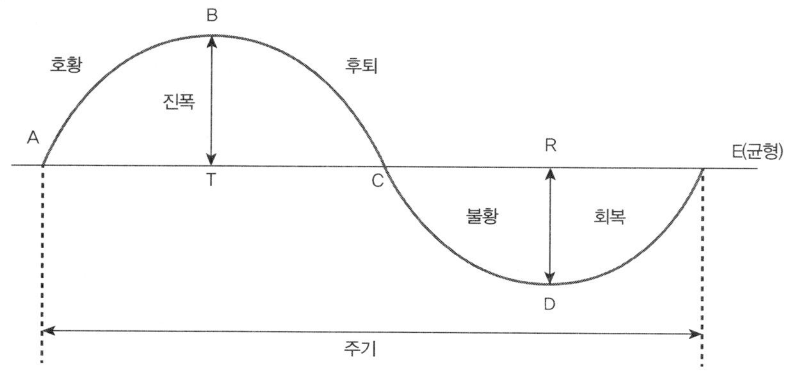

① 호황 : A에서 B까지의 구간을 의미한다. 평균보다 높은 수준의 경제 성장을 보이는 시기다.

② 후퇴 : B에서 C까지의 구간을 의미한다. 성장속도가 느려지는 시기이다.

③ 불황 : C에서 D까지의 구간이다. 성장률이 0이 되고 나중에는 마이너스가 되는데 이 시기를 경제가 불황에 빠졌다고 한다.

④ 회복 : D에서 E까지의 구간을 의미한다. 처음 수준으로 경제가 회복되는 시기이다.

PLUS 팁

경기변동 종류

① 주글라 파동 : 금리, 물가, 은행 대출액 등의 자료를 분석하여 발견한 파동으로, 기업의 설비투자로 나타나는 10년 주기의 투자순환이다.

② 키친 파동 : 경기의 단기 파동으로 평균 40개월을 1주기로 정한다. 주로 상품 재고의 변동으로 인해 나타나는 재고순환이라고도 한다.

③ 콘트라티에프 파동 : 50 ~ 60년 주기로 나타나는 장기 파동으로 기술 혁신과 신자원 개발 등에 의해 나타난다.

④ 쿠즈네츠 파동 : 20년 주기를 갖는 경제성장률의 순환이다.

기출문제

2019.03.17. 농협은행

Q 경기변동 원인에 대한 학설 중 예상치 못한 중앙은행 정책 변화로 인한 불안정한 통화공급을 경기 변동의 원인이라고 주장한 학파는?

① 고전학파
② 케인스학파
③ 새고전학파
④ 통화주의학파
⑤ 슘페터학파

정답 ④ 통화주의학파는 경기 변동이 나타나는 원인을 통화당국(중앙은행)의 자의적인 통화량 조절로 주장한다. 자본주의 시장경제는 본질적으로 안정적이지만 통화당국이 통화량을 자의적으로 변화시켜 경기 변동이 발생한다는 것이다.

4 경기지수

PLUS 팁

관련기사

기업 경기 전망, 실적 악화 장기화

한국경제인협회에 따르면 매출액 기준 600대 기업을 대상으로 기업경기실사지수(BSI)를 조사한 결과, 내달 BSI 전망치는 87.0을 기록했다. BSI가 100보다 높으면 전월 대비 긍정적으로 경기를 전망하는 기업이, 100보다 낮으면 전월 대비 부정적으로 경기를 전망하는 기업이 많다는 의미다. BSI는 2022년 4월(99.1)부터 기준선 100을 2년 11개월 연속 하회했으며, 지난 1월에 이어 역대 최장기 연속 부진을 경신하고 있다. 제조업은 2024년 4월(98.4)부터 11개월 연속 기준선 아래에 머물렀으나 전월(84.2) 대비 8.8 포인트 반등한 반면, 비제조업은 지난달(84.9)에 비해 더욱 악화되며 2020년 7월(72.4) 이후 4년 7개월만에 최저치를 기록했다. 제조업 10개 세부 업종 중에서는 반도체 장비 등이 포함된 ▲일반·정밀기계 및 장비(126.3)와 반도체가 포함된 ▲전자 및 통신장비(105.3)가 호조 전망을 보였다. 비제조업 7개 세부 업종은 ▲정보통신(56.3) ▲건설(76.2)을 비롯한 전 업종의 업황 악화가 전망된다. 비제조업의 모든 세부 업종이 부진한 것은 2020년 7월 이후 4년 7개월만에 처음이다.

① **경기종합지수(CI, Composite Indexes of Business Indicators)** 2022 농협은행 2021 투자자산운용사 : 경기변동의 국면, 전환점과 변동속도 및 경기변동의 진폭까지 측정할 수 있는 경기지표의 일종이다. 경기와 연관이 높은 경제지표들을 선정한 후 가공·종합하여 작성한다.

- ㉠ **선행종합지수** 2019 수협은행 : 미래의 경기 동향을 예측하는 지표로서 구인구직비율, 소비자기대지수, 건설수주액, 자본재수입액, 총유동성 등 10개 지표들의 움직임을 종합하여 산출한다.
- ㉡ **동행종합지수** OX문제 : 현재 경기 동향을 나타내는 지표로서 비농가취업지수, 산업생산성지수, 제조업가동률지수, 도소매판매액지수, 수입액, 서비스업활동지수 등 8개 지표를 종합하여 산출한다.
- ㉢ **후행종합지수** : 현재 경기를 사후에 확인하기 위해 작성되며 상용근로자수, 이직자수(제조업), 도시가계소비지출(전가구), 소비재수입액(실질), 생산자제품재고지수, 회사채유통수익률을 지표로 사용한다.

② **기업경기실사지수(BSI, Business Survey Index)** 2019 수협은행 2018 기업은행 2017 새마을금고 : 경기 동향에 대한 기업가들의 주관적 판단이나 예측, 계획 등이 단기적인 경기변동에 중요한 영향을 미친다는 경험적 사실을 토대로 설문을 통해 기업가의 경기 동향 판단, 예측 등을 조사하여 지수화한 지표를 말한다.

③ **소비자태도지수(CSI, Consumer Sentiment Index)** : 소비자의 현재 및 미래의 재정상태, 소비자가 인식하는 전반적인 경제 상황과 물가 등에 대한 설문조사결과를 지수로 환산하여 나타낸다. 기준치보다 높은 경우 향후 경제상황을 호전이라 예상하는 소비자가 경제 상황의 악화를 전망하는 소비자보다 많다는 뜻으로 100 미만이면 그 반대다.

OX문제

동행종합지수는 미래의 경기동향을 예측하는 지표를 말한다.

O X

OX문제 답 ×

CHAPTER 17

PART 02. 경제

IS−LM 모형

2024경남은행 2024한국자산관리공사 2024 · 2023 · 2020 · 2016산업은행 22024 · 2023기업은행 2024 · 2023농협은행 2023하나은행 2023신용보증기금 2019 · 2018주택금융공사 2018우리은행 2013국민은행

#IS곡선 #LM곡선 #IS−LM균형그래프

1 IS 곡선 2024 한국자산관리공사 2024·2023 기업은행 2024·2023 산업은행 2024·2023 농협은행 2023 하나은행 2023 신용보증기금

① 정의 : 통상적으로 재화시장의 균형을 나타내며 이자율과 소득 수준에서 총수요가 총공급과 일치하는 조합을 나타낸다.

② 특징

㉠ 우하향 형태로, 투자 민감도가 클수록 완만한 곡선을 나타내며, 민감도가 작을수록 가파르다.

㉡ IS곡선은 이자율(r)이 감소하면 기업들이 투자를 더욱 활발하게 할 것이므로 최종적으로 y(총생산)이 증대하는 것을 나타낸다. 즉, 이자율이 높으면 소득이 감소하고 이자율이 낮아지면 소득이 증가한다.

㉢ 조세나 정부지출이 변동되면 IS 곡선 위치가 좌우로 이동한다.

㉣ 곡선이 우측으로 이동하는 것은 정부 지출 증가, 세금 감소, 투자 증가를 나타내며 좌측 이동은 정부 지출 감소, 세금 증가, 투자 감소를 나타낸다.

2 LM 곡선 2024 경남은행 2024·2023 기업은행 2020·2016 산업은행 2019·2018 주택금융공사 2018 우리은행 2013 국민은행

① 정의 : 통상적으로통화 시장이 균형을 이루는 이자율 및 실질 소득 수준의 조합을 나타내며 화폐와 이자율 간 관계를 분석한다.

② 특징 OX문제

㉠ 일반적으로 우상향한다.

㉡ 소득이 증가하면 거래 수요가 늘어나므로 화폐 수요가 증가하고 이를 위해 이자율이 상승해야 균형이 유지된다.

㉢ 완만한 LM곡선은 이자율 변화에 화폐수요가 민감할 때 나타나며, 가파른 LM곡선은 이자율 변화에 화폐수요가 비탄력적일 때 나타난다.

㉣ 즉, 이자율이 높으면 화폐 수요가 줄어들어 균형을 이루고 이자율이 낮으면 화폐 수요가 증가하여 다시 균형을 찾는다.

㉤ LM곡선이 수평으로 나타나는 구간을 유동성 함정이라고 하며 이자율이 너무 낮아져 추가적인 화폐 공급이 투자나 경제에 더 이상 영향을 주지 않는 상태를 일컫는다.

㉥ 완만한 LM 곡선 시 통화정책의 효과가 크며 가파른 LM곡선 시 통화정책의 효과가 제한적이다.

PLUS 팁

OX문제

LM 곡선은 통상적으로 우하향한다.

O X

OX문제 답 ×

3 IS－LM 균형

① 정의 : 재화시장과 화폐시장이 동시에 균형을 이루는 것은 IS–LM모형이라고 한다.

② 특징

㉠ IS–LM모형을 활용하게 되면 재화시장 및 화폐시장에서 각각 결정되는 것이 무엇이며, 이들이 다른 시장에 어떤 경로를 통해 영향을 주고받는지, 그리고 두 시장의 동시균형이 어떠한 요인에 의해 변하는지 등의 비교정태분석이 가능하다.

㉡ IS–LM의 한계 OX문제

- 폐쇄경제를 가정하고 있으므로 수입 및 수출 등을 고려하지 않는다.
- 기본적으로 정학모형이며, 인플레이션과 같은 동태적 현상을 설명하는데 한계가 있다.
- 물가가 고정되어 있다고 가정하지만, 실물경제는 물가가 수시로 변동한다.

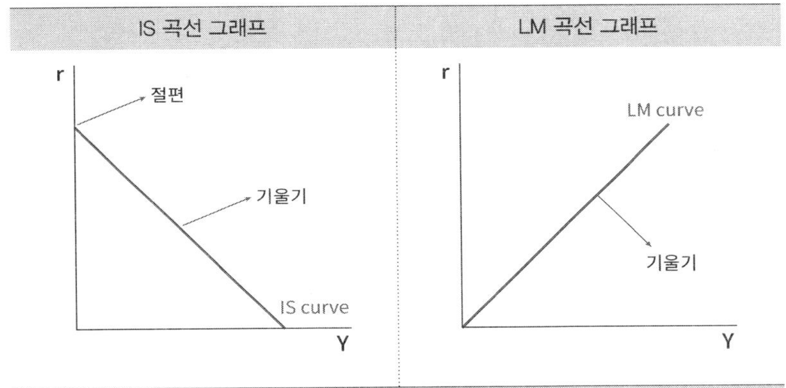

IS–LM 균형 그래프

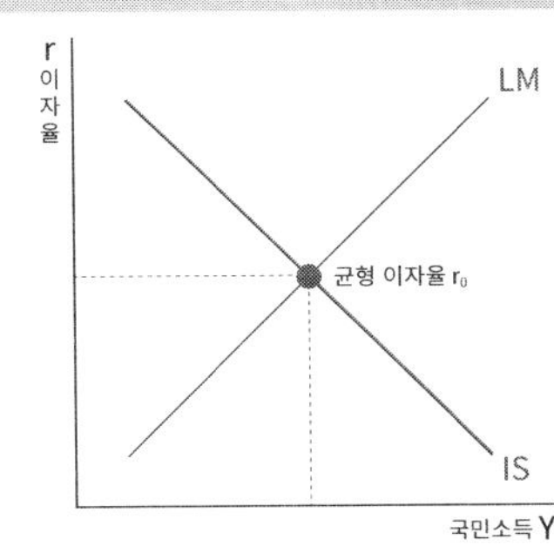

PLUS 팁

OX문제

IS–LM 모형은 장기적인 생산성 변화나 기술 혁신이 초래하는 경기 변동을 설명하는 데 한계가 있다.

○ ×

OX문제 탑 ○

PART 02. 경제

2022 · 2021농협은행 2024 · 2023 · 2022 · 2021 · 2020 · 2019 · 2013기업은행 2020산업은행 2019 · 2018우리은행 2018신한은행

총수요곡선과 총공급곡선

#총수요곡선의 이동 원인 #총공급곡선의 이동 원인

PLUS 팁

1 총수요곡선 2024·2022·2021 기업은행 2021 농협은행 2019 우리은행

① 정의

㉠ 경제주체의 모든 수요의 합을 총수요(AD, Aggregate Demand)라고 하며 물가수준의 변동과 총수요량의 변동관계를 나타낸 것이 총수요곡선이다.

㉡ 구성 요소에는 소비, 투자, 정부 지출, 순수출이 있다.

② 총수요곡선의 이동 OX문제

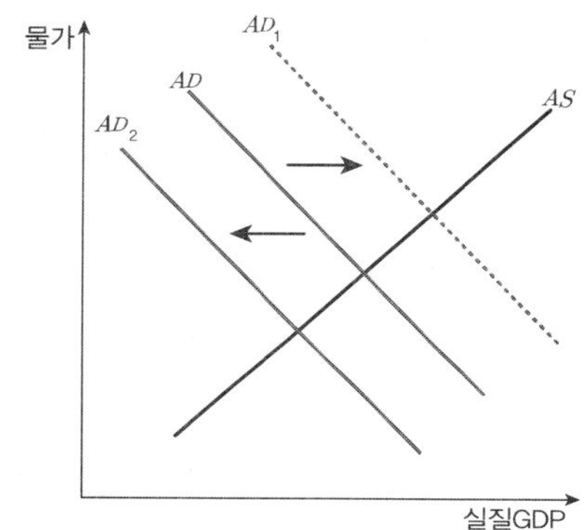

㉠ 물가 이외의 요인들이 변동하면 총수요곡선 자체가 이동한다. 총수요가 증가한 경우는 AD_1, 총수요가 감소한 경우는 AD_2와 같이 이동한다.

㉡ 물가가 하락하면 자산의 가치가 상승하고 소비지출이 증가한다.

㉢ 이자율은 하락하고 투자지출이 증가하며 순수출이 증가한다. 따라서 총수요곡선은 우하향이 된다.

③ 총수요곡선의 이동 원인

㉠ 소비의 변동

- 세금 인하나 주식 시장의 호황은 소비지출을 증가하게 하는 요인으로, 총수요곡선은 오른쪽으로 이동한다.
- 세금 인상이나 주식 시장의 불황은 소비지출을 감소시키는 요인으로, 총수요곡선은 왼쪽으로 이동한다.

✔ 총수요 수식

총수요 = 소비지출 + 투자지출 + 정부 지출 + 순수출

※ 순수출=수출−수입

OX문제

물가 이외의 요인들이 변동하면 총수요곡선 자체가 이동한다.

O X

OX문제 팁 O

㉡ 투자의 변동 (OX문제)
- 기업 경기에 대한 낙관적인 전망으로 투자지출이 증가하면 총수요곡선은 오른쪽으로 이동한다.
- 기업 경기에 대한 비관적인 전망으로 투자지출이 감소하면 총수요곡선은 왼쪽으로 이동한다.

㉢ 정부 지출의 변동
- 정부의 재화와 서비스 수요량이 증가하면 총수요곡선은 오른쪽으로 이동한다.
- 정부의 재화와 서비스 수요량이 감소하면 총수요곡선은 왼쪽으로 이동한다.

㉣ 순수출의 변동
- 해외 경제가 호황이거나 자국 화폐 가치가 하락 등 순수출이 증가하면 총수요곡선은 오른쪽으로 이동한다.
- 해외 경제가 불황이거나 자국 화폐 가치가 상승하면 총수요곡선은 왼쪽으로 이동한다.

④ 총수요 변동의 영향

㉠ 총수요가 증가할 시 생산, 고용, 소득이 증가하고 물가가 상승하면서 인플레이션이 발생한다.

㉡ 총수요가 감소할 시 생산, 고용, 소득이 감소하고 물가가 하락하면서 경기침체 및 실업률이 증가한다.

PLUS 팁

(OX문제)
투자지출이 증가하면 총수요곡선은 오른쪽으로 이동한다.
| O | × |

기출문제

2019.06.10. 우리은행

Q 총수요 변동의 영향으로 옳지 않은 것은?

① 총수요가 증가하면 생산이 증가한다.
② 총수요가 증가하면 고용이 증가한다.
③ 총수요가 증가하면 인플레이션 발생 가능성이 커진다.
④ 총수요가 감소하면 물가가 하락한다.
⑤ 총수요가 감소하면 스태그플레이션 발생 가능성이 커진다.

정답 ⑤ 총공급이 감소하면 생산, 고용, 소득이 감소하고 물가는 상승하게 되면서 스태그 플레이션이 발생하게 된다.

OX문제 답 O

② 총공급곡선 2024·2023·2020 기업은행 2022 농협은행 2020 산업은행 2018 우리은행

① 정의

㉠ 한 국가의 기업들이 일정 기간 동안 생산하고 판매하려는 재화와 서비스의 합을 총공급(AS, Aggregate Supply)이라고 한다.

㉡ 물가수준과 사회 전체의 공급능력 간의 비례관계를 보여주는 곡선을 총공급곡선이라고 한다.

② 총공급곡선의 이동 OX문제

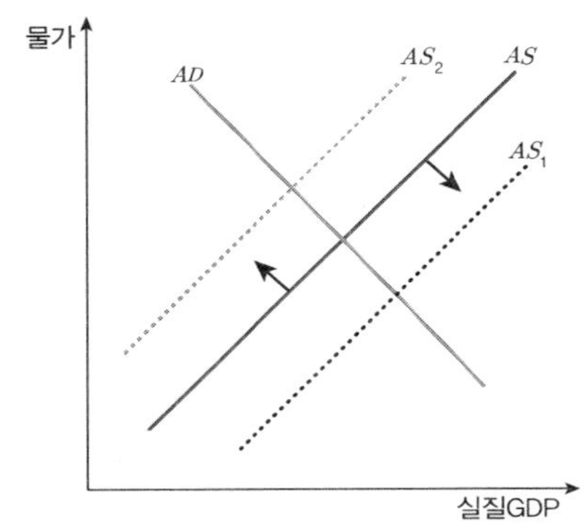

㉠ 물가수준 이외 요인이 변동하면 총공급곡선 자체가 이동한다.

㉡ 총공급이 증가한 경우에는 AS_1, 감소한 경우에는 AS_2와 같이 이동한다.

㉢ 물가가 예상보다 낮으면 실질임금이 상승하여 고용시장이 감소하고 재화와 서비스 생산량이 감소한다.

㉣ 재화의 가격이 상승하여 판매가 감소하게 되면 생산을 줄이게 된다. 때문에 단기에는 우상향 하다가 장기적으로는 수직의 형태를 보인다.

PLUS 팁

OX문제

총공급이 증가한 경우 총공급곡선은 왼쪽으로 이동한다.

O | X

기출문제

2020.12.19. 기업은행

Q 다음 중 총공급곡선이 왼쪽으로 이동하면서 발생하는 현상의 원인으로 적절하지 않은 것은?

① 큰 폭의 임금 인상
② 정부의 확대재정정책
③ 원유가격 상승
④ 천연고무가격 상승
⑤ 대규모 지진

정답 ② 총공급곡선이 왼쪽으로 이동하는 경우는 생산비용이 상승하여 전체 경제의 생산 능력이 감소하는 상황을 말하는 것으로 이에는 큰 폭의 임금 인상, 원유가격 상승, 천연 고무가격 상승, 대규모 지진 등이 있다. 정부의 확대재정정책은 소비와 투자를 촉진시켜 총수요를 증가시키는 요인이므로, 이는 총공급곡선의 이동과 직접적으로 관련이 없다.

③ 총공급곡선의 이동 원인 (OX문제)

㉠ 노동의 변동

- 노동인구가 증가하면 총공급곡선은 오른쪽으로 이동한다.
- 노동인구가 감소하면 총공급곡선은 왼쪽으로 이동한다.

㉡ 기술과 자본의 변동

- 기술의 발전과 자본이 증가하면 총공급곡선은 오른쪽으로 이동한다.
- 정부 규제로 인한 기술 제약과 자본이 감소하면 총공급곡선은 왼쪽으로 이동한다.

㉢ 예상 물가수준의 변동

- 예상 물가수준이 하락하면 총공급곡선은 오른쪽으로 이동한다.
- 예상 물가수준이 상승하면 총공급곡선은 왼쪽으로 이동한다.

④ 총공급 변동의 영향

㉠ 총공급이 증가할 시 생산, 고용, 소득이 증가하고 물가는 하락하게 되면서 안정된 경제 성장이 가능하다.

㉡ 총공급이 감소할 시 생산, 고용, 소득이 감소하고 물가는 상승하게 되면서 스태그플레이션이 발생하게 된다.

더 알아보기

총수요 변동 영향과 총공급 변동 영향 비교

구분	변동사항	영향
총수요 변동 영향	총수요 증가	생산 증가, 고용 증가, 소득 증가, 물가 상승 → 인플레이션 발생
	총수요 감소	생산 감소, 고용 감소, 소득 감소, 물가 하락 → 경기침체, 실업률 증가
총공급 변동 영향	총공급 증가	생산 증가, 고용 증가, 소득 증가, 물가 하락 → 안정된 경제 성장 가능
	총공급 감소	생산 감소, 고용 감소, 소득 감소, 물가 상승 → 스태그플레이션 발생

PLUS 팁

(OX문제)

총공급곡선은 생산 요소 가격이 상승하면 오른쪽으로 이동한다.

O | X

기술 발전은 총공급곡선을 오른쪽으로 이동시킨다.

O | X

(OX문제 답) X, O

PART 02. 경제

환율

2024 · 2023 · 2022 · 2019농협은행 2024새마을금고 2024한국자산관리공사
2024 · 2023 · 2022 · 2019 · 2018 · 2013기업은행 2021수협은행 2020광주은행
2019 · 2018신한은행 2019 · 2018우리은행 2019 · 2016국민은행 2017산업은행

#빅맥지수 #J커브 효과 #환율 변동 #구매력 평가설 #이자율 평가설

1 환율 종류

2024 수협은행 2024·2020·2019 국민은행 2024 기업은행 2024·2019 농협은행 2019 우리은행 2019 하나은행

구분	내용
재정 환율	• 미국의 달러화 환율을 기본으로 하여 자동 결정되는 달러화 이외의 기타 통화 환율이다. • 기준환율을 통해서 간접적으로 계산하며, 달러화에 대한 우리나라 원화의 환율은 국내 외환시장에서 형성된 전일의 원/달러 거래가격이 가중평균을 기초로 당일 기준환율을 정하도록 되어 있다.
기준 환율	• 자국의 환율 계산 시 그 기준으로 정하는 특정국 통화와의 환율이다. • 시장평균환율 또는 매매기준율이라고도 하며, 금융결제원의 자금중개실을 경유하여 외국환은행 간에 거래된 원화의 대미 달러화 현물환율과 거래액을 가중평균하여 산출한다.
명목 환율	• 외환시장에서 매일 고시되는 환율이다. • 일반적으로 은행 간 거래에 적용되는 환율이다.
실질 환율	두 나라 간의 물가변동을 반영하여 구매력 변동을 나타내도록 조정한 환율이다. ※ 실질환율 = 명목환율 × $\frac{\text{국외 물가수준}}{\text{국내 물가수준}}$

PLUS 팁

평가절상과 평가절하

환율은 일반적으로 거래 대상물인 외국환(외국통화) 한 단위와 교환되는 자국통화의 양으로 정의된다. 평가절상은 외환시장에서 외환의 공급이 수요를 초과하여 외환의 가치가 하락하고 원화의 가치는 상승하는 현상(환율 하락)을 의미한다. 평가절하는 외환시장에서 외환의 수요가 공급을 초과하여 외환의 가치가 상승하고 원화의 가치는 하락하는 현상(환율 상승)을 의미한다.

기출문제

2019.03.17. 농협은행

Q 환율 하락의 영향으로 옳지 않은 것은?

① 원화가치 상승으로 수출 상품 가격이 상승한다.
② 수출이 감소한다.
③ 수입상품의 가격이 하락한다.
④ 외채 상환 부담이 증가한다.
⑤ 국내인의 해외여행이 증가한다.

정답 ④ 환율이 하락하면 외채에 대한 달러 상환부담이 줄어들게 된다.

② 환율 표시법 OX문제

구분	내용	예시
직접표시법 (자국통화표시법)	외국통화 한 단위를 자국통화 단위수로 나타내는 방법으로, 우리나라는 자국통화표시법을 사용하고 있다.	1달러 = 1,317원
간접표시법 (외국통화표시법)	자국통화 한 단위를 외국통화 단위수로 나타내는 방법이다.	1원 = 1/1,317달러

③ 환율의 결정 및 변동 2024·2023 농협은행 2022·2019 기업은행 2019 신한은행

① 환율의 결정

㉠ 시장에서 수요와 공급이 상품 균형가격을 결정하는 것처럼 외환시장에서 외화에 대한 수요와 공급이 외화의 가격을 결정하게 된다.

㉡ 외환의 공급량보다 수요량이 많으면 환율이 상승하고 반대로 공급량이 수요량보다 많으면 환율이 하락한다.

② 환율의 변동 요인

㉠ 외환의 수요와 공급에 영향을 주는 대외거래, 물가, 통화량 등이 있으며 경제성장률도 환율 변동의 요인이 된다.

㉡ 우리나라의 경제성장률이 높으면 우리나라 경제에 대한 신뢰도가 높아지고 외국인 투자가 늘어나면 환율을 하락시키는 요인이 된다.

㉢ 우리나라의 경제성장률이 높으면 국내소득 수준이 전반적으로 높아지게 되므로 외국상품의 수입이 늘어나 환율을 상승시키는 요인으로 작용할 수도 있다.

③ 환율 변동의 영향

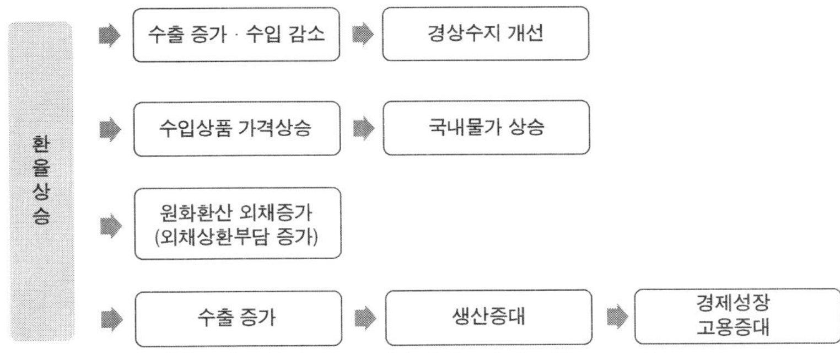

PLUS 팁

✔ J커브 곡선 2024 농협은행 2020 신협은행 2013 기업은행

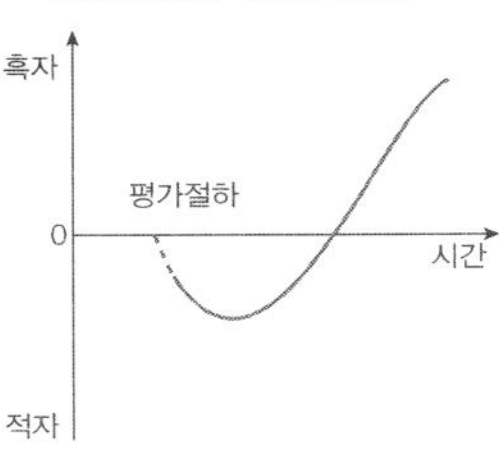

환율 변동과 무역수지의 관계를 나타낸 곡선이다. 무역수지 개선을 위해 환율 상승을 유도하게 되면 상승 초기에는 무역수지가 악화되다가 상당 기간이 지난 후 개선되는 현상을 J커브 효과라고 한다. 환율 상승 초기에 수출입 물량은 큰 변동이 없으나 수출품 가격은 하락하고 수입품 가격은 상승하면서 무역수지가 악화된다. 그러다 어느 정도 기간이 지난 후 수출입상품의 가격경쟁력 변화에 맞춰 물량 조정이 진행되면서 무역수지 개선으로 이어진다.

✔ 2021～2025년 환율변동 추이 그래프(2025. 01. 기준)

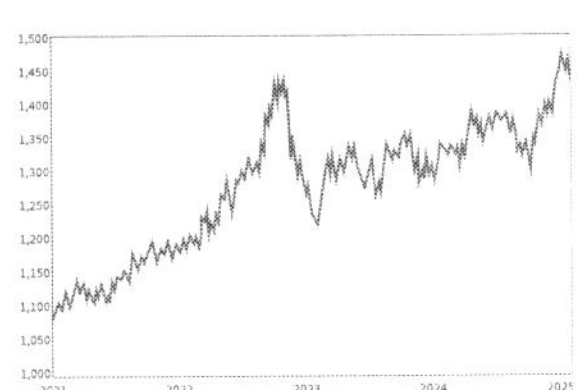

OX문제

환율 표시법은 직접표시법과 간접표시법으로 분류할 수 있는데, 우리나라는 직접표시법을 사용한다.

O X

OX문제 답 O

구분	외환포지션	환율상승시	환율하락시
수출업자	수출대금 유입예정	이익	손실
수입업자	수입대금 지급예정	손실	이익
외화보유자	외화자산 보유	이익	손실
외화대출자	외화부채 보유	손실	이익
유학생 부모	외화송금 예정	손실	이익

PLUS 팁

4 구매력 평가설(PPP, Purchasing Power Parity Theory)

2024 새마을금고 2024 농협은행 2023 기업은행 2020 광주은행 2016 국민은행 OX문제

① 정의 : 환율이 양국 통화의 구매력에 의해 결정된다는 이론이다.

② 특징

㉠ 균형환율수준 혹은 변화율은 각국의 물가수준을 반영해야 한다는 입장으로, 절대적 구매력 평가설은 일물일가의 법칙을 국제시장에 적용하였다.

㉡ 구매력 평가설은 무역이 자유롭고 운송비용이 저렴하다는 점을 가정한다. 무역거래에 있어서 관세부과나 운송비로 인해 구매력 평가설의 기본가정인 일물일가의 법칙이 현실적으로 성립하긴 힘들며 비교역재가 존재하므로 교역재 간의 교환비율인 환율을 비교역재까지 포함하는 구매력 평가로써 설명하는 데는 한계가 있다.

OX문제

구매력 평가설은 무역이 자유로우며 운송비가 저렴한 것을 가정한다.

O X

기출문제

2020.10.10. 광주은행

Q 구매력 평가설에 대한 설명으로 옳지 않은 것은?

① 빅맥지수는 구매력 평가설을 활용한 예이다.
② 거래비용과 비교역재가 없다면 성립할 가능성이 크다.
③ 국제자본의 이동이 환율결정에서 가장 중요하다는 입장이다.
④ 차익거래가 균형환율을 결정한다고 본다.
⑤ 일물일가의 법칙에 근거한 환율이론이다.

정답 ③ 구매력 평가설은 환율 결정에 있어 각국 화폐의 구매력이 가장 중요한 요인이 된다.

OX문제 답 O

5 이자율 평가설(IRP, Interest Rate Parity)

2024 한국자산관리공사 2024 기업은행 2024 농협은행 2022 주택도시공사 2020 광주은행 2018 신한은행 OX문제

① 정의 : 금융시장이 통합되고 모든 거래가 자유롭다면 전 세계 금융시장에서는 동일한 금융상품에 대해 같은 가격이 형성된다는 이론이다.

② 특징

㉠ 두 가지 투자 대상(국·내외 채권)이 있는 경우, 두 나라 간의 환율 변화에 따른 투자가치의 변화를 고려한 후 기대수익을 비교하여 최종 투자를 결정하게 된다.

㉡ 자본 이동이 자유롭다면 두 채권으로부터의 기대수익이 같아질 때 까지 자본 이동이 계속 진행될 것이며, 기대수익이 같아져 국제자본거래가 균형을 이루게 될 때, 이를 이자율 평가라고 한다.

㉢ 이자율 평가는 예상 환율 변화율이 양국 간의 이자율 격차와 같아져야 한다는 사실을 보여준다.

PLUS 팁

빅맥지수로 알 수 있는 것

① 달러에 대한 국가별 통화평가
② 한 국가 국민의 구매력 지표
③ 국가별 물가수준
④ 환율 조작 가능성

6 빅맥지수(Big Mac Minimum Wages Index)

2023·2022 기업은행 2023 신한은행 2022 농협은행 OX문제

관련기사

빅맥 가격 올랐다, 이유는?

빅맥지수는 세계 경제지표 중 하나다. 빅맥이 얼마인가를 두고 해당 나라의 화폐가치를 알 수 있다. 빅맥지수 상위 10개국은 △스위스(8.17달러) △노르웨이(6.26달러) △우루과이(6.08달러) △스웨덴(5.59달러) △캐나다(5.25달러) △스리랑카(3.72달러) △코스타리카(3.91달러) △유로존(미국보다 약 15.3% 낮음) △레바논(5.08달러) △이스라엘(4.95달러) 순이다. 참고로 한국의 빅맥지수는 2024년 1월 기준 4.11달러다.

① 정의 : 각국의 통화가치 적정성을 맥도널드의 빅맥 버거 현지 통화가격을 달러로 환산한 지수이다.

② 특징

㉠ 전 세계 점포를 둔 맥도날드의 빅맥 가격으로 각국 통화의 구매력과 환율 수준을 비교·평가하여 버거노믹스(버거 경제학)라고 이름을 붙였다. 빅맥지수는 매년 2회 「이코노미스트」에서 발표하고 있다.

㉡ 구매력 평가설(PPP) 이론을 기반으로 적정 환율을 산출하는 데 활용된다.

㉢ 빅맥지수가 낮을수록 달러화에 비해 해당 통화가 상대적으로 저평가된다고 해석한다.

㉣ 국가마다 임금 등의 차이를 무시하거나, 단순히 비교역재인 버거를 일물일가의 법칙으로 설명하려는 것은 한계라고 지적된다.

OX문제

이자율 평가설은 양국 통화의 구매력에 의해서 결정된다.

O X

일반적으로 빅맥지수가 낮을수록 달러화에 비해 통화가 상대적으로 저평가되는 것으로 해석된다.

O X

OX문제 답 X, O

ⓜ 스타벅스의 카페라테 가격을 기준으로 살펴보는 스타벅스지수, 애플사의 아이팟 판매가를 기준으로 산출한 아이팟지수, **신라면지수**⊕, 이케아지수, **애니콜지수**⊕ 등이 있다.

③ 2024년 빅맥지수

나라	빅맥 가격(USD)	빅맥지수(USD)
스위스	8.17달러	43.53%
노르웨이	7.14달러	25.47%
우루과이	7.04달러	23.72%
유로 지역	5.87달러	3.12%
스웨덴	5.87달러	3.08%
코스타리카	5.71달러	0.39%
영국	5.71달러	0.36%
덴마크	5.69달러	0.03%
미국	5.69달러	0.00%
스리랑카	5.69달러	−0.03%
대한민국	4.11달러	−27.81%
헝가리	3.98달러	−30.11%
터키	3.97달러	−30.29%
카타르	3.85달러	−32.42%
아르헨티나	3.83달러	−32.61%
파키스탄	3.81달러	−33.09%
태국	3.78달러	−33.50%
과테말라	3.71달러	−34.78%
오만	3.69달러	−35.18%
몰도바	3.56달러	−37.45%

PLUS 팁

⊕ 신라면지수

농심에서 2009년, 2012년 두 차례에 걸쳐 자체적으로 발표한 지수이다.

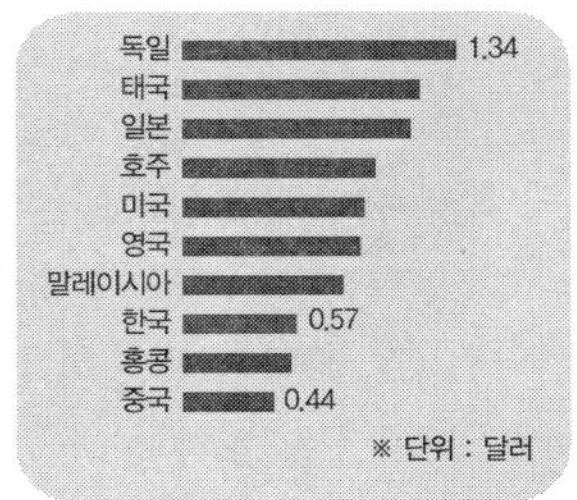

⊕ 애니콜지수

2005년 홍콩에서 발행되는 「아시안월스트리트저널(AWSJ)」이 삼성의 애니콜 판매 가격으로 각국의 물가수준과 구매력을 비교하고 평가한 바 있다.

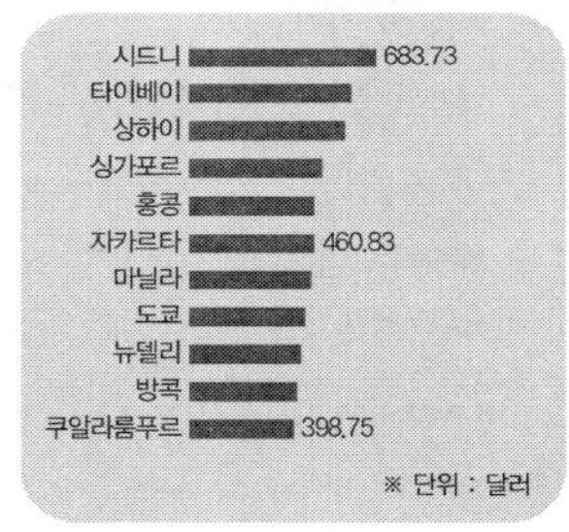

7 고정환율제도와 변동환율제도

① 고정환율제도 2024·2019 농협은행 2021 수협은행 2018 우리은행 2017 산업은행 OX문제 : 정부가 환율을 일정 범위 내로 고정시켜 안정적으로 유지하려는 제도이다.

㉠ 장점 : 환율불균형에 의한 자본 이동의 폐해를 방지할 수 있다.

㉡ 단점 : 국제수지균형을 위한 신용제한과 무역 및 외환관리로 인한 국내압박으로 경제 성장이 억제되고 무역 및 외환의 자유화가 불가능하다.

② 변동환율제도 2024·2019 농협은행 2018 우리은행 : 수요와 공급에 의해 환율이 자유롭게 결정되도록 하는 제도이다.

㉠ 장점 : 환율의 실세를 반영하여 융통성 있게 변동할 수 있다.

㉡ 단점 : 환투기의 가능성이 있을 때에는 환율의 안정을 잃게 된다.

더 알아보기

고정환율제도와 변동환율제도의 비교

구분	고정환율제도	변동환율제도
국제수지 불균형	국제수지 불균형이 조정되지는 않는다.	환율 변동을 통해 외환시장에서 자동으로 조정된다.
환 리스크⊕	적다	크다
국제 무역과 투자	환율이 안정적이므로 국제 무역과 투자가 활발하게 일어난다.	환 리스크가 크기 때문에 국제 무역과 투자가 저해된다.
해외교란요인의 파급여부	해외의 교란요인이 국내로 쉽게 전파된다.	해외 교란요인이 발생하더라도 국내경제는 별 영향을 받지 않는다.
금융정책의 자율성 여부	국제수지 변화에 따라 통화량이 변화하고 금융정책의 자율성을 상실하게 된다.	국제수지 불균형이 환율 변동에 따라 조정되고 금융정책의 자율성이 유지된다.
투기적인 단기자본 이동	환율이 고정되어 있으므로 투기적인 단기자본 이동이 적다.	환투기로 인한 단기자본 이동이 많다.

PLUS 팁

⊕ **환리스크 관리**

① 예상하지 못한 환율변동으로 발생할 수 경제가치의 변동가능성을 환위험이라고 한다.

② 환위험을 예측하거나 사후에 인식을 했다면 환위험을 없애기 위한 기업 활동을 한다.

✔ **핫머니(Hot Money)**

국제금융 시장을 이동하는 단기자금뿐만 아니라 국내시장에서 단기적인 차익을 따라 이동하는 단기적인 투기자금도 핫머니라고 부른다. 핫머니에는 각국의 단기금리의 차이, 환율의 차이에 의한 투기적인 이익을 목적으로 하는 것과 국내통화의 불안을 피하기 위한 자본도피 등 두 가지가 있다. 핫머니의 특징은 자금 이동이 일시에 대량으로 이루어진다는 점과 자금이 유동적인 형태를 취한다는 점을 들 수 있다.

OX문제

고정환율은 환율균형에 의한 자본 이동의 폐해를 방지할 수 없다.

O X

OX문제 답 X

CHAPTER 20

PART 02. 경제

2024전북은행 2024새마을금고 2024 · 2022 · 2019 · 2018농협은행 2022 · 2020광주은행 2022하나은행 2019 · 2018기업은행 2019대구은행 2019우리은행 2018신한은행

소득불평등 지표

#로렌츠곡선 #위대한 개츠비 곡선 #엥겔지수

PLUS 팁

1 로렌츠곡선 2024·2022 농협은행 2022 하나은행 2020 광주은행 2019 우리은행 2019·2018 기업은행 OX문제

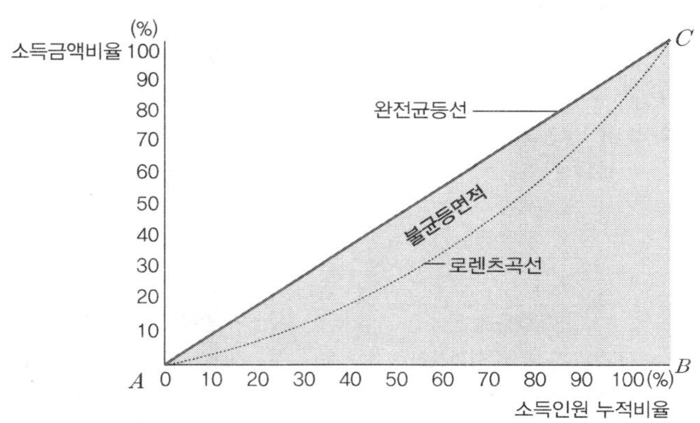

① 정의

㉠ 미국의 통계학자 로렌츠가 고안한 것이다.

㉡ 국민의 소득 분배 상태를 살펴보기 위하여 인구의 누적 비율과 소득의 누적 점유율 간의 관계를 나타낸 곡선이다.

② 특징

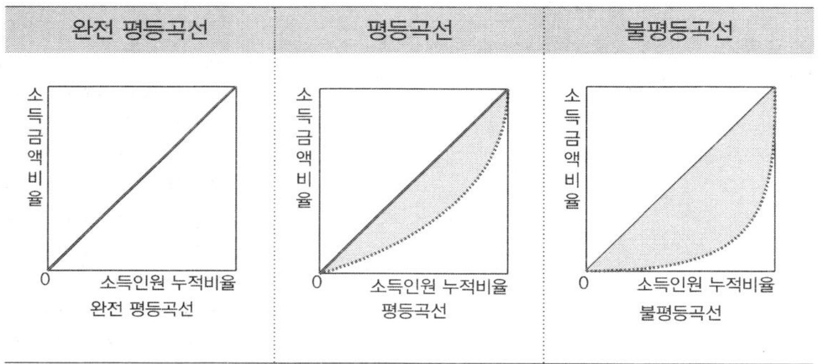

㉠ 소득분포도를 나타낸 도표에서 가로축은 누적된 소득 인원 비율을 나타내고 세로축은 누적된 소득 금액 비율을 나타낸다.

㉡ 소득분포가 균등할수록 직선에 가까운 완전균등분포선은 대각선으로 그려지며, 불균등할수록 한쪽으로 굽은 곡선이 그려진다.

㉢ 소득의 불균등을 나타내는 곡선을 로렌츠곡선이라고 하며, 완전균등분포선과 로렌츠곡선의 사이를 불균등 면적이라고 한다.

OX문제

국민생산성을 나타내는 곡선을 로렌츠곡선이라고 한다.

O X

OX문제 답 X

② 지니계수 2024·2022 농협은행 2022 하나은행 2022·2020 광주은행 2019 대구은행 2021·2019 기업은행 2019 우리은행 2018 신한은행 OX문제

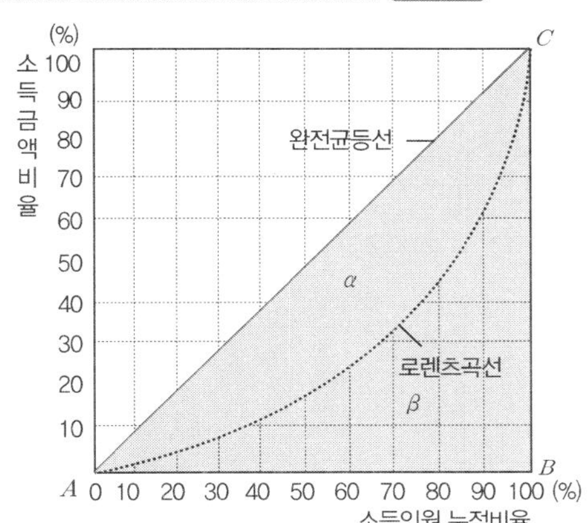

① 정의

㉠ 이탈리아의 통계학자 지니가 제시한 지니의 법칙에 따라 나온 계수로, 소득 분배의 불평등을 나타내는 수치이다.

㉡ 분포의 불균형을 의미하며 소득이 균등하게 분배되어 있는 정도를 나타낸다.

② 특징

㉠ 대각선과 로렌츠곡선 사이 면적을 A, 로렌츠곡선 아래 면적을 B라고 하면 아래 수식과 같다.

$$\text{지니계수} = \frac{A}{A+B}$$

㉡ 지니계수는 0과 1 사이의 값을 가지며 값이 0에 가까울수록 소득 분배는 균등한 것을 뜻한다.

㉢ 지니계수가 0이면 완전 평등한 상태이고 지니계수가 1이면 완전불평등한 상태이다.

③ 10분위분배율 2024·2022 농협은행 2020 광주은행 2019 우리은행 2018 기업은행 OX문제

① **정의** : 최하위 40%(1 ~ 4분위) 계층의 최상위 20%(9, 10분위)의 소득점유율로 나눈 것으로 국가 전체 가구를 소득의 크기에 따라 저소득에서 고소득 순으로 10등분한 지표이다.

② **특징** : 10분위 분배율의 최솟값은 0이 되고, 최대값은 2가 된다. 2에 가까울수록 소득이 평등하게 분배되는 것이다.

$$\text{10분위분배율} = \frac{\text{최하위40\%의소득점유율}}{\text{최상위20\%의소득점유율}} = 0 \sim 2$$

PLUS 팁

OX문제

지니계수의 값이 0에 가까울수록 소득 분배는 균등하다.

O X

10분위 분배율은 국가 전체 가구를 소득의 크기에 따라 고소득에서 저소득 순으로 10등분한 지표이다.

O X

OX문제 답 O, O

4 엥겔지수 2024 전북은행 2024 새마을금고 2019·2018 농협은행 2018 신한은행

① 정의 : 일정 기간 가계 소비지출 총액에서 식료품비가 차지하는 비율이다. 가계의 생활수준을 가늠할 수 있으며, 저소득층일수록 엥겔지수는 높게 나타난다.

엥겔지수(%) = (식료품비 / 소비지출) × 100

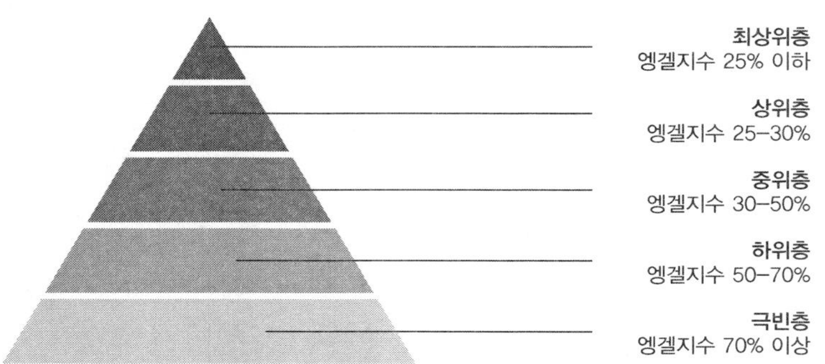

② 특징

㉠ 엥겔지수가 25% 이하이면 소득 최상위, 25 ~ 30%이면 상위, 30 ~ 50%이면 중위, 50 ~ 70%이면 하위, 70% 이상이면 극빈층이라고 정의한다.

㉡ 엥겔지수가 저소득 가계에서 높고 고소득 가계에서 낮다는 통계적 법칙을 엥겔의 법칙이라고 한다.

PLUS 팁

OX문제

엥겔지수는 가계 소비지출 중에서 식료품비가 차지하는 비율이다.

O | X

기출문제

2020.10.10. 광주은행

Q 다음 중 십분위배율에 관한 설명으로 옳지 않은 것은?

① 중간 계층의 소득이 어느 정도인지 알기 쉽다.
② 소득 분배가 가장 균등할 때 값은 2이다.
③ 소득 분배가 가장 불균등할 때 값은 0이다.
④ 십분위분배율은 0에서 2사이의 값을 가진다.
⑤ 십분위분배율이 클수록 소득 분배가 균등함을 의미한다.

정답 ① 십분위분배율은 중간계층의 소득을 정확히 파악할 수 없다.

OX문제 답 O

5 위대한 개츠비 곡선 OX문제

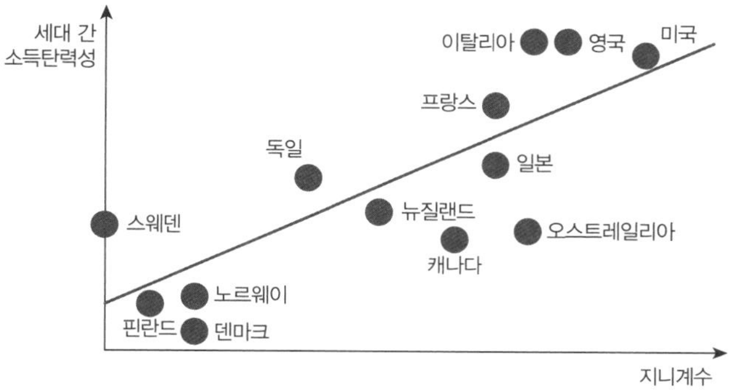

세대 간 소득탄력성
이탈리아 영국 미국
프랑스
독일 일본
스웨덴 뉴질랜드 오스트레일리아
캐나다
노르웨이
핀란드 덴마크
지니계수

① 정의 : 소설 「위대한 개츠비」에서 주인공 개츠비의 이름을 인용한 이론으로, 경제적 불평등이 커질수록 사회적 계층이동성이 낮다는 결과를 보여주는 그래프이다.

② 특징

㉠ 소득불평등 정도가 큰 국가는 세대 간 소득 탄력성도 크게 나타난다.

㉡ 경제적 불평등이 커질수록 사회적 계층이동의 가능성이 낮게 나타난다는 의미이다.

㉢ 소득불평등도가 큰 국가는 세대 간 소득 탄력성이 크게 나타나 사회적 계층이동의 가능성이 낮으나, 소득불평등 정도가 낮은 국가는 세대 간 소득 탄력성이 낮게 나타나 상대적으로 사회적 계층이동이 수월하다

PLUS 팁

OX문제

위대한 개츠비 곡선은 소득불평등이 심한 국가일수록 세대 간 소득 탄력성도 높게 나타난다.

O X

기출문제

2019.06.10. 우리은행

Q 소득불평등 지표에 대한 설명으로 옳지 않은 것은?

① 지니계수가 0이면 완전불평등, 1이면 완전 평등을 의미한다.

② 로렌츠곡선은 대각선에 가까울수록 소득 분배가 평등하다는 의미이다.

③ 로렌츠곡선은 불균등할수록 한쪽으로 굽은 곡선이 그려진다.

④ 10분위분배율은 최하위 40%(1 ~ 4분위) 계층의 최상위 20%(9,10분위)의 소득점유율로 나눈 지표이다.

⑤ 10분위분배율은 2에 가까울수록 소득 분포가 고르다는 것을 의미한다.

정답 ① 지니계수가 0이면 완전평등한 상태이며, 지니계수가 1이면 완전불평등한 상태이다.

OX문제 답 O

P A R T

03

경영

기출 용어 Preview

- [ ] 경영자 역할
- [ ] 변혁적 리더십
- [ ] 매슬로우
- [ ] BCG 매트릭스
- [ ] 채찍효과
- [ ] 적대적 M&A
- [ ] 승자의 저주
- [ ] 앤소프 매트릭스
- [ ] 마케팅 믹스(4P)
- [ ] 3C 분석
- [ ] 밈마케팅
- [ ] 베블런효과
- [ ] 재무제표
- [ ] 현금흐름표
- [ ] 충당부채
- [ ] 이익 잉여금

PART 03. 경영

경영일반

#민츠버그 #경영자 계층별 유형 #경영자의 요구능력

1 경영자 역할 2019 수협은행 2017 한국거래소 2014 새마을금고

① 정의 : 경영자는 기업의 목표를 달성하기 위해 계획을 수립하고 지휘하며 경영활동을 책임지는 사람으로, 캐나다의 헨리 민츠버그 교수가 정리한 경영자의 역할은 다음과 같다.

대인관계 역할 대표자, 리더, 연결고리	정보수집 역할 관찰자, 전달자, 대변인	의사 결정 역할 기업가, 분쟁조정가, 자원분배자, 협상자

② 대인관계 역할
- ㉠ 대표자 : 기업을 대표하여 여러 가지 행사를 수행하는 상징적인 역할을 한다.
- ㉡ 리더 : 목표를 달성을 위해 구성원들에게 동기유발과 격려, 갈등 해소 역할을 한다.
- ㉢ 연결고리 : 조직 내 각 관계에서 연결고리 역할을 한다.

③ 정보수집 역할
- ㉠ 관찰자 : 빠르고 정확한 의사결정을 위해 관련 정보를 수집하고 관찰하는 역할을 한다.
- ㉡ 전달자 : 수집한 정보를 구성원들에게 전달하는 역할을 한다.
- ㉢ 대변인 : 외부인들에게 정보 전달 및 투자를 유치하는 역할을 한다.

④ 의사결정 역할
- ㉠ 기업가 : 기업의 지속적인 성장을 위해 창의적 방법을 모색하는 역할을 한다.
- ㉡ 분쟁조정가 : 노사관계 등에서 조직 내 갈등을 조정하는 역할을 한다.
- ㉢ 자원분배 역할 : 기업의 자원을 효율적으로 활용·배분하는 역할을 한다.
- ㉣ 협상자 : 내부뿐만 아니라 외부와의 협상에서 기업에게 유리한 결과를 끌어내도록 협상하는 역할을 한다.

PLUS 팁

경영의 정의

① 조직의 방향을 제시하고 리더십을 통하여 조직에서 제 자원의 활용방안을 정하는 것(P. Trucker)이다.
② 사람을 통하여 일을 성취하는 기술(M.F Fouett)이다.
③ 계획하고, 조직하고, 지시하고, 조정하고, 통제하는 작업(Heni Fayol)이다.
④ 조직을 형성하고 운영하는 것이며 의사결정의 과정(Barnard & Simon)이다.

② 경영자 분류

① 소유경영자

㉠ 기업의 출자자인 동시에 경영을 맡고 있는 사람이다.

㉡ 경영활동의 위험과 책임을 직접 부담한다.

㉢ 주로 규모가 작은 기업의 경영자가 이에 해당한다.

② 고용경영자

㉠ 경영의 일부를 위임받아 활동하는 사람이다.

㉡ 대리인 개념으로, 경영활동의 지휘 및 감독 업무를 담당한다.

㉢ 최종 의사결정은 소유경영자가 한다.

③ 전문경영자

㉠ 전문 지식과 능력을 갖추고 윤리적 행동을 실천하는 경영자로서, 경영권을 위탁받아 기업을 경영하는 사람이다.

㉡ 기업이 대규모화됨에 따라 일반적인 기업의 이익 극대화뿐만 아니라 사회적 윤리 실천까지 추구한다.

㉢ 규모가 큰 대기업의 경영자가 이에 해당한다.

③ 경영자 계층별 유형 OX문제

① 최고경영자

㉠ 조직 상위에 속하는 최고경영층으로 회장, 사장, 부사장 등 고위 인사가 이에 해당한다.

㉡ 기업의 전반적인 경영정책 및 의사결정 등을 수행한다.

② 중간경영자

㉠ 조직 중간에 속하는 중간경영층으로 부장, 차장, 과장 등이 이에 해당한다.

㉡ 최고경영층이 수립한 계획을 실행하며 상위자와 하위자 간의 능력을 조화시키는 역할을 한다.

③ 일선경영자

㉠ 현장경영자라고도 불리며, 가장 낮은 단계에 속하는 경영층으로 대리 등이 이에 해당한다.

㉡ 작업을 감독·지시하고 생산이나 제조에 직접 관여한다.

PLUS 팁

✔ 경영자 계층

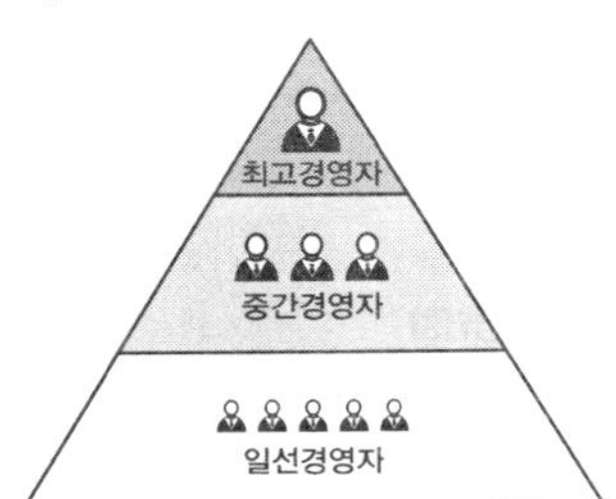

OX문제

일선경영자는 최고경영층이 수립한 계획을 실행하며 상·하위자 간의 능력을 조화시키는 역할을 한다. O X

④ 경영자의 요구능력 OX문제

각 계층의 경영자들이 수립한 계획과 경영목표를 효율적으로 달성하기 위하여 갖추어야 할 능력을 미국의 사회심리학자 로버트 카츠는 다음과 같이 정의하였다.

① 개념화능력(Conceptual Skill)

㉠ 본질을 파악하고 의미를 부여하는 능력이다.

㉡ 기업의 성장과 목표 달성을 위해 전략적이고 효율적인 의사결정을 해야 하는 최고경영자에게 상대적으로 중요하게 요구되는 능력이다.

② 대인관계능력(Human Skill)

㉠ 조직의 일원으로서 원활한 의사소통 및 협동에 필요한 능력이다.

㉡ 갈등 해결과 동기부여, 공공의 목표를 달성해야 하는 모든 계층 경영자에게 공통적으로 요구되는 능력이다.

③ 현장업무 수행능력(Technical Skill)

㉠ 현장에서의 업무 수행에 필요한 지식과 기술 능력이다.

㉡ 각 업무 분야에 필요한 능력이며 특히 일선경영자에게 중요하게 요구되는 능력이다.

PLUS 팁

OX문제

경영자의 대인관계능력은 관계의 본질을 파악하고 해석하는 것이다.

O | X

기출문제

2019.11.02. 수협은행

Q 경영자 역할 중 의사결정 역할로 옳지 않은 것은?

① 대변인
② 기업가
③ 분쟁조정가
④ 자원분배 역할
⑤ 협상자

정답 ① 대변인은 정보수집 역할에 해당한다.

PART 03. 경영

2024농협은행 2022국민연금공단 2022신협은행 2022 · 2020주택도시보증공사
2022 · 2021 · 2015 · 2014새마을금고 2024 · 2022 · 2021 · 2019수협은행

리더십

#거래적 리더십 #변혁적 리더십 #서번트 리더십 #매슬로우 욕구 5단계 이론

PLUS 팁

1 정의

리더는 조직이 나아갈 방향을 제시하고 개인의 목표와 조직의 목표를 부합시켜야하는데, 이때 개인과 조직의 목표 달성을 위해 구성원들이 자발적으로 협조하도록 하는 영향력을 의미한다.

2 변혁적 리더십 2020 주택도시보증공사 2024·2019 수협은행 2022·2021·2015 새마을금고 OX문제

① 특징

㉠ 리더의 신념과 가치에 기초한다.

㉡ 구성원들의 의식 수준을 높이고 성장과 발전에 관심을 기울여 기대했던 성과보다 더 나은 결과를 유도한다.

㉢ 구성원들을 매슬로우의 욕구 5단계 이론의 상위욕구를 추구할 수 있도록 한다.

② 변혁적 리더십 요소

구분	내용
이상적 영향력	구성원들에게 자신감과 바람직한 가치관, 리더에 대한 존경심을 심어주고 비전과 사명감을 제시한다.
영감적 동기부여	구성원들이 비전과 열정을 가지고 업무를 수행할 수 있도록 격려하며 동기를 유발시킨다.
지적자극	• 구성원들이 하나의 틀에 얽매이지 않고 새롭고 창의적인 관점으로 문제를 해결할 수 있도록 유도한다. • 구성원들의 신념과 가치뿐만 아니라 조직이나 리더의 신념과 가치에도 의문을 품고 더 나은 방향으로 변화할 수 있도록 지원한다.
개별적 배려	구성원 개개인에게 관심을 가지며 그들의 욕구와 능력 차이를 인정하고 잠재되어 있는 능력을 끌어올릴 수 있도록 멘토의 역할을 한다.

OX문제

변혁적 리더십은 매슬로우의 욕구이론에 상위욕구를 추구하게 하는 것이다.

O | X

OX문제 팁 O

③ 매슬로우의 욕구 5단계 이론 2024 농협은행 2022 주택도시보증공사 2022·2021 수협은행

OX문제 : 인간은 누구나 다섯 가지 욕구를 가지고 태어난다. 이 다섯 가지 욕구에도 우선순위가 존재하며 피라미드 계층을 이루고 있다는 이론이다. 이 이론에 따르면 하위계층의 욕구가 이루어지고 나면 상위의 욕구가 발생한다.

구분	내용
자아실현의 욕구	욕구 피라미드의 최상위계층에 존재하며 개인이 타고난 능력, 잠재력을 성장시키고 실현하려는 욕구를 의미한다.
존중의 욕구	타인으로부터 존중받고 가치 있는 존재가 되고자 하는 욕구를 의미한다.
애정과 소속의 욕구	사회적 욕구라고도 하며 대인관계로부터의 애정과 크고 작은 사회집단에 소속되고자 하는 욕구를 의미한다.
안전의 욕구	평정심과 질서를 유지하고자 하는 욕구로 건강과 재정의 안녕과 물리적 안전을 의미한다.
생리적 욕구	가장 하위계층인 생리적 욕구는 가장 본능적이고 강력한 욕구로 신체적 기능에 대한 욕구를 의미한다. 가장 기본적인 욕구인 만큼 다른 어떤 욕구보다도 먼저 충족되어야 한다.

이를 조직의 요소에 적용시키면 다음과 같이 나타낼 수 있다.

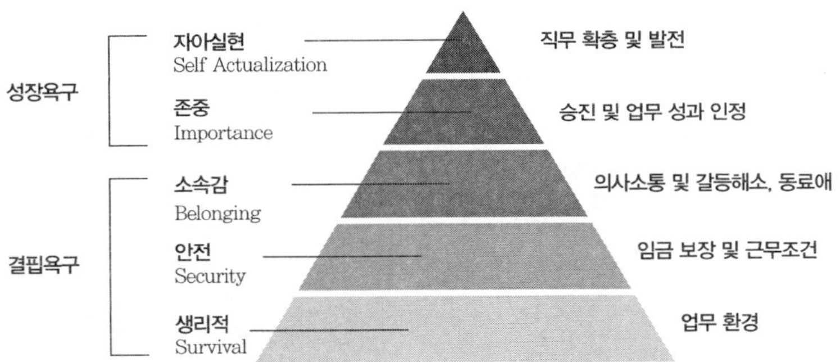

자아실현의 욕구는 직무 확충 및 발전 요소로 적용할 수 있다. 존중의 욕구는 승진 및 업무 성과 인정으로, 애정과 소속의 욕구는 구성원 간의 의사소통 및 갈등 해소, 동료애로 적용할 수 있다. 안전의 욕구에 임금 보장 및 안정적인 근무조건이 해당하며 생리적 욕구에는 업무 환경을 적용할 수 있다.

PLUS 팁

OX문제
안전의 욕구는 매슬로우의 이론에서 가장 하위단계이다.
O X

OX문제 답 X

③ 거래적 리더십 2024 수협은행 2021 새마을금고 2020 주택도시보증공사 OX문제

① 특징

㉠ 리더와 구성원 간 교환관계에 기초한다.

㉡ 리더는 구성원들이 원하는 것을 제공하며 구성원들의 성과를 유도한다.

㉢ 구성원 개인의 성장이나 발전보다 조직의 목표 달성에 목적을 둔다.

② 거래적 리더십 요소

구분	내용
조건적 보상	• 리더는 명확한 조직의 목표를 제시한다. • 목표를 달성한 경우, 리더가 인센티브나 적절한 보상을 제공함으로써 구성원들의 동기 및 협조를 유발한다.
예외관리	• 목표 달성 과정 중 예기치 못한 사건이 발생할 시 리더가 개입한다. • 구성원들의 실수로 문제가 발생하지 않도록 사전에 점검하는 적극적인 관리와 업무 결과가 기준에 부합하지 않을 경우에 개입하는 소극적인 관리가 있다.

④ 서번트 리더십 2024 수협은행 2021 새마을금고 OX문제

① 특징

㉠ 자신보다 구성원들의 이익 추구에 기초한다.

㉡ 지시나 명령이 아닌 낮은 자세를 취하며 구성원들의 성장과 발전을 도와 조직의 목표 달성을 유도한다.

㉢ 리더가 희생하여 리더와 구성원들 사이의 신뢰를 형성한다.

PLUS 팁

OX문제

거래적 리더십은 구성원 개인의 성장에 목적을 둔다.

O X

기출문제

2021.05.29. 새마을금고

Q 다음 중 리더십 유형에 대한 설명으로 옳은 것은?

① 거래적 리더십은 부하들에게 비전을 제시하여 그 비전 달성을 위해 함께 협력할 것을 호소한다.

② 비전적 리더십은 하위자들이 자기 자신을 스스로 관리하고 통제할 수 있는 힘과 기술을 갖도록 개입하고 지도하는 것이다.

③ 서번트 리더십은 섬기는 자세를 가진 봉사자로서의 역할을 먼저 생각하는 리더십이다.

④ 카리스마 리더십에서 리더가 원하는 것과 하위자들이 원하는 보상이 교환되고, 하위자들의 과업수행 시 예외적인 사항에 대해서만 리더가 개입함으로써 영향력을 발휘하는 것이다.

⑤ 변혁적 리더십은 목표와 일의 방향을 명확히 하고 각 멤버가 맡아줄 업무를 적절히 분담하게 함으로써 멤버들의 동기를 유발하고 일을 추진해나가는 유형이다.

정답 ③ 서번트 리더십은 리더가 희생해서 리더와 구성원들 사이의 신뢰를 형성하고 섬기는 자세를 지닌 봉사자로서의 역할을 먼저 생각하는 리더십이다.

② 서번트 리더십 요소

구분	내용
경청하는 자세	구성원들의 의견을 수용하는 자세로 주의 깊게 듣는다.
공감대 형성	구성원들의 상황과 입장을 이해한다.
치유	업무로 인한 건강 문제나 구성원들 간의 감정교류 및 스트레스를 경감한다.
지각	구성원들보다 전체적인 상황과 요소들을 정확하고 빠르게 판단한다.
설득	일방적인 지시를 내리는 것이 아니라 대화로 구성원들을 설득한다.
제시	비전과 목표를 설정하고 제시한다.
통찰	자신의 경험으로 앞으로의 결과를 예측한다.
청지기 정신	자신이 감당해야 할 역할에 대해 책임을 다한다.
능력 개발	구성원들이 자신의 잠재력을 발견하고 성장할 수 있도록 지원한다.
공동체 형성	구성원들이 소속감을 느끼고 협력할 수 있도록 조성한다.

PLUS 팁

OX문제

서번트 리더십은 리더와 구성원 간의 교환관계에 기반한다.

O X

기출문제

2024.11.02.수협은행

Q 다음 중 서번트 리더십(servant leadership)에 대한 설명으로 적절한 것은?

① 리더의 권위와 지시를 강조하며 조직의 효율성을 극대화하는 것을 목표로 한다.
② 구성원의 성장을 돕고, 공동체의 발전을 우선시하는 리더십 스타일이다.
③ 조직의 목표 달성을 위해 구성원의 개인적 필요보다 업무 성과를 우선적으로 고려한다.
④ 구성원에게 높은 목표를 제시하고, 엄격한 통제와 지시를 통해 성과를 극대화하는 방식이다.
⑤ 권위를 활용하여 조직 내 질서를 유지하고, 명확한 위계질서를 확립하는 것을 중요하게 여긴다.

정답 ② 서번트 리더십은 리더가 구성원을 섬기며 그들의 성장과 발전을 돕는 것을 핵심으로 한다. 구성원의 자율성과 역량 개발을 지원하며, 조직 전체의 장기적인 성공을 추구하는 리더십이다.

OX문제 답 X

2021산업은행 2020우리은행 2018신한은행 2015새마을금고

Vroom의 기대이론

#VIE 모형

PLUS 팁

1 정의 2012 산업은행 2020 우리은행 2018 신한은행 2015 새마을금고 OX문제

① 자신의 노력이 어떤 성과를 가져오리라는 기대감과 성과가 보상을 가져다 줄 것이라는 기대감에 의해 개인의 동기가 결정된다는 미국 경영학자 빅터 브룸의 동기이론이다.

② 자신이 조직 내에서 어떠한 일을 수행할 것인가를 결정하는 데는 그 일이 자신에게 가져다 줄 가치와 그 일을 함으로써 기대하는 가치가 달성될 가능성, 그리고 자신의 일처리 능력에 대한 평가가 복합적으로 작용한다는 것이다.

③ VIE 이론이라 부르기도 하는데, 기대·수단·유의성의 영향을 받아 형성된다.

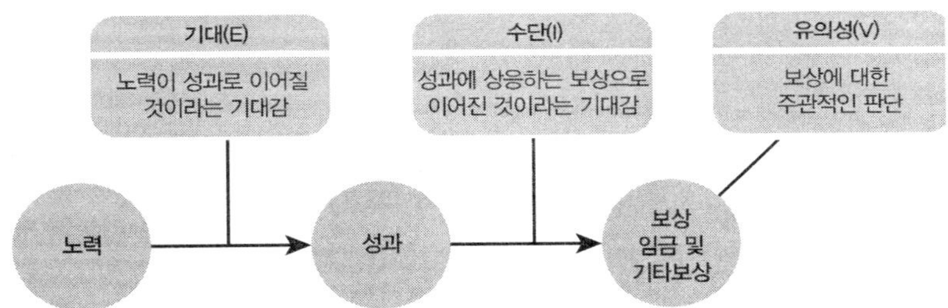

※ 동기유발(M) = 기대(E) × 수단(I) × 유의성(V)

더 알아보기

기대이론의 가정 OX문제

① 내적 욕구와 외부환경요인은 행동에 영향을 미친다.

② 행동은 개인의 의사결정이다.

③ 인간은 결과에 대한 자신의 인지를 중심으로 행동한다.

④ 인간은 서로 다른 욕구와 목적을 가지고 있다.

OX문제

내적 욕구와 외부환경요인은 행동에 영향을 미친다.

O X

행동은 개인의 의사결정이다.

O X

OX문제 답 O, O

2 특징 OX문제

① 기대(Expectancy)

㉠ 자신의 행위와 노력의 결과가 나타내는 성과에 대한 기대를 의미한다.

㉡ 자신의 능력과 가능성에 대해 인지하는 정도로, 상황의 지각(知覺)에 따라 결정된다.

㉢ 자신의 노력이 성과로 나타날 것이라고 믿는 주관적인 확률이다.

② 수단(Instrumentality)

㉠ 일의 성과가 원하는 보상을 가져올 것이라는 기대를 의미한다.

㉡ 성과를 얻기 위한 도구이자 수단이다.

㉢ 높은 성과가 항상 낮은 보상을 가져올 것이라는 믿음인 '−1'에서 성과와 보상사이에 차이가 없다고 믿는 '0', 높은 성과가 항상 높은 보상을 가져올 것이라는 완전한 믿음인 '1' 사이에 존재한다.

③ 유의성(Valence)

㉠ 어떤 보상에 대해 개인이 평가하는 정도를 말한다.

㉡ 개인의 욕구와 가치에 따라 중요성은 달라진다.

㉢ 승진이 보상이라면, 승진에 갈망이 높은 경우에는 긍정적인 유의성이 나타나고, 승진에 대한 갈망이 낮은 경우 부정적인 유의성이 나타난다.

㉣ 개인이 부정적인 유의성을 가질 때 '−1', 무관심할 경우에 '0', 긍정적인 유의성을 가질 때 '1' 사이에 존재한다.

PLUS 팁

OX문제

브룸의 기대이론에서의 동기유발은 기대×수단×효과성이다.

O X

기출문제

2018.10.13. 신한은행

Q 다음 브룸의 기대이론을 보고 구성원들의 동기부여를 강화시키기 위한 방안으로 옳지 않은 것은?

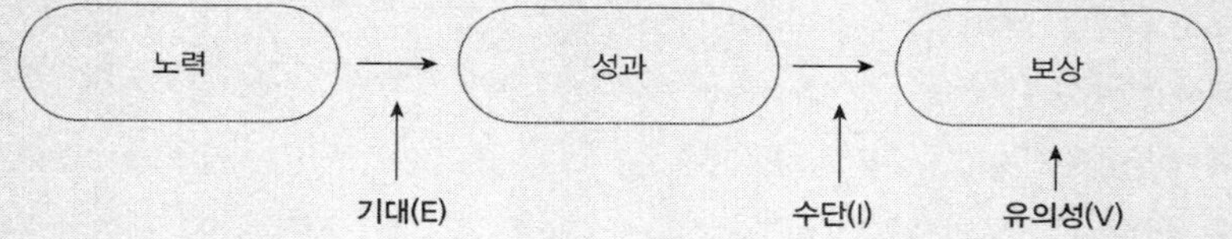

① 교육이나 훈련을 통한 동기부여
② 달성 가능한 목표 제시를 통한 동기부여
③ 적절한 직무 배당을 통한 동기부여
④ 성과에 대한 보상 가능성을 통한 동기부여
⑤ 개인적 기대에 부응하는 보상을 통한 동기부여

정답 ① 기대이론은 자신의 노력이 어떠한 성과를 가져오리라는 기대감, 성과가 보상을 가져다 줄 것이라는 기대감에 의해 개인의 동기가 결정되는 동기이론으로 단순한 교육 또는 훈련만으로 동기부여를 제공하는 것을 적절하지 않다.

OX문제 답 X

PART 03. 경영

2024 · 2018수협은행 2023 · 2015새마을금고 2019농협은행

인적자원관리

#전통적 HRM #현대적 HRM

PLUS 팁

1 정의

관련기사

'사람 관리' 집중하는 스타트업 업계… 역량 강화·HR 전문가 채용까지

스타트업 업계에 '사람 관리' 바람이 부는 모습이다. 이는 고금리·저성장 등 어려운 경제 상황 속에서 스타트업 기업에 대한 투자가 경직되는 분위기 속에서 인재 이탈을 방지하고, 자체 인력의 역량 강화를 통해 위기를 극복하려는 노력으로 보인다. 이와 같은 노력은 스타트업 기업을 지원하고 투자하는 협회나 VC 등에서도 동참하고 있다. 특히 인공지능(AI), IT 등 기술 선점을 둔 글로벌 경쟁이 치열해지고 있는 만큼 스타트업 기업들의 생존과 성장을 위한 적극적인 지원에 공감대가 형성되는 모습이 관측된다.

① 인적자원은 HR(human resource)로 인간 노동력을 의미한다.

② 인적자원관리(HRM, human resource management)는 기업에 필요한 인력을 발굴하고 교육·개발하여 그들을 효율적으로 관리하는 체계로 기업 전략을 실현하기 위해서 확보한 인적자원을 관리하는 것이다.

③ 직무 분석 및 설계, 모집 및 선발, 훈련, 보상, 노조와의 관계 등이 있다.

④ **전략적 인적자원관리**(SHRM, Strategic Human Resource Management)
- ㉠ 인적자원관리를 통해서 기업전략과 목표와 구성원의 활동 간에 조화를 통해 기업목표를 달성해 나아가는 과정이다.
- ㉡ 인사관리를 기업전략과 목표 성취를 극대화하도록 하는 인사관리이다.
- ㉢ 사람을 인적자본의 개념으로 여기고 개발(develop)의 중요성을 강조한다.

2 관리체계

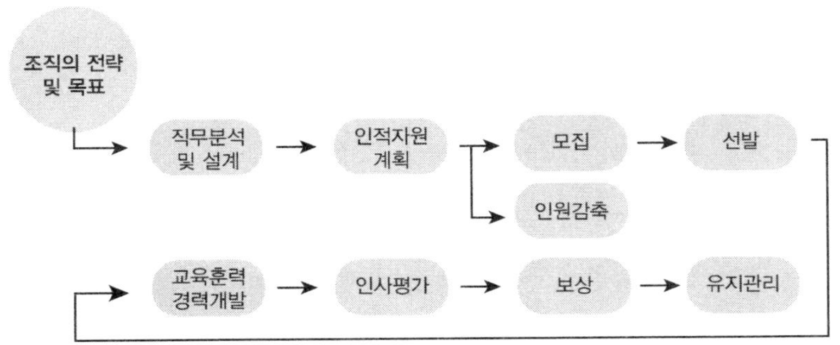

✔ 효율적 기업과 비효율적 기업 비교

효율적 기업	비효율적 기업
• 인재 발굴과 개발에 대한 높은 관심 • 체계적인 보상 시스템 • 낮은 이직률 • 원활한 의사소통	• 인재 발굴과 개발에 대한 낮은 관심 • 비효율적인 보상 시스템 • 높은 이직률 • 원활하지 못한 의사소통

③ HRM의 필요성 2023·2015 새마을금고 2029 농협은행 2021·2018 수협은행

① 내부환경

구분	내용
기업의 규모 확대	기업의 규모가 확대되어 그에 맞는 인사관리 필요성 대두
노동력 변화	구성원들의 연령 변화와 전문성 증가, 여성근로자의 증가 등
사고 변화	조직 중심의 사고에서 개인의 가치와 목표 달성이 우선시 되는 사고

② 외부환경

구분	내용
경제 변동	경기호황과 불황에 따른 고용문제와 인력문제 발생
기술 발달	자동화 기술 발달이나 시스템 발달 등으로 인한 재구축 필요성 대두
사회적 책무	기업이 마땅히 해야 할 사회적 책임 수행

③ **HRM과 성과의 관계** : HRM 시스템이 구성원들의 태도와 지각에 영향을 주고 행동 변화를 촉진하며 이를 통하여 성과를 달성할 수 있다.

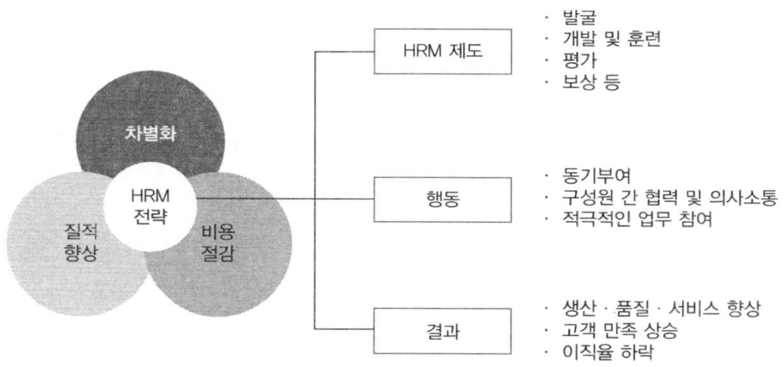

④ 전통적 HRM과 현대적 HRM

전통적 HRM	현대적 HRM
• 직무 중심의 인사관리 • 소극적 관리 • 조직 목표만을 강조 • 평가 – 보상제도의 미흡한 체계	• 경력 중심의 인사관리 • 적극적 관리 • 조직 목표와 개인 목표의 조화 • 평가 – 보상제도의 확실한 체계

PLUS 팁

인적자원개발(HRD)

기업목표 및 역량강화를 위해서 수행하는 활동, 학습, 변화 등을 촉진하는 모든 과정을 포괄하는 개념이다. 개인개발과 조직 개발에 초점을 두는 활동으로 구분된다.

2022 · 2019농협은행 2021수협은행 2020주택도시보증공사 2020부산은행 2017신협은행

주식회사

#주식회사 특징 #주식회사 구조 #고객만족경영

1 정의

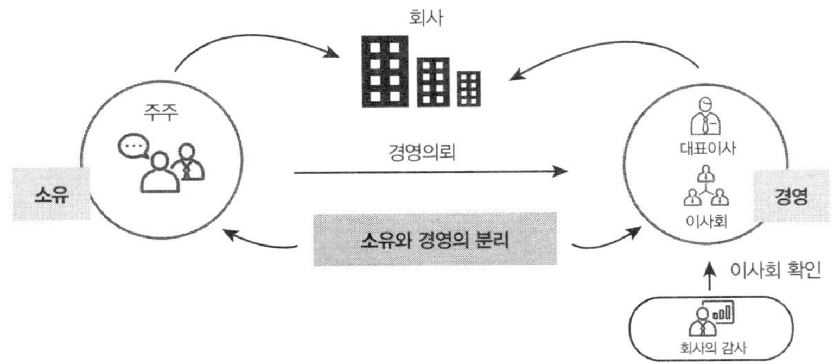

① 주식을 발행하여 설립된 회사이다.

② 주주에게는 채무에 관한 직접 책임이 없고 소유와 경영이 분리되어 주주가 직접 경영에 참가할 필요가 없다.

2 특징 2022·2019 농협은행 2021 수협은행 2020 부산은행 2020 주택도시보증공사 2017 신협은행

① 주주의 출자로 구성되며 자본은 주식으로 분배된다. 주주는 주식을 통하여 회사에 대한 출자의무를 질 뿐, 그 밖의 아무런 책임은 지지 않는다.

② 소유와 경영이 분리되어있으며 기관의 분화가 이루어져 있다. 주식의 매매와 양도가 자유로워 주주의 지위를 떠날 수 있으므로 소유와 경영은 분리된다.

③ 주주는 주주총회에서 회사의 기본 사항을 결정한다. 주주총회의 결의에 의해 해산하고 특별결의에 의해 회사를 계속 경영할 수 있다.

더 알아보기

고객만족경영(CSM, Customer Satifaction Management)

① 고객의 만족을 기업 목표로 추구하는 경영이다.

② 경영의 모든 중심을 고객중심적 사고로 활동한다.

③ 제품의 기획, 설계, 제작 등 소비자의 니즈를 만족시켜 재구매율을 높이고 제품과 기업에 대한 선호가 지속되도록 한다.

④ 고객만족을 최우선으로 하겠다는 의미로 다음과 같은 직함을 사용하는 기업인들이 늘어나고 있다.

PLUS 팁

이사 직함

구분	내용	구분	내용
CIO	최고정보 책임자	CMO	최고 마케팅 경영자
COO	최고집행 책임자	CTO	최고기술 경영자
CFO	최고채무 책임자	CHO	최고인사 책임자
CRO	최고위기 관리 책임자	CBO	최고 브랜드 경영자
CDO	최고개발 책임자	CEO	최고 경영자

③ 주식회사의 기관 OX문제

구분	내용
주주총회	• 기본적인 의사를 결정하는 기관으로 주주로 구성되어 있다. • 소집 시기에 따라 정기적으로 개최하는 정기총회와 필요에 따라 개최하는 임시총회가 있다. • 주요 결정사항에는 재무제표 승인, 이사·감사 및 청산인의 선임과 해임, 보수 결정, 합병 승인, **정관** 변경, 전환사채 발행, 주식배당, 자본의 감소 등이 있다. • 주주는 이사 인사권을 가지고 있으며 회사의 실질적 소유자로, 주주의 이익을 우선시 한다.
이사회	• 업무 집행에 관한 사항을 결정하는 기관으로 이사로 구성되어 있다. • 이사의 선임은 등기사항이며 회사의 자본총액이 5억 미만인 경우 1인 혹은 2인의 이사를 둘 수 있다. • 회사경영을 맡고 있으며 대표이사가 이사들의 의견을 취합하여 의사결정을 한다. • 이사는 주주총회에서 선출되며 언제든지 특별결의에 의한 주주총회 결의로 해임될 수 있다.
감사	• 회계감사를 임무로 하는 기관으로 감사는 주주총회에서 선출한다. • 감사의 의무로는 감사록 작성, 이사회에 대한 업무보고, 주주총회에 대한 보고의무, 감사보고서 제출이 있다. • 감사의 의무를 **해태**한 때에는 감사는 회사에 대하여 손해배상할 책임이 있다.

더 알아보기

주식회사의 종류

① **합명회사(合名會社)** : 2인 이상의 무한책임사원만으로 구성되는 일원적 조직의 회사로, 전 사원이 회사 채무에 대하여 직접·연대·무한의 책임을 지고 원칙적으로 각 사원이 업무 집행권과 대표권을 가지는 회사이다.

② **합자회사(合資會社)** : 무한책임사원과 유한책임사원 각 1인 이상으로 구성되는 이원적 조직의 회사로, 경영능력은 있으나 자본이 없고, 자본은 있으나 경영능력이 없는 소수인이 결합하여 소규모 공동기업을 경영하는 데 적합하다.

③ **유한회사(有限)** : 사원은 원칙적으로 출자가액을 한도로 하는 출자의무만 부담할 뿐 직접 아무런 책임을 부담하지 않는 회사이다.

구분	합명·합자회사(인적회사)	주식·유한회사(물적회사)
최저자본금	제한 없음	• 주식회사 : 5천만 원 • 유한회사 : 1천만 원
사원의 출자시기	정관의 정함에 따라 회사의 청구가 있는 때	회사 설립 전 출자 완료
사원의 책임범위	• 무한책임사원 : 직접·무한책임 • 유한책임사원 : 직접·유한책임	간접·유한책임 ※ 단, 유한회사의 사원은 추가출자의무를 부담
회사의 기관성	사원이 대표를 맡는 자기기관 중심	사원이외의 자가 맡는 타인기관 중심
회사의 청산	법정청산 및 임의청산	법정청산

PLUS 팁

정관

법인의 조직 및 활동을 정한 근본규칙을 말한다. 정관에는 목적, 상호, 회사가 발행할 주식의 총수, 액면주식을 발행하는 경우 1주의 금액, 회사 설립 시 발생하는 주식의 총수, 본점소재지, 회사가 공고하는 방법, 발기인의 성명·주민등록번호 및 주소 등을 반드시 기재해야 한다.

해태

의무를 게을리하는 것을 말하는 법률상의 용어이다.

OX문제

이사회는 실질적인 회사 소유주이며 대표이사가 이사들의 의견을 취합하여 의사결정을 한다.

O | X

이사는 주주총회에서 선출되며 언제든지 특별결의에 의한 주주총회 결의로 해임될 수 있다.

O | X

OX문제 답 X, O

PART 03. 경영

2020 · 2015새마을금고 2018우리은행 2018신한은행 2015새마을금고

경영목표관리(MBO)

PLUS 팁

1 정의 OX문제

관련기사

S전자 전·현직자들 "단기 성과에만 연연…"

S전다 전·현직자 사이에서 지금이 위기상황이라는 공감대가 형성되고 있다. 가장 큰 원인으로는 기술 경쟁력 저하와 내부 조직 문제가 지목된다. 해당 기업 출신 유튜버가 전·현직자 31명을 대상으로 진행, 영상을 통해 공개한 서면 설문조사에 따르면 응답자 전원이 '현재 기업 위기'라고 답했다. 이들은 가장 큰 위기 요소로 '기술혁신 정체'를 꼽았으며 '내부 조직 문제'를 원인으로 지목한 응답자도 상당했다. 응답자들은 경영진이 목표관리제도(MBO) 달성을 위해 단기 목표에만 집중하는 점을 지적했다. 또 응답자들은 "차등 성과제를 도입해야 한다"며 보상체계 개편도 필요하다는 의견을 냈다.

① 조직의 상·하위계층 구성원들이 참여를 통해 조직과 구성원의 목표를 설정하고 그에 따른 생산 활동을 수행한 뒤, 업적을 측정·평가함으로 관리의 효율을 기하려는 총체적인 조직관리 체제를 말한다.

② 1954년 미국의 경제학자 피터 드럭커가 저서「경영의 실제」에서 제시한 이론으로, 맥그리거에 의해 발전되었다.

③ 피터 드럭커는 기업의 계획행태를 개선하는 데 중점을 두고 MBO를 관리계획의 한 방법으로 소개하였으며, 맥그리거는 업적평가의 한 방법으로 정착시켰다.

OX문제

MBO는 상사가 일방적으로 목표를 설정하고 부하 직원이 이를 따르는 방식이다.

O X

기출문제

2018.06.10. 우리은행

Q MBO의 목표 설정 과정으로 옳지 않은 것은?

① 도전적이며 수준 높은 목표를 설정해야 한다.
② 기한을 명확하게 설정해야 한다.
③ 현실성 있고 실행 가능한 목표를 설정해야 한다.
④ 목표를 최대한 구체적으로 설정해야 한다.
⑤ 구체적인 수치로 측정이 가능하도록 설정해야 한다.

정답 ① MBO의 목표설정은 구체적이면서도 현실성 있으며 동시에 실현가능한 목표를 설정하는 데 있다.

OX문제 답 X

2 MBO의 과정 및 특징 2018 신한은행 2018 우리은행 2020·2015 새마을금고

① MBO의 과정⁺

㉠ **목표 설정** : 조직의 개선과 성장을 위하여 현재 상태를 인지하고 단기간에 달성해야 할 목표를 구체적으로 정한다. 이때, 구성원들의 참여를 통해 조직의 최종 목표와 각 부문, 개인 목표를 설정한다.

㉡ **목표 실행 및 중간점검** : 정해진 목표와 계획에 따라 업무를 수행하며 실행 계획이 제대로 진행되고 있는지 진행과정을 수시로 평가한다.

㉢ **최종평가 및 피드백** : 업무가 종료되면 최종평가를 통해 목표성취 여부를 판단하고 피드백 하여, 다음 기간의 목표관리를 추진한다.

예 MBO 목표 설정

목표 설정	구체적인 내용
구체적인 목표 설정	생산비용을 절감 X → 생산비용을 7% 절감 O
현실성 있고 실현 가능한 목표 설정	제품 불량 0% 달성 X → 제품 불량 전년대비 3% 절감 O
명확한 기간 설정	올해까지 목표 매출액 달성 X → 3/4분기까지 목표 매출액 달성 O

② MBO의 특징 OX문제

㉠ **목표와 기간이 구체적이며 명확하다** : 조직의 최종 목표를 결정하고 하위 부서와 개인의 목표를 결정하는 과정에서 목표와 기간도 명확히 한다.

㉡ **참여적 의사결정을 통해 목표를 설정한다** : 조직의 상위계층에서 일방적으로 정한 목표를 지시하는 것이 아니라 하위계층까지 참여할 수 있도록 한다.

㉢ **피드백을 통하여 목표를 수정한다** : 수행 과정에서도 목표와 성과를 비교하며 수정하고 환류할 수 있다.

③ 한계

㉠ 과정보다 결과를 중시한다. 외부환경의 변화에 대응하기 어렵다.

㉡ 단기간의 목표만을 강조하며, 효과적인 목표 달성을 위해 많은 시간을 투자해야 한다.

3 MBO의 장점

① 조직의 상위계층과 하위계층 간의 의사소통이 원활해진다.

② 업무에 대한 피드백을 통해 효율성을 높이고 구성원 개인의 능력 개발을 촉진할 수 있다.

③ 참여적 의사결정을 통해 동기부여와 수동적 업무 수행을 막을 수 있다.

④ 체계적인 평가를 할 수 있으며 구성원 개인의 기여도를 확인 할 수 있다.

PLUS 팁

MBO 과정

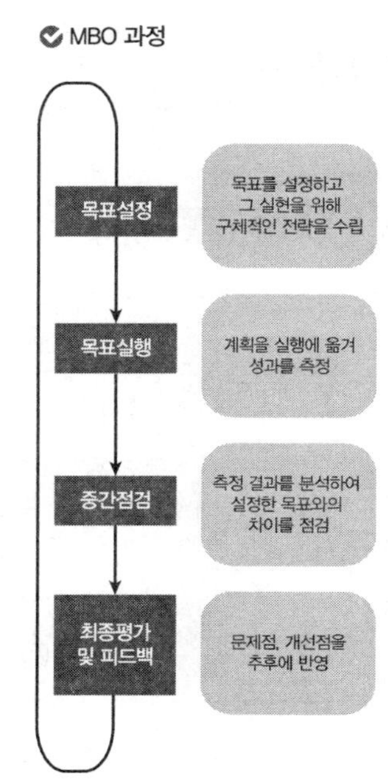
목표설정
목표를 설정하고 그 실현을 위해 구체적인 전략을 수립
목표실행
계획을 실행에 옮겨 성과를 측정
중간점검
측정 결과를 분석하여 설정한 목표와의 차이를 점검
최종평가 및 피드백
문제점, 개선점을 추후에 반영

OX문제

MBO 과정에서는 목표설정, 중간점검, 피드백이 중요한 단계로 포함된다.

O X

OX문제 답 O

2024국민은행 2023 · 2021새마을금고 2023 · 2022한국자산관리공사 2023 · 2020하나은행
2022주택도시보증공사 2024 · 2022 · 2021수협은행 2020기업은행 2020산업은행

BCG 매트릭스

#현금젖소 #GE/맥킨지 매트릭스

1 정의

① 1970년대에 보스턴컨설팅그룹에서 개발한 사업 포트폴리오분석 기법이다.

② Y축에는 **시장성장률**, X축에는 **상대적 시장점유율**을 두고 기업의 현재를 분석하여 향후 전략을 수립하도록 도와준다.

③ BCG 매트릭스에서 사업군의 매출을 원의 크기로 나타낸다.

예 BCG 매트릭스의 도표

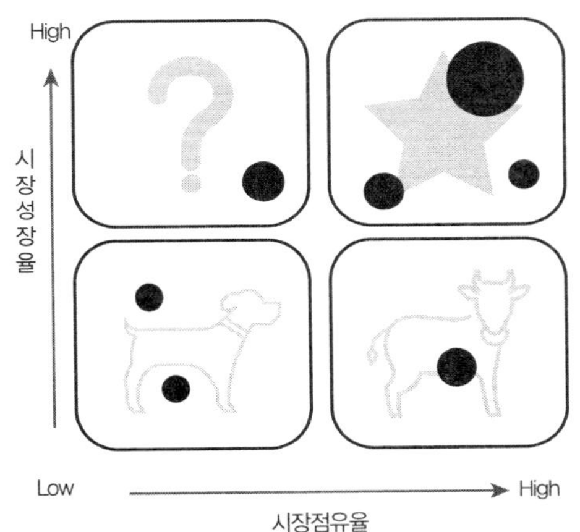

④ 상대적 시장점유율의 기준은 1이며, 1 이상일 경우에는 자사가 시장 내에서 점유율 1위라는 의미이다.

PLUS 팁

시장성장률

시장의 연 성장률을 나타낸다. 10 ~ 15% 이상일 경우 고성장이라고 하며, 그 이하인 경우에는 저성장이라고 한다.

상대적 시장점유율

시장 내에서 가장 큰 경쟁회사가 가지는 시장점유율과 자사가 가지는 시장점유율의 비율을 나타낸다.

※ $\frac{\text{자사의 시장 점유율}}{\text{시장내 1위 기업의 시장점유율}} \times 100$

기출문제

2020.06.20. 국민연금공단

Q BCG 사업 포트폴리오 매트릭스에 관한 설명으로 옳은 것은?

① 시장 매력도와 사업단위의 경쟁력 측면에서 평가한다.
② 많은 요소를 반영하여 보다 세밀한 평가가 가능하다.
③ 객관적으로 측정이 가능한 지수로 평가한다.
④ 9개의 포지션으로 구성되어 있다.
⑤ 높음, 중간, 낮음 세 가지로 측정한다.

정답 ③ ①②④⑤ GE/맥킨지 매트릭스에 대한 설명이다.

② 포지션별 특징 및 전략 2024 국민은행 2024·2022·2021 수협은행 2023·2020 하나은행 2023 새마을금고 2022 주택도시보증공사 2020 기업은행 2020 산업은행 OX문제

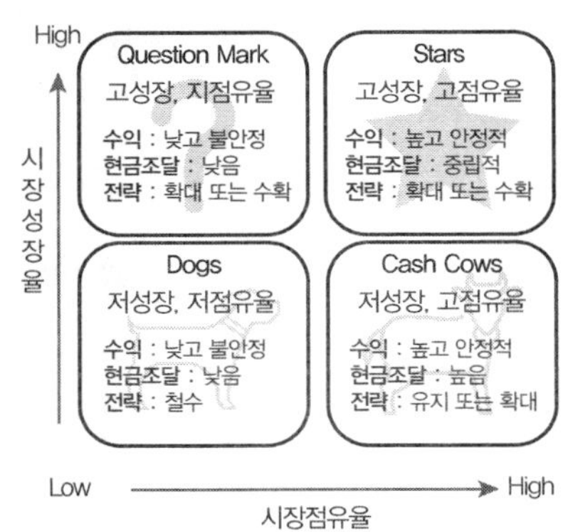

① 별(Star)

㉠ 고성장 분야이면서 상대적 시장점유율이 높은 사업군, 성장사업을 의미한다.

㉡ 현금 유입량이 많지만 성장을 위한 자금소요량도 많아서 현금조달이 중립적이다.

㉢ 성장을 위한 지속적인 투자가 필요하다.

② 물음표(Question Mark)

㉠ 고성장 분야이지만 상대적 시장점유율이 낮은 사업군, 신규 사업을 의미한다.

㉡ 수익은 낮고 불안정 하여 막대한 자금량이 소요된다.

㉢ 투자를 확대하여 별(Star) 포지션으로 이동할지, 투자를 포기하고 개(Dog) 포지션으로 이동할지 의사결정이 필요하다.

③ 현금젖소(Cash Cow)

㉠ 시장성장률은 낮으나 상대적 시장점유율이 높은 사업군, 수익수종사업을 의미한다.

㉡ 수익이 높고 안정적이어서 현금조달이 높은 편이다.

㉢ 현상유지전략을 통해 안정적인 현금회수가 가능하다.

④ 개(Dog)

㉠ 시장성장률이 낮고 상대적 시장점유율도 낮은 사업군, 사양사업을 의미한다.

㉡ 수익이 낮고 현금조달이 어렵다.

㉢ 시장철수를 고려해야 하는 포지션이다.

PLUS 팁

✔ 이상적인 이동

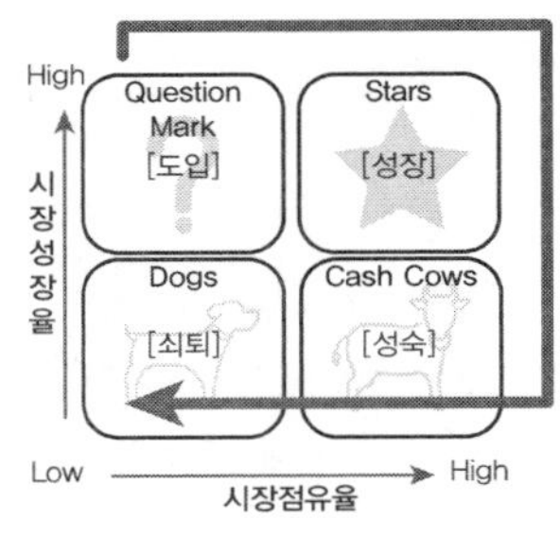

OX문제

현금젖소는 고성장분야이면서 상대적 시장점유율이 높은 사업군으로, 성장사업을 의미한다. 현금 유입량이 많지만 성장을 위한 자금소요량도 많아서 현금조달이 중립적이고, 성장을 위한 지속적인 투자가 필요하다.

O X

OX문제 답 X

③ GE/맥킨지 매트릭스 2023 · 2021 새마을금고 OX문제

① GE와 맥킨지가 공동으로 개발한 사업 포트폴리오 분석기법이다.

② BCG 매트릭스보다 발전된 기법으로 **시장 매력도(외부요인)**와 사업단위의 **시장 경쟁력(내부요인)** 측면에서 평가한다.

③ BCG 매트릭스가 높고, 낮음 두 가지로 구분했다면, GE/맥킨지 매트릭스는 높음, 중간, 낮음 세 가지 척도로 구분하였다.

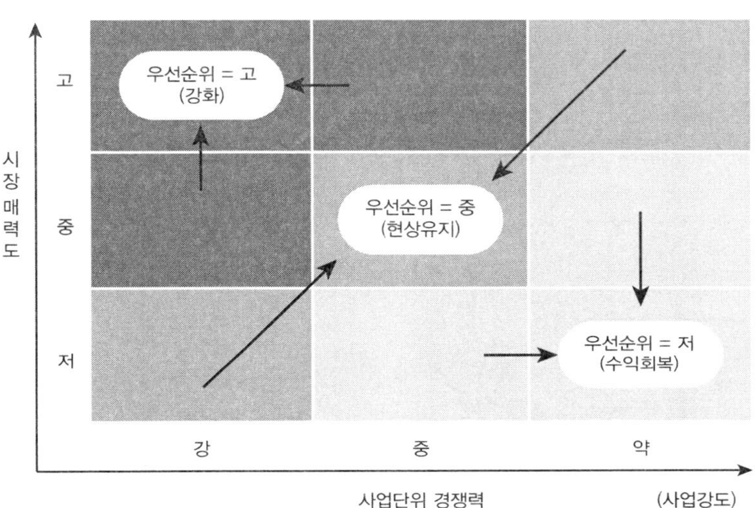

더 알아보기

BCG 매트릭스와 GE/맥킨지 매트릭스 비교

BCG 매트릭스	GE/맥킨지 매트릭스
• 객관적으로 측정이 가능한 지수로 평가(단일변수) • 높고 낮음 두 가지로 측정 • 4개의 포지션으로 구성	• 많은 요소를 반영하여 세밀한 평가(다양한 변수) • 높음, 중간, 낮음 세 가지로 측정 • 9개의 포지션으로 구성

PLUS 팁

시장 매력도(외부요인)

시장 규모 및 성장률, 수익성, 기술의 안정성, 자본규모, 경쟁도 등을 고려하여 측정한다. 기업마다 가중치는 다르지만 가중치의 합은 1이 되어야 한다.

시장경쟁력(내부요인)

시장점유율, 가격경쟁력, 제품과 서비스 품질, 생산성 등을 고려하여 측정한다.

OX문제

GE/맥킨지 매트릭스에서 시장매력도와 경쟁력이 모두 가장 높다면 현상유지를 한다.

O | X

OX문제 답 X

2024국민은행 2021수협은행 2019기업은행 2018신한은행 2016한국은행

가치사슬

#마이클 포터 #가치사슬의 해제

PLUS 팁

1 정의

1985년 마이클 포터 교수가 주장한 이론으로, 기업이 부가가치 창출에 직·간접적으로 수행하는 주요 활동들을 의미한다. 주활동과 지원활동으로 구분할 수 있다.

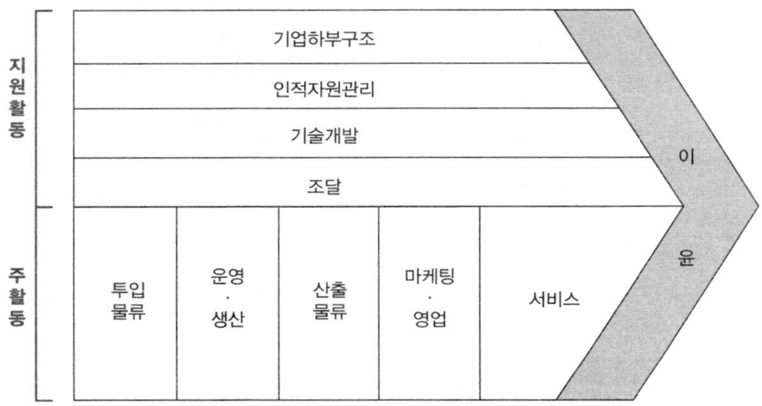

2 목적 OX문제

① 각 단계에서 핵심활동의 강점과 약점, 차별화를 분석할 수 있다.

② 다른 기업과 비교하여 기업 내부역량을 분석하고 경쟁우위를 구축하는 것을 목적으로 한다.

더 알아보기

가치사슬의 해체

인터넷과 정보통신의 발달로 일부 활동에 확실한 핵심역량을 확보한 기업이 타 기업과의 네트워크를 통해 비핵심 업무를 분사화하거나 아웃소싱하는 기업이 증가하고 있는데, 이를 가치사슬의 해체라고 한다.

OX문제

가치사슬의 각 단계에서 핵심활동의 강점과 약점, 차별화를 분석할 수 있다.

O X

가치사슬의 목적은 다른 기업과 비교하여 기업 내부역량을 분석하고 경쟁우위를 구축하는 것이다.

O X

OX문제 답 O, O

3 지원활동 2021 수협은행 2016 한국은행

① 정의 : 조달·기술개발·인사·재무·기획 등 현장업무를 지원하는 지원활동으로 부가가치가 창출에 간접적인 역할을 한다.

② 특징

㉠ 기업하부구조 : 일반 경영관리나 기획, 법률, 회계 등의 활동을 포함한다.

㉡ 인적자원관리 : 직원 채용 및 훈련, 개발, 보상 등의 활동을 포함한다.

㉢ 기술개발 : 연구개발, 설계 등 신기술 개발 활동을 포함한다.

㉣ 조달 : 투입 물류 외에 부품이나 기업에서 필요한 물품을 구매, 보관 및 조달하는 활동을 포함한다.

4 주활동 2024 국민은행 2019 기업은행 2018 신한은행 OX문제

① 정의 : 제품의 생산부터 운송·마케팅·판매·물류·서비스 등과 같은 현장업무로 직접적으로 부가가치를 창출하는 역할을 한다.

② 특징

㉠ 물류 투입 : 생산에 사용되는 물류 접수 및 보관, 관리 수송계획 등의 활동을 포함한다.

㉡ 운영·생산 : 투입된 물류를 가공, 포장, 테스트 등 최종 제품으로 전환하는 활동을 포함한다.

㉢ 물류 산출 : 최종 제품을 주문실행, 유통관리 등 소비자에게 출고하는 활동을 포함한다.

㉣ 마케팅 및 영업 : 광고나 프로모션, 가격설정 등 소비자가 제품을 구매할 수 있도록 하는 활동을 포함한다.

㉤ 서비스 : 고객 상담, 제품 설치 및 수리 등 기업과 제품의 가치 유지와 강화 활동을 포함한다.

PLUS 팁

OX문제

서비스는 가치사슬의 지원활동에 해당한다.

O X

기출문제

2016.10.22. 한국은행

Q 가치사슬의 지원활동 중 옳지 않은 것은?

① 기업하부구조
② 기술개발
③ 조달
④ 마케팅 및 영업
⑤ 인적자원관리

정답 ④ 마케팅 및 영업은 '주활동'에 해당한다.

OX문제 답 X

공급사슬 및 채찍 효과

#공급사슬관리 #채찍 효과의 원인

1 공급사슬

① 정의 : 제품이나 서비스를 생산하고 최종 제품을 소비자에게 출고하기까지의 각종 활동 및 일련의 과정을 말하며 내부 공급사슬과 외부 공급사슬로 나눌 수 있다.

㉠ **내부 공급사슬** : 기업 내에서의 자재 흐름(구매 및 생산, 유통)

㉡ **외부 공급사슬** : 외부 공급자와 소매점 및 소비자

2 공급사슬관리(SCM) 2024 국민은행 OX문제

공급자로부터 소비자에게 이르기까지의 모든 활동과 과정을 관리하는 것으로 자재의 흐름을 효율적으로 관리하고, 서비스 수준과 경쟁력을 향상시키는 것을 목적으로 한다.

더 알아보기

SCM의 필요성

① 비용 절감을 위한 효율적이고 체계적인 시스템 필요성 대두

② 경쟁기업의 증가와 수출입의 증가로 차별화된 경쟁력

③ 소비자의 다양한 니즈 충족과 만족도 향상

PLUS 팁

내부 공급사슬과 외부 공급사슬

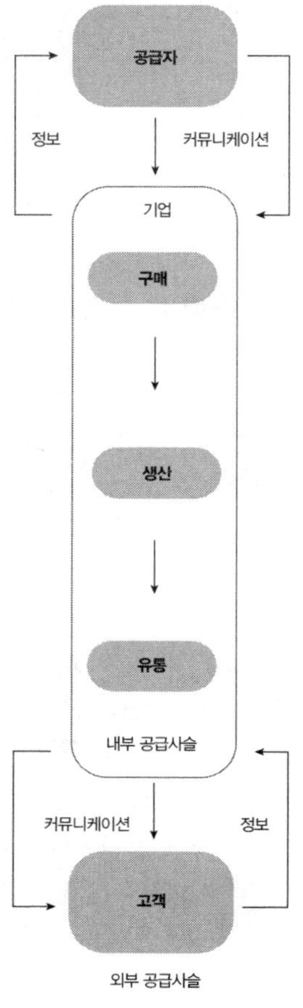

기출문제

2019.10.19. 산업은행

Q 고객 정보가 상류로 전달되면서 정보가 왜곡되고 확대되는 현상은?

① 기대 효과
② 채찍 효과
③ 립스틱 효과
④ 스놉 효과
⑤ 승수 효과

정답 ② 채찍효과로 인해 공급에 있어 수요의 작은 변동이 제조업체로 전달될 때에 확대되어 수요의 변동이 불확실하게 보이게 되는데, 이러한 정보가 갈수록 왜곡되면 공급에 있어 재고가 형성되며 그로 인해 서비스의 수준도 떨어지게 된다.

③ 채찍 효과 2021·2019 산업은행 2018 신한은행 2017 신협은행

① 정의

㉠ 공급사슬관리에서 반복적으로 발생하는 문제점 중 하나로, 제품에 대한 수요정보가 공급사슬을 거쳐 전달될 때마다 왜곡되는 현상을 말한다.

㉡ 고객의 수요가 상부로 전달될수록 수요의 변동성이 증가하는 현상이다.

㉢ 공급에 있어서 수요의 작은 변동이 제조업체에 전달될 때는 확대되어 수요의 변동이 불확실하게 보이게 된다. 이처럼 정보가 왜곡되면 공급에 재고가 쌓이고 서비스 수준도 저하된다.

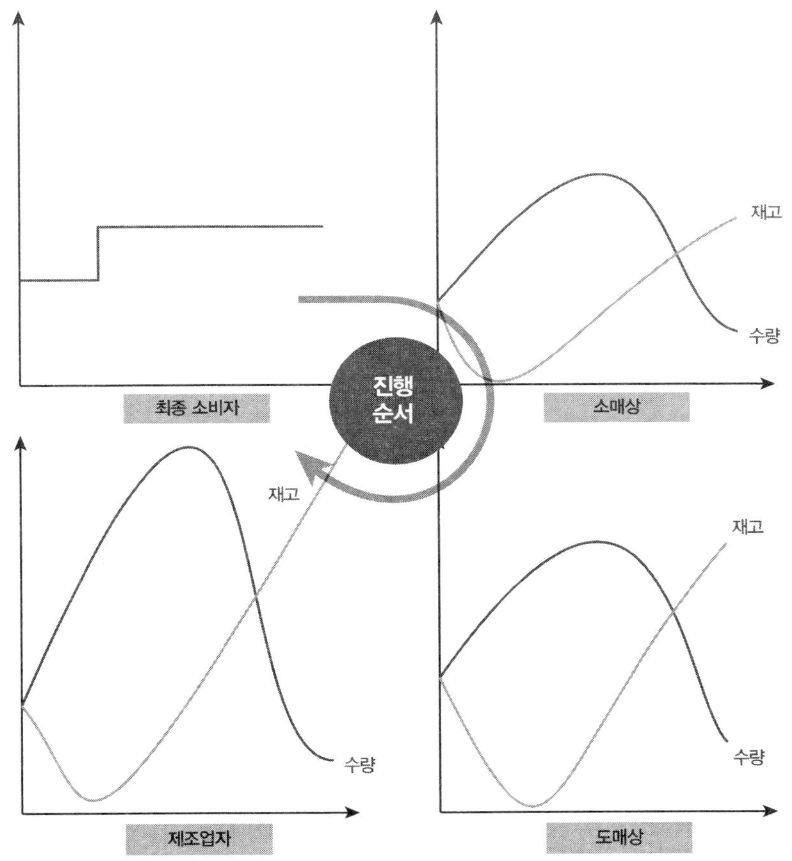

② 원인

㉠ **수요예측 실패** : 시장수요의 정보 부재로 소비자들의 실제 수요보다 주문량에 근거하여 예측하게 되어 채찍 효과를 야기한다. 기업 관점으로 의사결정을 하여 결국 전체 왜곡현상이 발생하게 된다.

㉡ **리드타임의 장기화** : 리드타임은 생산에 착수하고 출하하는 시점을 말한다. 각 업체가 긴 리드타임을 갖게 될 경우에도 왜곡이 발생하고 재고비용의 증가로 연결될 수 있다.

PLUS 팁

OX문제

경쟁기업의 증가와 수출입의 증가로 차별화된 경쟁력을 위해 공급사슬관리는 필요하다.

O | X

OX문제 답 O

PART 03. 경영

2024광주은행 2024제주은행 2024 · 2021 · 2018농협은행 2023국민은행 2020수협은행 2020 · 2019 기업은행 2019우리은행 2019신한은행 2016산업은행 2015새마을금고

M&A(Mergers & Acquisitions)

#M&A의 동기 #적대적 M&A #황금낙하산 #차등의결권 #그린메일 #승자의 저주

PLUS 팁

1 정의

관련기사

2025 글로벌 헬스케어, 작고 스마트한 M&A 이어진다. AI와 中 주목해야…

올해 글로벌 헬스케어 시장에서는 작고 스마트한 인수합병(M&A)이 다양하게 일어날 가능성이 있다는 전망이 나왔다. 특히 인공지능(AI) 기술과 중국 기업들에 대한 관심이 높아질 것으로 예상됐다. 한국바이오협회 바이오경제연구센터 2025년 글로벌 생명과학 M&A 트렌드를 분석한 보고서를 통해 이 같이 전망했다. 보고서에 따르면 지난 2024년이 글로벌 생명과학 M&A에 있어 '리셋의 해'였다면, 올해는 다시 M&A의 불씨가 당겨질 수 있을 것으로 예상된다.

기업 외부경영자원 활용의 방법으로 기업의 인수와 합병을 의미한다. 최근에는 의미가 확장되어 인수와 합병, 전략적 제휴 등도 M&A로 정의하고 있다.

2 M&A의 동기 OX문제

① 경영전략적 동기 2019 우리은행

구분	내용
기업 지속성장 추구	기업 내부자원을 활용한 성장에는 한계가 있으므로 M&A를 통해 기업의 목표인 지속적인 성장을 추구한다.
국제화 추구	국제화 추세에 맞춰 기업과 기술의 국제화를 추구한다.
효율성 극대화	비효율적인 부문은 매각하고 유망한 부문에 대해 전략을 구사하여 이익의 극대화를 추구한다.
기술 발달	새로운 기술을 도입하고 보유하고 있는 기술을 발전시키기 위한 전략이다.

② 영업적 동기

구분	내용
시장지배력 확대	시장구조를 독점하여 시장점유율과 시장지배력을 확대함으로 이익의 극대화를 추구한다.
시장참여의 시간단축	M&A를 통해 시장에 빠르게 진출하여 시장 선점의 시간을 단축할 수 있다.

⊕ M&A의 종류

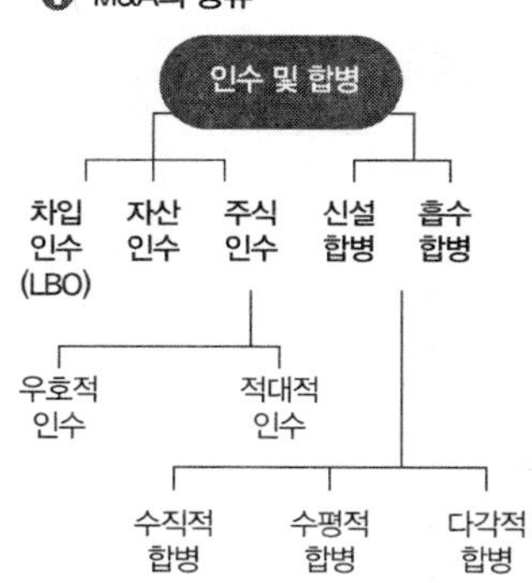

OX문제

효율성 극대화를 위한 M&A는 M&A의 경영전략적 동기에 해당한다.

O X

OX문제 답 O

③ 재무적 동기

구분	내용
위험분산	M&A를 통해 재무위험을 감소시키고 기업 포트폴리오의 위험을 분산할 수 있어서 리스크를 줄일 수 있다.
자금 조달 능력 확대	위험분산 효과에 의해 파산위험이 줄어들 경우 인수기업의 자금 조달 능력이 확대될 수 있다.
세금 절감	피인수기업의 입장에서 상대적으로 적은 양도소득세를 부담하고 보유 주식을 현금화하여 세금을 절감할 수 있다.

3 방식에 따른 분류 OX문제

① 합병

구분	내용
흡수합병	하나의 회사는 존속하고 다른 하나의 회사는 소멸하여 존속회사에 흡수되는 합병 형태이다.
신설합병	합병하는 모든 회사가 전부 소멸하고 새로운 회사를 신설하여 권리 및 의무를 모두 신설된 회사에 양도하는 합병 형태이다.

② 인수

구분	내용
주식 인수	주식 매수를 통해 대상 기업의 경영권을 인수하는 형태이다.
자산인수	대상 기업의 자산을 취득하여 경영권을 확보하는 형태이다.
효율성 극대화	비효율적인 부문은 매각하고 유망한 부문에 대해 전략을 구사하여 이익의 극대화를 추구한다.

PLUS 팁

승자의 저주 2020 기업은행 2019 신한은행

치열한 경쟁 끝에 승리를 얻었지만 승리를 얻기 위해 과도한 비용과 희생으로 오히려 커다란 후유증을 겪는 상황. 이는 승자에게 내려진 저주라는 뜻으로 M&A 과정에서도 발생한다.

OX문제

흡수합병이란 합병하는 모든 회사가 전부 소멸하고 새로운 회사를 신설해 권리 및 의무를 모두 신설된 회사에 양도하는 합병 형태를 말한다.

O X

기출문제

2019.6.10. 우리은행

Q M&A 경영전략적 동기로 옳지 않은 것은?

① 시장구조를 독점하여 시장점유율과 시장지배력을 확대함으로 이익의 극대화를 추구한다.
② 기업 내부자원을 활용한 성장에는 한계가 있으므로 M&A를 통해 기업의 목표인 지속적인 성장을 추구한다.
③ 국제화 추세에 맞춰 기업과 기술의 국제화를 추구한다.
④ 비효율적인 부문은 매각하고 유망한 부문에 대해 전략을 구사하여 이익의 극대화를 추구한다.
⑤ 새로운 기술을 도입하고 보유하고 있는 기술을 발전시키기 위한 전략이다.

정답 ① M&A의 동기 중 영업적 동기에 대한 설명이다.

OX문제 답 ×

4 적대적 M&A

① 곰의 포옹 2024 광주은행

㉠ 사전에 경고 없이 매수자가 목표 기업의 이사들에게 편지를 보내, 매수 제의를 하고 신속한 의사결정을 요구하는 기법이다.

㉡ 인수 대상 기업의 경영자에게 경영권을 넘기거나 협상에 응하지 않으면 회사를 통째 인수하겠다는 일종의 협박으로, 마치 곰이 다가와 포옹하는 것 같다 하여 곰의 포옹이라고 한다.

㉢ 시간적 여유가 없는 주말에 인수 의사를 대상 기업 경영자에게 전달하여 인수 대상 기업의 경영자가 수용 여부를 빨리 결정토록 요구하는 것이다.

② 그린메일 2024 제주은행 2024 광주은행 2024 농협은행 2019 기업은행 OX문제

㉠ 보유 주식을 팔기 위한 목적으로 대주주에게 편지를 보낼 때 초록색인 달러화를 요구한다는 의미에서 그린메일이라는 이름이 붙여졌다.

㉡ 경영권을 위협하는 수준까지 특정 회사의 주식을 대량으로 매집해놓고 기존 대주주에게 M&A를 포기하는 조건으로 일정한 프리미엄을 얻어 주식을 매입하도록 요구한다.

㉢ 경영권 탈취보다는 주식의 시세차익을 노리는 것이 보통이며, 그린메일 성사 후, 일정 기간 동안 적대적 M&A를 시도하지 않겠다는 약정을 맺을 수 있는데, 이를 불가침 협정이라고 한다.

③ 새벽의 기습 2014 새마을금고

㉠ 대상 기업의 주식을 상당량 매입하고 기업인수 의사를 대상 기업 경영자에게 전달하는 방법이다.

㉡ 곰의 포옹과 유사한 적대적 M&A 방식이다.

④ 공개매수(TOP) 2024·2021 농협은행

㉠ 매수자가 매수기간과 가격, 수량 등을 공개적으로 제시하고 불특정다수의 주주로부터 주식을 매수하는 방법이다.

㉡ 우호적(목표 기업의 경영진이 동의한 경우)·적대적(공개매수에 반대한 경우)·중립적(어떠한 조언이나 입장을 취하지 않는 경우) 공개매수로 구분되는데, 대부분 적대적 공개매수에 해당한다.

5 방어수단

① 백기사

㉠ 적대적 M&A의 매수자보다 높은 가격으로 인수 제의를 하면서도 기존의 경영진을 유지시키는 우호세력을 끌어들여 경영권을 방어하는 수단이다.

㉡ 백기사 커플이란 두 기업이 서로의 주식을 교환하여 서로가 백기사가 되어 주는 것을 말한다.

㉢ 적대적인 공개매수를 취하는 측을 기업사냥꾼이라고 한다.

PLUS 팁

M&A의 의사에 따른 분류

① 우호적 M&A : 인수회사와 피인수회사가 합의하에 이루어지는 인수합병으로 기업 성장을 목적으로 한다.

② 적대적 M&A : 피인수회사의 자발적의사와는 상관없이 독단적으로 경영권을 취하는 경우이다.

OX문제

그린메일이란 인수 대상 기업의 CEO가 임기 전에 사임하게 될 경우를 대비하여 거액의 퇴직금, 스톡옵션, 일정 기간 동안의 보수와 보너스 등 받을 권리를 사전에 고용계약에 기재하여 안정성을 확보하고 동시에 기업의 인수비용을 높이는 방법이다.

O X

OX문제 답 X

② **포이즌 필** 2024 제주은행 2024 광주은행 2023 국민은행 2018 농협은행 : 기존 주주들이 시가보다 저렴하게 주식을 살 수 있는 권리를 주거나 회사에 주식을 비싼 값에 팔 수 있는 권리를 주면서 적대적 M&A에 나선 기업이 부담을 갖게 되어 방어할 수 있다.

③ 황금낙하산 2024 광주은행 2024 농협은행 2023 국민은행

㉠ 인수 대상 기업의 CEO가 임기 전에 사임하게 될 경우를 대비하여 거액의 퇴직금, 스톡옵션, 일정 기간 동안의 보수와 보너스 등 받을 권리를 사전에 고용계약에 기재하여 안정성을 확보하고 동시에 기업의 인수비용을 높이는 방법이다.

㉡ 경영자의 신분을 보장하고 기업의 입장에서 M&A비용을 높이는 효과가 있다. 한편 일반 직원에게도 일시에 거액의 퇴직금을 지급하도록 규정하여 매수하는 기업의 의욕을 떨어뜨리는 경우를 주석낙하산이라고 한다.

④ 차등의결권 2024 농협은행 2021 수협은행 2019 신한은행

㉠ 일반 주식이 가지는 의결권보다 몇 배 더 높은 주식을 말하며 차등의결권주식, 복수의결권(주식)이라고도 부른다.

㉡ 최대주주 소유의 보통주가 주당 1표의 의결권을 갖는 대신 일반인에게 2등급 주식을 발행하여 배당을 늘려주어 10주당 의결권 1표를 갖게 하는 것이다. 따라서 대주주의 지배권을 강화하고 안정적으로 경영권을 행사할 수 있어 적대적 인수합병의 경영권 방어수단으로 이용하는 것이다.

㉢ 우리나라는 1주당 1의결권을 갖는 것이 원칙이며 차등의결권 제도 자체가 없다. 미국, 유럽 등에서 도입하고 있다.

㉣ 차등의결권은 적은 지분으로 적대적 인수합병으로부터 경영권을 방어하는 효과를 가지지만, 무능한 경영자가 있을 경우 교체하기가 어렵고 경영진의 소수 지분의 의사결정이 다수의 의사인 것처럼 왜곡될 수 있다. 또한, 소수의 경영진들이 개인 이익만을 좇을 수 있는 단점을 가진다.

⑤ 황금주

㉠ 한 주가 하나의 의결권을 갖는 것이 아닌, 단 한 주로 주주총회의 의결사항에 대한 거부권을 행사할 수 있는 권리를 부여한 주식이다.

㉡ 1980년대 유럽이 공기업을 민영화 하면서 외국자본으로부터 경영권을 보호하기 위해 도입한 제도로, 공공성을 훼손할 경우 정부가 개입할 수 있는 여지를 만들어둔 보완책이다.

㉢ 다른 주주의 이익을 심하게 침해하고 정상적 자본 이동을 어렵게 할 수 있다.

PLUS 팁

⊕ 포이즌 필 방식

① **플립 인 필(Flip in Pill)** : 적대적 M&A의 목표 기업 주식을 일정 비율 이상 취득하는 경우 해당 기업의 주주들에게 콜옵션(주식을 낮은 가격에 매수할 권리)을 부여한다.

② **플립 오버 필(Flip over Pill)** : 적대적 M&A의 목표 기업을 인수한 다음 이를 합병할 때 해당 기업 주주들에게 합병 후 존속회사의 주식을 콜옵션을 배당형태로 부여한다.

③ **백 엔드 필(Back and Pill)** : 적대적 M&A의 목표 기업 주식을 일정 비율 이상 취득하면 해당 기업 주주들이 보유 주식을 우선주로 전환하여 청구하거나 현금으로 상환 또는 교환해줄 것을 청구한다.

PART 03. 경영

2024국민은행 2022 · 2020신용보증기금 2021 · 2019수협은행 2020신협은행 2019 · 2018신한은행 2018기업은행 2016산업은행

마케팅 I

#마케팅 정의 #그린 마케팅 #시장세분화 #마케팅믹스(4P)

1 마케팅 정의

본질적으로 고객에게 가치를 전달하는 것으로 개인이나 조직의 목표를 충족시키기 위한 교환을 창출하기 위해 추진되는 일련의 과정이다.

2 마케팅 개념의 발전 OX문제

판매 기념	출발점	초점	수단	목표
	공장	기존 제품	판매와 촉진	매출증대를 통한 이윤창출

마케팅 기념	출발점	초점	수단	목표
	시장	고객의 욕구	통합된 마케팅	고객만족을 통한 이윤창출

① 생산 개념(Production Concept) : 수요에 비해 공급이 부족하여 소비자들이 제품을 구매하기 어려운 경우, 기업은 생산만 하면 쉽게 판매할 수 있으므로 생산량을 증가시키는 데 집중하는 마케팅 개념을 일컫는다.

② 제품 개념(Product Concept) : 공급이 증대됨에 따라 경쟁이 심화되면서 기업은 제품의 품질이나 성능 등 차별화를 주게 된다. 생산 개념과 달리 제품 개선에 집중하는 마케팅 개념을 일컫는다.

③ 판매 개념(Selling Concept) : 제품이 차고 넘치는 공급과잉 시장이 되면서 기업에서는 판매량을 최대화하기 위한 전략을 펼치게 되는데, 제품의 판매 촉진 활동 마케팅 개념을 일컫는다.

④ 마케팅 개념(Marketing Concept) : 고객의 니즈에 집중하는 것으로 고객의 욕구를 충족시키고 고객을 만족시킴으로써 이익을 실현하는 것을 목표로 하는 마케팅 개념을 일컫는다.

⑤ 사회적 마케팅 개념(Societal Marketing Concept) : 소비자 만족과 기업의 이윤은 사회 전체 이익에 기여하고 충족시켜야한다는 마케팅 개념을 일컫는다. 기업의 봉사활동이나 **그린 마케팅**⊕이 이에 해당한다.

PLUS 팁

✔ 사회적 마케팅 개념

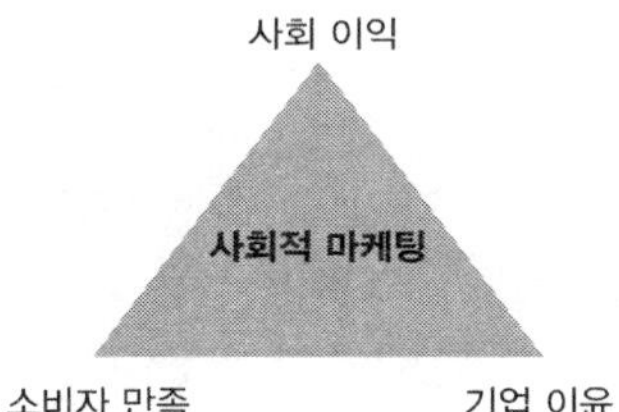

⊕ 그린 마케팅

기업의 제품이 개발·유통·소비되는 과정에서 환경보존 및 소비자 건강에 대한 기업의 노력과 사회적 책임을 강조하는 마케팅 전략이다.

OX문제

마케팅 개념의 판매개념은 고객의 욕구를 충족시키고 만족시킴으로써 이익을 실현하는 것이 목표이다.

O X

OX문제 답 X

3 마케팅 관리의 과정 2024 국민은행 2023·2015 새마을금고 2022·2020 신용보증기금 2021·2020 수협은행 2020 신협은행 2016 산업은행 OX문제

① 정의 : 효과적인 조직 목표 달성을 위해 시장의 변화에 집중하여 분석하고 분석결과에 따라 표적시장의 고객을 만족시키는 마케팅 전략을 계획·실행·통제하는 경영관리 활동이다.

② 과정

㉠ 현재 상황을 인지하고 자사분석, 소비자 분석, 경쟁사분석 등의 활동을 통해 기업의 마케팅 성과를 향상시킬 수 있는 목표를 수립하는 단계이다.

㉡ 전략(장기)과 계획(단기) 수립 : 분석 단계를 통해 목표 수립 후 구체적인 마케팅 활동을 결정하는 단계이다. 이 단계에서 시장 세분화와 표적시장, 포지셔닝, 마케팅 믹스 활동이 이루어진다.

구분	내용
시장 세분화⊕	소비자의 니즈, 특성 등을 기준으로 다양한 집단으로 세분화하여 이들이 원하는 요인을 조사하고 시장을 세분화한다.
표적시장 선정⊕	기업이 세분화한 시장 중 집중적으로 공략하는 시장을 말한다.
포지셔닝	• 자사 제품이 경쟁제품과는 다른 차별적 경쟁우위 요인을 가지고 있어 표적시장에서 소비자들의 욕구를 보다 효율적으로 잘 충족시켜줄 수 있음을 소비자에게 인식시켜주는 것이다. • 기업 경쟁에서 가장 유리한 포지션에 자리를 잡을 수 있도록 하는 활동을 말한다.
마케팅 믹스(4P)	• 기업이 마케팅 목표의 효과적인 달성을 위해 사용하는 마케팅 도구의 집합이다. • 제품(Product), 가격(Price), 유통(Place), 촉진(Promotion)으로 분류된다. 4P는 표적시장에서 좋은 위치를 선점하는 데 활용된다.

㉢ 실행 및 통제 : 마케팅을 실행하고 목표 달성 여부를 평가 및 피드백 하는 단계이다. 이후 기업의 마케팅 활동에 대한 방향을 설정에 많은 영향을 미친다.

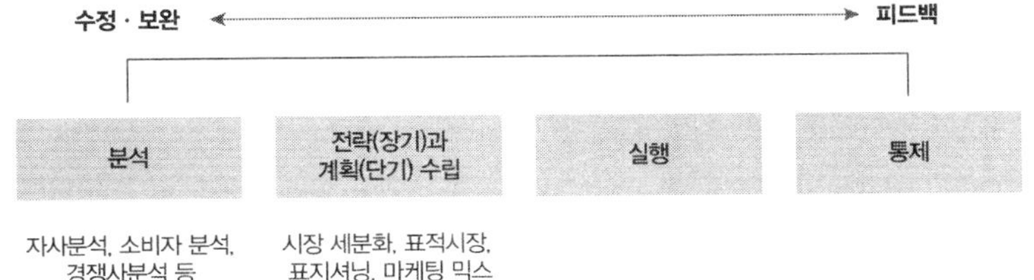

PLUS 팁

⊕ 시장 세분화의 기준

① 지리적 세분화 : 시장을 지역이나 규모, 인구 밀도 등으로 세분화 하는 것이다.
② 사회심리분석적 세분화 : 라이프스타일이나 욕구, 개성 등으로 세분화하는 것이다.
③ 인구통계적 세분화 : 연령, 성별, 직업, 국정 등으로 세분화 하는 것이다.
④ 행동분석적 세분화 : 사용량, 브랜드 충성도 등으로 세분화 하는 것이다.

⊕ 표적시장 선정 시 고려사항

① 잠재적 경쟁력
② 이익창출이 가능한 시장 규모
③ 기업 목표와 표적시장의 합치
④ 기업의 능력과 자원

포지셔닝 과정

① 소비자 분석 : 소비자 욕구와 기존 제품에 대한 불만족 원인을 파악한다.
② 경쟁자 확인 : 제품의 경쟁 상대를 파악한다. 이때 표적시장을 어떻게 설정하느냐에 따라 경쟁자가 달라진다.
③ 경쟁제품의 포지션 분석 : 경쟁제품이 소비자들에게 어떻게 인식되고 평가받는지 파악한다.
④ 자사 제품의 포지션 개발 : 경쟁제품에 비해 소비자 욕구를 더 잘 충족시킬 수 있는 자사 제품의 포지션을 결정한다.
⑤ 포지셔닝의 확인 및 리포지셔닝 : 포지셔닝 전략이 실행된 후 자사 제품이 목표한 위치에 포지셔닝이 되었는지 확인한다.

OX문제

소비자 니즈와 특성을 기준으로 세분화하는 것은 시장세분화이다.

O X

OX문제 답 O

PART 03. 경영

마케팅 Ⅱ

2024수협중앙회 2024 · 2021 · 2020기업은행 2024 · 2023하나은행 2020신협은행 2024 · 2022 · 2020 · 2019농협은행 2020 · 2018우리은행 2018 · 2014국민은행 2023 · 2022 · 2015새마을금고 2016산업은행

#마케팅 전략 #다각화전략 #마케팅 믹스(4P)

1 마케팅 전략 수립

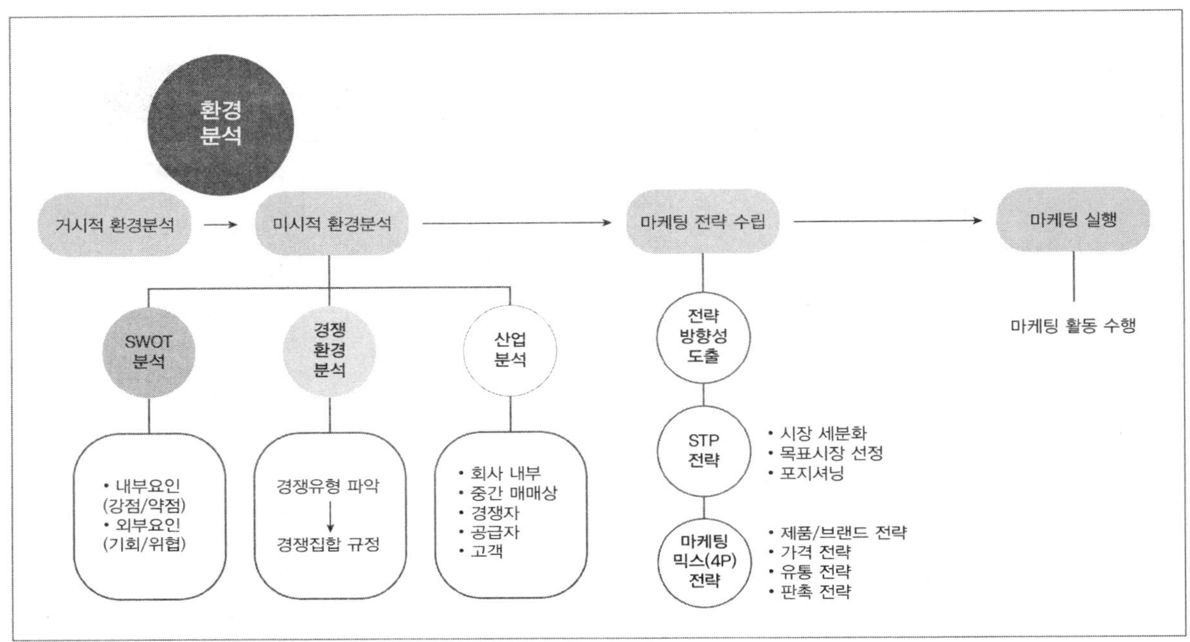

2 시장지위에 따른 마케팅 전략 2014 국민은행

구분	내용	구분	내용
시장선도기업 (Market Leader)의 경쟁시장 전략	• 시장 규모를 확대하는 전략 • 경쟁우위를 유지하는 전략 • 진입장벽을 높이는 전략 • 가격설정자(Price Market) 역할	시장추종기업 (Market Follower)의 경쟁시장 전략	• 시장선도기업을 모방하는 전략 • 모방에서 점진적 개선 작업수행 • 가격 수용자(Price Taker) 역할
시장도전기업 (Market Challenger)의 경쟁시장 전략	• 시장점유율을 높이기 위한 제품 개발 전략 • 시장 분석을 철저히 수행하는 전략 • 가격차별화(Price Discrimination) 전략	시장 틈새기업 (Market Nicher)의 경쟁시장 전략	• 경쟁우위구축전략 • 비용우위전략 • 저가(Low Price) 전략

더 알아보기

경쟁우위구축전략 2024 수협중앙회 2018 우리은행

① 원가우위전략 : 경쟁기업보다 낮은 원가로 제품과 서비스를 제공하는 전략

② 차별화 전략 : 제공하는 제품과 서비스를 차별화하는 전략

③ 집중화 전략 : 특정한 시장(집단이나 제품)을 집중적으로 공략하는 전략

3 앤소프 매트릭스 전략 2024·2020 기업은행

① 앤소프 매트릭스 : 러시아의 이고르 앤소프 박사가 제시한 기업의 성장전략 유형 매트릭스이다. '제품 – 시장 성장 매트릭스'라고도 하며, 이 유형은 기업의 향후 방향을 결정하고 성장전략을 파악하는 데 도움을 준다.

구분	기존 제품	신규 제품
신시장	시장 개발 전략 (고객 및 지역 확대)	다각화 전략 (신제품 개발 및 판매, 신규 사업 추진)
기존 시장	시장 침투 전략 (판매 촉진, 사용량 증대)	제품 개발 전략 (신제품 개발 및 판매)

PLUS 팁

OX문제

경쟁우위구축전략은 시장선도기업을 모방하여 전략을 개선하는 것이다.

O X

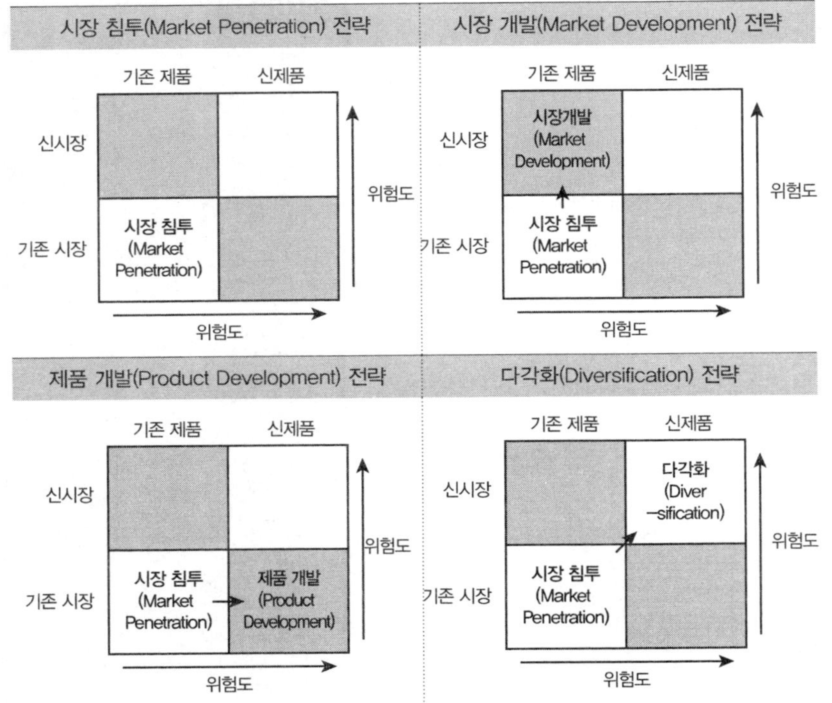

② 전략

㉠ 시장 침투(Market Penetration) 전략

- 기존 제품을 변경하지 않고 제품 사용량을 증가시키는 방법이다.
- 가장 안정적인 방법이며, 브랜드 리뉴얼 전략이라고도 한다.
- 광고 등을 통하여 소비자가 인식하지 못했던 특징을 어필하거나, 생산원가 절감 등을 통하여 가격경쟁력을 높여 경쟁사의 고객을 유인하고 시장점유율을 확대할 수 있다.

㉡ 시장 개발(Market Development) 전략

- 기존 제품을 새로운 시장에 판매하여 지역 및 고객층을 확대하는 방법이다.
- 이미 국내 시장을 지배하고 있는 기업은 해외 시장으로 확대하여 기존 제품에 대한 새로운 수요를 창출할 수 있다.

㉢ 제품 개발(Product Development) 전략

- 기존 시장에 신제품을 개발·출시하여 시장점유율을 확대하는 전략이다.
- 고객과의 소통이 활발하고 브랜드 충성도가 높은 기업은 시장의 흐름과 소비자의 니즈를 파악하기 쉽기 때문에 매우 효율적인 방법이다.

㉣ 다각화(Diversification) 전략

- 새로운 제품이나 서비스를 개발하여 새로운 시장을 개척하는 전략이다.
- 네 가지 성장전략 유형에서 가장 혁신성이 높고 위험도도 가장 크다.
- 다각화 전략에는 기존 제품과 관련된 제품을 개발하여 새로운 시장에 내놓는 방법(관련 다각화)과 기존 제품과 관련이 없는 제품을 개발하여 새로운 시장에 내놓는 방법(비관련 다각화)이 있다.

PLUS 팁

리퀴드 소비

소비에 변화가 많고 예상이 불가능한 소비를 의미한다. 소비자의 제품 및 서비스 선택 주기가 짧고 소비이동의 속도도 빠르다는 것이다. 숏폼을 소비하듯이 브랜드와 상품에 충성심을 보이지 않고 자신의 가치경험을 채울 수 있는 것이면 계속 다른 브랜드를 이동하는 것을 의미한다. 이전에 충성심이 높고 예상 가능했던 솔리드 소비와는 반대가 되는 개념이다.

4 마케팅 믹스(4P) 전략 2024 국민은행 2020 신협은행 2016 산업은행 2023·2015 새마을금고

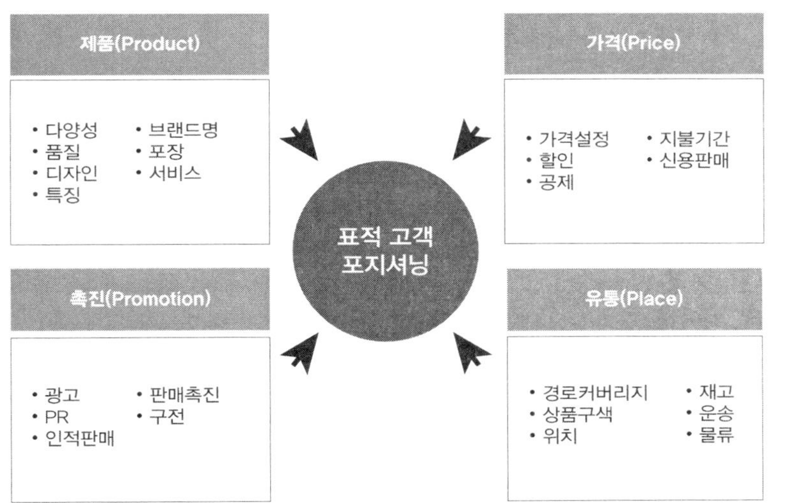

구분	내용
제품관리 (Product Management)	• 4P의 첫 번째로 가장 중요한 요소이다. • 제품전략은 제품생산, 브랜드, 포장 등에 대한 종합적인 의사결정을 말한다. • **라이프사이클 관리**로 제품의 경쟁력과 차별성을 확보한다.
가격관리 (Price Management)	• 4P 중 단기간에 효과가 확연하게 나타나는 특징을 가지고 있다. • 비가격요소의 역할이 강조되고 있지만 가격은 여전히 4P의 주요 요소이다. • 지역별로 가격을 차별화 할 수 있고 할인 및 공제정책도 활용할 수 있으며 서로 다른 세분시장에 대해 가격을 설정할 수도 있다.
유통관리 (Place Management)	• 생산된 제품을 소비자에게 전달되는 과정으로 모든 생산자가 직접 소비자와 만날 수 없으므로 이와 같은 관리가 필요하다. • 제품이나 서비스가 고객에게 효율적으로 전달될 수 있도록 하는 것이 중요하다.
촉진관리 (Promotion Management)	• 마케터가 제품의 혜택을 소비자에게 확신시키기 위해 펼치는 모든 활동을 말한다. • 촉진관리에는 광고, 판촉, 홍보, 인적 판매 등이 있다.

PLUS 팁

라이프사이클(Life Cycle) 관리

시간의 흐름에 따른 제품 노후화, 소비자의 반응 변화 등에 대처하는 전략이다.

5 SWOT 분석 2024·2019 농협은행 2024·2018 국민은행 2024·2023 하나은행 2024 수협은행 2022 새마을금고 2021·2020 기업은행 2020 우리은행

① 정의 : 조직내부의 강점과 약점을 조직외부의 기회와 위협요인과 대응시켜 전략을 개발하는 기법을 말한다.

내부환경요인 / 외부환경요인	강점 (Strength)	약점 (Weakness)
기회(Opportunity)	SO	WO
위협(Threat)	ST	WT

② 구분

㉠ SO전략(강점 – 기회전략) : 강점으로 시장기회를 활용하는 전략

㉡ ST전략(강점 – 위협전략) : 강점으로 시장위협을 회피하는 전략

㉢ WO전략(약점 – 기회전략) : 약점을 극복하여 시장기회를 활용하는 전략

㉣ WT전략(약점 – 위협전략) : 시장위협을 회피하고 약점을 최소화하는 전략

6 3C 분석 2024·2022 농협은행 2022 신협은행 2021 새마을금고

① 정의 : 기업의 성장을 위해 고객과 자사, 경쟁사를 분석하여 활용하는 기법을 말한다.

② 구분

㉠ 고객(Customer) : 주 고객, 고객의 니즈, 구매 행동에 영향을 미치는 요인, 제품 라이프사이클, 시장규모 및 시장 성장률을 파악한다.

㉡ 자사(Company) : 자사의 강·약점을 파악하고 타사와의 경쟁 방안을 찾아야 한다. 이때 SWOT 분석을 통해 자사의 내·외부 요인에 대한 분석과 계획을 세울 수 있다.

㉢ 경쟁사(Competitor) : 경쟁사의 진입 가능성, 경쟁사의 강·약점 및 전략, 경쟁사의 시장 점유율과 시장 내 위치를 파악해야 한다.

PLUS 팁

⊕ 3C 분석 도식

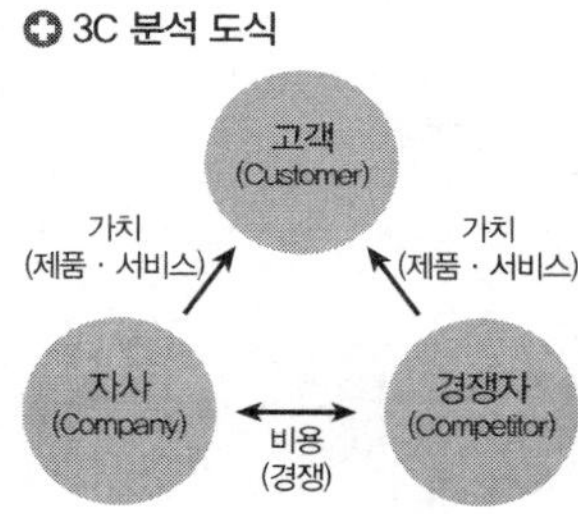

기출문제

2014.09.28. 국민은행

Q 유형에 따른 전략대로 바르게 묶인 것은?

① Market Leader – Low Price
② Market Leader – Price Taker
③ Marker Follower – Price Discrimination
④ Market Challenger – Price Discrimination
⑤ Market Nicher – Price Maker

정답 ④ ①② Market Leader – Price Market
③ Market Follower – Price Taker
⑤ Market Nicher – Low Price

마케팅 Ⅲ

2021 · 2017국민은행 2021경남은행 2021 · 2020 · 2019 · 2018 기업은행 2020 · 2018 신한은행 2020부산은행 2020 · 2017 신협은행 2020 · 2019신용보증기금 2019 · 2018 우리은행 2019농협은행 2019수협은행 2015 · 2014새마을금고

마케팅 종류 # 디 마케팅 # 넛지 마케팅

PLUS 팁

1 코즈 마케팅(Cause Marketing) 2018 신한은행 2015 새마을금고 OX문제

① 기업과 소비자의 관계를 통해 기업이 추구하는 사익(私益)과 사회가 추구하는 공익(公益)을 동시에 얻는 것을 목표로 한다.

② 제품 판매와 더불어 기부를 연결하는 것이 코즈 마케팅의 주요 특징이다.

더 알아보기

코즈 마케팅 예시

① 국외
- ㉠ 코카콜라 : 북극곰을 돕기 캠페인
- ㉡ 제약회사 헬프 레미디스 : 제품을 내놓으면서 골수 기증 프로그램 가입서를 첨부한 캠페인
- ㉢ RED.org : 콜라보 제품을 소비자가 구매할 경우, 일정 금액을 에이즈 퇴치 운동에 기부

② 국내
- ㉠ CJ제일제당 : 생수 제품을 구매하는 소비자들이 제품에 따로 마련된 기부용 바코드나 QR코드를 찍으면 한 병당 아프리카 어린이들이 마시는 물을 정화하기 위한 작업에 드는 비용 100원씩 기부
- ㉡ 마리몬드 : 판매이익의 50%를 위안부 할머니께 기부하는 활동 및 성폭력 피해지원, 아동인권 지원

2 디 마케팅(De Marketing) 2019 수협은행 2018 신한은행 2015·2014 새마을금고 OX문제

① 소비자가 자사 제품을 구매하는 것을 의도적으로 막거나 줄이는 마케팅을 의미한다.

② 수익성이 낮은 고객을 줄이고 충성도가 높은(수익성이 높은) 고객에게 집중하기 위한 마케팅이다.

③ 소비자보호나 환경보호 등 사회적 책무를 강조하면서 기업의 이미지를 긍정적으로 바꾸는 효과가 있다.

④ 거래실적이 적은 휴면계좌를 정리하거나 이용실적이 부진한 회원을 탈퇴시키는 등 기업수익활동에 참여도가 낮은 고객을 배제하는 마케팅이다.

OX문제

디마케팅은 사회적 책임을 위해서 소비자의 과잉 구매를 억제하는 것이다.

O X

OX문제 답 O

3 넛지 마케팅(Nudge Marketing) 2019·2018 기업은행 2019·2018 우리은행 2017 국민은행 2017 산업은행 OX문제

PLUS 팁

관련기사

'다크 넛지' 사례 줄줄이 적발

계산대 대기 줄에 있에 있는 껌이나 음료 등 적절한 위치에 배치하여 소비자의 소비를 유도하는 마케팅 전략인 '넛지 마케팅'의 부정적인 의미를 더한 '다크 넛지' 사례가 적발되었다. 쉽게 말해, 부정적인 방식으로 소비자들의 소비를 유도하는 전략이다. 모바일이나 온라인에서 특히 많이 쓰이며, 정기결제 해지를 어렵게 만들어 매달 돈이 빠져나가게 하는 방식이다. 일정 기간 무료로 제공한 뒤 유료로 전환하는 방식인데 유료 전환 시점을 고지하지 않고 해지 또한 귀찮고 복잡하게 만들어 소비자들이 결제 사실을 잊도록 유도하는 것으로 다크 넛지의 피해 사례가 점점 늘자 피해방지를 위한 대책을 마련 중이다.

① 제품의 특성을 강조하고 구매를 촉진하는 것과 달리 소비자가 제품을 선택할 때 보다 유연하게 접근하도록 하는 마케팅이다.

② 선택은 소비자가 하는 것이지만 원하는 방향으로 특정 행동을 유도한다.

③ 직접적인 명령이나 지시를 내리지 않는다.

4 니치 마케팅(Niche Marketing)

① 시장의 빈틈을 공략하는 제품을 잇따라 내놓는 마케팅이다.

② 시장 전체가 아닌 특정한 성격을 가진 소규모의 소비자를 대상으로 판매목표를 설정한다.

5 앰부시 마케팅(Ambush Marketing) 2019 기업은행 2019 농협은행

① 규제를 교묘하게 피해가는 간접 마케팅이다.

② 대형 스포츠 경기의 공식 후원업체가 아니면서 광고 문구 등으로 관련 있는 업체 인상을 준다.

OX문제

계단에 피아노 소리가 나는 장치를 설치하여 대중들이 에스컬레이터보다 계단을 이용하게 하는 마케팅을 넛지 마케팅이라고 한다.

O | X

플래그십 마케팅은 기업이 적극적인 홍보에 나서지 않고 소비자들이 자발적으로 제품에 대해 긍정적인 입소문을 내게 하는 마케팅이다.

O | X

기출문제

2019.03.17. 농협은행

Q 대형 스포츠 경기의 공식 후원사가 아님에도 공식후원사인 것 같은 인상을 주는 마케팅으로 옳은 것은?

① 디 마케팅
② 니치 마케팅
③ 바이럴 마케팅
④ 앰부시 마케팅
⑤ 넛지 마케팅

정답 ④ 앰부시 마케팅은 대형 스포츠 경기의 공식적인 후원업체가 아니지만 광고 문구 등으로 관련 있는 업체의 인상을 심어줌으로써 규제를 교묘하게 피해가는 간접 마케팅 방법이다.

OX문제 답 O, X

6 플래그십 마케팅(Flagship Marketing) 2019 신용보증기금 OX문제

① 가장 인기가 있고 성공을 거둔 특정 제품에 집중하여 판촉하는 마케팅이다.

② 특정 제품으로 브랜드에 대한 긍정적인 이미지를 다른 제품으로 확대·전파하여 전체 제품의 매출을 극대화하는 것이 목적이다.

③ 비용을 절감할 수 있다는 장점이 있지만 주력 제품에 하자가 생겼을 경우 브랜드 이미지에 타격을 입을 수 있다.

7 프로슈머 마케팅(Prosumer Marketing) 2020 신용보증기금 2014 새마을금고 OX문제

관련기사

소비를 능동적으로 … 시청자를 사로잡는 프로슈머 마케팅

소비자를 넘어 생산자로 진화하는 프로슈머가 익숙해지고 있다. 이는 물건에만 해당되는 것이 아니다. 최근까지도 방영된 오디션 프로그램을 통해, 시청자들이 소비자에서 그치는 것이 아니라 출연자를 키우게 된 것이다. 자신이 응원하는 출연자를 문자투표 혹은 홈페이지 투표로 프로그램에 영향을 미치는 것이다. 소비자들이 프로그램을 통해 직접 아이돌 산업에 뛰어들면서 소속사를 대신하여 홍보도 한다. 과거와는 다르게 주체성을 가진 팬들이 소속사와 방송국에 자신의 의견을 적극적으로 피력할 수 있게 된 것이다.

① 생산자(Producer)와 소비자(Consumer)를 합성한 용어로 소비자가 신제품 개발에 참여하는 마케팅이다.

② 소비자들의 니즈를 파악한 후 신제품을 개발하던 방식에서 공모전이나 대회 등의 참여를 통하여 소비자가 직접 아이디어를 제안하고, 기업이 이를 제품으로 개발한다.

8 버즈 마케팅(Buzz Marketing) 2015 새마을금고 OX문제

① 입소문을 통하여 소비자에게 제품 특성을 전달하는 마케팅이다.

② 소비자 간의 네트워크를 통하여 제품 특성을 전달하는 기법으로 입소문 마케팅 또는 구전 마케팅이라고도 한다.

③ 대중매체를 통해 불특정 다수에게 전달하는 기존 마케팅과는 달리 제품 이용자가 주위 사람들에게 직접 전달하도록 유도하기 때문에 광고비가 거의 들지 않는다는 장점이 있다.

PLUS 팁

OX문제

입소문을 통하여 소비자에게 제품 특성을 전달하는 마케팅을 버즈 마케팅이라고 한다.

O | X

OX문제 답 O

9 프리 마케팅(Free Marketing) 2020 기업은행

① 상품과 서비스를 무료로 제공하는 마케팅이다.

② 고객의 시선을 끌기 위하여 사용되나 타 업체와의 경쟁 방법으로도 사용된다.

③ 특정 시간대에만 통화료를 무료로 하거나 개인정보 수집을 동의하면 정보 열람을 무료로 하는 등 다양한 형태가 있다.

10 밈 마케팅(Meme Marketing) 2021 국민은행 2021·2020 기업은행

① 온라인에서 유행하는 재가공된 콘텐츠 밈을 활용한 마케팅이다.

② 저비용 고효율 효과를 기대할 수 있으며 소비자들과 소통이 활발하다.

③ 저작권 확인이 필요하며, 마케팅 유지 기간이 짧다.

11 PPL 마케팅(Product Placement Marketing) 2017 신협은행

관련기사

드라마 흥행이 불러온 PPL 마케팅 열풍

그간 방송 프로그램뿐만 아니라 SNS나 유튜브 등에서 보여주는 PPL 광고에 대한 소비자들의 거부감이 적지 않았다. 그러나 최근 한 드라마 흥행으로 PPL에 대한 관심이 늘어났다. 드라마에 노출된 의류 및 가방 등이 생각 외로 많은 화제를 불어오자 많은 브랜드들이 PPL 마케팅에 의사를 밝히는 등 경쟁이 치열하다고 관계자는 전했다. 종영을 앞둔 만큼 더욱 더 경쟁이 치열해지고 있는 가운데, 드라마 종영 이후에도 이러한 PPL 열풍은 당분간 이어질 것으로 전망된다.

① TV프로그램이나 영화 속에서 특정 기업의 브랜드 명이나 제품을 넣어 노출시키는 마케팅이다.

② 제품의 이미지를 자연스럽게 노출시켜 시청자로 하여금 큰 거부감 없이 소비욕구를 불러일으킬 수 있다.

③ 최근에는 게임 콘텐츠에도 PPL 마케팅이 손을 뻗고 있다.

PLUS 팁

가격전략의 종류

① **리더가격(유인가격)** : 저렴한 가격으로 소비자의 관심을 끌고 유인하여 이윤이 높은 다른 제품을 추가로 구매하게끔 유도하는 가격전략이다.

② **단수가격** : 제품 가격 끝자리를 홀수(999원 등)로 표시하여 제품이 저렴하다는 인식을 심어주는 가격전략이다.

③ **관습가격** : 장기간 동일 가격을 유지하는 전략이다.

④ **개수가격** : 고급품질의 가격이미지를 형성하여 구매를 자극하는 가격전략이다. 단수가격전략과 상응한다.

기출문제

2017.11.11. 신협은행

Q PPL 마케팅의 사례로 옳은 것은?

① 인플루언서가 자신의 SNS로 제품을 홍보하는 경우

② 시청자 문자투표로 아이돌 오디션 프로그램에 참여하는 경우

③ 유명 스포츠 브랜드가 올림픽의 공식후원처가 아님에도 대중의 인식 속에 공식후원처로 각인되어 있는 경우

④ 유명 예능프로그램에서 제품을 사용하는 모습을 자연스럽게 연출한 경우

⑤ 주류회사가 광고에 음주 경고 문구를 내보이는 경우

정답 ④ PPL 마케팅은 드라마, 영화 속에서 일종의 무료 협찬을 하는 등의 특정 기업의 브랜드명이나 제품을 노출시킴으로써 소비자들이 자연스럽게 받아들이고 거부감 없이 해당 제품에 대한 소비욕구를 불러일으키게 하는 방식을 말한다.

12 바이럴 마케팅(Viral Marketing) 2021 경남은행 2020 부산은행

① 소비자가 SNS 등 전파 가능한 매체를 통해 자발적으로 홍보할 수 있도록 기업에서 홍보물을 제작하여 퍼트리는 마케팅 기법이다.

② 컴퓨터 바이러스처럼 확산된다고 하여 바이럴 마케팅이라는 이름이 붙었다.

③ 기업은 광고인 듯 광고가 아닌 유행을 따르는 홍보물을 제작하여 간접광고를 하게 된다.

13 로스 리더 마케팅(Loss Leader Marketing)

① 특정 상품의 가격을 대폭 낮춰 해당 상품에서는 손해를 보지만 더 많은 고객을 유인해 결론적으로는 이익을 내는 마케팅이다.

② 수요 탄력성이 높고 경쟁력이 강한 상품일수록 그 효과는 크다.

③ 거대 기업이 활용할 경우 골목 상권까지 위협한다는 비판이 제기된다.

14 체험마케팅

관련기사

B2C 늘어나, 팝업스토어로 고객에게 더 가까이 가는 기업 마케팅

기업에서 유동인구가 많은 백화점, 지역 등에 집중적으로 팝업스토어를 오픈하여 고객들에게 다양한 체험기회를 제공하고 있다. 패션회사에서 슈퍼마켓의 분위기로 패션브랜드 홍보를 하였으며 함께 다과도 판매하여 관련이 없어 보이는 두 요소를 합쳐서 새로운 트렌드를 만들어 냈다. 기업에서는 **메디치 효과**⊕ 를 통해 사람들은 다양한 체험마케팅을 주기 위해서 다양한 콘셉트의 공간을 만들어 고객에게 더 가까이 다가가고 있다.

① 소비자가 직접 체험 및 경험을 통해서 제품을 직접 사용해보게 하면서 홍보를 하는 마케팅이다.

② 잊지 못할 경험과 다양한 체험을 즐길 수 있는 서비스를 제공한다.

③ 단순히 제품을 보여주거나 제품의 가치를 설명하는 것을 넘어서서 고객에게 즐거움을 주고 지적욕구를 자극한다.

④ 감각, 감정, 인지, 행동, 관계 등의 5가지 유형의 경험을 소비자에게 제공하여야 한다.

PLUS 팁

가격전략의 형태

① **저가격정책** : 수요의 가격탄력성이 크고 대량 생산으로 비용이 절감될 수 있는 경우

② **고가격정책** : 수요의 가격탄력성이 적고 수량 다품종 생산인 경우

③ **할인가격정책** : 특정상품에 대하여 제조원가보다 낮은 가격으로 점유율을 높여야 할 경우

메디치 효과 2020 신협은행 2017 새마을금고

서로 다른 분야의 요소를 결합하여서 더 큰 시너지 효과를 얻게 되는 효과를 의미한다.

OX문제

바이럴 마케팅은 광고인 듯 광고가 아닌 홍보물로 소비자가 자발적으로 홍보할 수 있도록 하는 마케팅 기법을 말한다.

O X

OX문제 답 O

소비자 행동 및 의사결정

#고관여구매행동 #의사결정

1 소비자 행동의 의의

① 소비자들이 제품을 구매하고 사용하고 평가하는 일련의 모든 행동을 일컫는다.

② 제품을 선택한 이유와 방법, 시점이나 빈도 등도 소비자 행동에 포함된다.

③ 소비자의 의사결정 단위에는 정보수집자, 영향력행사자, 의사결정자, 구매자 등 다양한 역할을 맡은 개개인들이 존재한다.

2 관여도 2024 새마을금고 2024 한국자산관리공사 2022 농협은행

① 정의

㉠ 관여도는 소비자가 제품을 구매하기 전 정보 탐색에 들이는 시간과 노력의 정도이다.

㉡ 미국 마케팅 연구자 허버트 크루그먼에 의해 처음 도입된 개념이다.

② 특징

㉠ 저관여 구매행동

- 소비자가 제품이나 서비스에 대하여 비교적 관심이 적고 정보 탐색 과정이 짧은 경우를 말한다.
- 습관적으로 소비하는 저가의 제품일수록 저관여 구매행동이 나타나며 최소한의 정보로 구매 결정을 내린다.

㉡ 고관여 구매행동

- 비자가 구매에 앞서 신중한 의사결정을 하게 되는데 구매하려는 제품이나 서비스에 대한 관심과 상황 등에 결정된다.
- 정보 탐색 과정에서 많은 시간과 노력을 들이는 경우로 구매 빈도가 낮고 고가의 제품일수록 고관여 구매행동이 나타난다.

PLUS 팁

소비자 구매행동 유형 2021 수협은행

브랜드 간 차이	고관여 구매행동	저관여 구매행동
뚜렷함	복잡한 구매행동	다양성 추구 구매행동
별로 없음	부조화 감소 구매행동	습관적 구매행동

관여도 증가 요인

① 제품의 중요도

② 욕구

③ 관심

기출문제

2019.06.10. 우리은행

Q 의사결정에 영향을 미치는 요인으로 옳지 않은 것은?

① 개인적 요인
② 사회적 요인
③ 문화적 요인
④ 마케팅 요인
⑤ 심리적 요인

정답 ④ 의사결정에 영향을 미치는 요인으로는 개인적 요인, 사회적 요인, 심리적 요인, 문화적 요인 등이 있다.

③ 관여도와 구매 의사결정 과정

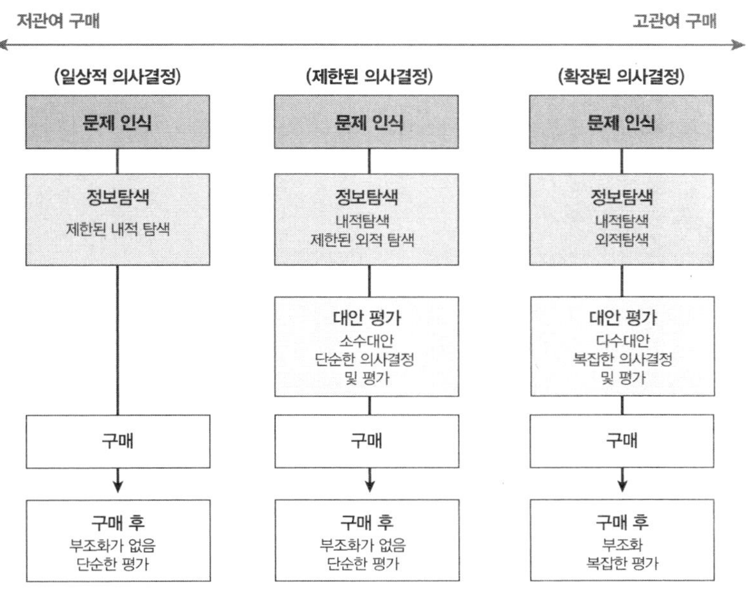

④ 소비자 의사결정 과정 2022 신용보증기금 2019 우리은행 OX문제

① 문제 인식

㉠ 의사결정의 첫 번째 단계로 소비자가 욕구를 느낄 때 발생한다.

㉡ 소비자는 문화나 사회적, 개인적인 다양한 요인으로 문제를 인식하게 된다.

② 정보 탐색

㉠ 소비자가 문제를 해결할 수 있는 제품에 대해 정보를 획득하는 단계이다.

㉡ 내적 탐색과 외적 탐색으로 나눌 수 있다. 내적 탐색은 경험이나 지식 등에서 탐색하는 것이고 외적 탐색은 외부에서 정보를 추가적으로 탐색하는 것을 말한다.

③ 대안 평가

㉠ 구매 대안을 비교하고 평가내릴 때 발생하는 단계이다.

㉡ 가능성과 가치 판단이 대안 평가의 중심이 된다.

④ 구매 결정 : 다양한 대안 중 소비자가 하나의 대안을 선택하게 되는 단계이다.

⑤ 구매 후 행동

㉠ 소비자는 구매 한 제품이나 서비스에 대해 반응하는 모든 것을 구매 후 행동이라고 한다.

㉡ 소비자의 제품 재구매 여부가 결정되는 단계이다.

PLUS 팁

✔ 소비자 의사결정 과정 모형

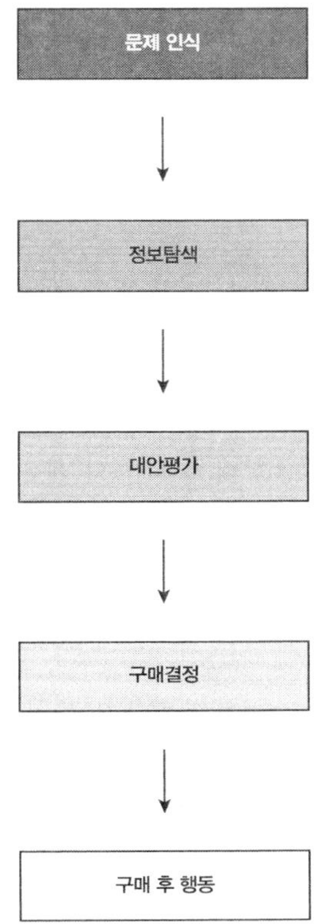

✔ 의사결정에 영향을 미치는 요인

요인	내용
개인적 요인	• 나이 및 직업 • 성격 및 라이프 스타일
사회적 요인	• 소집단 • 가족
심리적 요인	• 동기 • 지각 • 신념
문화적 요인	• 사회계층 • 국적 · 인종 · 종교

OX문제

소비자 의사결정 과정은 문제인식 → 정보탐색 → 구매결정 → 대안평가 → 구매 후 행동이다.

O X

OX문제 답 X

2024 · 2019전북은행 2020신협은행 2023 · 2022 · 2021 · 2018 · 2015기업은행 2023 · 2018하나은행 2023 · 2018신한은행 2022광주은행 2019제주은행

소비자 심리에 따른 소비현상

#밴드왜건 효과 #베블런 효과 #디드로 효과 #펭귄효과

PLUS 팁

관련기사

요즘 뜨는 트렌드, 알고 보니 '불황형 소비'

요즘 뜨는 '유행템' 이면엔 '불황형 소비'가 자리한다. 불황형 소비란 경기 불황에 따른 가계 부담이다. 가성비, 가용비를 꼼꼼히 따지는 소비가 늘어나는 현상이다. 알뜰 소비의 확산이 유통가 전반 저가 마케팅에 힘을 싣고 있다. 유통업계에 따르면, 저가 화장품·밀키트, 대형마트 PB 등은 불황형 트렌드·마케팅의 대표적 예시로 꼽힌다. 업계 관계자는 "신제품의 가격을 설정하고 시기별 프로모션을 기획할 때, 최근 소비자 동향과 스테디셀러, 베스트셀러의 특징을 분석하는데, 지난해 하반기부터 '체리슈머' 등 알뜰소비 성향이 특히 두드러졌다"며 "소비심리가 크게 둔화된 시기, 집객이 최우선 과제가 된 만큼 가성비 라인업에 주력하고 있다"라고 전했다.

1 펭귄 효과(Penguin effect) 2022·2018 기업은행 2015 국민은행

① 소비자가 제품을 눈앞에 두고 구매에 대해 확신을 갖지 못한 상태에서, 타인이 이를 구매하기 시작하면 소비자 스스로가 이에 자극되어 덩달아 구매 결심을 하게 되는 현상을 말한다.

② 유행성 소비나 대중적 제품 마케팅에 자주 나타난다.

예 SNS 유행 맛집 방문 등

2 양 떼 효과(Herding effect) OX문제

① 사람들이 무리로부터 뒤쳐지지 않기 위해 다른 사람들을 따르는 과정에서 발생하는 현상이다.

② 타인으로부터 뒤쳐지지 않기 위해 어쩔 수 없이 제품을 구매하게 되는, 즉 군중심리에 의한 비합리적 소비이다.

③ 투자 시장에서도 자주 볼 수 있다.

3 샤워 효과(Shower Effect) 2015 기업은행

① 고가 제품이나 서비스가 사회·경제적 하위 계층까지 영향을 미쳐 소비를 유발하는 현상이다.

② 상류층에서 시작된 소비가 점차 대중으로 확산된다.

OX문제

양 떼 효과는 군중심리에 따른 비합리적 소비라 할 수 있다.

O | X

OX문제 답 O

4 밴드왜건 효과(Bandwagon Effect) 2023·2021·2018 기업은행 2015 국민은행

① 악단을 선도하며 사람들을 끌어 모으는 악대차(樂隊車)에서 유래되었다.

② 유행하는 재화나 서비스의 정보에 동조하여 따라 구매하는 현상이다.

③ 정치 분야에서도 사용되는데, 사전 여론 조사나 유세 운동 등에서 우세한 쪽으로 표가 집중되는 현상을 표현할 때 사용한다.

5 스놉 효과(Snob Effect) 2019 전북은행 2021·2018 기업은행

① 특정 제품에 대한 수요가 증가할 경우 오히려 그 제품에 대한 수요가 떨어지는 현상이다.

② 다른 사람과는 차별화된 소비를 지향하며 마치 까마귀 속에서 혼자 떨어져 고고하게 있는 백로의 모습 같다고 해서 '백로 효과'라고도 한다.

예 ㉠ 취향보다는 차별화를 지향하고자 대중적인 노래보다 남들은 잘 모르는 인디가수의 노래만을 소비하는 경우
㉡ 기업에서 소비자에게 VIP 등급을 지정하고, 리미티드 에디션을 선보이는 등 소비자의 욕구를 자극하는 경우

6 베블런 효과(Veblen Effect) 2023·2018 신한은행 2020 신협은행 2015 국민은행 OX문제

① 상류층 소비자들에 의해 이루어지는 소비형태이다.

② 가격이 오르는데도 과시욕이나 허영심 등으로 수요가 줄어들지 않는 현상이다.

③ 가격이 오르면 오를수록 수요가 증가하며 가격이 떨어지면 오히려 구매하지 않는 경향이 있다.

예 국내에서 판매되는 명품 가격이 치솟을수록 수요가 늘어나, 해외에서보다 국내 판매 가격이 더욱 높은 경우

7 디드로 효과(Diderot Effect) 2022 광주은행 2019 제주은행 2018 기업은행

① 친구가 선물한 빨간 가운과 서재의 낡은 가구가 어울리지 않는다고 생각이 하여 하나 둘 바꾸다가 결국 모든 가구를 바꾸게 되었다는 프랑스 철학자 디드로의 일화에서 유래되었다.

② 하나의 제품을 구매하고 제품과 관련된 다른 제품을 추가로 계속 구매하는 현상이다.

③ 제품의 조화를 추구하려는 욕구가 충동구매를 불러일으키며 눈으로 보여지는 제품일수록 디드로 효과는 강하게 나타난다.

예 최신 휴대폰을 구매하고 그에 맞는 자사 이어폰, 케이스, 기타 액세서리를 구매하는 경우

PLUS 팁

OX문제
베블런 효과는 불황기에 저소득자에게 특징적으로 나타나는 소비패턴이다.
O X

OX문제 팁 X

8 파노플리 효과(Panoplie Effect)

① 소비자가 특정 제품을 소비하면 그 제품을 소비하는 집단 혹은 계층과 같아진다는 환상을 갖게 되는 현상이다.

② 소비자가 구매한 제품을 통해 지위와 가치를 드러내려는 욕구에서 발생한다.

③ 연예인이나 유명인이 사용하는 것으로 알려진 제품 수요가 높아지는 현상도 파노폴리 현상이다.

예 영화 속 상류층 주인공이 비싼 옷을 걸치고 비싼 음식을 먹는 것을 보고 똑같이 따라하며 영화 주인공의 기분을 느끼는 경우

9 립스틱 효과 2024 전북은행 2018 하나은행 2017 새마을금고 OX문제

① 경제 불황기에 나타나는 소비패턴으로 소비자 만족도가 높으면서 가격이 저렴한 사치품의 판매량이 증가하는 현상이다.

② 1930년 미국 대공황 때 경제가 어려움에도 립스틱 매출이 오르는 기현상에서 유래되었다.

③ 립스틱뿐만 아니라 최저비용으로 사치욕구를 충족시킬 수 있는 상품과 서비스에 적용할 수 있다.

10 펜트업 효과

① 외부 요인에 의해 억제되었던 소비가 그 요인이 해소되면서 한꺼번에 급속히 분출되는 현상이다.

② 코로나19 확산으로 사회적 거리두기가 추진되며 경제활동이 급격히 위축되었다가 거리두기 완화로 극대화 됐다.

③ 수요공급의 원칙에 따라 자연스럽게 물가가 상승할 수 있어 지속되면 오히려 소비 심리의 위축을 불러올 수 있다.

PLUS 팁

OX문제

립스틱 효과는 호황기에 상류층을 중심으로 나타나는 현상이다.

O X

OX문제 답 X

브랜드

#SPA 브랜드 #제품수명주기

1 정의 및 구성 요소

① 정의

㉠ 제품이나 서비스를 식별하고 경쟁사와 차별화를 두기 위해 사용하는 이름 혹은 로고 및 디자인이다.

㉡ 어느 브랜드를 소비하느냐로 자신의 사회적 위치와 개성을 드러낼 수 있기에 단순한 상표에서 벗어나 기업과 제품의 가치를 담는 수단이다.

② 구성 요소

㉠ **브랜드 네임** : 소비자들에게 쉽게 각인되고 제품이나 서비스의 특성이 나타나야 한다. 소비자와의 소통에서 가장 중요한 핵심 요소이다.

㉡ **심벌 및 로고** : 브랜드 이미지를 고착시키는 수단으로 아이덴티티를 나타낼 수 있는 차별화된 시각적인 효과가 필요하다.

㉢ **캐릭터** : 브랜드의 개성을 나타내며 기업이나 제품의 특징을 강조할 수 있어야 한다.

㉣ **슬로건** : 짧은 문장으로 소비자들에게 각인되기 쉬우면서 의미와 기업의 속성을 내포하고 있어야 한다.

㉤ **패키지** : 상품을 보호하고 편리함 제공과 더불어 브랜드의 이미지를 소비자에게 전달할 수 있어야 한다.

2 SPA 브랜드 2018 한국투자증권 2018 기업은행

① **정의** : 1986년 미국의 청바지사가 처음 도입한 방식으로 한 기업이 기획 및 생산, 유통 과정을 통합·총괄하는 브랜드를 의미한다.

② 특징

㉠ 장점

- 유통단계가 축소되고 비용도 절감하여 제품을 비교적 저렴한 가격으로 제공할 수 있다.
- 약 1 ~ 2주의 짧은 생산 주기로 재고를 줄이고 회전율이 빠르며 최신 트렌드를 즉각 반영할 수 있다.

㉡ 단점

- 최신 트렌드에 맞춰 생산되므로 시즌이 지나면 폐기되는 경우가 발생한다.
- 무분별하게 생산하여 환경오염을 야기한다.

PLUS 팁

✔ 매스티지(Masstige)

비교적 가격이 저렴하고 대량생산 이 가능한 고급 제품, 브랜드 이미지를 갖추며 가치에 합리적인 가격으로 유통되는 것을 말한다.

✔ 매스클루시버티(Massclusivity)

매스티지가 확산되면서 대중화된 제품에 싫증을 느낀 일부 소비자들은 차별화되고 자신을 위한 특별한 제품이나 서비스를 원하게 되었다. 매스클루시버티는 VVIP 대상으로 일대일 고객 상담을 통하여 주문제작하는 방식으로 극소수의 구매층을 공략한다. 고가이지만, 자신만의 니즈를 반영한 개성 있는 생산제품으로 주목받고 있는데 이는 패션에만 국한되는 것이 아니라 다른 산업으로까지 확대되고 있다. 단순한 소비형태를 벗어나 하나의 트렌드가 되어가고 있다.

✔ SPA 브랜드 예시

구분	내용
국내	스파오, 에잇세컨즈, 탑텐 등
국외	GAP(미국), 포에버21(미국), ZARA(스페인), H&M(스웨덴) 등

✔ 패스트 패션(Fast Fashion)

비교적 저렴한 가격으로 최신 트렌드를 빠르게 반영·공급하는 것이 패스트 푸드와 같다고 해서 SPA 의류를 패스트 패션이라고도 한다.

3 브랜드 계층 구조 OX문제

① 정의 : 한 기업이 제공하는 여러 제품들에 적용되는 브랜드 유형들 간의 서열을 나타낸 것으로 네 가지로 나눌 수 있다.

② 계층의 종류

㉠ 기업 브랜드 : 기업명이 브랜드 역할을 하는 것으로 기업 이미지를 통합하거나 기업의 모든 활동을 의미한다.

㉡ 패밀리 브랜드 : 한 기업에서 생산하는 대표 유사제품 브랜드로 한 가지 브랜드를 부각시킨다.

㉢ 개별 브랜드 : 단일제품군 내에서 공동 브랜드를 사용하는 것보다 차별화를 둘 수 있으며 각 제품의 속성이나 특징을 잘 나타내어 이미지를 소비자에게 쉽게 전달할 수 있다.

㉣ 브랜드 수식어 : 이전 제품 모델과 구분하기 위한 짧은 형태의 숫자 또는 수식어를 의미한다.

4 제품수명주기(PLC, Product Life Cycle) 2021 산업은행 OX문제

① 정의 : 제품이 시장에 출시되어 폐기될 때까지 순환되는 일련의 과정을 의미한다. 시간 흐름에 따라 '도입 – 성장 – 성숙 – 쇠퇴'의 단계를 거치는데, 각 단계마다 다른 마케팅 전략이 요구된다.

② 제품수명주기 단계별 특성

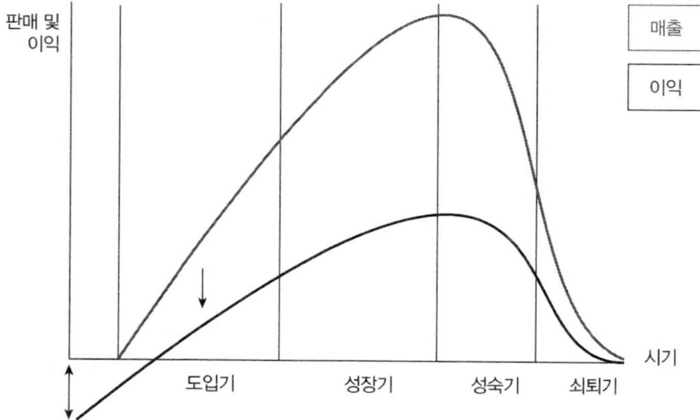

PLUS 팁

✔ 브랜드 계층의 예시

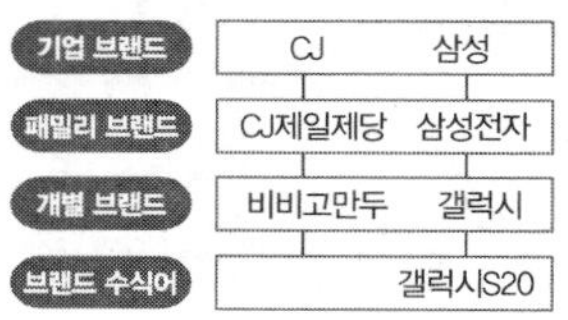

✔ 브랜드자산의 활용방안

① 라인확장전략(Line Extension Strategy)

㉠ 기존의 제품범주 내에서 새로운 신제품을 추가적으로 도입하면서 기존 브랜드명을 사용하는 전략을 말한다.

㉡ 애플의 아이폰 시리즈, 빙그레가 출시한 따옴 시리즈가 그 예이다.

② 브랜드확장전략(Brand Extension Strategy)

㉠ 기존의 브랜드명을 사용하여 전혀 다른 제품군으로 진출하는 전략을 말한다.

㉡ 나이키 운동화에서 나이키 골프장비로의 진출이 그 예이다.

OX문제

패밀리 브랜드는 기업 이미지의 통합과 기업의 모든 활동을 의미한다.

O | X

OX문제 답 X

㉠ 도입기 : 경쟁자가 적고 거의 독점 상태의 단계이다. 그러나 인지도도 낮기 때문에 매출도 낮은 단계이다.

마케팅 목표	마케팅 전략
제품 인지 증대에 주력	• 원가에 가산한 가격 전략 • 유통업자를 대상으로 광고 전략

㉡ 성장기 : 제품 판매량이 급속히 증가하면서 순이익이 발생하는 단계이다. 이때, 경쟁기업들이 점차적으로 생겨난다.

마케팅 목표	마케팅 전략
시장점유율 극대화	• 시장 세분화 시작 • 제품에 대한 인지도 구축 전략

㉢ 성숙기 : 매출 최고치를 찍고 경쟁으로 인해 서서히 매출이 줄어드는 단계이다.

마케팅 목표	마케팅 전략
기존 시장점유율 방어	• 시장 세분화 극대화 • 제품 수정 및 광고 수정

㉣ 쇠퇴기 : 소비자의 기호 변화, 경쟁기업의 증가 등으로 매출이 쇠퇴하는 단계이다.

마케팅 목표	마케팅 전략
비용 절감 및 투자액 회수	• 제품 가격 인하 • 선택적 유통경로 전략

더 알아보기

제품수명주기 단계별 비교

구분	도입기	성장기	성숙기	쇠퇴기
소비자	혁신층	조기 수용자	다수자	최후 수용자
판매량	낮음	급성장	다소 성장	쇠퇴
경쟁자	소수	다수	점차 감소	감소
이익	손실	점차 증가	증가	감소

PLUS 팁

OX문제

제품수명주기에서 시장 세분화와 차별화 전략이 가장 활발하게 사용되는 시기는 성숙기이다.

O | X

OX문제 답 O

③ 특수 형태의 제품수명주기

PLUS 팁

그래프	구분	내용
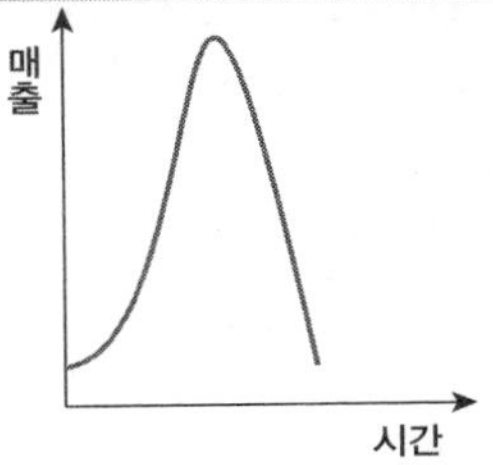 매출 / 시간	일시적 유행 제품 PLC	단기간에 소비되었다가 쇠퇴하는 형태의 PLC이다.
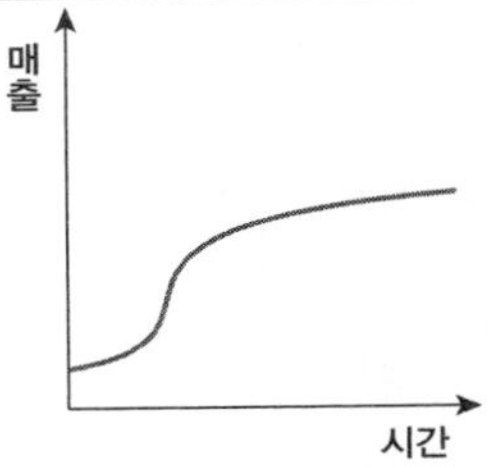 매출 / 시간	장수 제품 PLC	오랜 기간 꾸준히 소비되는 형태의 PLC이다.
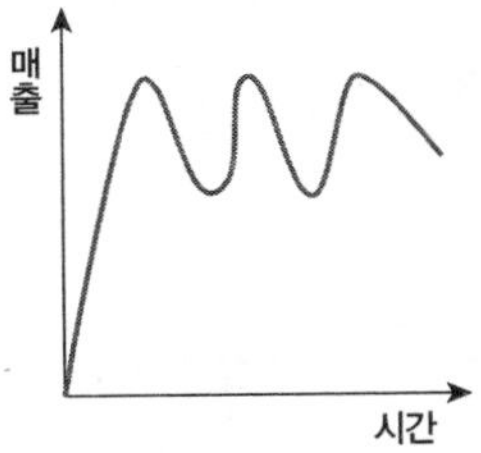 매출 / 시간	순환 제품 PLC	특수한 요인에 따라 소비의 증감이 반복되는 형태의 PLC이다.
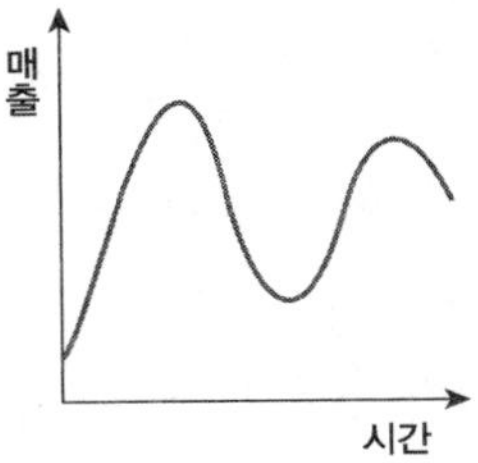 매출 / 시간	스타일 제품 PLC	하나의 스타일이 출시하면 잠시 유행했다가 일정 기간이 흐른 뒤 다시 유행하는 형태의 PLC이다.
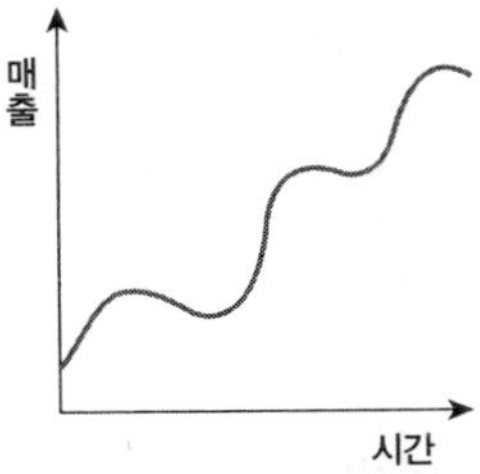 매출 / 시간	연속성장형 제품 PLC	제품의 새로운 특성이나 품질, 소비자 등이 발견되어 매출이 연속적으로 이어지는 형태의 PLC이다.

 2024 · 2023산업은행 2024농협은행 2024새마을금고 2024 · 2023 · 2022 · 2020기업은행 2023국민은행 2022수협은행 2022신협은행 2019신한은행

재무제표

#재무상태표 #현금흐름표 #K – IFRS

1 정의

① 기업의 재무상태와 경영성과 등을 정보이용자에게 보고하기 위한 수단으로서 기업회계기준에 따라 작성하는 보고서이다.

② 재무제표 중 재무상태표만이 일정 시점의 개념이고 나머지 기본재무제표는 일정 기간의 개념을 나타낸다.

2 목적 OX문제

① 투자자나 채권자 등 정보이용자들의 의사결정에 유용한 정보를 제공한다.

② 향후 현금흐름, 즉 시기나 불확실성 등을 예측하는 데 유용한 정보를 제공한다.

③ 기업의 재무상태, 경영상태, 자본변동 등에 대한 정보를 제공한다.

④ 경영자의 수탁업무 책임을 평가하는 데 정보를 제공한다.

3 한계

① 정확한 서술보다는 추정과 판단에 근거하여 신뢰성이 다소 떨어질 수 있다.

② 기업에 관한 정보를 제공하므로 산업 또는 경제 전반에 관한 정보를 제공하지 않는다.

③ 화폐 단위로 측정된 정보를 제공하기 때문에 계량화하기 어려운 정보는 생략한다.

더 알아보기

재무제표와 재무보고 비교

구분	재무제표	재무보고
관점	과거지향적	미래지향적
대상	양적	양적 + 질적
범위	기업내부정보	기업외부정보 포함

PLUS 팁

✔ 한국채택국제회계기준(K – IFRS)

국제회계기준에 맞춰 새롭게 개정된 회계기준으로 2011년부터 모든 상장기업이 의무적으로 K–IFRS를 적용하고 있다. K–IFRS의 도입으로 재무제표 구성 항목이 바뀌어 대차대조표는 재무상태표로, 손익계산서는 기타포괄손익을 포함하는 포괄손익계산서로 변경되었고 이익 잉여금처분계산서는 삭제되었다.

4 종류

구분	내용
재무상태표	• 기업의 재무상태를 나타낸 표이다. • 부채 + 자본
포괄손익계산서	• 기업의 영업활동 결과를 나타낸 표이다. • 수익 − 비용
자본변동표	• 기업의 자본 크기와 변동에 관한 정보를 나타낸 표이다. • 자본거래 + 손익거래
현금흐름표	• 기업의 실질적인 현금 흐름을 나타낸 표이다. • 영업활동 + 투자활동 + 재무활동
주석	본문 내용을 보완하는 설명으로 구성되었다.

5 재무상태표의 정의 OX문제

① 일정 시점에 있어서 기업이 보유하고 있는 자산 및 자본, 부채에 관한 정보를 제공하는 보고서이다.

② 정보이용자들이 기업의 유동성과 재무적 탄력성, 수익성과 위험성을 평가하는 데 유용한 정보를 제공한다.

재무상태표
20XX년 X월 X일 현재

A 기업 (단위 : 원)

과목	제1기(당기)	제0기(전기)
	금액	금액
자산		
유동자산		
당좌자산		
현금과 예금		
비유동자산		
자 산 총 계		
부채		
유동부채		
비유동부채		
부 채 총 계		
자본		
자본금		
자본잉여금		
자본조정		
기타포괄손익누계액		
이익잉여금		
자본총계		
부채와자본총계		

PLUS 팁

OX문제

재무제표의 목적은 경영자의 수탁업무 책임을 평가하는 데 정보를 제공하기 위해서이다.

O X

OX문제 답 O

6 재무상태표의 구조 2024 기업은행 2024 농협은행 2024 새마을금고 2023 하나은행 2023 산업은행 2022 수협은행 2019 신한은행 OX문제

관련기사

대차대조표에서 재무상태표로 용어 변경

정부가 보험업법 시행령, 근로복지기본법 시행령 개정안을 통해서 대차대조표 용어를 재무상태표로 변경을 한다고 밝혔다. 국제 회계기준에 맞춰서 대차대조표는 재무상태표로 변경하고 추정대차대조표를 추정재무상태표로 변경한다.

자산	부채
유동자산	유동부채
당좌자산	비유동부채
재고자산	
비유동자산	**자본**
투자자산	자본금
유형자산	자본 잉여금
무형자산	이익 잉여금
기타비유동자산	자본조정
	기타 포괄손익누계액

① **자산** : 해당 자금을 어떻게 운용하였는지에 대한 결과를 나타내는 것으로 크게 유동자산(1년 이내에 현금으로 전환되거나 소비될 것으로 예상되는 현금이나 예금)과 비유동자산(유동자산으로 분류되지 않는 모든 자산)으로 구분할 수 있다.

㉠ **당좌자산**
- 재고자산을 제외한 유동자산이다.
- 판매과정을 거치지 않고 1년 이내에 현금으로 전환될 수 있는 자산이다.
- 현금 및 **현금성 자산**⊕ , 단기금융상품, 단기매매증권, 미수금, 선급금 등이 있다.

㉡ **재고자산**
- 영업상 판매를 목적으로 구입하거나 자체적으로 생산한 재화이다.
- 판매과정을 통하여 현금으로 전환될 수 있는 자산이다.
- 상품, 제품, 원재료, 제공품 등이 있다.

PLUS 팁

자산 구분

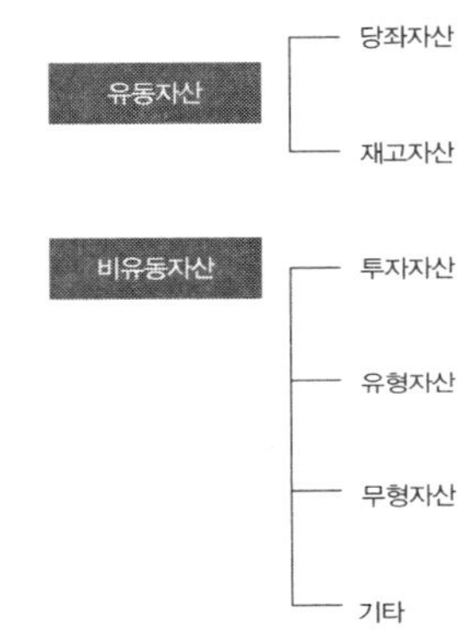

⊕ 현금성자산

투자와 같은 목적이 아닌 단기적으로 현금이 필요할 경우를 대비하여 보유하는 자산으로 가치 변동의 위험이 매우 낮으며 큰 거래비용 없이 현금화할 수 있는 자산을 말한다.

OX문제

K-IFRS의 도입으로 대차대조표에서 재무상태표로 변경되었다. O X

기업이 발행한 주식의 액면가액에 해당하는 금액을 자본금이라고 한다. O X

OX문제 답 O, O

㉢ 투자자산

• 다른 기업을 통제할 목적 혹은 장기적인 투자수익을 획득하기 위하여 보유하는 자산이다.

• 장기금융상품, 매도가능 증권, 투자부동산 등이 있다.

㉣ 유형자산

• 기업이 생산이나 영업 및 관리에 사용할 목적으로 보유하는 물리적 형태의 자산이다.

• 토지, 건물, 구축물, 기계 등이 있다.

㉤ 무형자산

• 기업이 보유하는 물리적 형태가 아닌 비화폐성자산이다.

• 영업권, 소프트웨어, 개발비 등이 있다.

㉥ 기타 : 임차보증금, 장기미수금, 장기성 매출채권 등이 있다.

② **부채** : 금융기관을 비롯한 제3자에게 빌린 자본, 혹은 주주들에게 투자받은 자본을 말한다.

㉠ **유동부채** : 1년 이내에 상환해야하는 채무를 의미하며 매입 채무, 미지급법인세, 유동성장기부채 등이 있다.

㉡ **비유동부채** : 유동부채 이외의 부채로, 상환기간이 1년을 넘는 채무를 의미하며 장기미지급부채, 사채 등이 있다.

③ **자본** : 자산총액에서 부채총액을 차감한 잔여액 또는 순자산이다.

㉠ 자본금

• 기업이 발행한 주식의 액면가액에 해당하는 금액

• 보통주, 우선주 등

㉡ 자본 잉여금

• 기업활동으로 인하여 증가한 자본금 이외의 준자산증가의 유보액

• 주식발행초과금, 감자차익, 자기주식처분이익 등

㉢ 이익 잉여금

• 자본거래 이외의 거래를 통해 발생한 순이익 중 주주에게 배당하지 않고 기업내부에 유보되어 있는 금액

• 이익준비금, 미처분이익 잉여금, 기타법정적립금 등

㉣ **자본조정** : 주식할인 발행차금, 감자차손, 자기주식, 자기주식처분손실 등

㉤ **기타 포괄손익누계액** : 매도가능 증권평가 손익, 해외 사업환산 손익 등

7 재무제표의 분석

① **유동성** : 기업의 자산 구성을 측정한다.

㉠ **자산구성** : 업종의 성격(장치산업, 고정비 多→경기에 민감, 유통산업), 경영자의 관리 방식(신용정책, 생산정책, 투자정책)

PLUS 팁

OX문제

재무상태표에 들어갈 항목은 자산, 부채, 자본이다.

자산	부채
유동자산	유동부채
당좌자산	비유동부채
재고자산	
	자본
	자본금
	자본 잉여금
	이익 잉여금
	자본조정
	기타 포괄손익 누계액

O X

OX문제 답 X

ⓛ 매출채권, 재고자산의 과다(유동성은 양호→수익성은 악화)

ⓒ 불량채권의 비중, 진부화된 재고자산, 노후설비의 비중 분석 필요

② **안전성** : 타인 자본의 의존도를 평가한다.

㉠ 단기자본이 높으면 안정성 위협

ⓛ 부채의 의존도는 레버리지 효과(투자수익률>자본조달 비용)

ⓒ 선수금(이익조정), 충당금(평가성, 부채성) 대한 해석

8 WACC(가중평균자본비용) 2024 산업은행 2024 새마을금고 2023 기업은행 2022 신한은행

① **정의** : 부채와 우선주, 보통주 등 유형별로 자금을 조달할 때 쓰이는 비용을 각각의 비중별로 곱해서 산정한 '평균 비용'을 의미한다.

② **특징**

㉠ 회사가 투자를 결정하는 데 가장 중요한 기준이며, 투자자가 한 기업에 요구하는 수익률은 회사채나 우선주, 보통주 등 유형별로 다르다.

ⓛ 투자자들이 요구하는 수익률은 회사 입장에서 '비용의 수준이 된다.

ⓒ 공식

> 'WACC=(자기자본비용×자기자본비중)+(타인자본비용×타인자본비중)

PLUS 팁

OX문제

WACC(가중평균자본비용)는 기업이 사용한 자본원천별 비용을 가중 평균하여 계산한다.

O X

9 현금흐름표 2024 산업은행 2024·2022 기업은행 2024 수협은행 2022 국민은행 OX문제

관련기사

기업 재무구조 현금흐름표로 알 수 있다.

경제활동을 통해 수입지출 여부를 명확하게 확인하기 위해서 현금흐름표는 매우 중요한 재무제표 중에 하나이다. 현금 입금·출금의 종류를 영업, 투자, 재무활동으로 구분하여 한 눈에 보여주면서 회사의 자본이 어디로 흘러가는지 등을 확인하기 유용하다.

기출문제

2019.05.25. 신한은행

Q 다음 재무제표의 종류로 옳은 것은?

① 손익계산서 ② 대차대조표
③ 사업보고서 ④ 현금흐름표
⑤ 매출전표

정답 ④ 재무제표의 종류로는 재무상태표, 포괄손익계산서, 자본변동표, 현금흐름표, 주석 등이 있다.

OX문제 답 ○

① 정의

㉠ 일정 기간 동안 기업의 현금 유입과 유출을 나타내는 재무제표로서 작성과 표시에 대해서 현금흐름표에 관한 기업회계기준에서 규정하고 있다.

㉡ 현금흐름표는 재무제표 이용자에게 현금 및 현금성자산의 창출능력과 현금흐름의 사용도를 평가하는 데 유용한 정보를 제공한다.

② 현금흐름표의 유용성

㉠ 기업의 유동성과 재무 건전성을 평가하여 부채 상환능력, 배당금 지급 능력, 외부자금 조달의 필요성에 관한 정보를 평가할 수 있다.

㉡ 손익계산서의 당기순이익과 영업활동에서 조달된 현금의 유·출입 간 차이 원인에 대한 정보를 제공한다.

㉢ 영업성과에 대해 기업 간 비교를 할 수 있다.

㉣ 투자활동과 재무활동이 기업 재무상태에 미치는 영향을 분석할 수 있다.

③ 현금흐름표 작성 방법

㉠ **직접법** : 수익 혹은 비용항목을 총액으로 표시하며 현금 유입액은 원천별로, 현금 유출액은 용도별로 분류하여 표기하는 방법이다.

㉡ **간접법** : 당기순이익에 현금유출이 없는 비용 등의 가산을 하고 현금유입이 없는 수익 등을 차감하며 기타 영업활동으로 인한 자산 및 부채의 변동을 가감하여 표시하는 방법이다. 현금흐름표는 간접법으로 작성해야 한다.

④ 현금흐름 구분

현금흐름표

A 회사 20XX년 X월 X일부터 20XX년 X월 X일

1. 영업활동으로 인한 현금흐름		XXX
매출 등 수익활동으로부터의 현금유입액	XXX	
매입으로 인한 현금유출액	XXX	
종업원에 대한 현금유출액	XXX	
이자수익으로 인한 현금유입액	XXX	
이자비용으로 인한 현금유출액	XXX	
법인세의 지급으로 인한 현금유출액	XXX	
2. 투자활동으로 인한 현금흐름		XXX
유형자산의 처분으로 인한 현금유입액	XXX	
유형자산의 취득으로 인한 현금유출액	XXX	
금융자산의 처분으로 인한 현금유입액	XXX	
금융자산의 취득으로 인한 현금유출액	XXX	
3. 재무활동으로 인한 현금흐름		XXX
장기차입금의 차입으로 인한 현금유입액	XXX	
장기차입금의 상환으로 인한 현금유출액	XXX	
유상증자로 인한 현금유입액	XXX	
배당으로 인한 현금유출액	XXX	
4. 현금및현금성자산의 순증가		XXX
5. 기초 현금및현금성자산		XXX
6. 기말 현금및현금성자산		XXX

PLUS 팁

차변, 대변

•차변(왼쪽), 대변(오른쪽)

•자산=부채+자본

•자산 계정의 증가는 왼쪽인차변에 기록하고, 감소는 오른쪽인 대변에 기록한다.

•부채계정의 증가는 오른쪽인 대변에 기록하고, 감소는 왼쪽인 차변에 기록한다.

•자본계정의 증가는 오른쪽 대변에 기록하고, 감소는 왼쪽인 차변에 기록한다.

㉠ 영업활동 : 제품의 생산과 구입 및 판매활동 등을 말한다.

구분	내용
영업활동에 의한 현금 유입	매출, 이익, 예금이자, 배당수입 등
영업활동에 의한 현금 유출	매입, 판공비, 대출이자 법인세 등

㉡ 투자활동 : 현금 대여, 대여금 회수 등 비유동자산과 관련된 활동을 말한다.

구분	내용
투자활동에 의한 현금 유입	유가증권이나 토지 등의 매입, 예금 등
투자활동에 의한 현금 유출	유가증권이나 토지 매각 등

㉢ 재무활동 : 자금 조달과 관련된 활동을 말한다.

구분	내용
재무활동에 의한 현금 유입	기차입금의 차입, 사채 발행, 유상증자 등
재무활동에 의한 현금 유출	단기차입금이나 사채 상환 등

PLUS 팁

OX문제

현금흐름표로 영업성과에 대해 기업 간 비교를 할 수 있다.

O X

현금 대여, 대여금 회수 등 비유동자산과 관련된 활동을 재무활동이라고 한다.

O X

기출문제

2024.10.19. 산업은행

Q 다음 중 현금흐름표에 대한 설명으로 옳은 것은?

① 미래의 현금 흐름을 예측하여 작성하는 재무제표이다.
② 투자활동 현금흐름에는 상품 및 서비스 판매로 인한 현금 유입이 포함된다.
③ 기업의 현금 유입과 유출을 나타내며, 현금 및 현금성 자산의 변동을 보여준다.
④ 투자활동 현금흐름에는 차입금 상환과 배당금 지급이 포함된다.
⑤ 영업활동 현금흐름이 +이면 항상 기업의 이익이 발생한 것으로 볼 수 있다.

정답 ③ 현금흐름표는 현금 및 현금성 자산의 유입과 유출을 나타내는 재무제표이다. 기업이 일정 기간 동안 현금을 어떻게 창출하고 사용했는지를 보여주며 영업활동, 투자활동, 재무활동으로 구분하여 작성된다.

OX문제 답 O, X

2021수협은행 2020 · 2019 · 2018기업은행 2019신한은행

자본 잉여금과 이익 잉여금

#자기주식처분이익 #미처분이익 잉여금

1 자본 잉여금 2020·2019 기업은행 OX문제

① 자본 잉여금의 정의 : 증자나 감자 등 주주와의 거래에서 발생하여 자본을 증가시키는 **잉여금**을 말하며, 배당이 불가능하다.

② 자본잉여금의 종류

구분	내용
주식발행 초과금	• 주식발행 시 액면가액을 초과하는 부분이다. • 주식발행과 관련하여 증권인쇄비, 주주모집을 위한 광고비 등 주식발행비가 발행하면 이는 직접적으로 발생한 비용이므로 주식의 발행가액에서 차감한다. • 주식이 할증 발행된 경우에는 신주발행비를 주식발행초과금에서 차감하고 액면발행이나 할인 발행된 경우에는 주식할인 발행자금으로 하여 자본조정으로 처리한다.
감자차익	• 감자 시 지급한 대가가 감자한 주식의 액면가액에 미달하는 경우에는 그 미달액을 자본거래로 인한 이익으로 보아 감자차익으로 하여 자본 잉여금으로 분류한다. • 감자 대가가 감자한 주식의 액면가액을 초과하는 경우에는 그 초과액을 자본거래로 인한 손실로 보아 감자차손으로 하여 자본조정으로 분류한다.
자기주식 처분이익	• 회사가 취득한 자기주식은 자본의 차감항목으로 자본조정에 계상한다. • 자기주식을 매각할 때 자기주식의 처분가액이 자기주식의 취득원가를 초과하면 그 초과액을 자기주식거래로 인한 이익으로 보아 자본 잉여금에 분류한다. • 자기주식의 처분가액이 취득원가에 미달하면 자기주식거래로 인한 손실로 보아 자본조정으로 분류한다.

PLUS 팁

잉여금

기업의 총자산에서 총부채를 차감한 순자산액이 법정자본금을 초과하는 부분이다. 잉여금은 자본 잉여금과 이익 잉여금으로 구분할 수 있다.

※ 잉여금 = 총자산 − 총자산 − 법정 자본금

OX문제

자본잉여금의 자기주식 처분이익은 기업의 활동으로 얻게 된 이익 중 상여금이나 배당 등으로 처분되지 않은 잉여금을 말한다.

O | X

OX문제 답 X

2 이익 잉여금

① 이익 잉여금의 정의 : 영업활동이나 투자활동 등 기업의 이익창출활동에 의해 축적된 이익이며, 배당 등 사외에 유출하지 않고 사내에 유보한 이익을 말한다.

② 이익 잉여금의 종류

㉠ 가처분이익 잉여금

- 법정적립금

구분	내용
이익준비금	채권자를 보호하고 회사의 재무적 기초를 견고하게 하려는 상법의 규정에 의해 강제로 적립되는 법정준비금
기타법정 적립금	상법이외의 재무관리규정 등에 의하여 의무적으로 적립해야 하는 기업합리화적립금

- 임의적립금 : 기업이 법률 규정에 의거하지 않고 주주총회 경의에 의하여 이익을 유보한 것으로 이용목적과 방법은 자유이다.

구분	내용
적극적 적립금	• 적극적인 사업 확장 등을 목적으로 설정한 적립금 • 감채적립금, 신축적립금, 사업 확장적립금 등
소극적 적립금	• 사업 확장이 아닌 거액의 비용이 발생하는 경우 보충하기 위한 목적으로 설정한 적립금 • 퇴직급여적립금, 배당평균적립금, 결손보전적립금 등

㉡ 미처분 이익 잉여금 : 기업의 활동으로 얻게 된 이익 중 상여금이나 배당 등으로 처분되지 않은 이익 잉여금이다.

PLUS 팁

사내유보금 OX문제

재무상태표상 이익 잉여금과 자본 잉여금을 합한 것으로, 기업의 영업활동이나 외적인 부분에에서 창출된 이익을 사내에 유보시킨 금액이다.

OX문제

사내유보금은 재무상태표상 이익 잉여금과 자본 잉여금을 합한 것이다.

O X

기출문제

2019.05.25. 신한은행

Q 채권자를 보호하고 회사의 재무적 기초를 견고하게 하기위한 강제 법정준비금으로 옳은 것은?

① 이익준비금
② 기타법정적립금
③ 이익적립금
④ 자기주식 처분이익
⑤ 주식발행 초과금

정답 ① 이익준비금은 채권자를 보호하고 회사의 재무적 기초를 견고하게 하려는 상법의 규정에 의해 강제로 적립되는 법정준비금을 말한다.

2024 · 2021산업은행 2017신협은행 2015 · 2014새마을금고

사채

#액면이자율 #사채 발행방법

1 정의 OX문제

① 이사회의 결의에 따라 일반 대중으로부터 장기 자금 조달의 방법으로 발행하는 회사의 확정 재무임을 표시하는 증권이다.

② 주식회사만 발행할 수 있으며 사채 발행 총액은 순자산액(자산총액 − 부채총액)의 4배를 초과하지 못한다.

③ 사채 발행 시 1좌당 10,000원 이상으로 금액은 균일해야 한다.

2 사채 발행 이자율

① 액면 이자율

제 XXXX-X회차
발행일 : XXXX년 XX월 XX일
상환일 : XXXX년 XX월 XX일
이자율 : 연 7.5%
印

㉠ 사채권면(상환일 아래)에 표시된 이자율이다.

㉡ 사채의 액면가액에 표시이자율을 곱한 금액을 투자자에게 지급한다.

② 시장 이자율

㉠ 채권시장에서 형성되는 실질이자율을 의미한다.

㉡ 사채의 시장가격을 결정하는 요소이다.

③ 유효 이자율

㉠ 사채의 현재가치와 사채의 **발행가액**⊕을 일치시키는 할인율이다.

㉡ **사채 발행비**⊕가 발생하지 않은 경우에는 취득 당시의 시장이자율과 동일하다.

㉢ 사채 발행비가 발생하면 사채의 발행가액은 시장이자율로 할인한 사채의 현재가치에서 사채 발행비를 차감하여 결정되므로 유효 이자율은 시장이자율과 다르게 책정된다.

PLUS 팁

⊕ 발행가액

주식 발행 시 주식 인수인이 회사에 납입해야 하는 1주의 가액을 말한다.

⊕ 사채 발행비

사채를 발행하기 위해 직접적으로 지출하는 비용으로 모집 광고비, 사채권 인쇄비, 금융기관의 수수료 등을 말한다.

OX문제

사채는 이사회의 결의에 따라 일반 대중으로부터 장기 자금 조달의 방법으로 발행하는 회사의 확정 재무임을 표시하는 증권이다. 주식회사만 발행할 수 있으며 사채 발행 총액은 순자산액의 4배를 초과하지 못한다.

O | X

OX문제 답 O

③ 사채 발행방법 2024·2021 산업은행 2015·2014 새마을금고

구분	내용
액면발행 (액면금액 = 발행가액)	• 주식이나 채권을 액면금액과 동일한 금액으로 발행하는 것이다. • 액면이자율과 유효이자율이 같을 때 발행한다.
할인 발행 (액면금액 > 발행가액)	• 사채를 액면금액 이하로 발행하는 것이다. • 액면이자율이 유효이자율보다 작을 때 발행한다. • 재무상태표상에는 사채 할인 발행차금을 사채에서 차감하는 형식으로 표시한다.
할증발행 (액면금액 < 발행가액)	• 사채를 액면금액 이상으로 발행하는 것이다. • 액면이자율이 유효이자율보다 높을 때 발행한다. • 재무상태표상에는 사채 할증 발행차금을 사채에 가산하는 형식으로 표시한다.

더 알아보기

사채 발행 비교

구분	액면발행	할인 발행	할증발행
이자율	액면이자율 = 시장이자율	액면이자율 < 시장이자율	액면이자율 > 시장이자율
발행가액	액면금액 = 발행가액	액면금액 < 시장이자율	액면금액 < 발행가액
발행차액	없음	사채 할인 발행차금	사채 할증 발행차금

PLUS 팁

✔ 화폐 시간 가치 2017 신협은행

현재가치 + 이자 = 미래가치
현재가치 × (1 + 이자율) = 미래가치
미래가치 ÷ (1 + 이자율) = 현재가치
만약 1년 이자율이 10%일 경우,
현재 1,000,000의 3년 후 가치는
1,000,000 × (1 + 0.1)^3
= 1,331,000이 된다.

기출문제

2017.05.13. 신협은행

Q 다음 ₩1,000,000의 4년 후 가치로 옳은 것은?(단, 이자율은 10%이다.)

① 1,464,100
② 4,400,000
③ 1,000,000
④ 1,100,000
⑤ 1,134,000

정답 ① $1,000,000 \times (1+0.1)^4 = 1,464,100$

2024 · 2023국민은행 2022 · 2014신용보증기금 2021수협은행 2020예금보험공사 2020산업은행

충당부채와 우발부채

#충당부채 인식 #우발부채 회계처리

1 충당부채 2023 국민은행 2022·2014 신용보증기금 2022·2012 기업은행 2020 산업은행 2023 예금보험공사

① 충당부채의 정의

㉠ 과거의 거래나 사건의 결과로 인한 **현재의 의무**⊕이다.

㉡ 지출의 시기 또는 금액이 불확실하지만 요건을 모두 충족할 시 재무상태표에 부채로 올리며 관련 비용 또는 손실을 인식하여 그 성격에 따라 처리한다.

② 충당부채 인식 OX문제

㉠ 과거의 거래나 사건의 결과 때문에 현재에 의무가 존재한다.

㉡ 당해 의무를 이행하기 위하여 자원이 유출될 가능성이 높다.

㉢ 의무의 이행에 소요되는 금액을 신뢰성 있게 측정할 수 있다.

2 우발부채 2024 국민은행 2022 신용보증기금 2021 수협은행

① 우발부채의 정의

㉠ 과거 사건은 발생했으나 기업이 통제할 수 없는 하나 이상의 불확실한 미래사건의 발생 여부에 의해서만 그 존재여부가 확인되는 잠재적인 의무이다.

㉡ 과거의 거래나 사건의 결과로 발생한 현재 의무이지만, 그 의무를 이행하기 위해 자원이 유출될 가능성이 적고, 가능성이 높아도 금액을 신뢰성 있게 추정할 수 없는 경우의 잠재적 부채이다.

② 우발부채 회계처리 OX문제

㉠ 충당부채와 달리 금액의 신뢰성 있는 측정이 불가하고 현재 의무여부가 확실하지 않은 잠재적 의무인 경우와 자원의 유출 가능성이 높지 않은 경우이므로 다음을 주석으로 공시한다.

- 우발부채의 추정금액
- 자원의 유출금액 및 시기와 관련된 불확실성의 정도
- 제3자에 의한 변제 가능성

㉡ 과거 우발부채로 처리하였더라도 이후 충당부채의 인식조건을 충족하면 재무상태표에 충당부채를 인식하도록 한다.

PLUS 팁

⊕ 현재의 의무

의무발생사건에 의해 발생한 법적의무와 의제의무이다. 의무발생사건이란 해당 의무 이행 외에는 실실적인 대안이 없는 법적의무나 의제의무가 생기게 하는 사건이다.

① **의무발생사건** : 의무의 이행 외에 실질적인 대안이 없는 현재 의무가 생기게 하는 사건

② **현재의 의무**

㉠ **법적의무** : 법령의 규정에 의하여 가지게 되는 의무

㉡ **의제의무** : 특정책임을 부담할 것이라고 상대에게 표명하고 이행함을 상대방이 기대하도록 하는 의무

③ 충당부채와 우발부채 회계 처리

자원 유출 가능성	금액의 신뢰성 있는 추정	
	가능	불가능
높음	• 현재 의무 : 충당부채로 인식하고 공시 • 잠재적 의무 : 우발부채로 공시	우발부채로 공시
높지 않음	우발부채로 공시	우발부채로 공시

④ 충당부채와 우발부채 비교 OX문제

구분	충당부채	우발부채
현재 의무 존재	현재 의무 존재	잠재적 의무 존재
자원 유출가능성	높음	높지 않음
금액의 신뢰성 있는 추정	신뢰성 있는 추정 가능	신뢰성 있는 추정 불가능
재무상태표	부채로 인식	주석으로 공시하나 자원의 유출성이 몹시 희박하다면 주석 공시 불필요

PLUS 팁

OX문제

과거의 거래나 사건의 결과 때문에 현재에 의무가 존재한다. 당해 의무를 이행하기 위하여 자원이 유출될 가능성이 높으며 의무의 이행에 소요되는 금액을 신뢰성 있게 측정할 수 있는 것은 충당부채이다.

O | X

우발부채의 경우 재무상태표에 처리할 때 자원의 유출성이 몹시 희박할 경우 주석으로 공시해야 한다.

O | X

기출문제

2014.06.14. 신용보증기금

Q 재무상태표상 부채로 인식되는 충당부채의 요건으로 옳은 것은?

① 과거 사건의 결과와 현재 의무는 무관하다.
② 해당 의무를 이행하기 위하여 자원을 유출 할 가능성이 적다
③ 해당 의무를 이행하기 위하여 금액을 신뢰성 있게 추정할 수 있다.
④ 현재 의무가 존재하지 않는다.
⑤ 잠재적 의무가 존재한다.

정답 ③ 부채로 인식되는 충당부채의 요건은 다음과 같다.
㉠ 과거의 거래나 사건의 결과 때문에 현재의 의무가 존재한다.
㉡ 당해 의무를 이행하기 위해 자원이 유출될 가능성이 높다.
㉢ 의무의 이행에 소요되는 금액을 신뢰성 있게 측정할 수 있다.

OX문제 답 O, X

04

빈출용어

기출 용어 Preview

- [ ] 상대강도지수
- [ ] 빅테크
- [ ] 슈링크플레이션
- [ ] 사물인터넷
- [ ] 다크패턴
- [ ] 울트라스텝
- [ ] 노모포비아
- [ ] 스파이웨어
- [ ] 옴니보어
- [ ] SDR
- [ ] 스태그플레이션
- [ ] 세빗
- [ ] 토핑경제
- [ ] 핀플루언서
- [ ] 노랜딩
- [ ] 의도적 언보싱

01 금융 · 경제상식 빈출용어

학습팁 금융·경제권 용어는 최신 상식보다 기초적인 상식 용어 출제 비율이 높습니다. 경제학개론을 모두 섭렵하면 더할 나위 없이 좋겠지만, 범위가 매우 넓으므로 시험에 자주 출제되는 단골 키워드부터 익히는 것이 좋습니다. 기본적이고 시험에서 자주 출제되는 키워드만 모아 수록하였으니 다회독하며 키워드 위주로 학습해보세요.

* 상대강도지수

RSI, Relative Strength Index

주식, 선물, 옵션 등 기술적 분석에 사용되는 보조 지표

가격 움직임에서 나타나는 투자 심리를 간접적으로 보여주는 기술적 분석 지표로 특정 자산의 가격 움직임의 강도를 평가하는 데 사용된다. 즉, 주어진 기간 동안 상승폭과 하락폭의 비율을 분석하여 시장 내 매수와 매도의 강도(자산의 과매수 또는 과매도 상태)를 판단한다. 단기 매수·매도 신호로 사용되며 직접적인 심리측정도구는 아니지만 투자자들의 심리가 가격 움직임에 어떻게 영향을 미쳤는지 간접적으로 해석할 수 있다.

*** 다크 패턴

Dark Patten

교묘하게 설계된 사용자 인터페이스(UI)

사용자가 원하지 않는 행동을 하도록 유도하는 기만적인 사용자 인터페이스(UI)를 의미하며 눈속임 설계라고도 한다. 이는 혼란을 유발하거나 심리적 압박을 가해 사용자의 동의를 이끌어내며, 불필요한 지출, 개인정보 제공, 원치 않는 서비스 가입 등의 결과를 초래할 수 있다.

*** 옴니보어

Omnivore

폭 넓은 문화·소비 취향을 가진 소비자

옴니보어는 라틴어로 '모든 것을 먹는 자'를 뜻한다. 하지만 현대 소비 트렌드에서는 특정 집단의 전형적인 소비 방식에 얽매이지 않고, 다양한 분야의 제품과 서비스를 자유롭게 소비하는 '잡식성 소비자'를 뜻한다.

*** 토핑경제

맞춤형 소비 트렌드

피자에 원하는 토핑을 올리듯, 기존 상품에 자신의 취향과 개성을 반영해 맞춤화하는 소비 형태를 의미한다. 이는 대중적인 소비 트렌드를 따르면서도, 동시에 개성을 드러내고 싶은 소비자의 욕구를 반영한 개념이다. 대표적인 예시로는 크록스의 지비츠, 서브웨이의 맞춤형 샌드위치, 마라탕 재료 선택 시스템, 스타벅스의 커스텀 메뉴 등이 있다.

기출 *** 스텔스 테이퍼링

드러내지 않고 몰래 단행하는 양적완화 축소

중앙은행이 공식적으로 드러내지 않고 몰래 단행하는 양적 완화 축소로 즉, 중앙은행이 공식 발표 없이 자산 매입 규모를 줄이는 과정을 의미한다. 이는 자산 매입 규모를 서서히 축소하여 시장에 미치는 충격을 최소화하기 위해 시행된다.

기출 * **핀플루언서**
Finfluencer

금융 투자 분야에서 영향력 있는 인물

핀플루언서는 '금융(Finance)'과 '인플루언서(Influencer)'의 합성어다. 유튜브나 SNS, 각종 소셜미디어를 통해 일반 투자자들에게 주식 투자, 부동산 거래, 암호화폐 투자 등 금융 관련 정보와 투자 조언을 제공하며 영향력을 행사하는 사람을 의미한다. 핀플루언서는 전문 지식을 바탕으로 신뢰할 수 있는 정보를 제공하는 '전문가 핀플루언서', 개인 투자를 하며 경험을 공유하는 '일반인 핀플루언서' 그리고 경제적 트렌드나 시장 분석을 일반 대중에게 전달하는 '경제 관련 콘텐츠 크리에이터' 등의 유형이 있다. 핀플루언서는 복잡한 금융 용어를 쉽게 설명하여 사람들의 금융 이해도를 높이고 지식을 넓히는 데 기여할 수 있으며, 투자 트렌드에 영향을 미치기도 한다. 하지만 핀플루언서가 제공하는 금융 정보가 항상 정확하지 않거나 과장된 정보일 수 있어 주의가 필요하다.

기출 *** **슈링크플레이션**
Shrinkflation

상품의 가격은 그대로이나 크기나 용량이 줄어드는 것

소비자들은 직접적인 가격 인상에 민감하기 때문에 가격 대신 크기나 용량을 줄인다. 기업이 원자재 비용, 물류비, 인건비 상승 등으로 인해 직접적인 가격 인상 대신 제품의 크기를 줄이거나 품질을 낮추는 방식이다. 소비자는 실질적으로 더 높은 가격을 지불하지만 이를 인지하기 어렵고 기업은 이윤 보호 효과가 있으나 장기적으로는 소비자의 불신을 초래할 수 있다.

* **그리드플레이션**
Greedflation

원자재 가격 상승 또는 유통 문제와 관계없이 가격을 인상하는 현상

탐욕(Greed)과 인플레이션의 합성어로, 기업들이 이윤을 극대화하기 위해 과도한 가격 인상을 단행하는 것을 말한다. 인플레이션 국면의 심리를 이용하여 물가 상승을 핑계로 지나치게 가격을 인상하는데, 이는 소비자들의 부담 증가 및 불필요한 인플레이션 지속, 공정 경쟁 저해 가능성을 야기한다.

기출 *** **스태그플레이션**
Stagflation

경기침체와 인플레이션이 동시에 발생하는 현상

일반적으로 경기가 침체되면 물가는 하락하는데, 스태그플레이션에서는 경기가 침체돼도 물가는 계속 오른다. 임금과 물가가 함께 상승하는 악순환을 유발하는데 실업률 상승과 물가 상승으로 인한 생활수준 저하 및 정책 딜레마의 영향으로 이어진다.

기출 *** **슬럼프플레이션**
Slumpflation

스태그플레이션보다 더 심한 경제 위축

글로벌 금융위기, 대규모 경기침체 등으로 인해 소비가 위축되고 실업률이 증가하며 투자가 감소한다. 정부와 중앙은행이 금리를 인하하고 경기부양책을 시행해도 효과가 미비하다.

****노 랜딩**
No Landing

경기가 하강하지 않을 것이라는 낙관론

2023년 미국의 1월 실업률은 3.4%로 1969년 5월 이후 54년 만의 최저치를 기록했다. 기술기업을 중심으로 한 해고가 이어지는 와중에도 미국의 일자리는 충분했다. 이처럼 미국의 노동시장과 미국 GDP의 70%를 차지하는 소비가 견고하다는 부분에서 경제학자들 사이에서는 노 랜딩의 기대가 퍼졌다.

***파운드리**
Foundry

팹리스 업체가 설계한 반도체를 전담하여 제조하는 생산 전문 기업

반도체 산업 기업은 크게 IDM, 팹리스, 파운드리, OSAT 네 가지로 구분할 수 있다. IDM은 설계부터 최종 완제품까지 자체적으로 수행하는 기업이며 팹리스는 반도체 설계만을 전담한다. OSAT는 파운드리가 생산한 반도체의 패키징 및 검사를 수행한다. IDM 중 일부는 자사 외에 다른 기업의 반도체를 생산하는 파운드리 기능을 함께 수행하기도 하는데, 우리나라에서는 삼성전자, SK하이닉스 등이 IDM이면서 파운드리 기능을 수행하고 있다.

***규모의 경제**

대량으로 생산을 해서 얻은 이익이 대규모 경영에 이익이 되는 것

대량 생산에 의하여 1단위당 비용을 줄이고 이익을 늘리는 방법이 일반적인데, 최근에는 설비의 증강으로써 생산비를 낮추고 있다. 생산 조직이나 생산의 규모가 커질수록 생산과 판매를 위한 비용이 줄어드는 경우, 이를 규모의 경제라고 한다. 규모의 경제는 생산규모와 관련된 것으로 경제규모가 커진다고 해서 반드시 규모의 경제가 발생하는 것은 아니다.

***콩글로머리트**
Conglomerate

여러 기업이 하나로 연합한 거대 기업체

복합기업이라고도 불리며 서로 다른 업종 간의 합병으로 이루어진 기업이다.

***차입경영**

돈을 빌려 사업을 하는 일

일반적으로 레버리지효과(지렛대 효과)를 기대하여 과도한 부채를 기반으로 기업을 경영하는 것을 의미한다.

****빅테크**
Big Tech

구글, 아마존, 메타, 애플, 알파벳 같은 대형 정보기술(IT) 기업

국내 금융산업에서는 네이버와 카카오 등 온라인 플랫폼 제공 사업을 핵심으로 하다가 금융시장에 진출한 업체를 주로 지칭한다.

***그린플레이션**
Greenflation

친환경을 뜻하는 그린과 물가상승을 뜻하는 인플레이션의 합성어

탄소중립을 위한 친환경 정책의 영향으로 산업금속이나 화석연료의 공급이 줄어드는 반면에 수요는 증가해 원자재 가격이 오르고 물가의 인플레이션을 유발하는 현상이다.

기출 ⁂울트라 스텝

Ultra Step

중앙은행이 한 번에 기준금리를 1%p 인상하는 조치

중앙은행에서 인플레이션에 대한 우려가 커지면 기준금리를 급격하게 올리는 것을 의미한다.

⁂프렌드쇼어링

Frieng Shoring

동맹국 사이에서만 공급망을 구축하는 현상

우호국이나 동맹국들과 공급망을 구축하는 것으로 리쇼어링의 대안으로 주목받고 있다. 핵심 재료의 공급이 수월하게 이루어질 수 있다는 긍정적인 측면과 상대적으로 낮은 인건비를 포기하게 돼, 생산비용이 증가하여 인플레이션을 초래할 수 있다는 우려의 측면이 있다.

⁂역(逆) 머니무브

증시에서 예금으로 돈을 이동하는 것

시중 자금이 위험 자산에서 안정 자산인 은행 예금으로 몰리는 현상을 말한다. 한편 은행 예금에서 증시와 부동산 등 고위험·고수익 자산으로 이동하는 것을 머니무브라고 한다.

⁂플랫폼 경제

Platform Economy

기업이 제품·서비스의 생산·공급을 담당하는 것이 아닌 플랫폼만을 제공하는 형태

정보를 가진 플랫폼이 중개업자 역할을 하여 주도하는 경제 구조로, 거래 당사자들이 플랫폼을 거칠 때마다 수수료를 지불하기 때문에 플랫폼 참여자가 많을수록 유리한 구조이며 거대 플랫폼 기업을 중심으로 하는 승자독식 형식이 나타날 수 있다. 플랫폼 기업의 대표적인 예로는 미국의 애플·마이크로소프트·구글·아마존, 중국의 알리바바·텐센트, 한국의 네이버·카카오·쿠팡 등이 있다.

⁂프로토콜 경제

Protocol Economy

플랫폼 경제의 대안으로 제시되는 개념

탈중앙화를 통해 여러 경제주체를 연결하는 새로운 형태의 경제 모델이다. 블록체인 기반의 기술을 핵심으로 하며, 사전에 정해놓은 규칙(프로토콜)에 따라 시스템에 의해 참여자가 보상을 받으며 작동하는 경제 구조이다. 보상 메커니즘으로는 코인을 사용한다.

* 꼬리위험

Tail Risk

확률이 지극히 낮은 양극단 꼬리 부분에 해당하는 확률의 사건이 발생할 위험

특정한 평균치를 중심으로 대칭을 이루는 종 모양의 정규분포 곡선 양쪽 끝부분을 나타내는 꼬리부분은 발생할 가능성은 낮지만 한 번 발생하면 큰 변수로 작용하여 헤어 나오기 어려움을 일컫는 말이다. 발생 가능성이 낮고 예측하기 어렵지만 한 번 위험이 발생하면 큰 영향을 미친다.

기출 * 추가경정예산
追加更正豫算

예산이 성립된 후에 국회를 통과하여 그 내용을 변경하는 것

국가예산이 이미 정해진 상황에서 예산 부족이나 특별한 사유로 인해 부득이하게 필요하다고 판단되는 경우, 정부가 본예산을 변경해 다시 정한 예산을 국회에 제출하여 의결을 거친 후 집행하는 예산이다. 이를 줄여 추경예산이라고도 한다. 우리나라의 경우 헌법 제56조에 따라 예산에 변경을 가할 필요가 있을 때 정부가 추가경정예산안을 편성해 국회에 제출하도록 하고 있으며, 예산안이 국회에서 의결되기 전에 그 내용을 변경하는 수정예산과 차이가 있다.

⁑ 리플레이션
Reflation

경제가 디플레이션에서 벗어나 물가가 오르는 상태

심각한 인플레이션을 야기하지 않을 정도로 재정 및 금융을 확대하면서 경기의 회복과 확대를 도모한다. 리플레이션 정책은 과잉자본을 극복하고 경기회복을 목적으로 하고 있으며 통화재평창이라고도 한다.

기출 * 커버드 콜
Covered Call

콜 옵션을 미리 매도하여 주가지수가 하락할 때 이익을 얻는 전략

특정한 주식을 보유한 상태에서 콜 옵션을 비싼 가격에 매도하여 안정적으로 위험을 피하는 전략이다. 주식만 보유하고 있는 상태에서 주가가 하락할 경우 투자자의 손실은 커지지만 콜 옵션을 매도하는 경우 손실을 줄일 수 있으며, 주가가 상승할 경우에는 콜 옵션에서 손해를 입더라도 보유 주식을 상승하므로 손실이 적다.

기출 ⁑ 콘탱고
Contango

선물가격이 현물가격보다 높은 상태

주식 시장에서 선물가격이 현물가격보다 높거나 결제 월이 멀수록 선물가격이 높아지는 현상을 말한다. 일반적으로 선물가격은 현물가격보다 높아야 하는데, 선물 만기까지 소요되는 현물의 보유 비용이 포함되어야 하기 때문이다.

⁑ 캐리트레이드
Carry Trade

금리가 낮은 통화로 자금을 조달하여 수익을 내는 거래

저금리로 차입하여 고금리의 상품이나 주식 등에 투자해 수익을 내는 거래를 말한다. 차입한 통화가 달러화인 경우에는 달러캐리트레이드(스미스 부인), 유로화인 경우에는 유로캐리트레이드(소피아 부인), 엔화인 경우에는 엔캐리트레이드(와타나베 부인)이라고 한다.

⁑ 롤오버
Roll Over

금융기관이 상환 만기된 부채의 상환을 연장해주는 조치

당사자 간 합의에 의해 만기일정을 연장해주는 것을 말한다. 채권의 경우 새로운 채권을 발행하여 만기를 연장해주는 것을 의미하며 선물의 경우 매수차익거래잔고를 이월하는 것을 의미한다.

⁑ 윈도드레싱
Window Dressing

기관투자가들이 결산기에 투자수익률을 올리기 위해 주식을 집중적으로 사고파는 행위

기관투자가들이 실적이 좋은 주식 종목은 집중적으로 매입하여 주가를 올리고, 실적이 저조한 항목은 처분하여 투자수익률을 최대한 끌어올리는 행위를 말한다.

기출 ⁑ 출구전략
Exit Strategy

각종 완화정책을 경제에 부작용을 남기지 않게 서서히 거두어들이는 전략

경기침체나 위기로부터 경제지표가 되살아나는 경기회복의 조짐이 있는 경제 상황에서 침체기간 동안 시중에 풀린 과도한 유동성을 부작용이 생기기 전에 회수하려는 전략이다.

⁑ 기간산업
Key Industry

국가가 경제활동을 원활히 하는 데 필수인 중요한 산업

철강·목재·금속 등 다른 산업의 원자재로 널리 사용되는 물자를 생산하는 산업과 석탄이나 석유, 전력 등 경제활동에 필요한 에너지를 공급하는 산업이 있다.

기출 ⁑ 더블 딥
Double Dip

경기침체에서 잠시 회복기를 보이다가 이내 침체에 빠지는 현상

불황에서 벗어난 경제가 다시 침체에 빠지는 이중하강 현상을 말한다. W자형 경제구조라고도 하며 경기침체의 골을 두 번 지나야 비로소 완연한 회복을 보일 것이라는 전망 때문에 W자 모양의 더블 딥으로 불리게 됐다.

기출 ⁑ 리플
XPP : Ripple

암호화폐의 한 종류

간편 송금을 목적으로 탄생한 가상화폐이다.

기출 ⁑ 긱 이코노미
Gig Economy

기업들이 계약직 혹은 임시직으로 사람을 고용하는 경제형태

필요할 때마다 임시직을 섭외해 일을 맡기는 경제형태를 말한다. 노동자 입장에서는 어딘가에 고용되어 있지 않고 필요할 때 일시적으로 일을 하는 '임시직 경제'를 가리킨다. 모바일 시대에 접어들면서 이런 형태의 임시직이 급증하고 있다. 한편, 1920년대 미국 재즈 공연장에서 필요에 따라 연주자를 단기 섭외하던 방식을 의미하는 Gig에서 유래하였다.

기출 ⁑ 젠트리피케이션
Gentrification

낙후된 도심이 활성화되면서 거주민이 밀려나는 현상

빈곤 계층이 이르는 정체 지역에 중산층 이상의 계층이 진입하여 낙후된 도심이 활성화되면서 거주하고 있던 빈곤 계층을 몰아내는 현상이다. 해당 지역이 활성화 되고 관광객이 늘면서 부동산 가격 등 자산가치가 상승하여 기존 거주자들을 몰아내는 것이다.

기출 ⁑ **베이시스**
Basis

선물가격과 현물가격의 차이

주식 시장에서 선물가격과 현물가격의 차이를 나타내는 말로, 베이시스가 양(+)이면 콘탱고라고 하고 음(−)이면 백워데이션이라고 한다.

기출 ⁑ **퍼스트 펭귄**
The First Penguin

불확실성을 감수하고 용감하게 도전하는 선구자

먹이 사냥을 위해 바다로 뛰어드는 것이 두렵지만, 펭귄 한 마리가 먼저 용기를 내어 뛰어들면 나머지 펭귄들도 이를 따른다는 데에서 유래하였다. 이는 불확실하고 위험한 상황에서 용감하게 먼저 도전함으로써 다른 이들에게도 참여의 동기를 유발하는 선구자를 의미한다.

⁑ **크라우드 소싱**
Crowd Sourcing

소비자들의 참여로 해결책을 얻는 방법

기업 활동의 일부 과정에 소비자를 참여시키는 방법이다. 새로운 제품을 출시할 때 소비자들의 피드백 참여를 통해 기업 입장에서는 참신한 아이디어와 실질적인 의견을, 소비자들은 이에 관한 보수를 받을 수 있다.

⁑ **마천루의 저주**
Skyscraper Curse

초고층 빌딩이 지어지는 시기에 맞추어서 경기의 침체가 찾아온다는 가설

1999년 도이체방크의 분석가 앤드루 로런스가 100년간 사례를 분석해 내놓은 가설로 과거 역사를 보면 초고층 빌딩은 경제위기를 예고하는 신호 역할을 해왔다는 가설이다. 국내의 경우 제2롯데월드가 착공을 시작한 후부터 많은 문제가 발생함을 이러한 가설에 비유하기도 한다.

기출 ⁑ **회색 코뿔소**
Gray Rhino

쉽게 간과하는 위험 요인

지속적으로 경고하지만 쉽게 간과하게 되는 위험 요인을 말한다. 코뿔소는 멀리서도 눈에 띄며 움직임을 알 수 있지만 두려움 때문에 아무런 대처를 하지 못하는 것을 빗대어 표현한 용어이다. 2013년 다보스포럼에서 처음 사용된 개념으로 의사결정자들의 미흡한 시스템과 책임성 결여 등을 원인으로 꼽았다.

⁑ **빅배스**
Big Bath

새로운 경영자가 전임자가 쌓아 놓은 부실 요소를 한꺼번에 털어버리는 행위

새로 부임하는 기업의 CEO가 전임 CEO의 재임기간 동안에 누적된 손실을 회계장부상에서 최대한 반영함으로써 경영상의 과오를 전임 CEO에게 넘기는 행위이다. 새로 부임하는 CEO는 회계처리 과정에서 과거에 발생한 손실을 극대화해 잠재적인 부실까지 미리 반영한다. 그러나 이전 경영진의 성과를 보고 투자한 주주들은 이러한 회계처리로 인해 주가 하락에 따른 손실을 볼 수 있다.

⁑관세 탠트럼
Tariff Tantrum

◑ **관세 인상 우려로 인한 금융 시장의 요동**

미국 정부의 공격적인 무역 정책으로 발생된 금융 시장의 요동을 말한다. 2018년 미국이 수입 철강과 알루미늄에 관세를 부과하겠다고 밝히자 무역전쟁에 대한 우려가 확산되면서 뉴욕 증시의 주요 지수가 일제히 급락한 것을 두고 관세 탠트럼이라고 한다.

기출 ⁑6시그마
6 Sigma

◑ **품질경영 혁신기법**

1987년 모토로라의 마이클해리가 통계기법을 활용해 기존의 품질관리 기법을 확장하여 6시그마라는 경영기법을 고안해냈다. 100만 번의 프로세스 중 3 ~ 4번의 실수나 결함이 있는 상태를 말하며, 경영활동에 존재하는 모든 프로세스를 분석하고 규명해서 현재 시그마 수준을 알아낸 다음 혁신을 통해 6시그마 수준에 도달하는 것을 목표로 한다.

기출 ⁑일물일가의 법칙
Law of Indifference

◑ **동일한 시점일 경우, 완전경쟁이 행해지는 시장에서 판매하는 동일 상품에 대해서는 하나의 가격만 성립하는 법칙**

무차별의 법칙으로, 어떤 한 곳이 다른 곳보다 가격이 비쌀 경우, 해당 상품을 싼 곳에서 사고, 비싼 곳에서 판매하는 사람들이 생겨나 가격은 결국 같아지게 되는 것을 말한다.

기출 ⁑손절매

◑ **큰 손해를 방지하기 위해 일정액의 손해를 감수하고라도 매도하는 것**

가지고 있는 주식의 현재시세가 매입가보다 낮고, 향후 가격 상승의 희망이 전혀 보이지 않는 경우에 손해를 감수하고라도 매도하는 것을 말한다. 손해가 유발될 종목에 대해 적절한 시점에 손절매 한다면 수익을 내는 것이 쉬워진다. 주식은 상승과 하락으로 대별되는데, 상승을 예견해 매입하지만 예상이 빗나가 하락하는 종목도 있을 수 있다. 따라서 하락이 예상된다면 실패를 인정하고, 빠르게 손절매 하는 것이 현명하다.

기출 ⁑신용점수제
信用點數制

◑ **2021년 1월 1일부터 신용등급제에서 전면 개편된 제도**

개인신용평가 회사에서는 신용등급을 산정하지 않고 개인신용평점만을 산정하여 금융소비자와 금융회사에 제공한다. 금융권 신용위험 관리역량을 제고하고 금융회사별 리스크 전략, 금융소비자 특성에 따라 차별화된 서비스 제공이 가능해졌다. 또한 세분화된 대출 심사 기준을 도입하여 획일적인 대출 여부에서 벗어나 저신용층의 금융 접근성까지 제고되었다.

⁑리쇼어링
ReShoring

◑ **해외로 나간 국내기업을 다시 자국으로 불러들이는 정책**

생산비와 인건비 등을 이유로 해외로 나간 기업들을 각종 세제 혜택과 규제 완화 등을 통하여 자국으로 불러들이는 정책을 말한다. 경기침체와 실업난의 장기화를 해결하기 위한 목적이다.

⁑신용경색
Credit Crunch

금융기관에서 돈이 제대로 공급되지 않아 기업들이 어려움을 겪는 현상

금융시장에 공급된 자금의 절대량이 적거나 자금이 통로가 막혀있을 때 발생하는데, 특히 돈의 통로가 막혀 발생하는 신용경색은 치유하기가 어렵다. 신용경색이 발생하면 기업들은 자금 부족으로 인해 정상적인 경영이 어려워지고 무역업체들도 수출입 활동에 큰 제약을 받게 된다. 신용경색이 나타나는 과정은 먼저 일부 은행의 도산이나 부실화로 인해 금융시스템 내의 대출가능 규모가 줄어들게 되고, 이들 은행과 거래하던 기업들이 차입이 어려워지면서 기업의 도산확률이 높아지게 된다.

⁑바그너 법칙
Wagner's Law

경제가 성장할수록 국민총생산의 공공부문 지출 비중이 높아진다는 원칙

공공지출 증가의 법칙이라고도 하며 정부의 기능과 활동이 증가하면서 GNP의 공공부문 지출도 증가한다는 원칙이다.

기출 ⁑폰지사기
Ponzi Scheme

금융 다단계 사기 수법

아무런 사업도 하지 않으면서 신규 투자자의 돈으로 기존 투자자에게 원금과 이자를 갚아나가는 금융 다단계 사기 수법이다.

기출 ⁑M커브
M Curve

여성의 경제활동 참가율을 나타내는 곡선

20 ~ 30대 여성들이 육아부담으로 경제활동을 포기하고 가정에 머물러야 하는 상황을 단적으로 보여주는 곡선이다. 여성인력선진국은 U를 뒤집어 놓은 형태를 보이고 있는 반면에 우리나라는 M자 형태를 보이며 심각한 여성경력단절 현실을 나타내고 있다.

⁑특허 괴물
Patent Troll

개인 또는 기업으로부터 특허기술을 사들여 로열티를 챙기는 회사

제품을 생산·판매하지 않고 특허권 또는 지식재산권만을 집중적으로 보유하여 로열티로 이익을 창출하는 전문회사를 가리킨다. 대량의 특허권을 매입하거나 원천기술을 보유한 소규모 기업을 인수·합병하여 특허권을 확보한 후 특정기업이 무단으로 사용한 제품이 출시되면 해당 기업을 상대로 사용료를 요구하거나 소송 등을 통해 막대한 보상금을 챙긴다. 최근에는 개발 전 단계의 아이디어까지 선점하는 경우가 많아 문제로 지적되고 있다. 특허 괴물이란 용어는 미국의 반도체 회사 인텔(Intel)이 1998년 테크서치(Techsearch)라는 회사로부터 당한 소송 사건에서 인텔 측 변호사가 이 회사를 특허 괴물이라고 비난한 데서 유래되었다.

⁑3C
Concepts
Competence
Connections

세계 정상급 기업이 되기 위한 요건

하버드대 경영대학원의 캔터 교수가 제시한 요건이다. 첫 번째 '발상'은 최신의 지식과 아이디어를 습득해야 하며 기술을 계속 향상시켜야 하고, 두 번째 '능력'은 가장 높은 수준에서 일할 수 있는 능력을 갖춰야 하며, 세 번째 '관계'는 전 세계에 걸쳐 적합한 인물들과 교류를 갖는 관계를 유지해야 한다는 것이다.

기출 ⁑ **지하경제**

地下經濟

◑ **공식적으로 드러나지 않은 경제활동**

일반적으로 GDP에 집계되지 않거나 불법적인 생산 활동에 대한 경제를 지하경제, 그림자경제 등으로 일컫는다. 지하경제의 규모가 클수록 경제 성장이 저하된다.

기출 ⁑ **애그플레이션**

Agflation

◑ **곡물가격이 상승한 영향으로 일반 물가도 덩달아 오르는 현상**

곡물가격 상승이 사회 전반의 물가 상승으로 확산되어 경제위기를 초래할 우려가 있으며, 특히 곡물자급률이 낮은 나라는 그 위험성이 더욱 커진다. 곡물가격이 상승하는 요인으로는 지구 온난화 등 기상 이변으로 인한 공급 감소, 육류 소비 증가에 따른 사료용 곡물 수요 증가, 경작지 감소 등이 있다.

기출 ⁑ **유동성 함정**

Liquidity Trap

◑ **경제주체들이 시장에 자금을 내놓지 않는 상태**

미국 경제학자 존 메이나드 케인스가 붙인 이름으로 금리를 낮추고 화폐를 유통시켜도 경제주체들이 시장에 자금을 내놓지 않아 경기가 회복되지 못하는 현상을 유동성 함정이라고 한다. 경제주체들이 미래 경기 전망이 불투명하여 소비와 투자를 줄이기 때문이다. 화폐가 순환하지 못하여 돈맥경화가 발생하게 되면 이를 위해 중앙은행은 기준금리를 내리게 되는데 제로금리까지 이르게 된다.

기출 ⁑ **민스키 모멘트**

Minsky Moment

◑ **부채의 확대에 기대어 경기호황이 이어지다 호황이 끝나면서 금융위기가 도래하는 시점**

경기호황이 끝난 후, 은행 채무자의 부채 상환능력이 악화되어 채무자가 결국 건전한 자산마저 팔게 되는 금융위기 시점이다. 금융 시장이 호황기에 있으면 투자자들은 고위험 상품에 투자하고 이에 금융 시장은 탄력을 받아 규모가 확대된다. 그러나 투자자들이 원하는 만큼의 수익을 얻지 못하면 부채 상환에 대한 불안이 커지면서 금융 시장은 위축되고 금융위기가 도래하게 된다.

⁑ **아웃소싱**

Outsourcing

◑ **기업 내부의 업무 일부를 경영 효율의 극대화를 위해 외부의 전문 업체에 위탁해서 처리하는 경영전략**

미국 기업이 제조업분야에서 활용하기 시작해서 이제는 경리, 인사, 신제품 개발, 영업 등 모든 분야로 확대되고 있다. 급속한 시장 변화와 치열한 경쟁에서 살아남기 위해 기업은 핵심 사업에 집중하고, 나머지 부수적인 업무는 외주에 의존함으로서 인원절감과 생산성 향상의 효과를 노리고 있다. 또한 어떤 분야든 자사보다 탁월한 능력을 보유하고 있는 기업과 팀을 이뤄 업무를 추진함으로써 업무의 효율을 극대화할 수 있으나, 가격 상승에 따라 저효율과 발주사 직원의 전직 및 직무 감소로 인한 직원 수 초과, 공급업체와 발주사 간의 마찰, 공급업체에 대한 미숙한 관리 등의 위험요소도 있다.

⁑레몬마켓
Lemon Market

질적인 측면에서 문제가 있는 저급의 재화나 서비스가 거래되는 시장

레몬은 미국 속어로 불량품을 의미하여 경제 분야에서는 쓸모없는 재화나 서비스가 거래되는 시장을 레몬마켓이라 이르게 되었다. 또한 구매자와 판매자 간 거래 대상 제품에 대한 정보가 비대칭적으로 주어진 상황에서 거래가 이루어지면서 우량품은 자취를 감추고 불량품만 남아도는 시장을 말한다. 이는 불량품이 넘치게 되면서 결과적으로 소비자도 외면하게 되는 시장이 된다.

기출 *슈바베 법칙
Schwabe's Law

근로자의 소득과 주거비에 대한 지출 관계 법칙

소득 수준이 높을수록 집세에 지출되는 금액은 커지지만 전체 생계비에 대한 주거비의 비율은 낮으며 소득이 낮을수록 전체 생계비에 대한 주거비의 비율은 높아진다는 독일 통계학자 슈바베의 법칙이다.

⁑녹다운 수출
Knock Down Export

부품이나 반제품의 형태로 수출하는 방식

완제품이 아니라 조립할 수 있는 설비와 능력을 가지고 있는 거래처에게 부품이나 반제품의 형태로 수출하고 실수요지에서 제품으로 완성시키도록 하는 현지조립방식의 수출을 말한다. 이 방식은 수입제한이나 고율의 관세가 부과되는 것을 피하고 상대방의 시장에 침투할 수 있다.

*인프라
Infra

경제활동의 기반을 형성하는 기초 시설

기간시설 또는 인프라 스트럭처는 경제활동의 기반을 형성하는 기초적인 시설들을 말하며, 도로나 하천·항만·공항 등과 같이 경제활동에 밀접한 사회 자본을 흔히 인프라라고 부른다. 최근에는 학교나 병원, 공원과 같은 사회복지, 생활환경 시설 등도 포함된다.

기출 ⁑골디락스
Goldilocks

뜨겁지도 차갑지도 않은 이상적인 경제 상황

인플레이션을 우려할 만큼 과열되지도 않고, 경기침체를 우려할 만큼 냉각되지도 않은 아주 좋은 경제 호황 상태를 영국 전래동화 속 골디락스에 비유한 것이다. 골디락스는 통상적으로 불황기와 호황기 사이에 나타나는데 경기는 계속해서 순환하므로 계속 유지될 것이라고 기대하긴 어렵다.

⁑투자 심리선
Psychological Line

일정 기간 동안 투자 심리의 변화를 파악하여 주식 시장의 상태를 진단하는 기준이 되는 수치

최근 12일 동안에 나타난 전일 대비 상승일 수를 누계하고 이를 12로 나누어 백분율로 나타내는데, 이 수치가 75% 이상이면 과열 상태로 보고 25% 이하이면 침체 상태로 본다. 투자 심리선은 단기적으로 심리가 과열한 상태인지 아니면 침체상태인지를 판단하여 과열상태일 때는 매수보다는 매도의 전략을 취하고 침체상태일 때는 매도보다 매수의 전략을 취하여 장세 대응을 객관적으로 하려는 데 있다.

⁑자산 효과
Wealth Effect

◑ **자산가치가 오르면 소비도 증가하는 현상**

현재 소비가 현재의 소득뿐만 아니라 미래 소득에도 영향을 받게 된다는 이론이다. 물가 상승률에 따라서도 자산 효과를 느끼게 되는데 물가가 상승하면 돈의 가치가 떨어지고, 물가가 하락하면 돈의 가치가 천천히 떨어져 금융자산의 실질가치는 높아지므로 소득은 저축보다 소비에 중점을 두게 된다.

⁑와블링 이코노미
Wobbling Economy

◑ **국내외 금융 시장이 미국의 금융정책 등에 영향을 받아 작은 변수에도 크게 흔들리는 현상이 반복되는 것**

작은 변수에도 심하게 흔들려 예측하기 어려운 움직임을 보이는 시장 상황을 말한다.

기출 **⁑유동성 선호**
Liquidity Preference

◑ **동일한 금액일 경우 미래의 현금보다 현재의 현금을 선호하는 행위**

유동성 선호로 인해 사람들은 현재 현금을 포기할 경우 더 많은 미래현금을 요구하게 되는데 이와 같은 유동성 선호를 반영하여 화폐의 시간 가치를 나타내는 척도가 시장이자율이다.

⁑세그멘테이션
Segmentation

◑ **수요 집단별 집중적 마케팅 전략**

시장을 세분화하여 각 층마다 욕구와 필요에 맞추어 제품을 디자인하여 제공하는 것을 말한다.

기출 **⁑토빈의 Q**
Tobin's Q

◑ **기업의 시장가치를 자본의 대체비용으로 나눈 값**

미국 경제학자 제임스 토빈이 제시한 개념으로 설비투자의 동향을 설명하거나 기업의 가치평가에 이용되는 지표이다. 주식 시장에서 평가된 기업의 가치는 주식 가격에 발행주식수를 곱하여 산출하는데, 기업의 시가총액을 의미한다.

***스파게티 볼 현상**
Spaghetti Bowl Effect

◑ **동시다발적으로 체결되는 FTA의 부작용을 일컫는 용어**

여러 국가와 동시다발적으로 FTA를 체결할 때 각 국가마다 복잡한 절차와 규정으로 인하여 기대 효과가 반감되는 현상을 일컫는다.

기출 **⁑체리피커**
Cherry Picker

◑ **자신의 실속만 챙기려는 소비자**

기업의 상품이나 서비스를 구매하지 않으면서 자신의 실속만 챙기려는 소비자를 말한다. 신포도 대신 체리만 골라먹는 사람이라는 뜻으로 신용카드 회사의 서비스 혜택만 누리고 카드는 사용하지 않는 고객을 가리키던 말이었다. 최근에는 기업의 서비스 약점을 이용하여 상품이나 서비스를 잠시 구매했다가 바로 반품하는 등의 체리피커가 급증하였다. 이에 기업은 블랙리스트를 만들어 일반고객과 차별화를 두는 등 대응하고 있다.

기출 ⁑ **그레이 스완**
Gray Swan

◑ **예측 가능하고 이미 알려져 있지만 마땅한 해결책이 없는 리스크가 항상 존재하는 시장상태**

그레이 스완은 지속적으로 경제에 악영향을 끼쳐 주가 등 주요 경제지표 움직임을 제한하는 요인으로 작용한다.

기출 ⁑ **콘체른**
Konzern

◑ **법률상 독립되어 있으나 실질적으로 결합되어 있는 기업 결합형태**

거대 기업이 여러 산업의 다수 기업을 지배할 목적으로 형성되며 기업결합이라고도 한다.

⁑ **스캘퍼**
Scalper

◑ **빈번하게 주식을 매매하는 초단기 투자자**

포지션 보유 기간이 1 ~ 2분에 불과하여 주식 시장에서 초박리를 취하는 사람들로도 불린다. 기관투자자들은 그들이 포지션을 보유하고 있는 시간의 길이에 따라 스캘퍼(Scalper), 일일거래자(Day Trader), 포지션거래자(Position Trader)로 나눈다.

* **미소금융**
美少金融

◑ **제도권 금융기관과 거래가 불가능한 저신용자를 대상으로 실시하는 소액대출사업**

금융소외계층을 대상으로 창업이나 운영자금 등의 자활자금을 지원하는 소액대출사업으로 무담보 소액대출제도인 마이크로 크레디트의 일종이다. 지원 대상은 개인 신용등급 7등급 이하(개인 신용평점 하위 20%)의 저소득 혹은 저신용자로 2인 이상이 공동으로 창업하거나 사업자를 등록하여 운영 중인 경우에도 지원 대상에 포함된다. 실제 운영자와 사업자 등록상의 명의자가 다른 경우나 사치나 투기를 조장하는 업종은 제외된다.

기출 ⁑ **환율관찰대상국**
Monitoring List

◑ **국가가 환율에 개입하는지를 지속적으로 모니터링 해야 하는 국가**

미국 재무장관은 종합무역법, 교역촉진법에 의해 반기별로 주요 교역국에 대한 경제 및 환율 정책 보고서를 의회에 제출한다. 이 보고서에서는 대미 무역 흑자 200억 달러 초과, 국내총생산(GDP) 대비 경상흑자 비율 3% 초과, 지속적인 일방향 시장 개입(연간 GDP 대비 2% 초과 달러 순매수) 등 세 가지 요건에 해당하면 환율 조작국으로 지정한다고 명시되어 있다. 두 가지 요건에 해당할 경우는 환율관찰대상국으로 분류된다. 환율 조작국으로 지정되면 미 정부의 개발 자금 지원과 공공 입찰에서 배제되고 국제통화기금(IMF)의 감시를 받는다. 환율관찰대상국으로 분류되면 미국 재무부의 모니터링 대상이 된다.

⁑ **스크루플레이션**
Screwflation

◑ **물가 상승과 실질임금 감소 등으로 중산층 가처분 소득이 줄어드는 현상**

경제가 지표상으로는 회복하는 것으로 보이나 중산층 입장에서는 수입은 줄고 지출이 늘어나 소비가 위축되고 실질 경기는 제대로 살아나지 못하는 상황을 말한다.

⁑로빈 후드세
Robin Hood Tax

◑ 저소득층을 지원하기 위한 목적으로 부과하는 세금
탐욕스런 귀족이나 성직자들의 재산을 빼앗아 가난한 이들에게 나누어준 로빈 후드처럼 고수익을 올리는 금융기관 등의 기업과 고소득자에게 빈민들을 지원하는 데 쓰는 세금을 부과하는 것을 말한다.

⁑히든 챔피언
Hidden Champion

◑ 숨은 강소기업을 일컫는 용어
세계시장점유율이 1 ~ 3위이면서 세계적인 경쟁력을 갖췄지만 잘 알려지지 않은 기업을 말한다. 히든 챔피언 기업의 선정 조건은 세계시장에서 1 ~ 3위를 차지하거나 대륙에서 1위를 차지, 매출액은 40억 달러 이하, 대중에게 알려져 있지 않은 기업 등 세 가지다. 히든 챔피언 기업의 공통된 특성은 다음과 같다. 먼저 한 분야의 전문가로 시장을 좁게 정의하고 있으며 세계화에 공을 들인다. 또 아웃소싱을 하되 연구개발(R & D) 등 핵심역량은 직접 수행한다. VIP 고객들과 밀접한 관계를 구축하고, 기업문화는 직원에게 일체감과 동기를 부여하는 문화이며 경영자는 기본가치를 중시하고 장기 재직하는 경우가 많다. 한편 정부는 중소기업보다는 크지만 대기업에는 미치지 못하는 중간 크기의 기업들을 중견기업으로 법제화해 이들이 글로벌 시장을 누비는 히든 챔피언으로 성장할 수 있도록 금융 및 세제 혜택을 주는 방안을 마련하고 있다.

기출 ⁑G – 제로
G – Zero

◑ 국제사회를 주도할 리더가 없는 상태
국제사회를 주도할 리더가 없는 상태를 뜻하는 용어로 2011년 세계경제포럼에서 언급되었다. G – 제로 시대에는 국제사회를 이끌던 강력한 국가가 사라져 오판에 의한 우발적 충돌이 발생할 가능성이 높으며 글로벌 불확실성이 커질 것이라고 경고하였다.

기출 ⁑핫머니
Hot Money

◑ 국제금융 시장을 이동하는 단기성 자금
각국의 단기금리의 차이, 환율의 차이에 의한 투기적 이익을 목적으로 하는 것과 국내 통화불안을 피하기 위한 자본도피 등 두 종류가 있다. 핫머니의 특징으로는 자금이동이 일시에 대량으로 이루어고, 자금이 유동적인 형태를 취한다는 점을 들 수 있다. 따라서 핫머니는 외환의 수급관계를 크게 요동시켜 국제금융 시장의 안정을 저해한다.

⁑액체사회
Liquid Society

◑ 업종 간의 경계가 허물어지는 사회
두 업종이 마치 액체처럼 한 곳에 용해되어 있는 시장에서 경쟁하는 형태이다. 스포츠용품 전문 업체인 나이키가 기존 경쟁업체인 리복, 아디다스 외에 새로운 경쟁상대로 지목했던 기업이 바로 일본의 게임업체인 닌텐도였다. 지금까지의 젊은 사람들은 부모로부터 용돈을 받으면, 주로 신발이나 스포츠용품을 구입해 온 것에 반해, 이제는 게임기나 게임용 소프트웨어를 주로 구매하게 되었다. 즉, 스포츠업계와 게임업체가 시장에서 서로 경쟁하게 된 것이다.

당기순이익
Net Income

기업이 일정 기간 동안 얻은 모든 수익에서 지출한 모든 비용을 공제하고 순수하게 이익으로 남은 몫

기업이 한 사업 연도 동안 얼마나 돈을 벌었는지를 나타내는 수치로 기업의 경영상태를 나타내는 대표적인 지표이다.

기출 **트릴레마**
Trillemma

세 가지 정책 목표의 동시 달성이 불가능한 상황

하나의 정책 목표를 이루려다 보면 다른 두 가지 목표를 이룰 수 없는 상태를 일컫는다. 물가 안정, 경기부양 국제수지 개선의 삼중고를 의미한다.

기출 **쿠퍼 효과**
Cooper Effect

경기부양책에 따른 경기회복은 점진적으로 나타나고 긴축정책에 따른 경기 냉각은 빠르게 진행되는 현상

정부와 중앙은행은 경기가 침체기거나 회복기일 때 금융정책을 통해 경기를 안정시키려 하는데, 경기의 흐름에 따라 금융정책의 효과가 나타나는 데 걸리는 시간이 서로 다른 현상을 말한다.

SDR
Special Drawing Rights

IMF의 특별인출권

IMF 가맹국이 규약에 정해진 일정 조건에 따라 IMF로부터 국제유동성을 인출할 수 있는 권리이다.

애널리스트
Analyst

기업과 관련된 조사와 분석을 담당하는 사람

기업의 현재가치를 정확히 측정할 뿐만 아니라 미래가치에도 주목한다. 경기흐름이라는 거시적인 틀 속에서 기업의 재무 및 손익구조 등을 분석해 기업의 적정 주가를 산출해 그 결과가 주식 시장에 연결되며, 해당 기업의 주가가 기업의 내재가치보다 낮아 저평가되면 매수를, 반대일 경우에는 매도의견을 낸다. 또한 이들의 한마디에 주가가 출렁이기도 한다.

부의 효과
Wealth Effect

자산가격이 상승하면 소비도 증가하는 현상

주식 등 자산의 가치가 상승하거나 예상되는 경우 그 영향으로 소비가 늘어나는 효과를 말하며 자산 효과라고도 한다.

장발장 은행
Jeanvaljean Bank

취약계층을 돕기 위해 설립된 은행

벌금형을 선고받았지만 생활고로 벌금을 낼 수 없는 형편의 취약계층을 돕기 위해 설립된 은행이다. 장발장 은행은 신용조회 없이 무담보 무이자로 벌금을 빌려준다. 대상자는 소년소녀가장, 미성년자, 기초생활보장법상 수급권자와 차상위계층이 우선 대상이며 개인과 단체의 기부로 운영되고 있다.

기출 * 엔젤계수
Angel Coefficient

아이들(유아에서 초등학생까지) 가계에서 지출하는 비용 중 아이들을 위해 사용되는 돈이 차지하는 비중

엔젤계수에는 과외비와 학원비 같은 교육비, 장난감구입비, 용돈, 의복비, 아이들을 위한 외식비 등이 포함된다. 우리나라의 경우 엔젤계수가 높은 편인데, 아무리 가정 형편이 어려워도 아이들을 위한 지출은 줄지 않고 있기 때문이다. 특히 교육비를 미래를 위한 투자로 인식하기 때문에 부모들은 불황이 심할수록 교육비를 늘리지 않으면 불안해 하고, 아울러 불황일수록 교육경쟁은 더 치열해지면서 과외비와 학원비 같은 교육비가 증가한다. 한편 어린이를 대상으로 하는 사업을 엔젤 비즈니스라고 한다.

⁑ 빅뱅디스럽션
Bigbang Disruption

창조와 붕괴를 동시에 일으키는 혁신

기존 제품이나 서비스를 개선하는 것에서 그치지 않고 시장을 재편하여 새로운 기술의 제품과 서비스를 생산하는 것을 의미한다. 기업과 제품의 수명은 대체로 짧아지지만 빠른 적응과 혁신을 통해 기업의 성장에 큰 영향을 미친다.

기출 ⁑ 섀도보팅
Shadow Voting

주주가 총회에 참석하지 않아도 투표한 것으로 간주하여 결의에 적용하는 제도

주주총회가 무산되지 않도록 하기 위해 참석하지 않은 주주들의 투표권도 행사할 수 있도록 하는 대리행사 제도이다. 불참한 주주들의 의사가 반영되는 위임투표와는 다르게 다른 주주들의 투표 비율을 적용한다. 그러나 경영진과 대주주가 악용하는 사례가 빈번하여 결국 폐지하게 되었다.

⁑ 머천다이징
Merchandising

적당한 상품을 적당하게 제공하기 위한 상품화 계획

적당한 상품을 알맞은 값으로 적당한 시기에 적당량을 제공하기 위한 상품화 계획이다. 이러한 상품을 생산하기 위해서는 제품의 품질, 디자인, 제품의 개량, 새로운 용도 발견, 제품라인의 확장 등에 관한 철저한 시장조사가 행해져야 한다.

⁑ 다운사이징
Downsizing

기업 규모 축소 혹은 감원 등의 구조조정

흑자를 위한 단기적 전략이 아닌 장기적인 경영전략이다. 다운사이징을 통해 비생산적인 사업부문을 수익성 높은 사업으로 전환할 수 있지만, 구성원들의 사기가 저하되고 생산성이 떨어지는 부작용이 있을 수 있다.

⁑ 코브라 효과
Cobra Effect

해결 대책이 사태를 악화시키거나 역효과를 초래하는 현상

문제를 해결하기 위한 해결책이 오히려 사태를 악화시키거나 예상치 못한 역효과를 초래하는 현상으로, 코브라 역설이라고도 한다. 인도가 영국의 지배를 받던 당시에 코브라 수 감축을 위해 행했던 정책이 오히려 코브라 수를 증가시킨 것에서 유래되었다.

기출 ⁑ **교차판매**
Cross Selling

금융회사가 다른 금융회사의 개발 상품을 판매하는 방식

금융기관들이 대형화, 겸업화하면서 다른 금융회사가 개발한 상품까지 판매하는 적극적인 판매방식으로 손해보험사 소속 설계사가 생명보험사 상품을, 생명보험사 소속 설계사가 손해보험 상품을 팔 수 있는 것으로 2008년 8월부터 시행되었다. 국내 금융기관들도 서서히 이런 교차판매 개념을 도입하고 있으며, 앞으로 금융기관들은 각종 금융상품의 대형 슈퍼마켓과도 같은 형태로 발전하게 될 전망이다.

기출 ⁑ **슈퍼 개미**
Super Catfish

자산 규모가 큰 개인투자자

우리나라에 슈퍼 개미란 용어가 등장한 것은 1990년대 중반으로, 당시는 주로 선물이나 옵션 등 변동성이 큰 상품을 매매하여 큰돈을 번 몇몇 개인들을 지칭하는 용어로 사용되었으며, 이들은 사회에 대한 파급효과보다는 개인적인 차원에서 투자수익을 극대화하는 게 목표였다. 그러나 2000년대 들어 슈퍼 개미는 새롭게 진화하면서 자신의 실체를 좀 더 분명히 드러낸다. 상당수가 단순투자를 넘어 경영참여를 선언하며 주주행동주의를 적극 실천하고 자본시장의 주역으로 부상하고 있다.

* **오토웜비어법**
Otto Warmbier 法

북한의 국제금융 시장 접근을 전면 차단하는 대북 금융제재법

제재 대상으로 지정한 북한 단체에 금융 서비스를 제공하는 전 세계 해외 금융기관에 대해 제재를 가한다는 내용으로 북한과 거래하는 모든 기관과 개인의 미국 은행 시스템 접근을 차단하도록 하고 있다. 이를 통해 북한의 핵무기 개발 자금을 원천 차단하겠다는 목적이다.

⁑ **오쿤의 법칙**
Okun's Law

실업률과 국민총생산의 밀접한 관계

경기회복기에 고용의 증가속도보다 국민총생산의 증가속도가 더 크고 불황기에는 고용의 감소속도보다 국민 총생산의 감소속도가 더 크다는 법칙이다.

⁑ **파레토 법칙**
Pareto's Law

소득분포에 관한 통계적 법칙

상위 20%의 소비자가 전체 이익의 80%를 차지한다는 의미이다.

기출 ⁑ **그림자 노동**
Shadow Work

대가 없이 해야 하는 노동

노동을 했음에도 보수를 받지 못하는 무급 노동으로 오스트리아 철학자 이반 일리치가 처음으로 언급하였다. 직접 주유하는 셀프 주유소나 보다 저렴하게 상품을 구입하기 위해 정보를 찾는 행위 등이 그림자 노동에 해당한다. 비용을 아낄 수 있지만 자신의 시간을 소비해야 한다는 단점이 있다. 최근 기술 발달로 무인화 시스템이 보급화 되면서 그림자 노동이 늘어가는 추세다.

＊챌린저 뱅크
Challenger Bank

소규모 신생 특화은행

기존 대형은행의 지배적인 시장영향력에 도전하는 소규모 특화은행을 말한다. 지점과 인력에 드는 비용을 절감하여 경쟁력 있는 금리, 단순한 상품 등을 제공한다. 국내에서는 케이뱅크, 카카오뱅크 등 챌린저 뱅크 개념의 인터넷전문은행을 인가하였다.

⁑리베이트
Rebate

지불대금이나 이자의 상당액을 지불인에게 되돌려주는 행위

요금 자체를 감액하는 것은 할인이지만 리베이트는 대금의 지급 수령 이후 별도로 이루어진다. 오랫동안 묵인되어온 거래관행으로 원래는 메이커가 판매처에 격려금을 주면서 판로를 유지할 목적으로 생긴 것이다. 최근에는 물품의 고가 또는 대량 거래 시 수수하는 거래장려금 또는 할인금으로 고액거래에 따른 위험성에 대한 보상적 성격을 갖고 있으며 신규 거래처에 대한 개척비용·가격담합·조작에 의한 이면약정으로 수수하는 커미션 성격도 가지고 있다.

⁑이자 보상 배율
Interest Coverage Ratio

기업이 수입에서 이자비용으로 얼마를 지출하는지 나타내는 수치

기업의 채무상환 능력을 나타내는 지표로 영업이익을 이자비용으로 나눈 것이다. 기업이 수입에서 얼마만큼을 이자비용으로 쓰고 있는지를 나타낸다.

⁑분식회계
粉飾會計

기업이 부당한 방법으로 자산이나 이익을 부풀려 계산하는 회계

기업의 실적을 부풀리기 위해 장부를 조작하는 행위로 가공의 매출을 기록하거나 비용을 적게 계상하는 등 재무제표상의 수치를 고의로 왜곡시키는 것을 말한다.

기출 **⁑레이팅**
Rating

유가증권에 등급을 매기는 행위

사채를 발행하는 회사의 자격을 규정하는 것을 말한다. 채권 발행 회사의 순자산, 자기자본비율, 자본 이익률 등을 기준으로 기채할 수 있는 조건을 갖추었는지 평가하는 것이다.

⁑루카스 함정
The Lucas Critique

정부가 효과를 기대하고 정책을 폈을 때 경제현실은 예측 방향대로 움직이지 않는다는 가설

미국 경제학자 루카스가 정부 정책의 효과를 분석할 때 사용하는 방식에 대한 비판으로 과거에 정부 정책하에 성립하였던 값을 이용하여 새로운 정부 정책의 효과를 분석하는 데에 한계가 있다는 주장이다. 이는 정부가 어떠한 경제 효과를 기대하고 정책을 시행했을 때 실제로 경제현실은 예측 방향대로 움직이지 않는다는 의미이다.

⁑사모 크레디트
Private Credit

부채(Debt)에 투자하는 행위

기업의 주식에 투자하는 사모 펀드(PEF)와 달리 부채에 투자하는 것으로 투자 기업이 부도가 날 경우 주식보다 먼저 돈을 돌려받을 수 있어서 안정적이다.

리니언시
Leniency

담합행위를 한 기업이 자진신고를 할 경우 처벌을 경감하는 제도

자진신고자 감면 제도라고도 하며 담합을 저지른 기업이 사실을 시인하고 협조하면 처벌을 경감해주는 제도이다. 제일 먼저 자진신고한 기업은 과징금을 100퍼센트 면제해주고, 두 번째로 신고한 기업은 과징금 절반을 면제해준다. 리니언시를 통하여 담합 재발을 줄일 수 있는 만큼 악용하는 기업이 늘어나, 2012년부터 리니언시 적용받은 기업은 이후 5년 동안 자진신고해도 리니언시 지위를 부여하지 않기로 했다.

기출 기펜재
Giffen Goods

소득효과가 대체효과보다 커서 가격과 수요가 함께 증가(감소)하는 재화

가격의 상승(하락)이 오히려 수요량의 상승(하락)을 가져오는 재화로 기펜재의 경우 가격과 수요량이 같은 방향으로 이동하기 때문에 수요의 법칙이 적용되지 않는다.

근저당권
根抵當權

불특정 채권을 일정액의 한도에서 담보하는 저당권

일정 기간 동안 증감변동할 불특정 채권을 결산기에 최고액을 한도로 담보하기 위한 저당권이다.

기출 PER
Price Earning Ratio

주가·수익 비율

특정 시장 또는 특정 회사의 주당시가를 주당이익으로 나눈 수치이다. 이는 투자판단의 기준이 된다.

기출 윤리라운드
ER : Ethic Round

경제활동의 윤리적 환경과 조건을 각 나라마다 표준화하려는 국제적인 움직임

비윤리적 기업의 제품은 국제거래에서 규제하자는 윤리라운드(ER)가 국제 경제 질서에 새롭게 등장하여, 21세기 들어 중요한 통상과제로 떠오르고 있다. 윤리라운드(ER)의 목표는 비윤리적인 방법으로 원가를 절감시켜 제조한 제품의 국제 간 거래는 불공정거래로 인식하고, 기업윤리강령의 윤리를 실천하는 기업의 제품만 국제거래가 되도록 하자는 것이다.

기출 ⁑ **버핏세**
Buffet Rule

◑ **워런 버핏이 세금 증세를 주장한 방안**

연간 소득 100만 달러 이상의 고소득자에게 최소한 30%의 세율을 적용하자는 주장으로 고소득자일수록 더 많은 세금을 지불해야 하며 궁극적으로는 사회적 평등을 실현하는 것에 목적을 두고 있다.

기출 ⁑ **공유지의 비극**
The Tragedy of the Commons

◑ **공유자원을 개인의 이익을 극대화함에 따라 자원이 남용되고 고갈되는 현상**

사회 구성원 모두가 자유롭게 사용할 수 있는 공공자원을 서로의 사리사욕으로 인해 극대화 하여 자원이 남용되고 고갈되는 현상을 말한다. 개인의 지나친 욕심으로 결국 사회 전체와 자연까지 파괴할 수 있음을 경고한다.

⁑ **페이데이 론**
Payday Loan

◑ **월급날 대출금을 갚기로 하고 돈을 빌리는 초고금리 소액대출**

미국의 신용위기 상황이 지속되면서 서민들이 모기지 이자상환을 위해 높은 금리인데도 급전을 마련하는 경우가 늘고 있으며, 이로 인한 가계파산이 늘어 미국 경제에 부정적인 영향을 끼쳤다.

⁑ **트러스트**
Trust

◑ **동일산업부문에서 자본의 결합을 축으로 한 독점적 기업결합**

시장지배를 목적으로 동일한 생산단계에 속한 기업들이 하나의 자본에 결합되는 것을 말한다.

⁑ **데스 밸리**
Death Valley

◑ **창업한 기업들이 3년차쯤, 자금난에 빠지는 현상**

창업기업들이 사업화 과정에서 자금 조달 및 시장진입 등 어려움을 겪으며 통상 3 ~ 7년차 기간에 주저앉는 경우가 많은데, 이를 '데스 밸리'라고 한다.

⁑ **콤비나트**
kombinat

◑ **여러 생산부문이 근접 입지하여 형성된 기업의 지역적 결합체**

일정한 지역에서 기초 원료로부터 제품에 이르기까지 생산 단계가 다른 각종 생산부문이 기술적으로 결합되어 집약적인 계열을 형성한 기업의 지역적 결합체를 일컫는다.

02 일반상식 빈출용어

학습팁 일반상식 용어는 그해 이슈가 되었던 상식 위주로 알아두는 것이 좋습니다. 논술과 면접시험에서도 유용하도록 각종 뉴스에서 화제가 되었던 상식 키워드를 수록하였으니, 최근 이슈부터 신조어까지 놓치지 말고 학습해보세요.

* 국내 저비용 항공사
LCC, Low Cost Carrier

저렴한 요금으로 항공편을 제공하는 항공사

'저가 항공사'라고도 불린다. LCC는 운영 비용을 절감하기 위해 기내 서비스를 최소화하고, 항공기 기종을 통일하여 유지·보수 비용을 낮추는 전략을 사용하고 있다.

*** 버티컬 플랫폼
Vertical Platform

특정한 관심사를 가진 고객층에게 특화된 서비스를 제공하는 플랫폼

특정 분야에 대해 관심을 가지고 있는 사람들을 대상으로 음악·쇼핑·패션·교육 등 세부 분야로 나눠 서비스를 제공하는 등 하나의 집중적인 서비스 제공 방식이다. 한 분야에 대한 전문성과 깊이를 강조하고 특정 고객층의 니즈를 충족시킨다.

*** 프레카리아트
Precariat

안정된 직업 없이 저임금·저숙련 노동을 하며 힘겹게 살아가는 계층

경계적, 사회적으로 불안정한 고용 상태에 있는 노동계층. 즉 비정규직이나 임시직 또는 프리랜서 등 고용안정성이 낮고 복지 혜택이 부족한 노동자들이다. 고용 구조가 유연화되면서 비정규직이 증가하고 팬데믹뿐만 아니라 기업의 비용 절감 및 리스크 분산을 위한 아웃소싱, 계약직 고용이 확대되었다.

*** 의도적 언보싱
Conscious Unbossing

관리자로 승진하는 것을 최대한 늦추려는 경향

이들은 과거 성공의 지표로 여겨진 승진보다는 개인의 성장에 관심이 높다. 글로벌 채용 컨설팅 기업에서 영국 1990년대 중후반~2010년대 초반 출생자를 중심으로 승진 관련 조사를 한 결과, 약 52%가 중간 관리자가 되길 원치 않는다고 답했으며, 중간 관리자가 되면 스트레스는 많지만 보상은 낮다는 인식을 가지고 있었다.

*** 노벨 문학상
Nobel Prize in Literature

노벨상 6개 분야 중 하나

문학 분야에서 인류를 위해 가장 눈에 띄는 기여를 한 작가에게 수여하는 상이다. 스웨덴의 발명가이자 화학자인 알프레드 노벨의 유언에 따라 만들어진 노벨상 중 하나로, 문학 분야에서 수여되는 세계적으로 가장 권위 있고 명예로운 상이다. 인류의 발전에 크게 기여하거나 가장 뛰어난 업적을 이룬 작가에게 수여된다. 1901년 노벨상 제정 이후 2024년 현재까지 총 121명의 노벨 문학상 수상자가 배출되었으며, 2024년 한강 작가가 노벨 문학상을 수상하였다.

⁑노블리스 말라드
Nobless malade

노블레스 오블리주에 반대 개념

병들고 부패한 귀족이란 의미로 사회적 지위가 높은 사람들이 도덕적 의무를 다하는 노블레스 오블리주에 반대되는 뜻이다. 돈 많고 권력있는 엘리트 집단이 약자를 상대로 갑질하고 권력에 유착해 각종 부정부패에 가담하는 것이 노블리스 말라드이다.

⁑불리사이드
Bullycide

정신적 충격으로 인한 따돌림 자살

온라인 공간에서 불특정 다수에 의하여 비난이나 거짓된 정보로 괴롭힘을 당한 피해자들이 정신적인 충격으로 자살하는 따돌림 자살을 말한다.

⁑게마인샤프트
Gemeinschaft

F.퇴니에스의 공동사회

독일 사회학자 F.퇴니에스의 주장으로 혈연, 지연, 애정 등 본질 의지에 입각하는 공동사회를 말한다. 감정이 존재하기 때문에 감정적 대립이나 결합성이 두드러진다.

⁑심스와핑
SIM Swapping

피해자 휴대폰의 유심 정보를 복제해 은행이나 가상화폐 계좌를 손에 넣는 신종 해킹 수법

해커는 모종의 방법으로 유심 정보를 탈취해 복제 유심 칩을 만든 후 이를 다른 휴대폰에 장착하면 피해자의 원래 휴대폰 통신은 중단되고, 해커 휴대폰에 피해자의 문자와 전화통화가 수신된다. 은행이나 SNS에서 문자메시지로 전송하는 본인 확인 인증번호 역시 해커가 확인할 수 있다. 해커는 알아낸 인증번호를 은행이나 가상화폐 거래소의 인증망을 뚫고 피해자 보유 자산을 빼돌린다. 문제는 통신사가 심 스와핑 해킹을 단번에 알아차리기 어렵다는 점이다. 범인이 사용한 유심 정보가 피해자의 것과 일치하는 탓에, 통신사 시스템상에선 사용자가 정상적으로 유심 기변을 한 것으로 인식하기 때문이다.

⁑네옴 시티
NEOM City

사우디아라비아의 실권자 무함마드 빈 살만이 계획하고 있는 미래형 신도시 개발안

국가개혁 프로젝트 비전 2030 실행 방안 중 하나로 미래형 신도시 개발안이다. 샌재생에너지, 로봇, 엔터테이먼트 산업으로 성장시키기 위한 것이다.

⁑비치코밍
Beachcombing

해변을 빗질하듯 바다 표류물이나 쓰레기를 주워 모으는 행위

여름 휴가철에 플로깅과 함께 호응을 얻고 있다.

⁂그린 택소노미 (녹색 분류체계)
Green Taxonomy

친환경적이고 지속가능한 경제활동의 범위를 규정한 녹색분류체계

유럽연합에서 최초로 만들어졌으며 분류체계에 포함된 친환경 경제활동에 대해 여러 금융 및 세제 혜택을 제공하면서 2050년 넷제로 달성을 목표로 도입되었다. 유럽연합은 2020년에 처음으로 그린 택소노미 제정 가이드를 발표했으며 원자력과 천연가스 둘을 포함시키는 최종안이 2022년에 발의되었다.

⁑어스아워
Earth Hour

세계자연기금(WWF)이 주최하는 환경운동 캠페인

탄소배출과 환경오염으로 인한 기후변화의 위험성을 인식하고 지구의 보호를 목적으로 세계자연기금(WWF)이 주최하는 환경운동 캠페인으로, 매년 3월 마지막 주 토요일 저녁 8시 30분부터 한 시간 동안 모든 전기 조명을 꺼 지구에게 휴식 시간을 주자는 취지의 캠페인

⁂표적방역

과학방역·자율방역에 이은 새로운 방역정책

확진자가 많이 나오는 곳을 집중적으로 관리하여 일률적인 거리두기 대신 중증화·치명률 등을 분석해 고위험군에 집중하여 방역한다는 취지이다. 예를 들면, 50대를 4차 접종 범위에 들어가게 하여 접종을 권장하거나 기저질환자를 데이터화 하여 방역을 표적화 하는 것 등이 있다.

기출 **⁑반달리즘**
Vandalism

문화유산이나 공공시설, 자연경관 등을 훼손하는 행위

낙서나 무분별한 개발부터 문화유산, 공공시설을 훼손하는 행위까지 가리킨다. 전쟁이나 사회의 급격한 변동이 있을 때마다 빈번하게 나타났으며, 특히 종교적·민족적 갈등은 반달리즘을 부추기는 가장 근본적인 원인이 되었다. 오늘날에도 종교적 이유로 전통 사찰이 등을 훼손하는 사례가 적지 않으며 경제적 이익만을 앞세운 무분별한 개발 사례도 자주 발생하고 있다.

⁑쇼비니즘
Chauvinism

맹목적 애국주의

국가의 이익과 영광을 위해서는 수단과 방법을 가리지 않는 비합리적인 배외주의를 표방한다.

⁑크런치 모드
Crunch Mode

업무 마감 기한을 두고 개인 생활을 희생하며 연장 근무하는 행위

업무를 위해 수면, 위생 및 기타 개인의 생활까지 희생하는 근무 행위를 말하며 크런치 타임이라고도 한다. 주로 소프트웨어 개발 업계에서 관행적으로 이루어져 왔다.

기출 **⁑MZ세대**
MZ Generation

밀레니얼 세대와 Z세대를 통칭하는 용어

1980년대 초 ~ 2000년대 초 출생한 밀레니얼 세대와 1990년대 중반 ~ 2000년대 초반 출생한 Z세대를 통칭하는 용어로, 이들은 SNS를 기반으로 유통시장에 강력한 영향을 미치는 소비주체로 주목받고 있다. 트렌드에 민감하며 집단보다 개인의 행복을 추구하고 상품으로 자신의 신념을 표출하거나 부를 과시하는 문화를 즐긴다는 것이 특징이다.

기출 * **빨대 효과**
Straw Effect

대도시 집중 현상

좁은 빨대로 컵 안의 내용물을 빨아들이듯, 대도시가 주변 도시의 인구 및 경제력을 흡수하는 대도시 집중 현상을 일컫는다. 교통여건의 개선이 균형 있는 지역 개발이 아닌 지역 쇠퇴를 초래하는 부작용으로, 1960년대에 일본 고속철도 신칸센이 개통된 후에 도쿄와 오사카 도시로 인구와 경제력이 집중되어 제3의 도시 고베가 위축되는 현상에서 비롯되었다.

기출 ** **텐트폴**
Tentpole

흥행 가능성이 높고 영화사에 수익을 보장하는 영화

거대한 자본을 비롯한 유명 감독과 배우가 투입되고, 영화관 성수기를 겨냥하여 개봉하는 블록버스터 영화를 일컫는다. 대표적인 작품으로 '어벤져스' 시리즈, '해리포터' 시리즈 등이 있다.

** **압솔리지**
Obsoledge

쓸모없는 지식

앨빈 토플러가 「부의 미래」에서 처음 사용한 용어로 무익하거나 쓸모없는 지식을 말한다.

** **더 큰 바보 이론**
Greater Fool Theory

가격 상승의 기대감을 가지고 실제보다 높은 가격으로 구매한 '바보'가 '더 큰 바보'가 나타나 자산을 구매할 것이라고 생각하는 현상

시장에 참여한 사람들이 비이성적인 기대와 믿음 때문에 생겨나는 현상으로, 상품의 본질적인 가격이나 가치는 뒷전으로 생각한다. 즉, 비정상적으로 높은 가격의 자산임에도 특정 자산을 계속 사들이려는 투자자가 있을 경우 사용한다. 자신이 고가에 매입하여 '바보'라고 들을지라도 높은 가격에 매입할 '더 큰 바보'를 꿈꾸며 당연히 지불하는 것이다.

** **유리천장 지수**
Glass Ceiling Index

OECD 회원국을 대상으로 직장 내 여성차별 수준을 평가하여 발표하는 지수

「이코노미스트」는 매년 3월 8일 여성의 날을 맞아 노동시장에서의 성평등 기준을 제공하기 위해 발표하고 있다. 10가지 지표를 가중평균해 결과를 낸다. 지수가 낮을수록 직장 내 여성차별이 심하다는 의미이다.

* **상전벽해**
桑田碧海

세상이 몰라볼 정도로 변함

뽕나무 밭이 푸른 바다로 변한다는 뜻으로 자신도 모르게 세상이 달라진 모습을 보고 비유한 말이다. 또한 뽕나무 밭이 바다가 될 수 있을지라도 사람의 마음은 변하지 않는다는 의미로도 쓰인다. 세월의 무상함을 연상케 하는 고사성어다.

⁑ 메세나
Mecenat

공익사업 등에 지원하는 기업 활동

기업들이 문화예술에 적극 지원함으로써 사회 공헌과 국가경쟁력에 이바지 하는 활동을 말한다.

⁑ 마타도어
Matador

흑색선전(黑色宣傳)

근거 없는 사실을 조작해 상대를 중상모략 하는 행위를 뜻하는 말로 정치권에서 널리 쓰이고 있다. 원래 스페인어 Matador(마따도르)에서 유래한 용어로, 붉은 천으로 투우를 유인하여 마지막에 정수리를 찌르는 투우사를 지칭한다.

기출 ⁑ 로맨스 스캠
Romance Scam

SNS 등 온라인으로 피해자에게 접근하여 환심을 산 뒤 금전을 뜯어내는 사기수법

위장한 신분이나 외모, 재력 등으로 이성에게 호감을 표시하고 신뢰감을 형성한 뒤에 각종 이유로 금전을 요구하는 이 로맨스 스캠은 2018년부터 본격적으로 성행하기 시작했다. 보통 상대방이 교제하는 사람이 없는 것을 확인한 후 칭찬이나 관심으로 신뢰관계를 형성한 후 거절하기 어려운 부탁을 하여 금전을 요구한다. 전 세계적인 문제가 되어 미국 FBI도 직접 피해를 경고하고 나설 정도이며, 로맨스 스캠 피해자를 지원하는 단체 romancescam.org도 생겨났다. 미국 포브스에 따르면 이 단체에 속한 회원(5만 9천명)가운데 1,813명이 보고한 손실액만 약 277억 원이라고 밝혔으며(2018년 기준) FBI는 2016년 미국에서만 1만 5천여 명의 피해자 피해액이 2,500억 원 이상이라고 밝혔다.

⁑ 카르만 라인
Karman Line

지구 대기권과 우주의 경계선을 지칭

고도 100km를 기준으로 하는 지구 대기권과 우주의 경계선을 말한다. 그러나 우주의 경계에 대해서는 논란이 있으며, 경계를 고도 80km로 낮춰야 한다는 주장도 있다.

⁑ 어플루엔자
Affluenza

풍요로워질수록 더 많은 것을 추구하는 현대인의 소비 심리로 나타나는 스트레스

현대인의 소비 심리, 소비지상주의가 만들어낸 질병으로 갑자기 떼돈을 번 사람이 갑작스런 생활환경 변화에 적응하지 못하고 인생의 목표가 사라지면서 정신적인 공황 상태에 빠지는 것을 말한다. 무력감과 권태감, 대인기피증 등의 증세를 보이며 낭비 증상까지 수반한다.

⁑ 파파게노 효과
Papageno Effect

자살에 대한 언론보도를 줄이거나 신중한 보도 태도를 취함으로써 자살률이 낮아지는 효과

언론보도의 자제를 통해 자살 충동을 방지하는 긍정적인 효과를 말한다. 유명인의 자살이 동반자살을 부추긴다는 '베르테르 효과'와는 반대되는 개념이다.

기출 ⁑ **레임덕**
Lame Duck

임기만료를 앞둔 공직자

정치 지도자의 집권 말기에 나타나는 지도력 공백 현상을 절름발이 오리에 비유한 말이다.

⁑ **나이브 아트**
Naive Art

전문적으로 미술 교육을 받지 않은 일부 작가들이 그린 작품 경향

정규미술교육을 받지 않고 화단과도 관계없는 일부 작가의 작품 경향을 가리킨다. 미술사상 어떤 유파를 지칭하지는 않는다.

⁑ **트위플로머시**
Twiplomacy

트위터(Twitter)를 통한 외교 방식

정치적으로 트위터의 영향이 커짐에 따라 등장한 외교 방식으로 범위가 확대되어 정치인뿐만 아니라 공공기관이나 국제 기구도 트위플로머시를 사용하고 있다.

기출 ⁑ **메트로폴리스**
Metropolis

인구가 100만 명 이상일 때의 도시 명칭

대도시 가운데 대체로 100만 명이 넘고, 국가나 지역적으로 중요한 기능을 하는 도시를 메트로폴리스라고 한다. 우리나라의 경우 서울을 비롯하여 부산이나 인천, 대구 등을 일컫는다. 이러한 메트로폴리스가 띠모양으로 연결되어 세계적인 거대 도시를 형성하게 되는 것을 메갈로폴리스(Megalopolis)라고 부른다.

기출 ⁑ **엔데믹**
Endemic

한정된 지역에서 주기적으로 발생하는 감염병

특정 지역의 주민들 사이에서 주기적으로 발생하는 감염병으로 말라리아와 뎅기열 등이 이에 속한다.

⁑ **험블브래그**
Humblebrag

겸손한 척 자랑하는 태도

표면적으로는 자신을 평범하다 표현하지만 자신을 인정받고 싶어 하는 심리가 반영된 태도로, 얌전하고 겸손한 척 자기 자랑을 늘어놓는 것을 의미한다.

⁑ **스윙 보터**
Swing Voter

투표 행위에서 누구에게 투표할지 결정하지 못한 사람들

선거 등 투표에서 어떤 후보에게 투표해야 할지 결정하지 못한 유권자들을 말한다. 이들은 지지하는 정당이나 정치인이 없기 때문에 정치 상황과 이슈에 따라 투표하게 된다.

⁑ **후렌드**
Whoriend

누구와도 친구가 될 수 있는 젊은 세대 문화

SNS로 쉽게 만나고 헤어지는 인간관계를 말하며 휘발적인 만남과 관계에 더 만족하는 특징을 가지고 있다.

기출 ⁑ **하우스 디바이드**

House Divide

집값의 차이가 계층 격차로 이어지는 현상

부동산 가격이 상승하면서 주택의 유무 혹은 집값의 차이가 계층 격차로 이어지는 현상을 말한다.

⁑ **로코모티브 신드롬**

Locomotive Syndrome

운동기능저하증후군

뼈·척추·관절·신경·근육 등 운동과 관련된 기관이 약해져 통증이 생기고, 점차 운동 기능이 약해지면서 나중에는 걷는 데에 어려움을 느끼는 질환이다.

⁑ **옥토버 서프라이즈**

October Surprise

역대 미국 대선에서 10월에 발생한 사건들

'10월의 이변', '10월의 충격'이라고도 불리는 '옥토버 서프라이즈'는 선거의 판도를 바꿀 수 있는 막판 이벤트들을 지칭한다. 1972년 미국 대선 당시 닉슨과 맥거번의 경합 때 처음 등장하였다. (닉슨의 베트남 종전설 주장) 이후, 매번 미국 선거 판도에 영향을 주었으며 선거 결과를 바꾸기도 하였다. 언론에서는 이 단어를 사용하며 대선 이슈에 흥미를 유발하고 있다. 하지만 일각에서는 '옥토버 서프라이즈'가 의도된 것이라고 주장하고 있다. 이는 미국 대선 분위기가 고조에 이르는 10월에 터뜨려 선거 판도에 영향을 주기 위한 것이라는 의견이다.

⁑ **마야문명**

Maya

멕시코 남부의 유카탄반도·과테말라·온두라스에 걸쳐 발달한 중미의 고대문명

B.C. 6 ~ 7세기와 10 ~ 15세기의 두 번에 걸쳐 마야제국을 건설하였으며, 300년경에는 석조건물에 의한 강대한 도시국가를 형성하였다. 풍작을 기원하는 농업신에 대한 종교적 의식을 가졌으며, 천체의 운행을 관찰하여 마야력(曆)을 만들었다. 계수법(計數法)과 수학이 발달하였으며, 상형문자가 발명되었다.

⁑ **패스트 패션**

Fast Fashion

최신 트렌드를 즉각 반영하여 빠르게 제작·유통하는 의류

패스트푸드처럼 빠르게 제작되어 빠르게 유통한다는 의미로 비교적 저렴한 가격과 빠른 상품 회전율로 승부하는 패션사업을 말한다.

⁑ **앙가주망**

Engagement

지식인들의 사회적 책무

지식인의 사회 참여를 프랑스어로 앙가주망이라고 하는데, 정치와 사회 문제에 관심을 가지고 관련된 사회 참여를 하는 것을 의미한다.

⁑ **양 떼 효과**

Herding Effect

무리에서 동떨어지지 않기 위해 집단의 행동을 따라하는 현상

무리에서 뒤처지지 않기 위해 나의 의지와는 상관없이 행동하는 일종의 군집효과로 인간의 추종심리를 양떼에 비유하여 표현한 용어이다.

⁑리마증후군
Lima Syndrome

인질범들이 인질에게 동화되는 현상

스톡홀름증후군과 반대 개념으로, 인질범들이 포로나 인질에게 정신적으로 동화되어 그들에게 동정심을 가지고 공격적인 태도가 완화되는 현상을 말한다.

⁑컨벤션 효과
Convention Effect

전당대회 효과

전당대회나 경선대회 같은 정치 이벤트에서 승리한 대선후보 또는 해당 정당의 지지율이 전에 비해 큰 폭으로 상승하는 효과를 의미한다.

기출 ⁑타조세대

노후에 대한 대책이 없는 세대

맹수에게 위협 받으면서 몸은 두고 머리만 땅속에 파묻는 타조에 빗대어 노후에 대한 불안은 있지만 별다른 대책이 없는 세대를 일컫는다.

⁑프루갈리스타
Fruglista

절약하면서도 센스 있게 옷을 입어 유행을 선도하는 사람

검소하지만 유행에 따라 센스 있게 옷을 잘 입는 사람을 지칭하는 용어이다.

⁑퍼블리시티권
The Right of Publicity

인격적인 요소가 파생하는 일련의 재산적 가치를 권리자가 독점적으로 지배하는 권리

이름이나 초상, 서명, 목소리 등 개인의 인격적인 요소를 허락 없이 상업적으로 이용하지 못하도록 통제할 수 있는 권리를 의미한다.

⁑재스민 혁명
Jasmin Revolution

2010년 12월 북아프리카 튀니지에서 발생한 민주화 혁명

23년간 장기 집권한 벤 알리 정권에 반대하여 대규모 시위가 발생하였고, 그 결과 벤 알리 대통령은 2011년 1월 14일 사우디아라비아로 망명하였다. 튀니지의 국화(國花) 재스민의 이름을 따서 재스민 혁명이라 불린다. 아랍 및 아프리카 지역에서 민중봉기로 독재정권을 무너뜨린 첫 사례로서 이집트·시리아를 비롯한 주변 국가로 민주화운동이 확산되는 계기를 마련하였다.

⁑스핀닥터
Spin Doctor

정부 수반이나 각료들 측근에서 국민의 여론을 수렴하여 정책을 구체화시키는 정치전문가

언론 관련 인터뷰나 대국민 여론 조정을 담당하기도 하지만, 일반적으로는 정책 시행에 앞서 국민들의 생각을 읽고 이를 적극적으로 정책에 반영할 수 있도록 대통령을 설득하기도 하고, 대통령의 정책을 국민들에게 구체화시키는 정치 전문가를 일컫는다.

⁑파킨슨 법칙
Parkinson's Law

업무량 증가와 공무원 수의 증가는 아무런 관련이 없다는 법칙

관료화된 거대 조직의 비효율성을 비판하는 주장으로, 일이 많아서 사람을 더 필요로 하는 것이 아니라 사람이 많아서 일자리가 더 필요해지는 상황을 말한다. 이를 주장하는 근거로 업무량과 상관없이 공무원 수가 늘어나는 요인으로는 부하배증의 법칙, 업무배증의 법칙 등을 제시했다.

⁑에듀푸어
Education Poor

교육 빈곤층

부채가 있고 소득보다 지출이 많음에도 많은 교육비를 지출하며 빈곤하게 사는 가구를 일컫는다.

⁑마스킹 효과
Masking Effect

업무를 중요시하여 건강이 나빠지는 것을 못 느끼는 현상

의학적으로 얼굴이 창백할 정도로 건강이 좋지 않지만 핑크빛 마스크를 쓰면 건강한 것처럼 착각하게 된다는 것으로 현대 직장인들이 자아성취에 대한 욕구의 증가로 업무를 우선시하여 건강을 잃는 것을 느끼지 못함을 말한다.

기출 ⁑국민참여재판
國民參與裁判

법률 전문가가 아닌 일반인들이 재판 또는 기소에 참여하여 결정하는 제도

2008년 1월 1일부터 시행된 한국형 배심원 재판제도로 특수공무집행방해치사, 뇌물, 배임수재, 특수강도강간 등의 형사사건에 적용되며 배심원은 만 20세 이상의 대한민국 국민으로 해당 지방법원 관할구역에 거주하는 주민 중 공무원 등 특수 직업을 제외한 사람들 중 무작위로 선정해 재판 참여 기회를 부여한다. 배심원들은 선고 형벌에 대해 토의하고 평결을 내리나 법적 구속력이 없어 판사는 배심원의 평결과 다른 독자적 결정을 내릴 수 있으며 만약 판사가 다른 선고를 내린 경우, 피고인에게 배심원의 평결 결과를 알리고 다른 선고를 한 이유를 판결문에 밝혀야 한다.

⁑워크셰어링
Work Sharing

임금을 삭감하지 않는 대신, 근무시간을 줄여 새로운 일자리를 만드는 제도

불황기의 고용문제 해결방법으로, 구성원 1인당 노동시간을 줄이는 대신 그만큼 고용을 늘리거나 고용 상태를 유지하는 제도를 말한다. 구체적으로 노동시간 단축, 작업량 삭감, 휴일·휴가 증가, 퇴직연령 인하, 교육·직업훈련 기간 연장 등이 있다.

기출 ⁑네이밍 법안
Naming 法案

법의 명칭은 따로 있지만 법안을 발의한 사람이나 피해자 및 가해자 등 특정 인물의 이름을 붙인 법안

주목도나 홍보효과가 높아 복잡한 법률명을 대신하여 사용된다. 네이밍 법안은 사건을 공론화 시킬 수 있어 해당 사안을 확실하게 드러낼 수 있다는 이점이 있다. 그러나 피해자의 이름이 붙은 법안은 실질적인 내용이 전달되지 않고 감정에 호소할 수 있다는 점과 안타까운 마음에 선입견을 갖게 되어 부작용을 야기할 수 있다. 또한 피해자의 이름을 붙이게 될 때에는 유가족에게 상처가 될 수 있으므로 신중해야 한다.

기출 ⁑ **발롱데세**

Ballon D'essai

◑ **여론 동향을 살피기 위해 시험적으로 흘려보내는 의견이나 정보**

원래는 기상 상태를 관측하기 위해 띄우는 시험기구나 관측기구를 뜻하지만, 의미를 확장해 시험적으로 특정 정보를 언론에 흘려 여론의 동향을 탐색하는 수단으로 쓰이기도 한다.

⁑ **블라인드 채용**

Blind Hiring

◑ **편견을 가질 수 있는 요인을 기재하지 않고 인재를 채용하는 방식**

채용 과정인 입사지원서 또는 면접 등에서 편견이 개입되어 불합리한 차별을 유발할 수 있는 출신지, 가족관계, 학력, 신체적 조건(키, 체중, 사진), 외모 등 항목을 기재하지 않음으로써 지원자들의 개인적 배경이 심사위원들에게 영향을 미치지 않고, 편견에서 벗어나 실력인 직무능력을 평가하여 인재를 채용할 수 있도록 시스템을 구축하여 지원하는 채용 제도이다.

기출 ⁑ **페르소나 논 그라타**

Persona Non Grata

◑ **외교상 기피인물**

좋아하지 않는 인물이란 뜻의 라틴어로 외교상의 기피인물을 가리킨다. 외교관계를 맺고 있는 나라가 수교국에서 파견된 특정 외교관의 전력 또는 정상적인 외교활동을 벗어난 행위를 문제 삼아 비우호적 인물 또는 기피인물로 선언하는 것을 의미하는 외교용어이며, 줄여서 PNG라고도 한다.

⁑ **카스트제도**

Caste System

◑ **B.C. 10세기경 인도에 침입한 아리아인이 원주민인 드라비다인을 지배하기 위하여 만들어 낸 종교적·사회적 신분제도**

승려계급인 브라만, 정치·군사를 맡은 왕족·사족(士族)인 크샤트리아, 농·공·상에 종사하여 납세의무를 가진 평민 바이샤, 노예인 수드라 등 4계급으로 이루어져 있다. 각 카스트는 세습되었고, 통혼은 물론 식사를 같이 하는 것도 금지되어 있었다.

⁑ **사군자**

四君子

◑ **매화(梅花)·난초(蘭草)·국화(菊花)·대나무(竹)를 일컫는 말**

각 식물 특유의 장점을 군자(君子), 즉 덕(德)과 학식을 갖춘 사람의 인품에 비유하여 사군자라 부른다.

⁑ **브레인 포그**

Brain Fog

◑ **희뿌연 안개가 머리에 낀 것처럼 생각과 표현이 불분명한 상태**

멍한 상태가 지속되며 집중력 감소와 기억력 저하, 우울, 피로감 등의 증상이 나타난다. 브레인 포그의 원인으로는 스트레스, 수면부족, 호르몬 변화 등을 들 수 있으며 이를 방치할 경우 치매 발병 위험이 높아지므로 관리가 필요하다.

⁑아포리아
Aporia

◑ **해결할 수 없는 문제 혹은 막다른 골목을 뜻하는 철학용어**

그리스어로 어떤 장소의 경우 통로가 없는 것, 사물의 경우 해결의 방도를 찾을 수 없는 데서 오는 어려움을 뜻한다. 아리스토텔레스의 철학에서는 어떤 문제에 대해 두 가지의 똑같이 성립한 대립된 합리적 견해에 직면하는 것을 가리킨다.

⁑램프 증후군
Lamp Syndrome

◑ **실제로 일어날 가능성이 없는 일에 대해 마치 알라딘의 요술 램프의 요정 지니를 불러내듯 수시로 꺼내 보면서 걱정하는 현상**

쓸데없는 걱정을 하는 사람들을 지칭하는 말로, 과잉근심이라고도 한다. 참고로, 뚜렷한 주제 없이 잔걱정이 가득한 경우에 해당하는 정신장애를 범불안장애(Generalized Anxiety Disorder)라고 한다. 램프 증후군에서의 걱정은 대부분 실제로 일어나지 않거나, 일어난다고 해도 해결하기 어려운 것들이다. 그럼에도 불구하고 많은 사람들은 자신이 어떻게 할 수 없는 일에 대하여 끊임없이 염려하는 양상을 보인다.

⁑메타포어
Metaphor

◑ **정보 전달을 빠르게 하기 위하여 직관적으로 알 수 있도록 하는 기법**

적절한 연상 작용을 유도하여 전달하고자 하는 개념이나 정보를 쉽고 빠르게 전달할 수 있도록 하는 행위이다. 일관성 있고 직관적으로 받아들일 수 있도록 설계되어야 한다.

기출 ⁑맨부커상
Man Booker Prize

◑ **영국 최고 권위를 자랑하는 문학상**

해마다 지난 1년간 영국연방 국가에서 출간된 영어 소설 가운데 가장 뛰어난 작품을 쓴 작가에게 수여한다. 영국 최고의 권위를 자랑하는 문학상이며, 노벨문학상·공쿠르상과 함께 세계 3대 문학상으로 꼽힌다. 초기에는 영국 연방, 아일랜드, 짐바브웨 국적의 작가만 대상으로 하였으나 이후 점차 확대되어, 2013년부터는 전 세계 작가를 대상으로 시상하게 되었다.

⁑도큐멘타
Documenta

◑ **독일 카젤시에서 시작된 국제미술전**

1960년에 제2회전을 열고 이후 5년마다 개최하는 국제미술전이다. 세계 미술의 동향을 소개하는 것이 근본적인 목적이며 수상제도는 따로 없다. 현행 국제미술전 중 가장 규모가 크다.

⁑도미노 이론
Domino Theory

◑ **도미노 골패가 차례로 넘어지듯이 한 지역의 공산주의화가 차례로 인접 지역에 파급되어 간다는 논리**

예컨대 베트남이 공산화되면 타이·캄보디아 등 동남아시아의 국가들이 차례로 공산 세력에 점령당하게 되고, 이것은 결국 미국의 안보를 위태롭게 한다는 것이다. 미국이 베트남 내전에 개입한 것을 정당화하는 이론으로, 1960년대에 미국 델레스 국무장관에 의해 제창되었다.

⁑인구 데드크로스 현상
人口 Dead Cross 現象

사망자 수가 출생아 수보다 많아지는 것

행정안전부가 발표한 주민등록 인구통계에 따르면 지난해 말 현재 인구는 5,182만 9,023명으로 1년 사이에 2만 838명(0.04%) 감소하였다. 저출산 및 혼인율 감소 등이 주요 원인으로 꼽힌다. 정부는 인구 자연감소가 노동력 감소로 이어지지 않도록 여성, 고령자, 외국인 등 각 계층의 경제활동을 촉진시키려고 하고 있다. 퇴직한 전문 인력을 육성하는 시니어 창업 원 방안 및 고령자의 전직을 위한 프로그램도 제고하며, 여성의 일자리도 확대하려는 계획이다. 코로나19 이전부터 여성 경력단절 문제가 제기되었으나, 코로나19로 인해 자녀 돌봄 부담이 가중되고 여성 고용 비중 높은 서비스업 분야 경기 위축 등으로 인해 여성경력단절 문제가 심화되었다. 때문에 여성진출 지원을 강화하고 직장 내 성차별 해소 등 근로여건 개선과 미취업, 경력단절 여성 일자리 복귀 지원 등을 확대하여 노동시장 참여를 촉진하기로 하였다. 단순히 돈으로만 꾀하려는 정책보다 왜 비혼과 비출산율이 높아졌는가에 대한 정부의 확실한 이해와 사회분위기가 우선 조성되어야 한다는 목소리가 크다. 한편, 데드크로스(Dead Cross)는 원래 주식 시장에서 사용되는 용어로, 주가의 단기이동평균선이 중장기 이동평균선 아래로 뚫는 현상을 말한다.

기출 ⁑재핑 효과
Zapping Effect

채널을 바꾸다가 중간에 있는 다른 채널의 시청률이 높아지는 현상

다른 채널을 보기 위한 의도가 없었음에도 불구하고 짧은 순간에 지나가려던 채널에 관심을 빼앗겨 버리면 그 채널에서 오히려 더 많은 시간을 할애하게 되는 것이 바로 재핑 효과이다. 이는 다른 채널에서 때마침 자신의 관심사 혹은 자신의 취향과 맞는 방송이 송출되고 있을 경우 크게 발생하게 된다.

⁑저작인격권
著作人格權

저작자가 자신의 저작물에 대해 갖는 정신적·인격적 이익을 추구할 수 있는 권리

저작재산권과는 구별된다. 저작인격권은 크게 공표권, 성명표시권, 동일성유지권 등 세가지 권리를 인정하고 있으며, 상술하면 다음과 같다. 첫째, 공표권은 저작자는 그의 저작물을 공표하거나 공표하지 않을 것을 결정할 권리이다(저작권법 제11조). 둘째, 성명표시권은 저작자는 저작물의 원본이나 그 복제물 또는 공표매체에 그의 실명이나 이명을 표시할 권리이다.(저작권법 제12조). 셋째, 동일성유지권은 저작자는 그의 저작물의 내용·형식 및 제호의 동일성을 유지할 권리이다.(저작권법 제13조) 또한 저작인격권은 저작자 일신에 전속하므로 양도와 상속이 불가능하며, 공동저작물의 저작인격권은 저작자 전원의 합의에 의해서만 행사할 수 있다.

⁑엘시스테마
El Sistema

베네수엘라의 빈민층 아이들을 위한 오케스트라 시스템

경제학자이자 음악가인 호세 안토니오 아브레우 박사가 1975년 설립하였다. 베네수엘라 빈민가 차고에서 빈민층 청소년 11명을 단원으로 출발한 엘 시스테마는 2010년 기준 190여 개 센터, 26만여 명이 가입된 조직으로 성장하였으며 세계 각국의 음악인, 민간 기업의 후원으로 음악교육을 통한 사회적 변화를 추구한다.

기출 ⁑ **제로웨이스트**
Zero Waste

환경보호를 위해 플라스틱 용기, 비닐봉지, 나무젓가락 등 일회용품 사용을 자제하고 장바구니나 도시락통, 텀블러 등을 사용하는 것

쓰레기 배출을 제로(0)로 만들자는 취지로 시작되었으며 더 많은 참여자를 독려하기 위하여 최근에는 해시태그를 이용한 캠페인도 벌이고 있다. SNS에 자신의 제로 웨이스트 사진을 올린 뒤 지인을 태그하여 릴레이 하는 형식이다. 제로 웨이스트의 구체적인 방법으로는 개인용 용기(도시락 통)에 음식 포장하기, 남은 재료를 활용하여 요리하기, 휴지보다 손수건을 이용하기, 장바구니 사용하기, 빨대 사용 자제하기 등이 있다. 코로나19로 인한 배달 및 포장 서비스, 마스크와 일회용 위생장갑의 사용과 폐기가 급증하는 등으로 쓰레기 감소의 중요성이 더욱 대두되고 있다.

* **미슐랭 가이드**
Michelin Guide

프랑스 타이어 회사인 미슐랭사(社)에서 발간하는 여행 안내서

프랑스에서 발간되는 여행 및 호텔·레스토랑 전문 안내서로, 영어권에서는 미슐랭 가이드라 한다. 1895년 공기주입식 타이어를 발명한 앙드레 미슐랭(andre Michelin)이 특허를 얻어 자신의 이름으로 타이어회사를 설립하였는데, 이 미슐랭사에서 자동차용 지도와 여행안내서를 출간한 것이 이 책의 시작이었다. 발행 초기의 목적은 자동차를 이용한 여행산업을 발전시킴으로써 그의 타이어 산업을 지원하기 위해서였다

⁑ **스모킹 건**
Smoking Gun

어떤 범죄나 사건을 해결할 때 나오는 확실하고 결정적인 증거

가설을 증명하는 과학적 근거라는 뜻으로도 쓰이며 살해 현장에 있는 용의자의 총에서 연기가 피어난다면 이는 틀림없이 명백한 증거가 된다는 의미에서 붙여진 이름이다. 과거에는 범죄 행위에 대한 결정적 증거로 사용되는 물건이나 사실을 스모킹 건이라 표현하였으나, 현재는 특정 현상이나 가설을 뒷받침하는 과학적 근거를 가리키는 말로도 쓰인다.

기출 ⁑ **RE100**
Renewable Energy 100%

기업이 사용하는 전력량을 재생에너지로 전환하는 캠페인

2050년까지 기업이 사용하는 전력량 100%를 태양광, 풍력 등의 재생에너지로 충당하겠다는 환경 캠페인이다. 가입 기업은 2021년 1월을 기준으로 미국(51개), 유럽(77개), 아시아(24개) 등에 이른다. 2018년 애플과 구글 등 30개 기업이 이미 100% 목표를 달성했다.

⁑ **알타미라 동굴벽화**

1879년 에스파냐의 북부 알타미라 동굴에서 발견된 구석기 후기의 벽화

크로마뇽인에 의해 그려진 것으로 추측되는 벽화이다. 벽화들은 깊은 동굴 안에 있어서 외부 기후의 영향을 받지 않고 잘 보존되었으며 인류가 남긴 가장 오래된 작품이다. 이들은 사냥을 기원하는 뜻으로 여러 동물을 채색하여 그려 놓았다.

⁑ 카노사의 굴욕
Humiliation at Canossa

황제의 서임권(성직자임명권)문제로 황제와 교황이 대립해 황제권이 교황권에 굴복한 사건

당시 교황이던 그레고리우스 7세가 신성로마제국 황제이던 하인리히 4세를 파문하자, 하인리히 4세는 독일 제후의 반란이 두려워 1077년 이탈리아의 카노사에서 교황에게 공순(恭順)의 뜻을 표하고 파문을 면했다.

⁑ 디스토피아
Dystopia

현대사회의 부정적인 측면이 극대화된 세상

유토피아의 반대 개념으로 정부에 의해 억압을 받거나 기술이 발달하여 로봇이 지배하거나 환경오염으로 인한 생태계 파괴 등 모든 계층의 행복지수가 떨어지는 세상을 말한다. 현대사회 속에 있는 위험한 경향을 미래사회로 확대 투영함으로써 현대인이 무의식중에 받아들이고 있는 위험을 명확히 지적한다.

기출 ⁑ 노모포비아
Nomophobia

휴대전화가 없을 때 초조해하거나 불안감을 느끼는 증상

'No', 'Mobile', 'Phobia'의 합성어로, 전체 스마트폰 사용자 3명 중 1명꼴로 증상이 나타난다. 노모포비아의 대표적 증상은 권태, 외로움, 불안감으로 휴대전화를 수시로 만지작거리거나 손에서 떨어진 상태로 5분도 채 버티지 못한다면 노모포비아 증후군이라고 볼 수 있다.

기출 ⁑ 노시보 효과
Nocebo Effect

약을 처방했는데도 환자가 의심을 품으면 약효가 나타나지 않는 현상

노시보 효과는 어떤 해도 끼치지 않는 물질에 의해 병이 생기 거나 심지어 죽음에 이르는 경우까지 발전하기도 한다. 플라시보 효과가 '이루어질 거라는 기대의 긍정적인 효과'를 반영한다면, 노시보 효과는 '부정적인 암시가 초래하는 부정적인 결과'를 의미한다고 말할 수 있다.

⁑ 팝콘브레인
Popcorn Brain

디지털기기가 발달하면서 마치 팝콘이 터지듯 크고 강렬한 자극에만 뇌가 반응하는 현상

스마트폰과 같은 전자기기의 지나친 사용으로 뇌에 큰 자극이 지속적으로 가해지면서 단순하고 잔잔한 일상생활에는 흥미를 잃게 되는 것으로, 딱히 확인 할 것이 없음에도 스마트폰 화면을 켠다거나, 스마트폰을 하느라 할 일을 뒤로 미루는 것도 팝콘브레인의 증상이다.

⁑햄버거 병

HUS : Hemolytic Uremic Syndrome

◑ 단기간에 신장을 망가뜨리는 희귀 질환

장출혈성대장균감염증의 일종으로 신장이 불순물을 제대로 걸러주지 못해 체내에 쌓이면서 발생하게 된다. 1982년 미국에서 덜 익힌 패티가 들어간 햄버거를 먹고 이 병에 걸렸다는 주장이 나오면서 햄버거 병이라는 이름이 붙었다. 의료계에 따르면 햄버거병(HUS)은 고기를 잘 익히지 않거나, 살균되지 않은 우유 또는 오염된 야채 등을 섭취하면 걸릴 수 있다고 한다. 성인보다는 주로 영유아나 노인에게서 발병 빈도가 높으며 햄버거병(HUS)에 걸리게 되면 몸이 붓거나 심한 설사와 구토, 복통, 미열은 물론 혈압이 높아지고 경련, 혼수 등이 일어나는 등 신경계 증상이 나타날 수도 있다. 환자의 약 50%는 신장 기능을 완벽히 회복하기 어렵기 때문에 지속적인 투석을 받아야 한다. 신장 기능이 손상된 경우에는 투석, 수혈 등의 조치가 이뤄지는 게 일반적이다. 사망률은 발생 환자의 5 ~ 10% 수준으로 알려져 있다.

기출 ⁑임대차 3법

◑ 전월세신고제·전월세상한제·계약갱신청구권제 등을 핵심으로 하는 법안

계약갱신청구권제와 전월세상한제를 담은 주택임대차보호법 개정안은 2020년 7월 31일부터 시행됐다. 임대차 3법 중 전월세신고제의 도입 근거가 되는 부동산 거래신고 등에 관한 법률개정안은 8월 4일 본회의를 통과했으며 이는 2021년 6월 1일부터 시행 될 예정이다.

기출 ⁑로고스 · 파토스

Logos · Pathos

◑ 논리와 감성

로고스는 이성적이고 과학적인 것을 지칭하고 파토스는 감각적이고 예술적인 것을 지칭한다. 아리스토텔레스는 파토스를 어떠한 상황에서 표출되는 감정으로 구별하였으나 현재는 지속적인 욕망, 즉, 지배욕이나 소유욕 등을 의미한다.

기출 ⁑매니페스토

Manifesto

◑ 구체적인 예산과 추진 일정을 갖춘 선거 공약

선거와 관련하여 유권자에 대한 계약으로써의 공약, 목표와 이행 가능성, 예산 확보의 근거 등을 구체적으로 제시한 공약을 말한다. 우리나라에서는 참 공약 선택하기, 바른 공약 실천 운동으로 표현되며 2006년 5월 지방선거를 기점으로 발족되었다.

⁑하우스 푸어

House Poor

◑ 집을 소유하고 있는 빈곤층

자가를 소유하고 있지만 무리한 대출로 인해 이자부담 등으로 빈곤하게 사는 가구를 일컫는다.

기출 ⁑ **베르테르 효과**
Werther Effect

유명인 또는 평소 존경하거나 선망하던 인물이 자살할 경우, 그 인물과 자신을 동일시해서 자살을 시도하는 현상

동조자살 또는 모방자살이라고도 한다. 괴테의 소설 「젊은 베르테르의 슬픔」에서 유래하였다. 작품이 유명해지면서 베르테르의 모습에 공감한 젊은 세대의 자살이 급증하는 사태가 벌어졌다. 이때문에 유럽 일부 지역에서는 발간이 중단되는 일까지 생겼다.

⁑ **미필적 고의**
未畢的故意

어떤 결과가 발생할지도 모르나 경우에 따라서는 그렇게 되어도 상관없다고 생각하는 경우에 존재하는 고의

범죄사실이 발생할 가능성을 인식하고도 이를 용인하는 것을 말한다. 이런 경우에는 과실범이 아니라 고의범으로서 처벌받는다.

⁑ **모라벡의 역설**
Moravec's Paradox

인간에게 쉬운 것은 컴퓨터에게 어렵고 인간에게 어려운 것은 컴퓨터에게 쉽다는 역설

인간이 쉽게 할 수 있는 일상적인 행위를 컴퓨터가 수행하기에 어렵지만 인간이 많은 에너지를 소비해야 하는 복잡한 수식 계산 등을 컴퓨터는 쉽게 해낼 수 있다는 능력 차이를 미국 로봇 공학자 한스 모라벡이 역설적으로 표현한 것이다.

기출 ⁑ **휘슬블로어**
Whistle Blower

내부 고발자

기업 또는 정부기관 내의 부정과 비리를 신고한 내부 고발자를 말한다. 단순히 자신이 살아남기 위해서 남의 허물을 밀고하는 사람이 아니라 공익을 위하여 제보하는 사람을 말한다.

⁑ **기저질환**
基底疾患

질병의 원인이나 밑바탕이 되는 질병

평소 본인이 가지고 있는 만성적인 질병을 가리키며 고혈압, 당뇨, 천식, 결핵 등이 이에 해당한다.

⁑ **전인교육**
全人敎育

인간의 전면적인 발달을 목적으로 하는 교육

조기교육이나 영재교육에 반대되는 개념이다. 현대사회에 있어서 전인교육은 사회로부터 고립된 개인이 아니라 사회인으로서의 기능을 수행할 수 있는 측면도 포함해야 한다. 대표적 사상가로는 페스탈로치와 로크가 있다.

⁑ 셰익스피어의 4대 비극

◑ 셰익스피어의 「햄릿」, 「오셀로」, 「리어왕」, 「맥베스」

구분	내용
햄릿 (Hamlet)	주인공을 통해 사색과 행동, 진실과 허위, 신념과 회의 등의 틈바구니 속에서 삶을 초극하고자 하는 모습이 제시되었다.
오셀로 (Othello)	흑인 장군인 주인공의 아내에 대한 애정이 이아고(Iago)의 간계에 의해 무참히 허물어지는 과정을 그린 작품이다.
리어왕 (King Lear)	늙은 왕의 세 딸에 대한 애정의 시험이라는 설화적 모티브를 바탕으로 하고 있으나, 혈육 간의 유대의 파괴가 우주적 질서의 붕괴로 확대되는 과정을 그린 비극이다.
맥베스 (Macbeth)	권위의 야망에 이끌린 한 무장의 왕위찬탈과 그것이 초래하는 비극적 결말을 그린 작품이다.

⁑ 셰익스피어 5대 희극

◑ 셰익스피어의 「말괄량이 길들이기」, 「십이야」, 「베니스의 상인」, 「뜻대로 하세요」, 「한여름 밤의 꿈」

구분	내용
말괄량이 길들이기 (The Taming of the Shrew)	말괄량이 여주인공을 길들이려는 남주인공의 결혼생활을 중심으로 한 희극이다.
십이야 (Twelfth Night)	여주인공이 남장을 통해 겪게 되는 오해와 사랑의 삼각관계 소동극이다.
베니스의 상인 (The Merchant of Venice)	유대인 고리대금업자와 상인 간의 계약 속에서 이루어지는 법적 갈등과 인간관계를 그린 작품이다.
뜻대로 하세요 (As You Like It)	추방된 공작의 딸 여주인공이 남장을 하고 겪게 되는 사랑과 자유, 갈등, 화해를 담은 작품이다.
한여름 밤의 꿈 (A Midsummer Nights Dream)	사랑과 마법이 얽히며 생긴 혼란 속에서 펼쳐지는 판타지 로맨스 희극이다.

⁑ 살찐 고양이법

Fat Cat

자치단체 산하 공공기관의 임원들이 지나치게 높은 연봉을 받는 것을 제한하기 위한 법령 또는 조례

1928년 저널리스트 프랭크 켄트가 발간한 도서 「정치적 행태」에서 처음 사용된 용어이다. 2008년 글로벌 금융위기 당시 미국 월가의 탐욕스런 은행가와 기업인을 비난하는 말로 사용되었다. 직원들의 구조조정과 임금삭감 등 어려운 상황 속에서도 거액의 연봉과 퇴직금, 각종 보너스 등을 누리는 경영진들의 도덕적 해이를 비꼬아 살찐 고양이라는 말로 비난하였다. 또한 당시 정치자금을 많이 내는 부자나 특혜를 입은 부자들을 살찐 고양이로 빗대어 표현하였다. 우리나라에서는 부산이 최초로 '살찐 고양이법'을 시행하였다.

⁑ 외인설

어떤 사건이나 현상이 외부 요인에 의해 발생·설명된다는 이론

사회·경제적 사건 또는 자연 현상에 대해 내재적 요인보다는 외부 환경이나 조건이 원인이라고 보는 관점이다. 반대로 내부 요인에 초점을 맞추는 관점을 내인설이라고 한다.

⁑ 더닝 크루거 효과

특정 분야에서 제한된 지식이나 능력을 가진 사람들이 자신의 지식과 능력을 과대평가하는 경향

연구자들은 자신의 생각을 판단하는 메타인지 능력이 부족한 사람들이 자신의 능력을 과대평가하고 다른 사람의 능력을 알아보지 못하며 자신의 능력이 부족하여 발생한 문제점을 인지하지 못한다고 한다.

ICT · 디지털상식 빈출용어

학습팁 최근 은행·금융권에서는 전문분야 인력 제고 및 활성화를 위해 디지털 과목을 강화하고 있습니다. 광범위한 키워드 중 빈출도가 높은 키워드를 수록하였으니, 어려운 과목인 만큼 여러 번 확인해보세요.

⁂딥시크
DeepSeek

중국의 량원펑이 설립한 오픈소스 대형 언어 모델(LLM) 기반 인공지능(AI) 연구 기업이자 AI 모델 제품명

2025년 1월, 딥시크는 상대적으로 낮은 성능의 GPU(H800)를 활용하여 최적화된 AI 모델 'DeepSeek R1'을 발표하였으며, 일부 벤치마크에서 오픈AI의 챗GPT를 능가하는 성능을 보이며 AI 업계에 큰 파장을 일으켰다. 그러나 정보 보안 및 데이터 유출 우려로 인해 한국을 비롯한 일부 국가의 정부 및 금융기관에서는 딥시크의 사용을 제한하고 있다.

* 디지털캐비넷
Digital Cabinet

서류, 파일, 문서, 사진, 그림 등을 전자 파일 형식으로 보관 및 관리하는 시스템을 의미

문서 검색의 편리성, 보안 강화, 공간 절약, 협업 지원 등 다양한 이점이 있는 반면, 초기 구축과 유지 보수에 시간과 비용이 소요되며, 해킹이나 시스템 오류 등의 위험이 존재한다. 디지털 캐비넷은 정부 기관, 기업, 학교 등 다양한 분야에서 널리 활용되고 있다.

기출 ⁂챗GPT-4o

복합적 AI

오픈AI가 설계한 다중 언어, 다중 모달 생성 사전 훈련 변환기다. '지피티포 옴니' 또는 '지피티포오'라고 부르는데, 'o'는 '옴니'의 줄임말로 '모든 것' '어디에나 있다'는 뜻이다. GPT-4o에서 사용할 수 있는 5가지 옴니 기능은 ▲텍스트, 이미지, 오디오 등 다양한 형식의 데이터를 처리할 수 있는 멀티모달(multi modal) 기능 ▲이미지를 분석하고 설명하며 생성하는 강화된 비전(vision) 기능 ▲실시간 웹 정보 검색을 통해 얻은 최신 정보를 기반으로 한 깊이 있는 답변 기능 ▲외부 API(응용프로그램 인터스페이스)를 호출해 새로운 기능을 확장할 수 있는 펑션콜(function call) 기능 ▲데이터 해석 능력을 바탕으로 한 비즈니스 인사이트 제공 기능 등이다.

****정형 데이터**

미리 정해 놓은 형식과 구조에 따라 저장되도록 구성된 데이터

관계형 데이터베이스(RDB)의 테이블과 같이 고정된 컬럼에 저장되는 데이터, 지정된 행과 열로 데이터의 속성이 정해져 있는 스프레드시트 데이터, 콤마로 구조가 결정되는 CSV3) 데이터 등이 있다. 정형 데이터는 반정형, 비정형 데이터와는 달리 정해진 형식과 저장 구조를 바탕으로 데이터에 대한 부분 검색 및 선택, 갱신, 삭제 등의 연산을 수행할 수 있어 주로 정형화된 업무 또는 서비스에 사용된다.

****저전력 메쉬네트워크**

관리가 쉽지 않은 열악한 환경에서 온도, 습도 등의 환경을 감지하는 많은 수의 센서의 정보를 비교적 가까운 거리에 전달하기 위한 통신 기술

거리의 제약을 없애기 위해 디바이스가 다른 디바이스의 정보를 전달해 주는 기능을 가지므로 메쉬네트워크라 한다.

****미러링과 캐스팅**

Mirroring and Casting

스마트폰에 표시되어야 할 내용을 주변의 다른 장치에 표시되도록 하는 기술

미러링 기술은 거울처럼 스마트폰에 표시되는 내용을 다른 장치의 화면에 그대로 보여주도록 하는 기술이며, 캐스팅 기술은 스마트폰에 표시되었어야 할 내용을 다른 장치의 화면에만 보여주고, 스마트폰에는 캐스트 스크린과는 다른 내용을 보여주도록 하는 기술이다.

***컴덱스**

COMDEX

세계 최대의 컴퓨터 관련 전시회

미국에서 해마다 봄·가을에 개최된다. 1979년 인터페이스사(社)에 의해 라스베이거스에서 소형 컴퓨터 소매업자들을 중심으로 시작되어 1990년 이후 컴퓨터 산업이 주요산업으로 급성장하면서 전 세계 IT산업을 주도하는 행사가 되었다. 인텔의 마이크로프로세서와 MS DOS, 윈도우 운영체제(OS)를 비롯하여 전 세계 IT산업의 핵심 기술과 제품들이 모두 컴덱스를 통해 발표되었다.

****세빗**

CeBIT

세계적인 정보통신기술전시회

독일 하노버에서 매년 개최된다. 미국의 컴덱스와 함께 세계 정보통신 분야를 대표하는 전시회로, 유무선 네트워크·디지털 및 온라인 이동통신 등의 통신분야에 주력하고 있다. 이미 소개된 제품 및 기술을 놓고 바이어들의 구매 상담을 벌여 시장의 환경 변화를 가늠할 수 있다.

*****스파이웨어**

Spyware

컴퓨터나 스마트 폰에 잠입해서 개인정보를 빼가는 악성 소프트웨어

설정 변경 및 삭제하기 어렵게 되어 있지만 바이러스처럼 스스로 복제하지는 않는다. 처음에는 인터넷 광고전문회사가 개인 사용자들의 취향을 파악하기 위하여 개발하였다. 광고 및 마케팅 목적이 대부분이었기 때문에 애드웨어(Adware)라고도 불렸다. 단순히 사용자 컴퓨터에 번호를 매겨 몇 명의 사용자가 광고를 보고 있는지 파악하는 것이었으나 최근에는 사용자 이름, IP주소, 즐겨찾는 URL 등 모든 것을 알아낼 수 있어서 악의적으로 사용되고 있다.

기출 ⁑ **디지털 리터러시**

디지털 자료를 이해할 수 있는 능력

디지털 자료를 보고 이해할 수 있는 능력을 의미한다. 디지털 사용빈도가 늘어나면서 다양하고 정보가 넘쳐나고 있다. 하지만 넘쳐나는 자료를 개인이 이해·평가·조합하는 능력이 필요하다. 이 능력을 디지털 리터러시라 한다. 문자로 적혀진 신문 기사나 계약서를 읽을 때 문해력이 필요하듯이 디지털 세상에서 스마트 폰과 소셜미디어를 사용하면서 일반 문자를 읽을 때처럼 필요한 문해력이 디지털에서도 필요하다.

⁑ **메트칼프의 법칙**

Metcalfe's Law

통신 네트워크 가치가 이용자 수의 제곱에 비례한다는 법칙

네트워크의 유용성의 정도는 네트워크 사용자의 제곱과 비례하며 네트워크 기술을 활용하는 사용자의 증가율이 어느 임계 값에 도달하면 그 시점부터 기하급수적으로 가치(유용성)가 증가함을 말한다. 초기 마케팅 비용을 들이더라도 회원을 모집하려는 노력을 하는 이유가 여기에 있는 것이다. 곧 생산량이 증가할수록 평균비용은 등비급수적으로 줄어들게 되므로 그 가치는 급격하게 증가하고 그 차이는 사용자 수가 늘어날수록 등비급수적으로 점점 더 벌어지게 된다. 하지만 인터넷 가입자 및 회원수가 많다고 하여 바로 수익으로 이어지는 것은 아니며, 그보다 비즈니스모델이 더 중요한 요소로 작용한다.

⁑ **에지 컴퓨팅**

Edge Computing

스마트폰이나 통신 기지국 등 통신 말단에서 데이터를 자체 처리하는 기술

중앙 집중 서버가 모든 데이터를 처리하는 클라우드 컴퓨팅과 다르게 분산된 소형 서버를 통해 실시간으로 처리하는 기술을 일컫는다. 사물인터넷 기기의 확산으로 데이터의 양이 폭증하면서 이를 처리하기 위해 개발되었다.

기출 * **에스크로**

Escrow

구매자와 판매자의 원활한 상거래를 위해 제3자가 중개하는 서비스

구매자와 판매자의 신용관계가 불확실 할 때 상거래가 원활하게 이루어질 수 있도록 제3자가 중개하는 매매 보호 서비스이다. 구매자가 제3자에게 거래금을 보내면 판매자는 제3자에게 거래금을 확인하고 상품을 발송한다. 상품을 받은 구매자는 제3자에게 알리고 제3자는 판매자에게 거래금을 보낸다. 중개역할을 하는 제3자는 수수료로 수익을 얻는다.

⁑ **카니보어 시스템**

Carnivore System

네트워크에서 모든 E-메일을 감시하는 시스템

인터넷 서비스 회사의 네트워크에 연결하여 모든 E-메일 내용을 감시할 수 있는 장치이다. 미국 수사국(FBI)이 범죄 예방을 이유로 카니보어 시스템을 도입하였다.

기출 * 데이터 댐

디지털 뉴딜을 실현하기 위한 수단 중 하나

각종 데이터가 모여 결합·가공되는 유무형의 공간이다. 디지털 뉴딜에는 DNA 생태계 강화, 디지털 포용 및 안전망 구축, 비대면 산업 육성, SOC 디지털화 등이 포함되어 있다.

* 파밍

Pharming

피싱(Phising)에서 진화한 해킹 수법

악성프로그램을 통해 피해자가 가짜 금융사이트에 접속하도록 하여 금융정보를 조작, 피해자의 돈을 부당하게 탈취하는 수법을 말한다.

기출 * FIDO

Fast Identity Online

생체인식 기술을 활용한 개인 인증 기술

지문, 홍채 등 신체적 특성의 생체정보를 이용하거나 동작 등 행동적 특성의 생체정보 인증도 이용하여 비밀번호 없이 편리하고 안전한 개인 인증 기술이다.

* 서밋

Summit

IBM이 개발한 세계에서 가장 빠르고 강력한 슈퍼컴퓨터

30년간 데스크톱 컴퓨터가 작업해야 할 분량을 불과 한 시간 만에 처리할 수 있는 컴퓨터로, 서밋 구축에는 인공지능(AI)이 사용됐다고 설명했다. 기존 슈퍼컴퓨터에 사용된 대규모 모델링과 시뮬레이션 기술이 아니라 AI 기반의 대용량 데이터 처리 기술이 서밋에 적용되었다는 것이다. 이 같은 슈퍼컴퓨터 시스템 구축을 위해 IBM은 이미지 처리 반도체(GPU) 기업인 엔비디아 등과 공동으로 관련 기술을 개발했다.

기출 * 등대공장

Lighthouse Factory

4차 산업혁명의 핵심 기술을 도입하여 제조업의 미래를 이끌고 있는 공장

사물인터넷(IoT)과 인공지능(AI), 빅데이터 등 4차 산업혁명의 핵심 기술을 적극적으로 도입하여 제조업의 미래를 혁신적으로 이끌고 있는 공장을 의미한다. 세계경제포럼(WEF)이 2018년부터 선정하고 있는데, 한국에서는 처음으로 2019년 7월 포스코가 등대공장에 등재됐다.

기출 * 이더리움

Ethereum

블록체인 기술을 기반으로 한 가상화폐의 일종

러시아 이민자 출신 캐나다인 비탈리크 부테린이 2014년 개발한 가상화폐이다. 거래명세가 담긴 블록이 사슬처럼 이어져 있는 블록체인 기술을 기반으로 하며 인터넷만 연결되어 있으면 어디서든 전송이 가능하다. 거래소에서 비트코인으로 구입하거나 비트코인처럼 컴퓨터 프로그램으로 채굴해 얻을 수 있다.

⁑소셜 블랙아웃
Social Blackout

스마트 폰이나 인터넷으로부터 자신을 완전히 차단하는 행위

'소셜 미디어(Social Media)'와 대규모 정전사태를 의미하는 '블랙아웃(Black Out)'의 합성어로, 직장인들이 휴가 중 단체 대화방을 나가거나 소셜 미디어 어플을 삭제하는 경우가 소셜 블랙아웃에 해당한다. 또 과도한 몰입이나 타인과의 비교로 인한 SNS 피로감에서 일시적으로 벗어나고자 소셜 블랙아웃을 선택하는 사람도 있다.

⁑플랫폼 노동

플랫폼 노동은 스마트폰 사용이 일상화되면서 등장한 노동 형태

앱이나 SNS 등의 디지털 플랫폼에 소속되어 일하는 것을 말한다. 즉, 고객이 스마트폰 앱 등 플랫폼에 서비스를 요청하면 이 정보를 노동 제공자가 보고 고객에게 서비스를 한다. 플랫폼 노동은 노무 제공자가 사용자에게 종속된 노동자가 아닌 자영업자이므로 특수 고용노동자와 유사하다는 이유로 디지털 특고로도 불린다. 예컨대 배달대행 앱, 대리운전 앱, 우버 택시 등이 이에 속한다.

⁑낸드플래시
NAND Flash

플래시 메모리의 형태

전원이 없는 상태에서도 데이터를 저장·삭제할 수 있으며 휴대용 저장장치나 컴퓨터 등 폭넓게 쓰인다.

⁑HTML
Hyper Text Markup Language

하이퍼텍스트의 구조를 서술하는 일종의 컴퓨터언어

직접 프로그램을 제작하는 데에 사용되는 C나 PASCAL과 달리 웹에서 사용되는 각각의 하이퍼텍스트 문서를 작성하는데 사용되며, 우리가 인터넷에서 볼 수 있는 수많은 홈페이지들은 기본적으로 HTML이라는 언어를 사용하여 구현된 것이다.

⁑CPO
Chief Privacy Officer

개인정보 보호책임자

개인정보 보호최고책임자·최고프라이버시책임자라고도 하며 사이버보안관이라는 별칭도 있다. 기업의 법률·인사·정보기술·영업·마케팅 부서 등에 개인정보를 관리하는 직책이 있지만, 인터넷의 발달로 개인정보 전담자가 필요해져 생겨난 신종 전문가이다. 정부의 사생활 보호규정과 법률에 위반되는 정책을 찾아내 수정하며, 해킹 등 사이버 범죄로부터 회원정보를 지켜내기 위한 안전장치를 마련하는 등의 업무를 한다. 개인정보 보호를 위한 교육 자료를 제공하기도 하고 표준개발 작업에도 참여한다.

⁑HTTP
Hyper Text Transfer Protocol

마우스 클릭만으로 필요한 정보로 직접 이동할 수 있는 방식

HTTP는 이 방식의 정보를 교환하기 위한 하나의 규칙으로, 웹사이트 중 http로 시작되는 주소는 이런 규칙으로 하이퍼텍스트를 제공한다는 의미를 담고 있다.

기출 ⁑ **클라우드 서비스**
Cloud Service

◑ **각종 자료를 내부 저장 공간이 아닌 외부 클라우드 서버에 저장한 뒤 다운로드받는 서비스**

인터넷으로 연결된 초대형 고성능 컴퓨터(데이터센터)에 소프트웨어와 콘텐츠를 저장해 두고 필요할 때마다 꺼내 쓸 수 있는 서비스다. 사용자가 스마트폰이나 PC등을 통해 문서, 음악, 동영상 등 다양한 콘텐츠를 편리하게 이용할 수 있지만 인터넷 케이블이 끊어지면 국가적 정보 블랙아웃 상태가 올 우려가 있다고 전문가들은 지적하고 있다.

기출 ⁑ **챗봇**
Chatbot

◑ **문자 또는 음성으로 대화하는 기능이 있는 컴퓨터 프로그램 또는 인공지능**

정해진 응답 규칙에 따라 사용자 질문에 응답할 수 있도록 만들어진 시스템이다. 사람처럼 자연스러운 대화를 진행하기 위해 단어나 구(句)의 매칭만을 이용하는 단순한 챗봇부터 복잡하고 정교한 자연어 처리 기술을 적용한 챗봇까지 수준이 다양하다.

⁑ **망 중립성**
Network Neutrality

◑ **통신망 제공사업자는 모든 콘텐츠를 동등하고 차별 없이 다뤄야 한다는 원칙**

통신망을 갖춘 모든 네트워크 사업자는 모든 콘텐츠를 동등하게 취급하고 인터넷 사업자들에게 어떤 차별도 하지 말아야 한다는 원칙을 말한다.

기출 ⁑ **사물인터넷**
IoT

◑ **사물에 센서를 장착하여 정보를 수집하고 제어·관리할 수 있도록 인터넷으로 연결되어 있는 시스템**

일상 사물의 유무선인터넷에 연결하여 물체와 물체 간 정보를 교환하며 언제 어디서나 제어할 수 있는 신개념 인터넷을 말한다.

기출 ⁑ **버그바운티**
Bugbounty

◑ **보안 취약점 신고 포상제**

기업의 서비스나 제품 등을 해킹해 취약점을 발견한 화이트 해커에게 포상금을 지급하는 제도이다. 블랙 해커의 악의적인 의도로 해킹당할 시 입는 손해를 방지하기 위하여 공개적으로 포상금을 걸고 버그바운티를 진행한다. 기업들의 자발적인 보안 개선책으로, 화이트 해커가 새로운 보안 취약점을 발견하면 기업은 이를 개선시켜 보안에 보다 적극적으로 노력하게 된다. 현재 구글, 애플, 페이스북, 마이크로소프트(MS) 등 글로벌 기업에서 보안성을 고도화하기 위해 시행 중이며 국내에서는 삼성, 네이버, 카카오 등이 시행 중이다.

기출 ⁑ **메타버스**

Metaverse

◑ **가공, 추상(Meta)와 세계(Universe)의 합성어**

3차원 가상세계를 뜻한다. 기존의 가상현실보다 업그레이드된 개념으로 가상현실이 현실세계에 흡수된 형태이다. 즉, 가상세계의 현실화인 셈이며, 증강현실, 라이프로깅, 거울세계, 가상세계로 더욱 세분화할 수 있다. 메타버스는 1992년 미국 SF 소설 「스토 크래시」에서 처음 사용되었으며 이와 비슷한 사례로 영화 「아바타」가 있다. 팬데믹으로 언택트 문화가 활발해지면서 관련 사업이 더욱 각광받기 시작했는데, 특히 게임 산업이 두드러지고 있다. 우리가 잘 아는 닌텐도, 로블록스, 마인크래프트가 대표적인 예다.

* **디도스**

D DoS

◑ **컴퓨터 여러 대가 특정 사이트를 마비시키려고 공격하는 해킹 수법**

특정 컴퓨터의 자료를 훔치거나 삭제하기 보다는 정당한 신호를 받지 못하도록 방해하는 데 있다. 해당 컴퓨터의 기능을 마비시키기 위해 동시에 여러 대의 컴퓨터가 공격을 가해 대량 접속을 일으킨다. 컴퓨터의 사용자가 인지하지 못한 사이에 컴퓨터가 악성코드에 감염되어 특정 사이트를 공격하는 데 쓰일 수 있는데 이런 컴퓨터를 좀비 PC라 부른다.

기출 * **랜섬웨어**

Rancomeware

◑ **악성코드의 일종**

인터넷 사용자의 컴퓨터에 잠입해 내부 문서나 사진 파일 등을 암호화하여 열지 못하도록 한 뒤, 돈을 보내면 해독용 열쇠 프로그램을 전송해준다며 비트코인이나 금품을 요구한다.

기출 ⁑ **인포데믹**

Infodemic

◑ **잘못된 정보가 온라인 등을 통해 빠르게 확산되는 현상**

정보전염병이라고도 부르며 허위정보, 가짜뉴스 등 전염병처럼 무차별적으로 전파되는 것을 일컫는다.

⁑ **소물인터넷**

Internet of Small Things

◑ **소물에 적용되는 사물인터넷 기술**

웨어러블 기기 등 비교적 크기가 작고 사물인터넷을 구성하는 사물 간 교환하는 데이터의 양이 많지 않은 기기를 소물이라고 한다. 해외 선진국을 중심으로 시장 선점을 위해 활발한 연구가 진행 중이며, 국내에서도 통신사들이 앞다투어 소물인터넷 시장에 뛰어들고 있다.

* **캐시리스 사회**

Cash Less Society

◑ **경제주체 사이의 거래에서 현금을 이용하지 않는 사회**

현금을 가지고 다닐 필요 없이 신용카드, 모바일 카드 등을 이용해 소비·상업 활동을 할 수 있는 사회를 말한다. IT산업의 발달로 컴퓨터와 전산망이 잘 갖춰지고, 금융기관 업무가 EDPS화(전자 데이터 처리 시스템화)되면서 캐시리스 사회가 가능해졌다.

⁑베타 테스트
Beta Test

하드웨어나 소프트웨어를 공식적으로 발표하기 전에 오류가 있는지를 발견하기 위해 미리 정해진 사용자 계층들이 써 보도록 하는 테스트

하드웨어나 소프트웨어의 개발 단계에서 상용화하기 전에 실시하는 제품 검사 작업을 말하며 제품의 결함 여부, 제품으로서의 가치 등을 평가하기 위해 실시하는 것이다. 선발된 잠재 고객에게 일정 기간 무료로 사용하게 한 후에 나타난 여러 가지 오류를 수정하고 보완한다. 공식적인 제품으로 발매하기 이전에 최종적으로 실시하는 검사 작업이다.

기출 * 키오스크
KIOSK

공공장소에 설치된 무인 정보단말기

첨단 멀티미디어 기기를 활용하여 음성서비스, 동영상 구현 등 정보서비스와 업무의 무인·자동화를 통해 대중들이 쉽게 이용할 수 있도록 공공장소에 설치한 무인단말기를 말한다.

⁑파이선
Python

생산성 높은 프로그래밍 언어

네덜란드 개발자가 개발한 프로그래밍 언어로 문법이 간결하고 표현구조와 사람의 사고체계와 유사하여 초보자도 쉽게 배울 수 있다. 독립적인 플랫폼으로 다양한 플랫폼에서 사용이 가능하다.

⁑양자컴퓨터
Quantum Computer

양자역학의 원리에 따라 작동되는 미래형 첨단 컴퓨터

양자역학의 특징을 살려 병렬처리가 가능해지면 기존의 방식으로 해결할 수 없었던 다양한 문제를 해결할 수 있게 된다. 우리나라에서는 2001년 KAIST(한국과학기술원) 연구팀이 병렬처리 3비트 양자컴퓨터 개발에 성공하였고, 2003년에는 일본 NEC와 이화학연구소가 공동으로 양자비트 2개를 결합한 고체 논리연산회로로 동작하는 양자컴퓨터의 제작에 성공하였다.

기출 ⁑사이버 슬래킹
Cyber Slacking

업무시간에 인터넷과 E-메일 등 업무를 위해 설치한 정보인프라를 개인적 용도로 이용하면서 업무를 등한시하는 행위

인터넷을 업무에 활용하는 것이 보편화되면서 업무 이외의 용도로 사용하는 사례가 크게 늘고 있다. 특히, 최근에는 멀티미디어 콘텐츠의 대용량 정보가 많아지면서 사이버 슬래킹이 단순히 개인의 업무공백차원을 넘어 조직 내 전체업무에 차질을 주는 사태로까지 발전하고 있다. 이에 따라 기업과 공공기관을 중심으로 특정 사이트에 접속을 제한하는 사이버슬래킹 방지 소프트웨어 도입이 관심을 끌고 있다.

기출 ⁑와이브로
Wibro : Wireless Broadband Internet

무선 광대역 인터넷 서비스, 무선 광대역 인터넷

초고속인터넷을 이동하면서 이용할 수 있는 무선인터넷으로 처음에는 고속데이터통신기술을 가리키는 용어로 만들어졌지만 이동통신업체에서 기술이름을 서비스 이름으로 사용하며 우리에게는 서비스 이름으로 친숙하게 알려져 있다. 2.3GHz 주파를 사용하며 기존의 무선인터넷인 CDMA와 무선 랜의 장점만을 이용하여 새롭게 만들어졌다. 가장 큰 장점은 이동이 가능하다는 것이고 전파의 송수신거리가 와이파이에 비해 훨씬 넓다. 그러나 속도는 와이파이에 비해 느리다.

⁑컴파일러
Compiler

고급언어로 쓰인 프로그램을 즉시 실행될 수 있는 형태의 프로그램으로 바꾸어 주는 번역 프로그램

고급언어로 쓰인 프로그램이 컴퓨터에서 수행되기 위해서는 컴퓨터가 직접 이해할 수 있는 언어로 바꾸어 주어야 하는데 이러한 일을 하는 프로그램을 컴파일러라고 한다. 예를 들어 원시언어가 파스칼(Pascal)이나 코볼(Cobol)과 같은 고급언어이고 목적 언어가 어셈블리 언어나 기계어일 경우, 이를 번역해 주는 프로그램을 컴파일러라고 한다.

⁑핵티비즘
Hacktivism

인터넷이 일반화되면서 나타난 새로운 유형의 정치적·사회적 행동주의

기존의 정치·사회 운동가들이 인터넷 대중화 바람을 타고 인터넷 공간으로 활동영역을 넓히면서 나타나기 시작하였는데, 자신들의 정치적 목적을 달성하기 위한 수단으로 특정 정부·기관·기업·단체 등의 웹 사이트를 해킹해 서버를 무력화하는 일련의 행위 또는 그러한 활동 방식을 말한다.

⁑코덱
Codec

음성 또는 영상의 신호를 디지털 신호로 변환하는 코더와 그 반대로 변환시켜 주는 디코더의 기능을 함께 갖춘 기술

음성이나 비디오 데이터를 컴퓨터가 처리할 수 있게 디지털로 바꿔 주고, 그 데이터를 컴퓨터 사용자가 알 수 있게 모니터에 본래대로 재생시켜 주는 소프트웨어이다. 동영상처럼 용량이 큰 파일을 작게 묶어주고 이를 다시 본래대로 재생할 수 있게 해준다. 파일을 작게 해주는 것을 인코딩(Encoding), 본래대로 재생하는 것을 디코딩(Decoding)이라고 한다. 또 데이터 압축 기능을 사용하여 압축하거나 압축을 푸는 소프트웨어도 코덱에 포함된다.

기출 ⁑프록시 서버
Proxy Server

클라이언트와 서버 사이에서 데이터를 중계하는 역할을 하는 서버

시스템에 방화벽을 가지고 있는 경우 외부와의 통신을 위해 만들어놓은 서버이다. 방화벽 안쪽에 있는 서버들의 외부 연결은 프록시 서버를 통해 이루어지며 연결 속도를 올리기 위해서 다른 서버로부터 목록을 캐시하는 시스템이다. 웹에서 프록시는 우선 가까운 지역에서 데이터를 찾고, 만일 그곳에 데이터가 없으면 데이터가 영구히 보존되어 있는 멀리 떨어져 있는 서버로부터 가져온다.

⁑USB 킬러

USB Killer

USB 형태의 전자 장치

USB 킬러는 컴퓨터를 비롯한 전자 기기의 USB 단자에 꽂으면 고전압을 발생시켜 순식간에 전자 기기의 주요 부품을 파괴하는, USB 형태의 전자 장치를 말한다. 2015년에 러시아의 보안 전문가가 서지(이상 전압)를 보호하는 회로가 제대로 작동하는지 테스트하기 위한 목적으로 개발하였고, 미국과 유럽에서 각각 FCC인증, CE인증을 받았다. 하지만 국내외에서 USB 킬러를 악용한 범죄 등 문제가 제기 되고 있다.

기출 ⁑MVNO

Mobile Virtual Network Operator

가상이동망사업자

이동통신서비스를 제공하기 위해 필수적인 주파수를 보유하지 않고, 주파수를 보유하고 있는 이동통신망사업자의 망을 통해 독자적인 이동통신서비스를 제공하는 사업자를 의미하며, MVNO는 고객의 가입 서비스에 대해 완전한 지배권을 갖는다. 또 자체 상표로 독자적인 요금체계를 설정할 수 있으며, 이용자 측면에서 마치 새로운 서비스 사업자가 생긴 것처럼 보이는 효과가 있다. MVNO가 도입될 경우 기대되는 장점은 고객의 선택권 확대, 서비스 종류의 다양화, 요금인하 효과 등 세 가지를 들 수 있다.

*토르 네트워크

Tor Network

인터넷 이용자의 흔적을 추적할 수 없도록 하는 서비스

가상 컴퓨터와 네트워크를 여러 번에 걸쳐 경유하여 인터넷 이용자의 접속 흔적을 추적할 수 없도록 하는 서비스이다. 네트워크 감시나 위치 추적, 인터넷 검열 등을 피할 수 있다.

기출 ⁑웹 어셈블리

Web Assembly

웹을 네이티브 애플리케이션처럼 빠르게 실행할 수 있도록 만들어지고 있는 차세대 바이너리 포맷 표준

개발자가 자바스크립트 대신 C언어 등으로 어느 브라우저에서든 돌아가는 프로그램을 만들어 배포할 수 있게 된다는 장점을 가진다. 모질라 개발자 루크 와그너가 여러 브라우저 개발사의 협력을 공식화했고, 구글 및 애플 개발자들이 표준화에 협력키로 했다. 이미 웹브라우저 중에선 크롬이 웹어셈블리를 구현했고, 여기에 파이어폭스와 마이크로소프트 엣지도 적용 준비를 하고 있다.

⁑핑거프린트

Finger Print

일종의 지문과 같은 데이터

원본 데이터에 삽입하여 편집되더라도 본인이 작성했음을 증명할 수 있는 데이터를 말한다.

기출 ⁑구글세

Google Tax

다국적 IT 기업을 대상으로 부과되는 세금

대표 포털사이트 구글의 이름을 붙인 세금이다. 포털사이트에 부과하는 세금으로 저작료 등을 일컫는다. 현재 국내에서는 게재료 명목으로 신문사 등에 콘텐츠 사용료를 부과하고 있다.

기출 ⁑온디맨드

On Demand

공급이 아닌 수요가 경제 시스템을 주도하는 것

모바일 기술 및 IT 인프라를 통해 소비자의 수요에 즉각적으로 서비스나 제품을 제공하는 것을 말한다. 공급자가 아닌 수요자가 주도하게 되는 경제 시스템이나 전략 등을 총칭하며, 가사노동, 차량 제공, 법률 자문, 전문 연구개발(R & D) 등 다양한 분야에서 활용되고 있다.

기출 ⁑해커톤

Hackathon

마라톤처럼 일정한 시간과 장소에서 프로그램을 해킹하거나 개발하는 행사

한정된 기간 내에 기획자, 개발자, 디자이너 등 참여자가 팀을 구성해 쉼 없이 아이디어를 도출하여 앱, 웹 서비스 또는 비즈니스 모델을 완성하는 행사를 말한다. 일반인에게 해킹은 불법적으로 컴퓨터를 공격하는 행위라는 의미로 많이 사용되나, 컴퓨터 프로그래머 사이에서는 '난이도 높은 프로그래밍'이란 뜻으로 쓰인다. IT기업에서 흔히 사용되며 페이스북은 개발자와 디자이너, 인사, 마케팅, 재무 등 모든 구성원에게 밤새 음식과 간식을 제공하면서 아이디어와 생각을 직접 만들어 보게 하는 해커톤을 개최하는 것으로 유명하다.

기출 *허니팟

Honey Pot

컴퓨터 프로그램의 침입자를 속이는 최신 침입탐지기법

해커 잡는 덫이란 의미로 크래커를 유인하는 함정을 꿀단지에 비유한 명칭이다. 컴퓨터 프로그램에 침입한 스팸과 컴퓨터 바이러스, 크래커를 탐지하는 가상컴퓨터이다. 침입자를 속이는 최신 침입탐지기법으로 마치 실제로 공격을 당하는 것처럼 보이게 하여 크래커를 추적하고 정보를 수집하는 역할을 한다.

기출 *스캠 공격

Scam

해킹하여 거래 대금을 가로채는 수법

기업의 정보를 해킹하여 거래처로 둔갑한 다음 거래 대금을 가로채는 사기수법을 말한다. 신종 범죄는 아니며 주로 피해 기업에 악성코드로 감염시킨 후 거래업체 간 대금이 오고갈 시기에 계좌정보를 변경하여 거래 대금을 빼돌린다.

*스트림 리핑

Stream Ripping

스트리밍으로 흘러나오는 음악을 녹음해 해적판 음원 파일을 만드는 행위

스트리밍의 인기가 높아지면서 무단 음원 사용의 대표적 행태가 불법 다운로드에서 스트림 리핑으로 바뀌었다. 한국의 경우 스트리밍 사용 비율이 다른 나라에 비해 높은 편인 41%에 달하는 것으로 조사되었고, 대표 유료 스트리밍 시장으로 멜론, 지니, 벅스 등이 있다.

기출 ⁑빅데이터

Big Data

정형·반정형·비정형 데이터세트의 집적물, 그리고 이로부터 경제적 가치를 추출 및 분석할 수 있는 기술

기존 데이터보다 방대하여 기존의 방법으로는 수집·저장·분석 등이 어려운 정형·비정형 데이터를 뜻한다. 빅 데이터의 "세 가지 V"로 알려진 특징은 데이터의 크기, 속도 및 다양성이다.

*** 캐리어 이더넷**
Carrier Ethernet

◑ **도시 통신망을 위한 고속 이더넷**
광역통신망에서 고속으로 데이터를 전송할 수 있는 차세대 인터넷 프로토콜 전송 기술이다.

⁑ 홍채인식
Iris Recognition

◑ **안구의 홍채 정보를 이용하여 사람을 인식하는 기술**
사람마다 고유한 특성을 가진 홍채 정보를 이용하여 사람을 인식하는 기술을 보안용 인증 기술로 응용한 것을 말한다.

⁑ 네트워크 준비지수
NRI : Networked Readiness Index

◑ **ICT 발전 및 활용도와 경쟁력 등을 평가한 지표**
세계경제포럼이 국제적인 경영대학인 인시아드(INSEAD)와 공동으로 개인과 정부, 기업의 정보통신기술의 발전도와 경쟁력을 국가별로 평가한 지수이다.

*** 데이터 사이언티스트**
Data Scientist

◑ **많은 데이터들 중 가치가 높은 데이터를 추출하여 분석하는 과학자**
빅 데이터의 활용이 높아짐에 따라 데이터의 규모보다 데이터 자체의 가치에 초점을 두고, 분석하여 방향을 제시하는 사람을 말한다.

*** 토렌트**
Torrent

◑ **P2P 방식의 파일 공유 프로그램**
온라인에서 자료를 공유할 수 있는 프로그램이다. 전송 속도가 빠르고 파일용량의 제한이 없다는 장점을 악용하여 불법 다운로드를 주목적으로 이용하고 있다. 또한 별도의 성인인증이 없어 누구나 음란물에 접근할 수 있다는 문제도 함께 대두되고 있다.

⁑ 부트키트
BootKit

◑ **OS영역에서 활동하는 악성코드**
관련된 파일을 제거해도 PC나 스마트폰을 재부팅해도 다시 감염되는 악성코드이다. 이는 한 번만 감염되도 시스템 손상으로 치료가 어렵다. 부트키트는 대부분 국외 사례가 많았으나 최근 국내에서도 안드로이드 운영체제를' 겨냥한 부트키트가 확인되었다.

⁑ 다층 나노튜브
MWNT :
Multi Walled NanoTube

◑ **탄소 나노튜브를 포개어 놓은 소재**
열이나 전기를 전하는 성질이 좋고 단단하여 전기나 화학분야에서 많이 활용되고 있다.

⁑ 하둡
Hadoop

◑ **대용량 데이터 처리 기술**
빅데이터를 효율적으로 다루기 위한 분산시스템으로 여러 개의 서버를 하나에 연결하여 처리하는 기술이다.

* **타이젠**
Tizen

IOS와 안드로이드 외 다목적 운영체제 플랫폼

리눅스 재단이 주관하는 스마트폰이나 가전제품, 웨어러블 기기 등을 작동시키기 위한 운영체제이다.

* **자동차 전자제어장치**
ECU, Electronic Control Unit

자동차를 컴퓨터로 제어하는 장치

기술의 발전과 더불어 엔진이나 자동변속기 등을 컴퓨터로 제어하여 기능의 최적화를 유지하는 장치이다.

기출 ⁑ **코드 커팅**
Cord Cutting

기존 방송에서 OTT 등 새로운 플랫폼으로 이동하는 현상

'넷플릭스', '왓챠' 등 OTT 등장으로 기존 방송 시청자들이 새로운 플랫폼으로 대규모 이동하는 현상을 말한다. 국내에서는 제로TV라는 용어가 보다 일반적으로 사용되고 있다.

⁑ **디지털 발자국**
Digital Footprint

인터넷 이용자들의 디지털 기록

온라인 사용자들이 온라인 활동을 하면서 남긴 구매 패턴, 검색어 기록, 홈페이지 방문 기록 등을 디지털 발자국이라고 하며 디지털 흔적이라고도 한다. 기업들은 이를 분석하여 광고나 프로모션을 할 수 있는 소프트웨어를 활용하여 소비자 맞춤형 광고를 노출한다.

* **퍼지 컴퓨터**
Fuzzy Computer

인간 두뇌의 제어방법에 가까운 제어를 할 수 있는 컴퓨터

현재의 디지털 컴퓨터는 모든 정보를 2개의 값으로만 처리하기 때문에 모호성이 전혀 없는 것이 특징이다. 그러나 사람은 직감과 경험에 의해 융통성(퍼지)있는 행동을 한다. 이와 같이 사람의 행동과 동작을 컴퓨터에 적용하고자 하는 것이 퍼지 컴퓨터이다. 이전에는 인간의 뇌 중 계산능력이 뛰어난 왼쪽 뇌를 모방하여 개발되었다면, 퍼지컴퓨터는 이미지 묘사, 상상, 판단 기능을 수행하는 오른쪽 뇌를 모방하여 인간적인 사고나 판단 기능을 특화시킨 것이다.

기출 ⁑ **캄테크**
Calmtech

사용자가 필요한 순간에만 제공하는 기술

'조용하다(Calm)'과 '기술(Technology)'의 합성어로 필요한 정보를 알려주지만, 주의를 기울이거나 집중할 필요가 없는 기술을 뜻한다. 센서와 컴퓨터, 네트워크 장비 등을 보이지 않게 탑재하여 평소에는 존재를 드러내지 않고 있다가 사용자가 필요한 순간에 각종 편리한 서비스를 제공하는 기술이다. 예를 들어 현관 아래에 서면 불이 들어오는 자동 센서, 자율 주행차, 스마트 홈 등이 있다. 또한 애플의 시리와 같은 인공지능 캄테크도 등장하였다.

* 가상광고
Virtual Adtvertising

가상 이미지를 TV 화면에 삽입하여 광고하는 것

컴퓨터 그래픽을 사용하여 가상의 이미지를 만들어 이를 광고에 사용하는 기법이다. 지나친 상업화와 시청권 침해를 우려하는 목소리도 크다.

기출 *** 스마트 그리드
Smart Grid

차세대 지능형 전력망

전력산업과 정보기술(IT), 그리고 통신기술을 접목하여 전력 공급자와 소비자가 양방향으로 실시간 정보를 교환함으로써 에너지 효율성 향상과 신재생에너지공급의 확대를 통한 온실가스 감축을 목적으로 하는 차세대 지능형 전력망이다. 전력 공급자는 전력 사용 현황을 실시간으로 파악하여 공급량을 탄력적으로 조절할 수 있고, 전력 소비자는 전력 사용 현황을 실시간으로 파악함으로써 요금이 비싼 시간대를 피하여 사용 시간과 사용량을 조절한다. 태양광발전·연료전지·전기자동차의 전기에너지 등 가정에서 생산되는 전기를 판매할 수도 있으며, 전력 공급자와 소비자가 직접 연결되는 분산형 전원체제로 전환되면서 풍량과 일조량 등에 따라 전력 생산이 불규칙한 한계를 지닌 신재생에너지 활용도가 높아져 화력발전소를 대체하여 온실가스와 오염물질을 줄일 수 있어 환경문제를 해소할 수 있는 등의 장점이 있어 여러 나라에서 차세대 전력망으로 구축하기 위한 사업으로 추진하고 있다

*** 차세대 메모리 반도체
Next Generation Memory Semiconductor

전원이 없어도 기억을 보존하는 성격을 지닌 메모리 반도체

D램과 낸드플레시의 단점을 보완한 것으로 빠른 속도와 기억보존 능력을 가지고 있다.

*** FAANG

미국 IT 산업을 선도하는 5개의 기업

페이스북(Facebook), 아마존(Amazon), 애플(APPLE), 넷플릭스(Netflix), 구글(Google)을 일컫는다.

*** 캡차
CAPTCHA

자동 계정 생성 방지 기술

사람과 컴퓨터를 구별하기 위한 기술로 홈페이지 등에서 주로 회원가입 할 때 사용된다. 이는 악의적으로 사용되는 프로그램을 구별하는 역할을 한다.

P A R T

모의고사

기출문제 맛보기

문항수 25문항
풀이시간 30분

맞은 문항수 / 25 | 풀이시간 분

01 1 2 3 2024 전북은행

다음 중 통화정책과 재정정책에 관한 내용으로 옳지 않은 것은?

① 정부지출의 구축효과는 정부지출을 증가시키면 이자율이 상승하여 민간 투자지출이 감소하는 효과를 말한다.
② 경제가 유동성 함정에 빠져 있을 경우에 통화정책보다는 재정정책이 효과적이다.
③ 화폐공급의 증가가 장기에서 물가만을 상승시킬 뿐 실물변수에는 아무런 영향을 미치지 못하는 현상을 화폐의 장기중립성이라고 한다.
④ 재정정책 및 통화정책 등을 적절히 혼합해 사용하는 것을 정책혼합(policy mix)이라고 한다.
⑤ 전통적인 케인즈 경제학자들은 통화정책이 재정정책보다 더 효과적이라고 주장했다.

01. ⑤

⑤ 전통적인 케인즈 경제학자들은 투자수요의 이자율탄력도가 작고 통화수요의 이자율탄력도는 크다고 보며, 이에 따라 통화정책의 효과는 작고 재정정책의 효과도 작다고 주장하였다.

오답풀이

② 경제가 유동성함정에 빠져 있을 경우에 경제여건이 변화한다 하더라도 이자율이 최저 수준에서 변화하지 않는다.
③ 통화주의학파 장기모형에서 장기총공급곡선은 자연산출량 수준에서 수직선이다. 이 경우 확대 통화정책에 따라 총수요가 증가하더라도 물가만 오르고 총소득은 자연산출량 수준 이상으로 증가할 수 없으며, 이를 화폐의 장기중립성이라고 한다.
④ 정책혼합(policy mix)은 재정정책 및 통화정책을 혼합하여 사용하는 것을 말한다.

02 1 2 3 2024 산업은행

다음 중 현금흐름표의 구성요소로 보기 가장 어려운 것은?

① 투자활동 ② 영업활동
③ 재무활동 ④ 현금성 자산
⑤ 정책활동

02. ⑤

현금흐름표의 구성은 다음과 같다.

㉠ **현금** : 보유 현금 및 요구불예금
㉡ **현금성 자산** : 유동성이 매우 높은 단기 투자자산으로서 확정된 금액의 현금으로 전환이 용이하고 가치변동의 위험이 경미한 자산
㉢ **현금흐름** : 현금 및 현금성 자산의 유입과 유출
㉣ **영업활동** : 기업의 주요 수익창출활동, 그리고 투자활동이나 재무활동이 아닌 기타의 활동
㉤ **투자활동** : 장기성 자산 및 현금성자산에 속하지 않는 기타 투자자산의 취득과 처분
㉥ **재무활동** : 기업의 납입자본과 차입금의 크기 및 구성내용에 변동을 가져오는 활동

03 1 2 3 2024 새마을금고

게임이론에 대한 내용으로 가장 바르지 않은 것은?

① 전략적 행동이란 한 사람이 자신의 행동을 결정하기 전에 상대방이 이 행동에 대해 어떤 반응을 보일 것인가를 먼저 생각하고 하는 행동을 말한다.
② 협조게임은 경기자들이 공동으로 추구할 전략과 관련하여 서로의 행동을 규제하는 계약에 대해 협상하는 게임이다.
③ 게임을 구성하는 요소는 전략, 보수, 비경쟁자이다.
④ 각 경기자들이 선택한 전략에 의해 하나의 결과가 나타났을 때 모든 경기자가 이에 만족하고 더 이상 전략을 변화시킬 의도가 없어지는 경우를 균형이라고 한다.
⑤ 상대방이 어떤 전략을 선택하든 상관없이 자신의 보수를 크게 만드는 전략을 우월전략이라고 한다.

04 1 2 3 2024 한국자산관리공사

자동차, 가전제품, 전자기기 같이 가격이 비싸고 구매 주기가 긴 제품에 대한 소비자들의 마케팅 방법은?

① 디마케팅 ② 고관여마케팅
③ 저관여마케팅 ④ 입소문마케팅
⑤ PPL

05 1 2 3 2024 새마을금고

다음 중 블록체인의 주요 특징이 아닌 것은?

① 이질성 ② 투명성
③ 불변성 ④ 탈중앙화
⑤ 합의 알고리즘

03. ③
게임을 구성하는 요소는 경쟁자, 전략, 보수이다.

04. ②
고관여마케팅은 소비자들이 제품을 구매할 때 많은 관심과 노력을 들여야 하는 제품에 대한 마케팅 방식을 말하는 것으로 가격이 비싸고 구매 주기가 길며, 정보 수집이 반드시 필요한 마케팅 방법이다.

05. ①
블록체인의 주요 특징은 다음과 같다.
㉠ 투명성은 모든 거래내역이 공개되어 있는 관계로 누구나 검증이 가능하다.
㉡ 불변성은 데이터의 무결성을 보장하며, 과거의 기록이 조작되지 않도록 하는 요소로서 금융거래, 계약 기록 등에서 유용하게 활용된다.
㉢ 탈중앙화는 블록체인 네트워크가 특정의 중앙기관의 통제 없이 자율적으로 운영가능하도록 한다.
㉣ 합의 알고리즘은 네트워크의 신뢰성을 높이며 동시에 데이터 조작을 방지하는 역할을 수행한다.

06 [1][2][3] 2022 농협은행 2021기업은행

다음 그래프에 대한 설명으로 옳지 않은 것은?

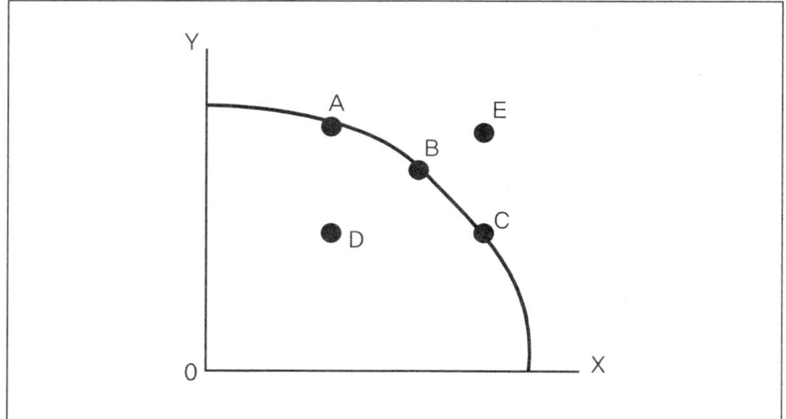

① 활용가능한 자원의 질과 양은 고정되어 있다.

② A점에서 C점으로의 이동은 X재 추가 생산에 따라 포기하게 되는 Y재의 생산량이다.

③ 곡선 내부에 위치한 D점은 비효율적인 생산이 이루어지고 있다.

④ 기술 진보가 나타나면 X재와 Y재 모두 A지점에서보다 많이 생산할 수 있다.

⑤ 곡선 외부에 위치한 E점은 사용 가능한 자원을 최소로 생산했을 때 달성할 수 있다.

07 [1][2][3] 2020기업은행

정권이 바뀌고 새로운 정부가 출범하면서 정치, 경제, 사회 전반의 불확실성이 사라지고 사회 안정에 대한 기대감으로 주가가 상승하는 현상은?

① 산타랠리

② 허니문랠리

③ 서머랠리

④ 어닝랠리

⑤ 베어마켓랠리

06. ⑤

⑤ 생산가능곡선 밖에 위치한 E점은 해당 경제가 달성할 수 없는 지점이다. 사용가능한 자원을 모두 활용하여 최대로 생산할 수 있는 조합은 생산가능곡선까지이다.

※ **생산가능곡선 그래프**…두 재화를 생산하는 경제를 가정한 모형이다. PPC는 사용가능한 모든 자원을 활용할 것, 활용 가능한 자원의 양과 질은 고정되어야 할 것, 기술의 수준은 단기간에 진보할 수 없을 것, X재와 Y재 두 개의 재화만을 생산할 것을 전제로 가정한다.

오답풀이

생산가능곡선상의 A, B, C점은 생산이 효율적으로 이루어지는 지점이며 D점은 자원을 모두 사용하지 않아 생산가능곡선에 미치지 못한 지점이다. 즉 비효율적인 생산이 이루어지는 지점이다. E점은 달성할 수 없는 지점이다. 예를 들어, A점에서 X재·Y재의 생산량이 각각 3개, 9개이고 B점에서는 각각 9개, 6개일 때 A지점으로부터 B지점으로 이동할 경우, X재를 6개 더 생산할 수 있지만 Y재는 3개의 생산을 포기해야 한다. 즉 X재의 6개 생산 기회비용은 Y재 3개이며 이는 X재 1개가 Y재의 0.5 기회비용을 갖는다.

07. ②

오답풀이

① **산타랠리** : 크리스마스를 전후한 연말과 신년 초에 주가가 강세를 보이는 현상을 말한다.

③ **서머랠리** : 6~7월에 주가가 한 차례 크게 상승하는 현상을 말한다.

④ **어닝랠리** : 기업의 실적이 예상보다 좋은 경우 한동안의 주가가 상승하는 현상을 말한다.

⑤ **베어마켓랠리** : 약세장 속에서 주가가 일시적으로 상승하는 현상을 말한다.

08 1 2 3 2021신한은행

환경적으로 지속 가능한 경제활동을 정의하고 어떤 산업 분야가 친환경 산업인지 분류하는 체계는?

① 그린택소노미
② 그린플레이션
③ 그린워싱
④ 그린카본
⑤ 그린스완

09 1 2 3 2022 농협은행, 2021지역수협, 2020기업은행, 2019국민은행

A는 甲, 乙, 丙 세군데 회사에 합격했다. 甲 회사는 월 180만 원, 乙 회사는 월 220만 원, 丙 회사는 월 210만 원의 급여를 제시했고, A는 丙 회사에 입사할 것을 결정했다. 이때 A의 기회비용은?

① 100만 원
② 180만 원
③ 210만 원
④ 220만 원
⑤ 300만 원

08. ①

① **그린택소노미** : 친환경적이고 지속가능한 경제활동의 범위를 규정한 녹색 분류체계이다. 유럽연합에서 최초로 만들어졌으며 분류체계에 포함된 친환경 경제활동에 대해 여러 금융 및 세제 혜택을 제공하면서 2050년 넷제로 달성을 목표로 도입되었다.

오답풀이

② **그린플레이션** : 친환경을 뜻하는 그린과 물가상승을 뜻하는 인플레이션의 합성어로, 탄소중립을 위한 친환경 정책의 영향으로 산업금속이나 화석연료의 공급이 줄어드는 반면에 수요는 증가해 원자재 가격이 오르고 물가의 인플레이션을 유발하는 현상이다.

③ **그린워싱** : 친환경적이지 않으면서 마치 친환경적인 것처럼 홍보하는 위장환경주의를 말한다.

④ **그린카본** : 열대우림이나 침엽수림 등 육상 생태계가 흡수한 탄소를 가리킨다.

⑤ **그린스완** : 기후변화로 인한 경제의 파괴적 위기를 말한다.

09. ④

A가 丙 회사 입사를 결정할 경우 甲, 乙 회사를 포기해야 한다. 회사 중 급여가 가장 많은 회사는 乙이므로 丙 회사의 입사 기회비용은 220만 원이다.

10 1 2 3 2021기업은행, 2020농협은행, 2020신용보증기금

甲국의 총 인구가 5,000만 명이고 15세 미만 인구가 2,000만 명, 비경제활동인구가 1,000만 명, 실업자가 120만 명이라고 했을 때 甲국의 실업률은?

① 2%
② 3%
③ 4%
④ 5%
⑤ 6%

10. ⑤

실업률은 (실업자 수÷경제활동인구 수)×100으로 계산한다.

총 인구 5,000만 명에서 15세 미만 인구와 비경제활동인구를 제외한 경제활동 인구는 2,000만 명이다. 실업자가 120만 명이므로,

(120만 명÷2,000만 명)×100=6%가 된다.

11 1 2 3 2019신한은행

국민 경제에서 소비지출의 증가 요인이 아닌 것은?

① 금리 하락
② 부의 증가
③ 현재소득 증가
④ 물가 상승
⑤ 미래소득 증가 예상

11. ④

④ 물가상승은 구매를 하락시킨다.

오답풀이

① 기업의 투자지출 요인으로 작용한다.
②③ 소비지출에 영향을 미친다.
⑤ 미래 소득 증가가 예상될 경우 소비가 증가한다.

12 1 2 3 2022기업은행, 2022지역농협, 2021주택도시보증공사, 2021농협은행

X재에 대한 수요의 소득 탄력성이 −3이고 X재 수요의 Y재에 대한 교차탄력성이 2라고 할 때 옳은 것은?

① X는 열등재이고 X와 Y재는 대체재 관계이다.
② X는 열등재이고 X와 Y재는 보완재 관계이다.
③ X는 정상재이고 X와 Y재는 대체재 관계이다.
④ X는 정상재이고 X와 Y재는 사치재 관계이다.
⑤ X는 정상재이고 X와 Y재는 기펜재 관계이다.

12. ①

수요의 소득탄력성이 음(−)의 값이면 열등재이며 양(+)인 경우 정상재이다. 수요의 교차탄력성이 음(−)일 경우 보완재, 양(+)일 경우 대체재이다.

13 1 2 3 2022기업은행, 2022지역농협, 2021주택도시보증공사, 2021농협은행

X재 가격이 상승하면서 X재의 거래량이 증가할 때 변동 요인으로 옳은 것은? (단, 수요와 변동 중 하나만 변동)

① 소비자의 수가 감소하였다.
② 보완재 가격이 상승하였다.
③ 대체재 가격이 상승하였다.
④ 생산요소의 가격이 상승하였다.
⑤ 생산요소의 가격이 하락하였다.

13. ③
대체재 가격이 상승할 경우 X재의 수요가 증가하여 수요곡선이 오른쪽으로 이동한다. 그러므로 X재의 가격이 상승하고 거래량이 증가한다.

14 1 2 3 2021농협은행, 2021·2020기업은행

다음과 같이 X재와 Y재의 두 가지 재화만 생산하는 국민경제에서 비교연도의 디플레이터는 기준연도에 비하여 어떻게 변하였는가?

재화	기준연도		비교연도	
	수량	시장가격	수량	시장가격
X	3	20	5	20
Y	4	25	3	20

① 10% 상승
② 10% 하락
③ 20% 하락
④ 20% 상승
⑤ 변동 없음

14. ⑤
GDP디플레이터

$$= \frac{\text{비교연도의GDP}}{\text{기준연도의GDP}} \times 100$$

$$= \frac{5 \times 20 + 3 \times 20}{3 \times 20 + 4 \times 25} \times 100$$

$$= 100$$

∴ 변동이 없다.

15 1 2 3 2021지역수협, 2019국민은행, 2018우리은행, 2019농협은행

甲국은 고정환율제도를 시행하고 있으며 통화가치의 상승 압력이 있는 상황이지만 환율을 일정하게 유지하려 한다. 다음 중 발생할 가능성이 가장 높은 것은?

① 중앙은행이 국내통화 구매 → 외화보유액 감소
② 중앙은행이 국내통화 판매 → 외화보유액 감소
③ 중앙은행이 국내통화 구매 → 외화보유액 증가
④ 중앙은행이 외국통화 구매 → 외환보유액 감소
⑤ 중앙은행이 국내통화 판매 → 외환보유액 증가

15. ⑤
국내 통화가치의 상승 압력은 곧 국내 통화의 수요 증가, 외국 통화의 공급 증가 등을 의미한다. 따라서 환율을 일정하게 유지하기 위해서는 국내 통화를 팔고 외국 통화는 사들여야 하고 이를 통해 외환보유액은 증가한다.

16 1 2 3 2020한국주택금융공사, 2020신용보증기금

소비는 물론 생산과 유통 전 단계에 걸쳐 참여하는 소비자는 무엇이라 하는가?

① 크리슈머
② 프로슈머
③ 모디슈머
④ 그린슈머
⑤ 스마슈머

17 1 2 3 2021농협은행, 2020광주은행, 2019기업은행, 2019신한은행

적대적 M&A의 방어수단이 아닌 것은 무엇인가?

① 그린메일
② 황금낙하산
③ 백기사
④ 포이즌 필
⑤ 주석낙하산

18 1 2 3 2022신용보증기금, 2022·2020농협은행, 2019신한은행, 2019신협은행

시중금리와 인플레이션 기대심리와의 관계를 말해주는 이론으로, 시중의 명목금리는 실질금리와 예상 인플레이션율의 합계와 같다는 것을 말하는 효과는 무엇인가?

① 톱니 효과
② 피셔 효과
③ 피구 효과
④ 승수 효과
⑤ 기저 효과

16. ②

② **프로슈머** : 생산과 유통, 소비에 참여하는 소비자를 의미한다.

오답풀이

① **크리슈머** : 신제품 개발이나 디자인 등에 적극적으로 개입하여 자신의 의견을 내놓는 소비자
③ **모디슈머** : 제조업체가 제시하는 방식에서 벗어나 자신만의 방식으로 제품을 활용하는 소비자
④ **그린슈머** : 환경보호에 앞장서는 제품 구매를 지향하는 소비자
⑤ **스마슈머** : 스마트폰의 다양한 기능을 활용하여 실용적이고 똑똑한 소비를 누리는 소비자

17. ①

② **황금낙하산** : 임기 전 사임하게 될 경우 거액의 퇴직금이나 보수 등 받을 권리를 사전에 기재하여 인수비용을 높이는 방법
③ **백기사** : 매수자보다 높은 가격으로 인수 제의를 하면서도 우호세력을 끌어들여 경영권을 방어하는 수단
④ **포이즌필** : 기존 주주들에게 시가보다 저렴하게 주식을 살 수 있는 권리를 주면서 적대적 M&A 기업에게 부담을 주는 방법
⑤ **주석낙하산** : 경영진이 아닌 일반 직원에게도 일시에 거액의 퇴직금을 지급하도록 규정하여 적대적 M&A 기업의 의욕을 떨어뜨리는 경우

오답풀이 **그린메일**

경영권을 위협하는 수준까지 특정 회사의 주식을 대량으로 매집해놓고 기존 대주주에게 M&A를 포기하는 조건으로 일정한 프리미엄을 얻어 주식을 매입하도록 요구하는 행위

18. ②

통화긴축을 할 경우 유동성 부족으로 금리가 상승하는 유동성 효과는 단기에 그치고 중장기적으로 물가 하락을 가져와 명목금리도 하락하게 된다.

19 [1][2][3] 2021농협은행, 2020경기신용보증재단, 2018기업은행

칼도어의 경제 성장이론에서 정형화된 사실들로 옳지 않은 것은?

① 노동의 소득비율은 일정 비율로 증가한다.
② 1인당 자본량이 일정 비율로 증가한다.
③ 자본의 소득 분배율이 일정 수준을 유지한다.
④ 실질이자율이 일정하게 유지된다.
⑤ 국가별 경제 성장률은 일정하다.

20 [1][2][3] 2020농협은행

다음 설명으로 알맞은 현상은 무엇인가?

> 여성의 경력단절 현상을 의미한다. 상당수의 여성들은 20대 초반에 노동시장에 참여하다가 20대 후반에서 30대 중후반 사이에 임신 및 출산, 육아 등으로 인해 경제활동이 단절된다. 이 같은 여성 취업률의 변화 추이를 나타내는 곡선이다.

① U curve 현상
② J curve 현상
③ L curve 현상
④ M curve 현상
⑤ W curve 현상

오답풀이
① 톱니 효과 : 생산이나 소비가 일정 수준에 도달하고 나면 이전으로 되돌리기 어려운 현상
③ 피구 효과 : 물가 하락에 따른 자산의 실질가치 상승이 경제주체들의 소비를 증가시키는 현상
④ 승수 효과 : 정부가 지출을 늘릴 경우 지출한 금액보다 많은 수요가 창출되는 현상
⑤ 기저 효과 : 경제지표를 비교할 때 기준시점과 비교시점의 상대적인 수치에 따라 지표 결과가 확대되거나 위축되는 현상

19.⑤

칼도어의 정형화된 사실
㉠ 노동생산성은 일정하게 증가한다.
㉡ 자본과 노동의 소득비율은 일정하게 증가한다.
㉢ 실질이자율은 일정한 수준을 지닌다.
㉣ 자본 – 산출량계수는 대체로 일정하다.
㉤ 총소득에서 노동과 자본의 상대적 소득 분배율이 일정하다.
㉥ 각 나라마다 성장률에는 차이가 있다.

20. ④

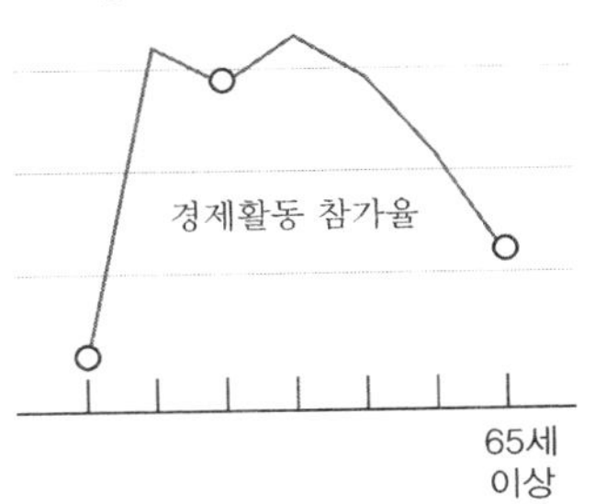

경제활동에서 멀어졌던 여성들은 자녀 양육이 어느 정도 완성되는 시기 이후에 다시 노동시장에 입성하게 되는데 이 같은 여성 취업률의 변화 추이가 영문 M자를 닮아서 'M커브 현상'이라 부른다.

21 1 2 3 2018하나은행, 2016새마을금고

각국의 통화 단위로 옳지 않은 것은 무엇인가?

① 태국 – 바트
② 독일 – 유로
③ 브라질 – 헤알
④ 이스라엘 – 랜드
⑤ 터키 – 리라

22 1 2 3 2022하나은행, 2022농협은행, 2020광주은행, 2020경기신용보증재단

다음 소득불평등 지표에 대한 설명으로 옳은 것은 무엇인가?

① 로렌츠곡선은 대각선에 가까울수록 소득 분배가 불평등하다.
② 로렌츠곡선은 소득의 균등을 나타내는 곡선이다.
③ 지니계수는 0과 1 사이의 값을 가지며 값이 0에 가까울수록 소득 분배는 불평등하다.
④ 지니계수가 0이면 완전평등한 상태이고 1이면 완전불평등한 상태이다.
⑤ 10분위분배율의 최솟값은 0이 되고 최대값은 2가 되는데 이때 2에 가까울수록 소득 분배는 불평등하다.

23 1 2 3 2021농협은행, 2019우리은행

다음 중 등량곡선에 대한 설명으로 옳지 않은 것은?

① 원점으로부터 멀리 위치한 등량곡선일수록 높은 산출량을 나타낸다.
② 생산요소 간의 대체성이 낮을수록 등량곡선의 형태는 직선에 가깝다.
③ 등량곡선의 기울기를 한계기술대체율이라 한다.
④ 한계기술대체율체감의 법칙이 적용되지 않을 경우에는 등량곡선이 원점에 대하여 볼록하지 않을 수도 있다.
⑤ 등량곡선은 서로 교차하지 않는다.

오답풀이

① U curve 현상 : 여성 인력 사용에 있어 선진국으로 평가받는 캐나다와 스웨덴 같은 경우에는 M자가 아닌 U자를 뒤집어 놓은 형태를 보인다.
② J curve 현상 : J커브 곡선은 환율 변동과 무역수지의 관계를 나타낸 곡선이다.

21. ④

④ 이스라엘 – ILS 세켈

22. ④

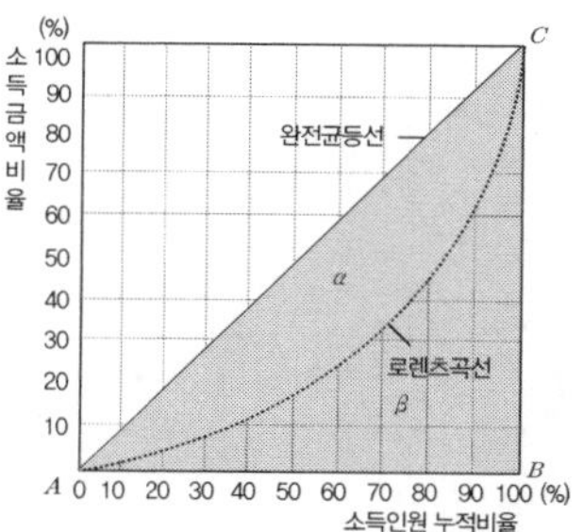

대각선과 로렌츠곡선 사이 면적을 A, 로렌츠곡선 아래 면적을 B라고 하면 지니계수는 A ÷ (A + B)가 된다. 지니계수가 0이면 완전평등한 상태이고, 1이면 완전불평등한 상태이다.

오답풀이

① 로렌츠곡선은 대각선에 가까울수록 소득 분배가 균등함을 나타낸다.
② 미국의 통계학자 로렌츠가 고안한 것으로 로렌츠곡선은 소득의 불평등을 나타내는 곡선이다.
③ 지니계수는 0과 1 사이의 값을 가지며 값이 0에 가까울수록 소득 분배는 균등한 것을 나타낸다.
⑤ 10분위분배율의 최솟값은 0이 되고 최대값은 2가 되는데 이때 2에 가까울수록 소득 분배는 평등하게 분배되는 것이다.

23. ②

생산요소 간 대체성이 높을수록(대체탄력도가 클수록) 등량곡선은 우하향의 직선에 가까워지고, 대체성이 낮을수록(대체탄력도가 작을수록) 등량곡선이 L자에 가까워진다.

24 1 2 3 2018우리은행

다음 설명의 특징으로 적절한 것은 무엇인가?

> 화폐 단위를 하향 조정하는 것으로 화폐의 가치 변동 없이 모든 은행권 및 지폐의 액면을 동일한 비율의 낮은 숫자로 조정하거나, 이와 함께 새로운 통화 단위로 화폐의 호칭을 변경하는 것이다. 우리나라에서는 1953년의 제1차 통화조치에 따라 100원(圓)이 1환(圜)으로, 1962년의 제2차 통화조치에 따라 10환(圜)이 1원(圓)으로 변경된 사례가 있다.

① 지하경제를 보다 더 음지화 할 수 있다.
② 위조지폐가 발생하기 쉽다.
③ 디플레이션을 야기한다.
④ 회계상 표기가 복잡해진다.
⑤ 자국 통화의 위상을 제고한다.

25 1 2 3 2020기업은행, 2019신한은행

다음 기사에서 ( ) 안에 들어갈 말로 옳은 것은?

> A기업은 올 상반기 말 부채비율이 6544%를 웃도는 등 재무구조가 급격하게 훼손되었다고 한다. A기업과 M&A를 하려고 하는 B기업 역시 골머리를 앓고 있다. 두 회사의 합산 차입금은 20조 원을 웃돌며 부채비율은 400%를 넘어선다. B기업은 M&A가 무거운 차입금 부담 탓에 (   )로 귀결될 수 있다는 우려도 있다. A기업은 올해 말 부채비율이 지난해 말보다 4133.9%p나 치솟은 6544.6%로 집계되었다. A기업의 악화된 재무구조는 B기업에도 상당한 부담으로 작용할 것으로 사료된다. A기업과 B기업이 합병이 성사된다 해도, 이미 재무구조가 훼손된 A기업을 합병한 직후에 불어난 차입금을 어떻게 관리할지도 관심이 주목되고 있다.

① 승자의 저주
② 마천루의 저주
③ 통화가치의 저주
④ 변동성의 저주
⑤ 물가의 저주

24. ⑤

리디노미네이션에 대한 설명이다. 1,000원을 1원으로 하는 것으로 6,000원짜리 커피가 6원이 되고 1억짜리 자동차가 10만 원이 되는 것이다. 물가나 임금, 채권채무 등 경제수량 간의 관계에는 변화가 없다.

오답풀이

① 지하경제를 양성화할 수 있다.
② 위조지폐를 방지할 수 있다.
③ 인플레이션을 야기할 수 있다.
④ 회계상 표기가 간편해진다.

25. ①

B기업이 A기업을 인수할 경우 기업의 재정상황이 위기에 처할 수 있다는 것을 확인할 수 있다. 경쟁에서는 이겼지만 승리를 위하여 과도한 비용을 치름으로 오히려 위험에 빠지게 되는 상황을 승자의 저주라고 하며 M&A에서 볼 수 있다.

오답풀이

② **마천루의 저주** : 초고층 빌딩 건설 프로젝트는 통화정책 완화시기에 시작되지만 완공 시점에는 경기 과열이 정점에 이르고 버블이 꺼지면서 결국 경제 불황을 맞는다는 가설이다.

실전 모의고사 

문항수 40문항
풀이시간 40분

맞은 문항수 / 40 풀이시간 분

01 **매년 400만 원의 이자를 영원히 받는 영구채권이 있다고 할 때, 현재 이자율이 연리 5%에서 8%로 상승할 경우에 해당 채권의 가격은 어떻게 되는가?**

① 3,000만 원 하락하게 된다.
② 3,000만 원 상승하게 된다.
③ 4,000만 원 하락하게 된다.
④ 4,000만 원 상승하게 된다.
⑤ 1,000만 원 상승하게 된다.

02 **BIS 자기자본비율에 대한 설명으로 옳은 것은?**

① 각국 중앙은행에서 결정한다.
② 은행이 유지해야 할 수준은 6%이다.
③ 은행 주주들을 보호하기 위한 기준이다.
④ BIS 자기자본비율은 위험가중자산 / 자기자본 × 100%로 구할 수 있다.
⑤ 2 ~ 6%일 경우 경영개선을 요구한다.

03 **자금세탁 방지제도 구성으로 옳지 않은 것은?**

① 의심거래보고제도
② 고액현금거래보고제도
③ 소액현금거래보고제도
④ 고객확인제도
⑤ 강화된 고객확인제도

04 다음 중 요구불예금끼리 바르게 묶인 것은?

> ㉠ CMA　　㉡ 보통예금
> ㉢ 어린이예금　　㉣ 저축성예금
> ㉤ 당좌예금

① ㉠㉡
② ㉢㉣
③ ㉣㉤
④ ㉠㉡㉢
⑤ ㉡㉢㉤

05 다음이 설명하는 것은?

> 회사가 근로자의 퇴직연금 재원을 외부 금융회사에 적립하여 운용하고, 근로자 퇴직 시 정해진 금액을 지급하도록 하는 제도로, 금액은 기존의 퇴직금 금액과 동일하다.

① 확정급여형
② 확정기여형
③ 개인형 퇴직연금
④ DC형
⑤ IRP

06 금리에 대한 설명으로 옳은 것은?

① 기준금리 : 신용도가 높은 기업에게 가장 낮은 금리로 장기 대출을 해줄 때 적용한다.
② 명목금리 : 금융기관이 기업에게 대출해줄 때 적용하는 금리이다.
③ 고정금리 : 물가 상승을 고려하지 않은 금리이다.
④ 표면금리 : 채권 표면에 표시한 금리이다.
⑤ 프라임레이트 : 신용도가 낮은 기업이나 개인이 대출을 받을 때 덧붙이는 금리이다.

07

A와 B는 20만 원을 2년 만기 정기적금에 가입하려고 한다. A는 단리, B는 복리를 적용할 경우 둘이 이자 차이는 얼마인가? (단, 금리는 5%이다.)

① 400원
② 450원
③ 500원
④ 550원
⑤ 600원

08

그림자 금융의 특징으로 옳지 않은 것은?

① 엄격한 건전성 규제의 대상이 아니다.
② 중앙은행의 유동성 지원이나 예금보험 등 공공부문의 지원 대상이 아니다.
③ 신용 중개기능이 없는 단순 주식거래와 외환거래를 포함한다.
④ 금융 소비자의 수요 등 금융환경 변화에 맞추어 빠르게 성장하였다.
⑤ 은행과 상호연계성이 높아 위기가 은행시스템으로 전이될 수 있다.

09

최고가격제 실시로 나타날 수 있는 문제점이 아닌 것은?

① 초과수요가 발생한다.
② 암시장이 발생한다.
③ 사회적 후생손실이 발생한다.
④ 재화의 품질이 저하된다.
⑤ 시장의 균형가격보다 높은 수준으로 결정된다.

10

㉠와 ㉡에 들어갈 말로 옳은 것은?

주식 시장에서 주가가 갑자기 급등락 하는 경우 시장에 미치는 충격을 완화하기 위해 주식 매매를 일시 정시하는 제도로 '주식거래 일시 중단 제도'라고도 한다. 지수가 전날 종가보다 10% 이상 하락한 상태로 1분간 지속되면 20분간 모든 종목의 거래가 중단된다. (㉠)이/가 발동되면 30분 후에 매매가 재개되는데 처음 20분 동안은 모든 종목의 호가접수 및 매매거래가 중단되고, 나머지 10분 동안은 새로 호가를 접수하여 단일가격으로 처리한다. 한 번 발동한 후에는 요건이 충족되어도 다시 발동할 수 없다. 미국 주가 대폭락사태인 블랙먼데이 이후 주식 시장의 붕괴를 막기 위해 처음으로 도입되었다. 한편, (㉡)은/는 선물시장의 급등락에 따라 현물시장의 가격이 급변하는 것을 막기 위한 가격안정화 장치로, 프로그램 매매만을 잠시 중지시키는 제도이다. 주가지수 선물시장의 개설과 함께 국내에 도입되었는데, 선물가격이 전날 종가보다 5%(코스피) ~ 6%(코스닥) 이상 급등락하는 상태가 1분간 지속되는 경우에 발동되며, 일단 발동되는 경우에는 그 시점부터 프로그램 매매 효과의 효력이 5분간 정지된다.

	㉠	㉡
①	콘탱고	서킷 브레이커
②	서킷 브레이커	프리보드
③	프리보드	서킷 브레이커
④	사이드 카	서킷 브레이커
⑤	서킷 브레이커	사이드 카

11

마케팅 믹스(4P)에 해당하지 않는 것은?

① Product
② Place
③ Price
④ Plan
⑤ Promotion

12 주식 시장의 하락을 비유하는 동물은?

① 매
② 개구리
③ 사슴
④ 곰
⑤ 말

13 파생금융상품시장의 기능으로 옳지 않은 것은?

① 가격예시 기능
② 위험전가 기능
③ 부실채권 기능
④ 자원배분의 효율성
⑤ 자본형성의 기능

14 매파에 대한 특징으로 옳은 것을 모두 고르면?

㉠ 인플레이션 억제 및 물가 안정 추구
㉡ 시중 통화량 증가
㉢ 화폐 가치 상승으로 인한 물가 안정
㉣ 긴축정책 및 금리인상
㉤ 인플레이션 장려 및 경제 성장 추구

① ㉠㉡㉢
② ㉡㉢㉣
③ ㉢㉣㉤
④ ㉠㉢㉣
⑤ ㉡㉣㉤

15 다음이 설명하는 것은?

> 기관들도 고객 재산을 선량하게 관리해야 할 의무가 있다는 필요성에 의해 생겨난 용어다. 주요 기관투자자가 주식을 보유하는 데에 그치는 것이 아니라 투자 기업의 의사결정에 적극 참여해 주주와 기업의 이익을 추구하고, 지속 가능한 성장과 투명한 경영을 이끌어 내는 것이 목적이다.

① 포트폴리오
② 스튜어드십 코드
③ 불완전판매
④ 폰지사기
⑤ 가치사슬

16 다음의 기사와 관련 있는 소비 집단은?

> 금융권에서도 공모전 바람이 불고 있다. 특히 사내 공모가 대부분이었던 과거와는 달리, 은행 간 경쟁이 치열해지면서 상품개발 및 마케팅 등에 외부 고객에 대한 참여기회를 적극 확대하고 있다. 상품을 직접 사용하는 소비자들의 생각에서 만들어진 상품이 보다 참신하고 그만큼 만족도도 높을 것이라는 판단에서다. A은행은 '신상품 개발 경연대회'를 처음으로 개최한다. 수신·대출 등 주요 업무를 포함해 투자상품, 보험상품 등 은행에서 취급하는 전 분야가 공모 대상이다. B은행은 이달부터 시행한 '고객평가단제'를 통해 은행 상품 및 서비스에 대한 피드백을 듣고 사업에 반영하고 있다. 다양한 연령층의 리서치 패널 35만 명과 소비자패널 2,000여명이 SNS를 통한 설문과 메일, 전화 등의 방법으로 여론을 전달하고 있다.

① 스마트슈머
② 리더슈머
③ 프로슈머
④ 리뷰슈머
⑤ 트랜슈머

17 최고가격제와 최저가격제의 비교로 옳지 않은 것은?

① 최고가격제는 균형가격을 아래로 설정한다.
② 최고가격제는 초과수요로 인해 암시장이 형성된다.
③ 최고가격제는 물가 안정 및 소비자를 보호하기 위한 목적이다.
④ 최저가격제는 균형가격 아래로 설정한다.
⑤ 최저가격제는 생산자 및 노동자를 보호하기 위한 목적이다.

18 A는 소고기와 돼지고기를 판매하는 정육식당을 개업했다. 경기가 어려워지자 소고기의 판매량은 전보다 줄고 돼지고기의 판매량은 크게 늘었는데, 이때 소고기와 돼지고기 관계에 대한 설명으로 옳지 않은 것은?

① 소고기는 정상재이다.
② 돼지고기 가격을 올리면 소고기의 수요는 늘어난다.
③ 소고기와 돼지고기는 대체관계에 있다.
④ 소고기는 열등재이다.
⑤ 돼지고기는 기펜재가 될 수도 있다.

19 독점시장의 특징으로 옳은 것은?

① 차별화된 상품을 공급하기 때문에 시장지배력을 가진다.
② 공급자들의 재화는 동질의 상품이다.
③ 진입과 퇴출이 자유롭지만 가격수용자는 될 수 없다.
④ 공급자끼리 상호의존성이 강하다.
⑤ 기업들 간에 카르텔과 같은 경쟁을 제한하는 경우가 있다.

20 수요의 가격탄력성이 Ed = 1을 나타낼 때의 그래프는?

①
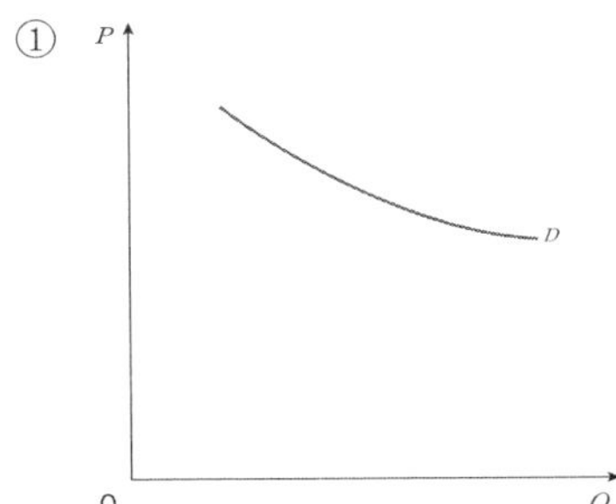

②
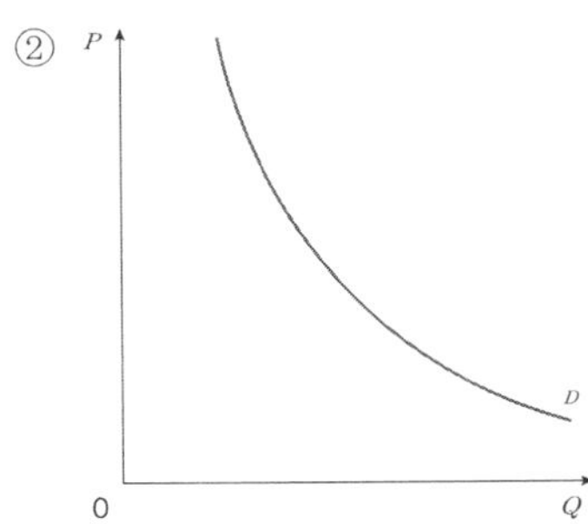

③
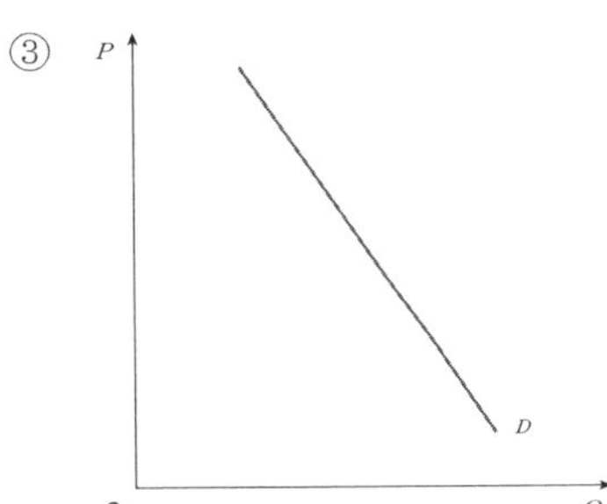

④
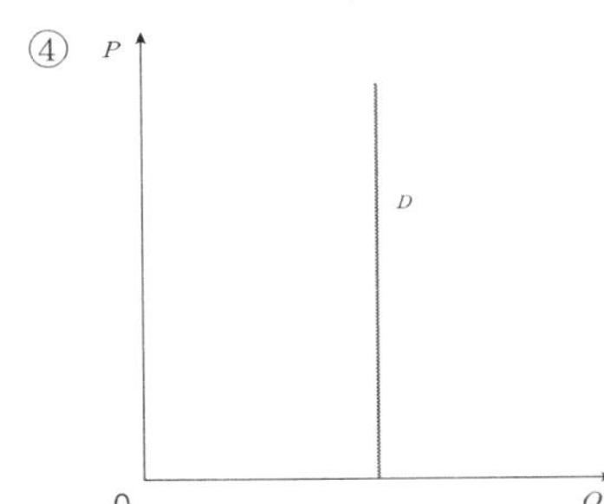

⑤
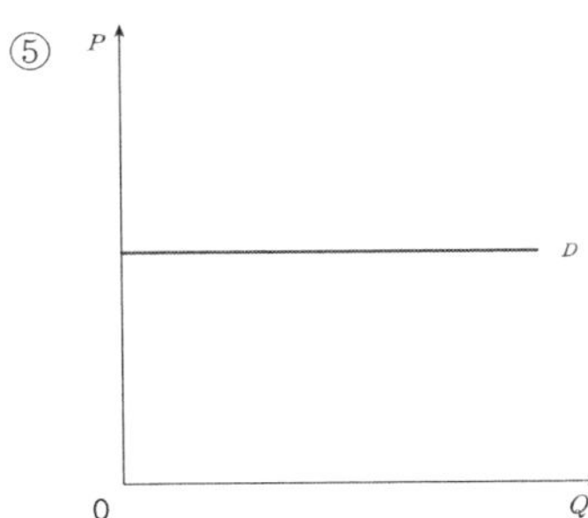

21 다음 곡선에 대한 특징으로 옳지 않은 것은?

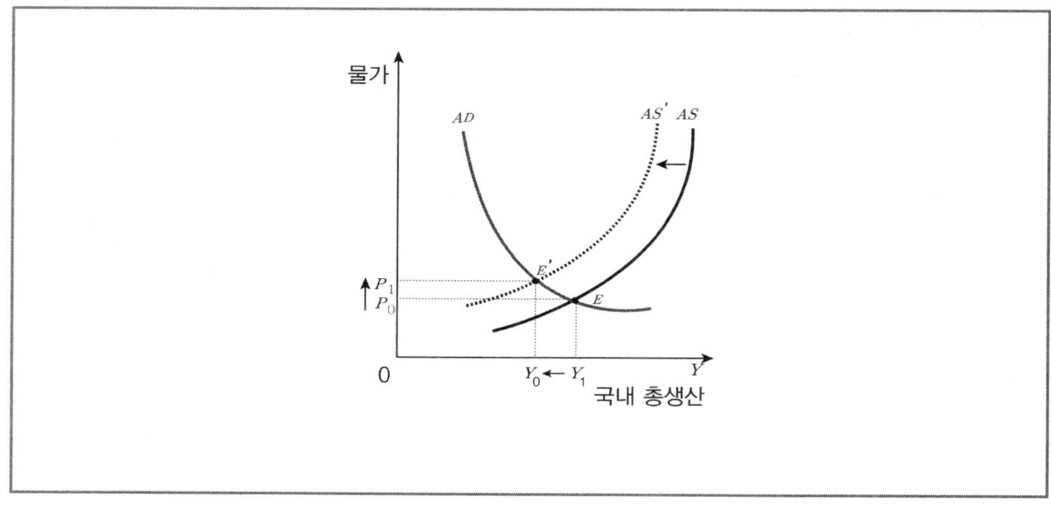

① 생산비용을 반영한다.
② 공급 요인에 의해 발생한다.
③ 상품 원가를 구성하는 항목들의 가격 상승에 의해 물가가 지속적으로 올라가는 현상이다.
④ 생산비용이 하락한 만큼 제품 가격을 하락시킨다.
⑤ 물가 상승을 유발한다.

22 GDP에 해당하는 것을 모두 고르면?

㉠ 이민형 씨의 가사활동	㉡ 김가을 씨의 불우이웃돕기 성금
㉢ 국내 식품회사의 국내 소득	㉣ 국내 자동차회사의 국외소득
㉤ 국외 제약사의 국내 소득	

① ㉠㉡
② ㉡㉣
③ ㉢㉤
④ ㉠㉡㉢
⑤ ㉡㉢㉣

23 하나의 재화만 생산하는 국가의 실질GDP와 명목GDP를 타나낸 것이다. 이에 대한 분석으로 옳지 않은 것을 모두 고르면? (단, 기준 연도는 2019년도이다.)

구분	2019	2020	2021
실질 GDP	100	100	110
명목 GDP	100	110	110

> ㉠ 2020년도의 물가는 2019년도에 비해 상승하였다.
> ㉡ 2020년도의 생산량은 2019년도에 비해 증가하였다.
> ㉢ 2021년도의 생산량은 2019년도에 비해 증가하였다.
> ㉣ 2021년도의 물가는 2020년도에 비해 상승하였다.
> ㉤ 2021년도의 물가는 2019년도와 동일하다.

① ㉠㉢
② ㉡㉣
③ ㉠㉡㉢
④ ㉠㉢㉣
⑤ ㉡㉣㉤

24 다음 상황으로 인해 나타날 수 있는 변화가 아닌 것은?

> ㉠ A는 해외 유학을 가기 위해 다니던 직장을 그만두었다.
> ㉡ 한 달 전 회사 사정으로 일자리를 잃게 된 B는 현재도 일자리를 구하는 중이다.

① ㉠의 경우 실업률은 이전보다 증가하고, 고용률은 이전보다 하락한다.
② ㉠는 취업자에서 비경제활동 인구가 되었고 ㉡는 취업자에서 실업자가 되었다.
③ ㉡의 경우 이전보다 실업률을 하락하고, 고용률은 상승한다.
④ 경제활동 인구수는 취업자 수와 실업자 수를 합과 같다.
⑤ 경제활동 참가율은 ㉠의 경우 하락하지만 ㉡의 경우 이전과 동일하다.

25 다음 비자발적 실업의 유형으로 옳지 않은 것은?

① 마찰적 실업
② 계절적 실업
③ 경기적 실업
④ 기술적 실업
⑤ 구조적 실업

26 경영목표관리(MBO)에 대한 설명으로 옳은 것은?

① 조직의 상위계층과 하위계층의 분리가 명확해진다.
② 수행 과정 중에는 목표를 수정할 수 없으므로 목표를 결정하는 단계에서 명확히 해야 한다.
③ 업무에 대한 피드백을 통해 효율성을 높일 수 있다.
④ 결과보다 과정을 중시한다.
⑤ 구성원들이 수동적으로 업무를 수행하게 된다.

27 경영자의 요구능력으로 옳지 않은 것은?

① 전략적이고 효율적인 의사결정을 할 줄 알아야 한다.
② 조직의 일원으로서 원활한 의사소통 및 협동 능력이 필요하다.
③ 현장에서의 업무 수행에 필요한 지식과 기술을 가져야 한다.
④ 노사관계 등 조직 내 갈등에 최대한 적게 관여해야 한다.
⑤ 대인관계능력이 필요하다.

28 리더십에 대한 설명으로 옳은 것은?

① 변혁적 리더십은 리더와 구성원 간 교환관계에 기초한다.
② 변혁적 리더십은 구성원들이 원하는 것을 제공하며 구성원들의 성과를 유도한다.
③ 거래적 리더십은 구성원들이 비전과 열정을 가지고 업무를 수행할 수 있도록 격려하며 동기를 유발시킨다.
④ 거래적 리더십은 자신보다 구성원들의 이익 추구에 기초한다.
⑤ 서번트 리더십은 구성원들의 성장과 발전을 도와 조직의 목표 달성을 유도한다.

29 매슬로우의 인간 욕구 5단계를 조직의 요소에 적용 시켰을 때 옳은 것은?

① 자아실현의 욕구 – 직무 확충 및 발전
② 존중의 욕구 – 의사소통 및 갈등 해소, 동료애
③ 소속감의 욕구 – 승진 및 업무 성과 인정
④ 안전의 욕구 – 업무 환경
⑤ 생리적 욕구 – 임금 보장 및 근무조건

30 브룸의 기대이론에 대한 유의성(Valence) 단계에서 옳지 않은 것은?

① 어떤 보상에 대해 개인이 평가하는 정도를 말한다.
② 일의 성과가 원하는 보상을 가져올 것이라는 기대를 의미한다.
③ 개인의 욕구와 가치에 따라 중요성은 달라진다.
④ 승진이 보상이라면, 승진에 갈망이 높은 경우에는 긍정적인 유의성이 나타나고, 승진에 대한 갈망이 낮은 경우 부정적인 유의성이 나타난다.
⑤ 개인이 부정적인 유의성을 가질 때 '– 1', 무관심할 경우에 '0', 긍정적인 유의성을 가질 때 '1'사이에 존재한다.

31 시장선도기업의 경쟁시장 전략으로 옳지 않은 것은?

① 경쟁우위구축전략
② 시장규모 확대전략
③ 경쟁우위유지전략
④ 진입장벽 건설전략
⑤ 가격설정자 역할

32 다음이 설명하는 M&A 방식은?

> 인수 대상 기업의 최고경영자가 임기 전 사임하게 될 경우 일정 기간 보수와 보너스 등을 받을 권리를 사전에 고용계약에 기재하여 안정성을 확보하고 기업 인수 비용을 높이는 방법이다.

① 황금낙하산
② 포이즌 필
③ 곰의 포옹
④ 공개매수
⑤ 그린메일

33 제품수명주기 도입기 단계의 마케팅 전략으로 옳은 것은?

① 시장 세분화
② 유통업자를 대상으로 광고 전략
③ 제품에 대한 인지도 구축 전략
④ 제품 가격 인하
⑤ 선택적 유통경로 전략

34 다음 중 올바른 등식을 모두 고르면?

> ㉠ 재무상태표 등식 : 자산 = 부채 + 자본
> ㉡ 재무상태표 등식 : 자산 + 자본 = 부채
> ㉢ 자본 등식 : 자산 − 부채 = 자본
> ㉣ 자본 등식 : 자산 + 부채 = 자본
> ㉤ 포괄손익계산서 등식 : 총비용 + 당기순이익 = 총수익
> ㉥ 포괄손익계산서 등식 : 총비용 − 총수익 = 당기순이익

① ㉠㉢
② ㉡㉣
③ ㉠㉢㉤
④ ㉡㉣㉥
⑤ ㉣㉤㉥

35 재무제표 종류와 설명이 바르게 연결된 것은?

① 재무상태표 : 기업의 영업활동 결과를 나타낸 표
② 포괄손익계산서 : 기업의 자본 크기와 변동에 관한 정보를 나타낸 표
③ 자본변동표 : 기업의 실질적인 현금 흐름을 나타낸 표
④ 현금흐름표 : 기업의 재무상태를 나타낸 표
⑤ 주석 : 본문 내용을 보완하는 설명으로 구성

36 현금흐름표에서 알 수 없는 것은?

① 영업활동으로 인한 현금 유·출입
② 기업의 수익 발생 원천
③ 기업의 부채 상환능력
④ 미래 현금 창출능력
⑤ 투자활동 및 재무활동이 기업의 재무상태에 미치는 영향

37 마케팅 개념의 발전을 순서대로 바르게 나열하면?

㉠ 생산 개념 ㉡ 판매 개념 ㉢ 마케팅 개념 ㉣ 제품 개념 ㉤ 사회적 마케팅 개념

① ㉠ – ㉡ – ㉢ – ㉣ – ㉤
② ㉠ – ㉣ – ㉡ – ㉢ – ㉤
③ ㉡ – ㉢ – ㉠ – ㉣ – ㉤
④ ㉡ – ㉣ – ㉠ – ㉢ – ㉤
⑤ ㉤ – ㉣ – ㉡ – ㉠ – ㉢

38 회색 코뿔소의 설명으로 옳지 않은 것을 모두 고르면?

> ㉠ 지속적으로 위험을 경고한다.
> ㉡ 빈번하게 악재가 발생한다.
> ㉢ 예측과 대비가 어렵다.
> ㉣ 쉽게 간과하는 위험 요인을 말한다.

① ㉠㉡
② ㉡㉢
③ ㉡㉣
④ ㉠㉡㉢
⑤ ㉠㉢㉣

39 다음은 김밥과 토마토 주스의 무차별곡선을 나타낸 것이다. 아래 그림을 보고 옳은 것을 고르면?

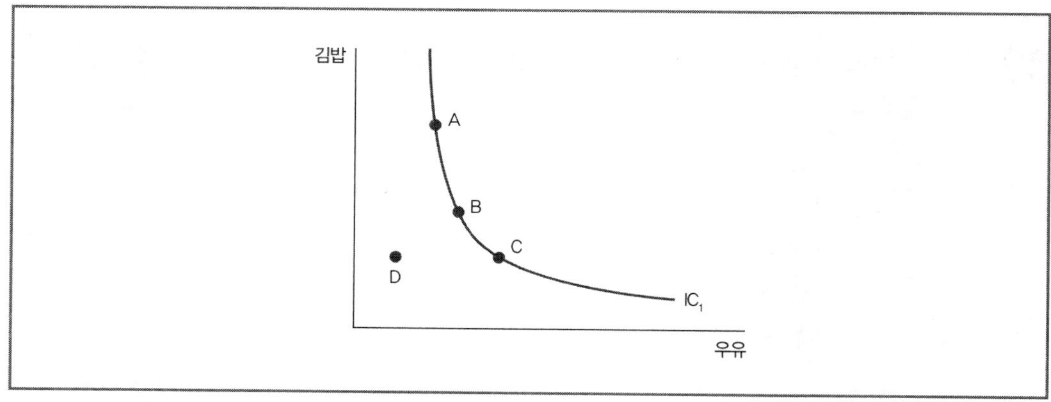

① D점은 A, B, C점 중의 하나와 무차별할 수 있다.
② A점에서 김밥의 소비에 비해 토마토 주스의 소비에서 더욱 큰 한계효용을 얻을 수 있다.
③ 만약의 경우 소비자들의 선호가 B점에서 C점으로 이동할 시에 김밥 소비의 감소 없이 토마토 주스의 소비를 증가시킬 수 있다.
④ A점의 경우 C점에 비해 보다 많은 비용을 써야 한다.
⑤ A점의 경우 C점에 비해서 만족도가 더욱 크다.

40 우발부채의 설명으로 옳지 않은 것은?

① 회계처리 시 우발부채로 처리하였으면 이후 충당부채의 인식조건에 충족해도 재무상태표를 수정할 수 없다.
② 회계처리 시 금액을 신뢰성 있게 추정하더라도 자원 유출 가능성이 높지 않으면 우발부채로 공시한다.
③ 금액을 신뢰성 있게 추정할 수 없는 경우이다.
④ 현재 의무를 이행하기 위해 자원이 유출될 가능성이 적다.
⑤ 잠재적 의무가 존재한다.

실전 모의고사 

문항수 40문항
풀이시간 40분

맞은 문항수 / 40 풀이시간 분

01 **한국은행이 물가 급등을 우려하여 기준금리를 상승시킬 경우 수입과 원·달러 환율에 미칠 영향을 바르게 나타낸 것은?**

	금리	환율
①	증가	상승
②	감소	상승
③	증가	하락
④	감소	하락
⑤	변화 없음	

02 **시장의 실패에 대한 설명으로 적절하지 않은 것은?**

① 사교육은 사회적으로 적정한 수준의 교육을 제공하지 못한다.
② 많은 자본설비를 필요로 하는 산업에서는 독과점이 발생한다.
③ 기업은 공해방지시설의 가동에 소요되는 비용을 부담하지 않으려고 폐수를 무단방류한다.
④ 정부조직의 비대화로 인해 불필요한 예산의 낭비가 많다.
⑤ 국방서비스에 대해 소비자가 선호를 표명하지 않는다.

03 **각국의 통화 단위로 옳은 것은?**

① 인도 – 동
② 캄보디아 – 코루나
③ 이스라엘 – 랜드
④ 덴마크 – 크로네
⑤ 에티오피아 – 디나르

04 다음이 설명하는 것으로 옳은 것은?

> 연체이자 전액감면, 이자율 인하, 상환기간 연장을 통해 과중채무자가 금융채무불이행자로 전락하지 않도록 지원하는 제도이다.

① 개인워크아웃제도
② 프리워크아웃제도
③ 개인회생
④ 개인파산
⑤ 팩토링

05 리디노미네이션(Redenomination)의 진행절차로 옳은 것은?

> ㉠ 화폐 단위 변경 결정 및 법 개정
> ㉡ 화폐 발행
> ㉢ 화폐 교환
> ㉣ 화폐 단위 완전 변경
> ㉤ 화폐 도안 결정
> ㉥ 신·구화폐 병행 사용

① ㉠ – ㉣ – ㉤ – ㉢ – ㉡ – ㉥
② ㉠ – ㉢ – ㉣ – ㉡ – ㉤ – ㉥
③ ㉠ – ㉤ – ㉡ – ㉢ – ㉥ – ㉣
④ ㉣ – ㉠ – ㉤ – ㉢ – ㉡ – ㉥
⑤ ㉤ – ㉠ – ㉡ – ㉢ – ㉣ – ㉥

06 직장인 A는 여행 자금을 마련하기 위해 매월 100만 원을 단리로 2년간 예금하려고 한다. 이자율은 연 6%이며, 이자소득세는 13.5%일 때, 2년 후 A가 받는 금액은 얼마인가? (단, 이자소득세는 만기 시 한 번만 적용한다.)

① 25,297,500원
② 25,702,500원
③ 25,500,000원
④ 26,797,500원
⑤ 24,000,000원

07 다음이 설명하는 것은?

> 기업이 하청업체로부터 물건을 납품받고 현금 대신 발행하는 어음으로, 이 어음을 받은 납품업체는 약정된 기일에 현금을 받을 수 있으나 자금 순환을 위해 할인을 받아 현금화하는 것이 보통이다.

① 기업어음
② 융통어음
③ 백지어음
④ 진성어음
⑤ 전자어음

08 특수은행으로 옳은 것은?

① NH농협은행
② MG새마을금고
③ 신용보증기금
④ KB국민은행
⑤ 신용협동조합

09 예금자보호법에 의해 보호되는 상품은?

① 은행의 주택청약종합저축
② 저축은행의 후순위채권
③ 보험회사의 개인보험계약
④ 보험회사의 보증보험계약
⑤ 은행의 양도성예금증서

10 다음이 설명하는 것의 특징은?

> 1,000원인 주식을 2주 합쳐 2,000원 1주로 만들고 주식수를 줄이는 것을 ____(이)라고 한다.

① 증권의 가격이 높아 매매가 어려울 때 소액으로도 매매가 가능하도록 하기 위해 실시한다.
② 기업에서 자본금의 감소로 발생한 환급 또는 소멸된 주식의 대가를 주주에게 지급한다.
③ 새로 발행한 주식을 주주들에게 무상으로 지급한다.
④ 새로 발행한 주식을 주주들에게 판매하여 자본금을 조달한다.
⑤ 자본금에 변화가 없으며 주주들의 지분 가치에도 변함이 없다.

11 다음과 같이 정의되는 M1, M2, Lf를 주요 통화지표에 대한 설명 중 가장 적절한 것은?

> • M1 = 민간보유 현금 + 요구불예금
> • M2 = M1 + 저축성예금 + 거주자 외화예금
> • Lf = M2 + 예금취급기관의 만기 2년 이상 금융상품

① 금융 시장이 발달할수록 Lf가 커진다.
② 포함하는 금융자산의 범위가 가장 넓은 것은 M1이다.
③ M1이 커질수록 M2는 감소한다.
④ 개인이 국내 시중은행에 저축하는 외화가 많아질수록 M1이 증가한다.
⑤ 지불수단으로 즉시 바뀔 수 있는 유동성이 가장 높은 것은 Lf이다.

12 금융기관의 부실자산이나 채권만을 사들여 전문적으로 처리하는 기관은?

① 배드뱅크(Bad Bank)
② 클린뱅크(Clean Bank)
③ 뱅크런(Bank Run)
④ 뱅크아웃(Bank Out)
⑤ 럭키뱅크(Lucky Bank)

13 전환사채(CB)의 특징으로 옳은 것은?

① 사채권자 지위를 유지하는 동시에 주주의 지위도 얻는다.
② 자본금 변동은 없다.
③ 사채보다 이자가 높다.
④ 발행 방식에는 사모와 공모가 있다.
⑤ 일정 기간이 지나면 보유한 채권을 다른 회사 주식으로 전환할 수 있다.

14 투자자의 성향 정보를 토대로 알고리즘을 활용해 개인의 자산 운용을 자문하고 관리해주는 자동화된 서비스의 특징으로 옳지 않은 것은?

① 다양한 미래 변수를 고려하여 미래 예측이 가능하다.
② 상품의 고위험·고수익을 지향한다.
③ 비대면 채널로 운영된다.
④ 24시간 이용 가능하다.
⑤ 비교적 젊은 금융 소비자층을 겨냥한다.

15 이윤 창출을 목적으로 비상장 주식이나 채권에 투자하는 크라우드 펀딩 형태는?

① 증권형
② 투자형
③ 대출형
④ 기부형
⑤ 채권형

16 다음 예시를 바르게 설명한 것은?

> A는 한 시간 동안 의류를 5벌 생산할 수 있으며 토마토를 50개 딸 수 있다. B는 한 시간 동안 의류를 3벌 생산할 수 있으며 토마토를 100개 딸 수 있다.

① A가 토마토에서 비교 우위를 지닌다.
② A는 두 제품에 대해 비교 우위를 지닌다.
③ A는 기회비용을 지불하지 않아도 된다.
④ B는 토마토에서 비교 우위를 지닌다.
⑤ B는 기회비용을 지불하지 않아도 된다.

17 공급변화 요인으로 옳지 않은 것은?

① 생산요소의 가격 변동
② 소비자의 소득
③ 기술 수준 발달
④ 대체재 및 보완재의 가격 변동
⑤ 판매자의 수 및 가격 예상

18 암시장이 발생할 가능성이 가장 높은 경우는?

① 가격차별제 실시
② 가격표시제 실시
③ 최고가격제 실시
④ 가격정가제 실시
⑤ 이부가격제 실시

19 선호는 일당 100,000원의 일일 아르바이트를 포기하고 친구들과 놀이공원에 갔다. 교통비 10,000원과 입장료 35,000원을 지불하였을 때 선호의 기회비용은 얼마인가?

① 35,000원
② 50,000원
③ 45,000원
④ 100,000원
⑤ 145,000원

20 지방세를 부과하는 항목에 해당되지 않는 것은?

① 주류
담배
③ 자동차
④ 주택
⑤ 요트

21 다음 곡선에 대한 설명으로 옳지 않은 것은?

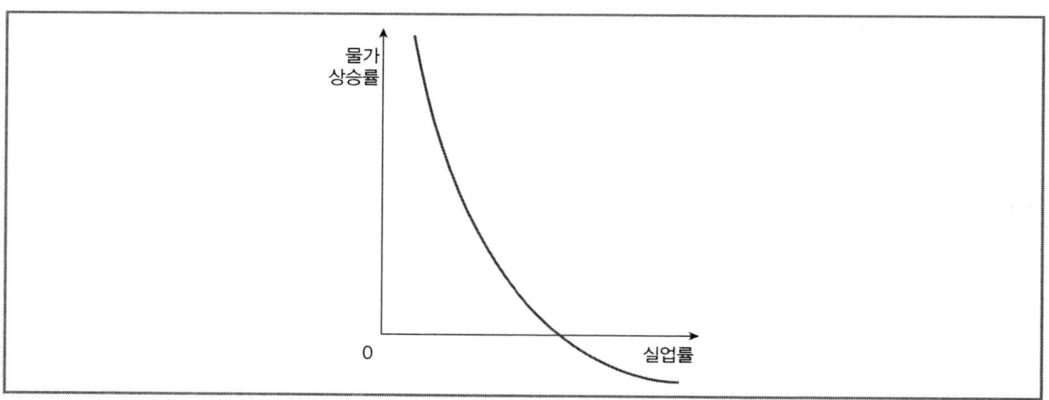

① 실업률과 명목임금 상승률 사이에 역의 관계가 존재하다는 것을 나타낸다.
② 물가 상승률을 감소시키면 실업률은 증가한다.
③ 실업을 해결하기 위해서는 인플레이션을 감수해야 한다.
④ 물가가 안정되려면 실업률 상승을 감수해야 한다.
⑤ 물가 안정과 완전고용은 동시 달성이 가능하다.

22

자동차 생산량과 가격을 나타낸 표이다. 2021년 실질 GDP와 GDP 디플레이터로 옳은 것은 무엇인가? (단, 기준은 2020년이며 자동차만 생산한다.)

연	가격	생산량
2020	25	120
2021	40	135

	실질 GDP	GDP 디플레이터
①	4,800	150
②	5,620	150
③	5,400	160
④	3,375	160
⑤	4,773	160

23

인플레이션이 4% 상승할 것으로 예상했으나 실제로는 6%로 상승한 경우, 예상하지 못한 인플레이션으로 이득을 얻는 경제주체는?

① 국채에 투자한 국민연금
② 2년간의 임금계약이 만료되지 않은 노동조합 소속의 근로자
③ 채권자
④ 정부
⑤ 연금의 수혜자

24

성격이 다른 유형 하나는 무엇인가?

① 소비자의 구매량에 따라 가격을 다르게 부과한다.
② 전기요금은 소비자 사용량에 따라 상이하다.
③ 구매량이 높아질수록 소비자들은 단일 가격을 책정하는 경우보다 이윤을 얻을 수 있다.
④ 기업이 소비자의 소비패턴을 파악하여 유보가격을 매길 수 있다.
⑤ 휴대폰 사용요금이 커질수록 할인의 폭도 커진다.

25 다음 곡선의 특징으로 옳은 것을 모두 고르면?

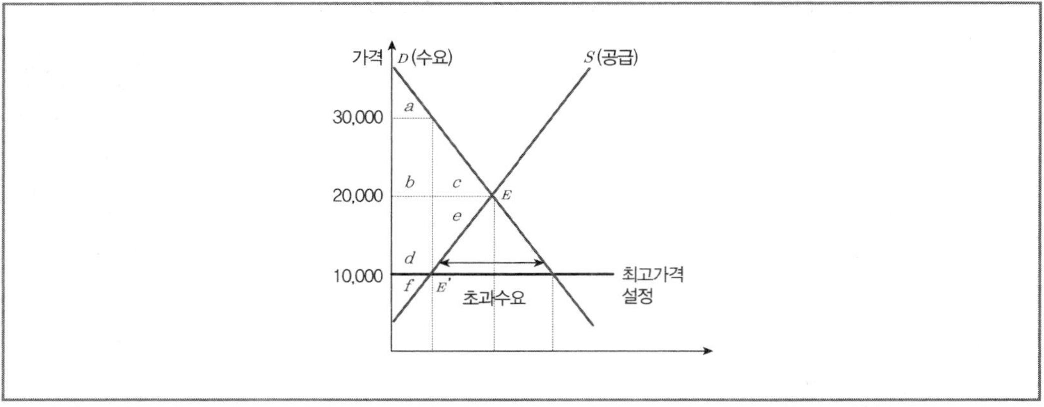

㉠ 가격하한제라고도 한다.
㉡ 수요량은 증가하지만 공급량은 감소한다.
㉢ 초과수요로 인한 암시장이 형성된다.
㉣ 초과공급으로 인한 암시장이 형성된다.
㉤ 균형가격보다 최저가격이 낮으면 실효성이 없다.

① ㉠㉡
② ㉡㉢
③ ㉢㉣㉤
④ ㉡㉣㉤
⑤ ㉠㉢㉣

26 디플레이션의 영향을 순서대로 나열한 것은?

㉠ 소비위축 ㉡ 상품가격 하락 ㉢ 채무자의 채무부담 ㉣ 경기침체 가속 ㉤ 생산 및 고용 감소

① ㉠ – ㉡ – ㉤ – ㉣ – ㉢
② ㉠ – ㉢ – ㉡ – ㉣ – ㉤
③ ㉠ – ㉣ – ㉡ – ㉤ – ㉢
④ ㉢ – ㉡ – ㉠ – ㉣ – ㉤
⑤ ㉢ – ㉤ – ㉣ – ㉠ – ㉡

27 개인의 저축 증가가 국가적 저축 증가로 연결되지 않는 현상은?

① 승자의 저주
② 구축 효과
③ 절대 우위론
④ 저축의 역설
⑤ 유동성의 함정

28 매슬로우의 욕구 5단계 이론에서 상위욕구를 추구할 수 있도록 하는 리더십은?

① 변혁적 리더십
② 거래적 리더십
③ 카리스마 리더십
④ 임파워링 리더십
⑤ 서번트 리더십

29

밑줄 친 ㉠ ~ ㉤에 대한 설명으로 가장 적절한 것은?

> 최근 특정 명품 브랜드의 의류가 ㉠ MZ세대에서 인기를 끌고 있다. 이에 대해 전문가들은 ㉡ 동조 의식이 강한 MZ세대 특성으로 인해 다른 의류에 비해 고가임에도 불구하고 이 브랜드의 의류가 불티나게 팔리는 것으로 분석하고 있다. ㉢ 일부 MZ세대들은 "많은 사람들이 입고 있어서 오히려 개성이 없어 보여 안 입는다."고 말하기도 하지만, ㉣ 고가의 명품 브랜드 유행은 당분간 수그러들 것 같지 않다. 게다가 최근에는 ㉤ 가격이 비싼 제품을 입은 사람들을 더 높게 평가하는 현상까지 더해지면서, 이러한 유행은 MZ세대 간 위화감 조성과 같은 부작용을 초래하고 있다.

① ㉠은 수요곡선을 좌측으로 이동시킨다.
② ㉡은 모방 소비를 조장한다.
③ ㉢은 광고의 영향을 크게 받는다.
④ ㉣은 사재기가 확산될 때 나타난다.
⑤ ㉤은 충동 소비를 조장한다.

30

SWOT 분석으로 옳지 않은 것은?

① SO 전략
② SW 전략
③ ST 전략
④ WO 전략
⑤ WT 전략

31

물가지수에 대한 설명으로 옳지 않은 것은?

① 신축주택가격은 소비자물가지수에 포함된다.
② 수입품은 소비자물가지수에 포함된다.
③ 파셰가격지수는 GDP디플레이터와 성질이 같다.
④ 소비자물가지수는 라스파이레스 방식으로 작성한다.
⑤ GDP디플레이터에는 주택임대료가 포함된다.

32 이탈리아 통계학자가 제시한 법칙에서 나온 것으로, 소득 분배의 불평등을 나타내는 수치는 무엇인가?

① 지니계수
② 엥겔지수
③ 위대한 개츠비 곡선
④ 로렌츠곡선
⑤ 10분위 분배율

33 다음이 설명하는 마케팅은?

> 한 신발 브랜드는 소비자가 한 켤레의 신발을 구입할 때마다 한 켤레의 신발을 제3세계 맨발의 어린이들에게 기부하겠다는 “One For One” 마케팅을 하였다.

① 니치 마케팅
② 디 마케팅
③ 프리 마케팅
④ 코즈 마케팅
⑤ 플래그십 마케팅

34 다음이 설명하는 효과는?

> 취향보다는 차별화를 지향하고자 대중적인 노래보다 남들이 모르는 인디가수의 노래만 찾아서 소비하는 경우이다.

① 베블런 효과
② 스놉 효과
③ 전시 효과
④ 디드로 효과
⑤ 파노플리 효과

35 **제품수명주기(PLC : Product Life Cycle)에서 각 단계의 특징으로 옳은 것은?**

① 도입기의 소비자는 조기 수용자이다.
② 도입기의 판매량은 급성장한다.
③ 성장기의 경쟁자는 다수이다.
④ 성숙기의 경쟁자는 소수이다.
⑤ 쇠퇴기의 판매량은 다소 성장한다.

36 **특수형태의 제품수명주기의 설명과 곡선이 틀린 것은?**

① 스타일 제품 PLC

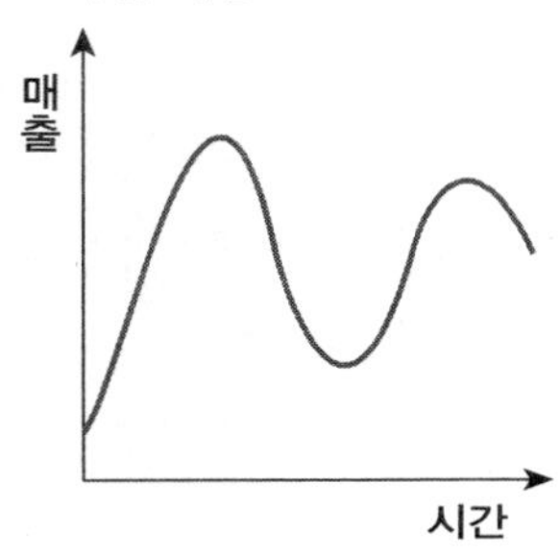

② 연속성장형 제품 PLC

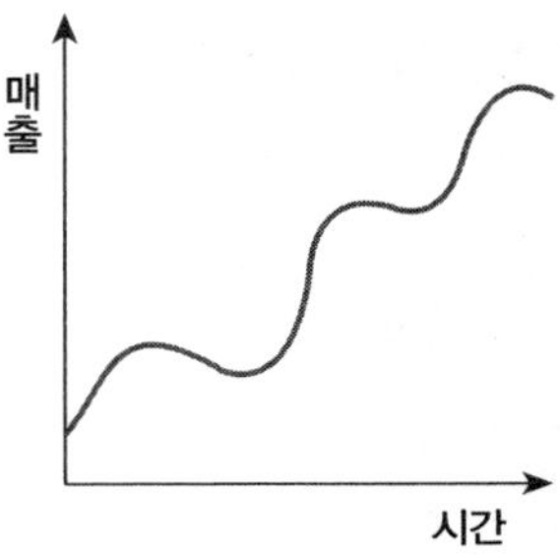

③ 순환 제품 PLC

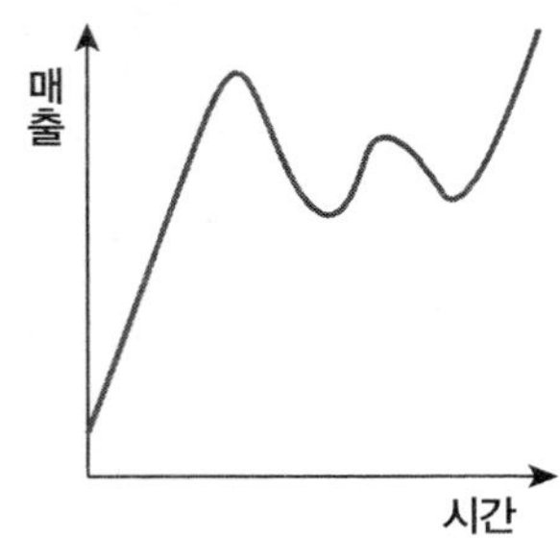

④ 장수 제품 PLC

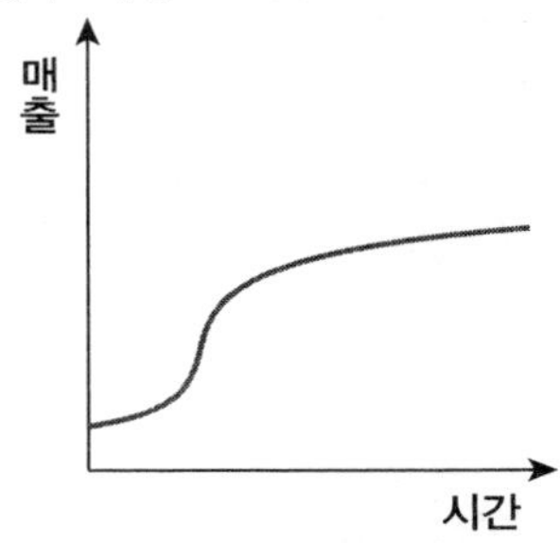

⑤ 일시적 유행 제품 PLC

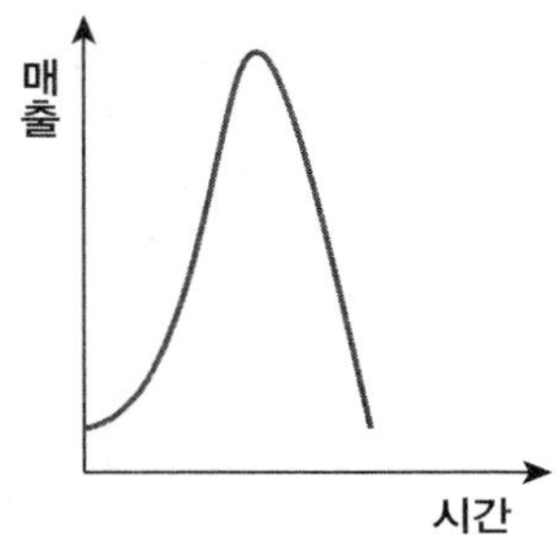

37 BCG 매트릭스의 이상적인 포트폴리오상 이동으로 옳은 것은?

① Star → Question Mark
② Dog → Star
③ Dog → Cash Cows
④ Question Mark → Star
⑤ Star → Star

38 M&A의 경영전략적 동기로 옳지 않은 것은?

① 시장참여의 시간 단축
② 국제화 추구
③ 기업의 지속적 성장 추구
④ 효율성 극대화
⑤ 기술 발달

39 표적시장 선정 시 고려사항으로 옳지 않은 것은?

① 잠재적 경쟁력
② 이익창출이 가능한 시장규모
③ 기업 목표와 표적시장의 합치
④ 자사의 포지션 개발
⑤ 기업의 능력과 자원

40 2,000,000원은 3년 후 시간 가치로 옳은 것은? (단, 이자율은 15%이다.)

① 3,041,750원
② 2,300,000원
③ 31,250,000원
④ 12,500,000원
⑤ 6,230,100원

실전 모의고사 

문항수 40문항
풀이시간 40분

맞은 문항수 / 40 풀이시간 분

01 **다음 중 경기침체 갭 또는 디플레이션 갭이 존재할 시에 이를 감소시키는 방안으로 적절하지 않은 것은?**

① 투자세액공제를 확대시킨다.
② 소득세율을 낮추어 처분가능소득을 증가시킨다.
③ 외환시장에 개입하여 원화가치를 상승시킨다.
④ 정부지출을 확대시킨다.
⑤ 확장적인 통화정책으로 이자율을 낮추게 한다.

02 **다음 중 일반균형에 대한 내용으로 적절하지 않은 것은?**

① 타인의 후생을 감소시키지 않고서는 한 사람의 후생을 증가시킬 수 없는 상태를 파레토 효율이라고 한다.
② 오퍼곡선은 두 시장의 수요-공급 곡선을 동시에 나타낼 수 있다.
③ 개인의 선호 형태와는 상관없이 일반균형은 존재한다.
④ 각각의 재화시장이 불균형 상태에 있을 경우, 두 재화의 상대가격 변화를 통해 일반균형에 도달할 수 있다.
⑤ 일반균형은 국민경제 내의 모든 시장이 동시에 균형을 이루고 있는 상태를 의미한다.

03 **디지털 경제재의 특징으로 적절한 것은?**

① 재화를 재생산하는 데 소요되는 가변비용이 계속적으로 증가한다.
② 재화의 특성상 재현이 어렵다.
③ 신뢰재에 해당한다.
④ 네트워크 재화의 성격을 갖는다.
⑤ 해당 재화의 가치는 한정되어 있다.

04 다음 중 외자도입의 효과를 잘못 설명하고 있는 것은?

① 단기적으로는 국내의 저축을 위축시키는 효과가 있다.
② 외국의 자본을 도입해 자본의 규모가 상대적으로 커지면 자본생산성이 향상된다.
③ 자본의 도입과 함께 외국의 선진 생산 및 경영기업의 이전이 이루어진다.
④ 투자를 증대시켜 소득 및 고용의 증대를 유발한다.
⑤ 국제수지에서 자본수지를 개선시킨다.

05 다음 중 창구세일즈의 특성에 대한 설명으로 적절하지 않은 것은?

① 창구세일즈는 팀워크에 의한 조직판매형태를 취한다
② 창구세일즈는 비용이 가장 비싼 점두판매이다.
③ 창구세일즈는 대인적인 요소가 많은 판매활동이다.
④ 창구세일즈는 학문이 아닌 기술이다.
⑤ 창구세일즈란 서비스를 판매하는 것이다.

06 다음 중 상품의 가격이 상승하는데도 수요가 증가하는 현상과 관련이 있는 것은?

① 카니발라이제이션
② 트리클 다운 효과
③ 펭귄효과
④ 세이의 법칙
⑤ 베블런 효과

07 다음 중 수요함수 P=10-Q이고, 가격이 2일 때 수요의 가격탄력성은?

① 0
② 0.25
③ 0.5
④ 1
⑤ 1.5

08 다음 중 인플레이션과 관련된 설명으로 적절하지 않은 것은?

① 필립스 곡선은 실업률과 인플레이션율 사이의 관계를 보여 준다.
② 피셔효과에 따르면 인플레이션율의 상승은 실질이자율을 변화시킨다.
③ 명목임금이 하방경직적일 때, 디플레이션이 발생하면 실질임금은 상승한다.
④ 예상치 못한 인플레이션은 채권자와 채무자 사이의 소득재분배를 야기할 수 있다.
⑤ 합리적 기대가설에 따르면 예상 인플레이션율이 상승하면 실제인플레이션율이 높아진다.

09 다음 중 소비이론에 대한 설명으로 옳은 것은?

① 임의보행 가설에 따르면 소비의 변화는 예측할 수 있다.
② 생애주기가설에 따르면, 소비는 일생동안 소득을 염두에 두고 결정되는 것은 아니다.
③ 절대소득가설에 따르면, 소비는 현재의 처분가능소득으로 결정된다.
④ 상대소득가설은 소비의 가역성과 소비의 상호의존성을 가정한다.
⑤ 항상소득가설에 따르면, 현재소득이 일시적으로 항상소득 이상으로 증가할 때, 평균소비 성향은 일시적으로 상승한다.

10 다음 중 내생적 성장이론에 대한 설명으로 옳지 않은 것은?

① AK 모형에서는 기술 진보가 이루어지지 않으면 성장할 수 없다.
② AK 모형은 자본을 폭넓게 정의하여 인적자본도 자본에 포함한다.
③ 경제개방, 정부의 경제발전 정책 등의 요인을 고려한다.
④ R&D 모형에서 기술진보는 지식의 축적을 의미하며, 지식은 비경합성과 배제성을 갖는다고 본다.
⑤ R&D 모형과 솔로우(Solow) 모형은 한계수확체감의 법칙과 경제성장의 원동력으로서의 기술진보를 인정한다는 점에서는 동일하다.

11 다음 중 세율이 일정 수준 이상으로 높아지면 조세수입이 감소한다는 이론으로 옳은 것은?

① 세이의 법칙
② 포이즌필
③ 래퍼 곡선
④ 이스털린의 역설
⑤ 레온티예프 역설

12 다음 중 GDP에 대한 설명으로 옳지 않은 것은?

① GDP는 일정 기간 동안 측정되므로 유량변수이다.
② 미국 GM이 대한민국에서 생산·판매한 자동차는 우리나라 GDP에 포함된다.
③ 삼성전자가 미국 텍사스에서 만들어 판매한 반도체는 미국 GDP에 포함된다.
④ 식당에서 판매하는 식사는 GDP에 포함되지만, 가족을 위해 제공하는 식사는 GDP에 포함되지 않는다.
⑤ 빈곤층을 위한 정부 보조금 지출은 GDP 산정에 포함되나, 연말까지 팔리지 않은 중간재 생산량은 포함되지 않는다.

13 다음에서 설명하고 있는 조직의 의사소통의 유형으로 가장 적절한 것은?

> 집단이나 조직의 하위계층에서 상위계층의 의사소통이 이루어지며, 성과뿐만 아니라 의견이나 태도 등도 상위계층에 전달한다.

① 수평적 의사소통
② 하향적 의사소통
③ 비공식적 의사소통
④ 상향적 의사소통
⑤ 중립적 의사소통

14 다음의 설명을 가장 잘 나타내고 있는 것은?

> 영국의 한 회사가 개발한 '날개 없는 선풍기'가 화제를 모으고 있다. 조그만 기둥에 달린 날개 없는 고리에서 바람이 나오는 이 제품은 기존의 선풍기에 비하면 모양이 낯설고 고가라서 소비자들의 주목을 받지 못했다. 하지만 국내 모 기업의 회장이 이 제품을 자신의 SNS에 올려 칭찬한 이후로 이 제품을 찾는 소비자들이 늘어났고 국산 날개 없는 선풍기까지 출시돼 선풍적인 인기를 누렸다.

① 펭귄효과
② 초두효과
③ 블랙스완
④ 양떼효과
⑤ 체리피커

15 **다음 중 MBO에 대한 설명으로 옳지 않은 것은?**

① 상사와 부하가 협의하여 작업목표량을 정하고 이에 대한 성과를 함께 측정 또는 고과하는 방법을 말한다.
② 양보다 질을 중요시하며, 장기적인 목표를 강조한다.
③ 관리 방법의 개선으로 작업을 할 때 그 작업에 의해 초래할 결과를 고려하여 계획한다.
④ 동기부여를 제공하여 작업 의욕을 향상시키고 하급자의 참여를 촉진시킨다.
⑤ 조직의 역할과 구조를 명확하게 해준다.

16 **비즈니스 과정을 과감하게 재구성하여 적은 투자와 노력, 인원으로 생산성, 품질, 서비스 등에 혁신적 효과를 달성하려는 신경영기법으로 기업의 업무를 고객만족의 관점에서 재구성하는 것은 무엇인가?**

① 벤치마킹
② 다각화
③ 리엔지니어링
④ BCG 매트릭스
⑤ 다운사이징

17 **다음 중 은행이 가진 소비자의 금융정보를 다른 제3의 기관 또는 다른 금융기관과 공유하도록 허용하는 시스템을 무엇이라고 하는가?**

① 클로즈뱅킹
② 오픈뱅킹
③ 펌뱅킹
④ 소프트뱅킹
⑤ 프로세스뱅킹

18 **다음 중 회사에서 운용하는 퇴직연금의 종류로써 근로자가 받을 연금액이 사전에 확정되고 적립금의 일부는 사외에, 일부는 사내에 적립되어 운용되는 방식은 무엇인가?**

① DC형 연금
② 정기예금
③ IRP
④ DB형 연금
⑤ RTI

19

다음 〈보기〉에서 설명하는 복리후생제도로 가장 적절한 것은 무엇인가?

〈보기〉

- 선택적 복리후생프로그램이다.
- 선택항목 추가형, 모듈형, 선택적 지출계좌형의 유형이 있다.
- 종업원의 욕구를 반영할 수 있으므로 동기부여에 효과적이다.

① 카페테리아 복리후생
② 프렌치 시스템
③ 성과급제
④ 럭커플랜
⑤ 스캔론플랜

20

권력의 원천에 관한 내용 중 리더가 갖고 있는 지위 권한(Position Power)에 의해 생겨나며, 서로 약속된 법에 의해 특정인에게 힘을 사용하는 권력은 무엇인가?

① 보상적 권력
② 합법적 권력
③ 보상적 권력
④ 전문적 권력
⑤ 강압적 권력

21

다음은 제품의 수명주기 중 어떤 시기를 의미하는가?

- 많은 잠재고객 혹은 참가자들이 제품이나 프로그램을 구매했을 뿐만 아니라 공급경쟁이 높아져서 판매 증가율이 떨어지는 시기이다.
- 표적으로 하는 시장을 수정하거나 새로운 제품을 개발하는 마케팅믹스 전략이 요구된다.

① 도입기
② 성장기
③ 성숙기
④ 쇠퇴기
⑤ 재도약기

22 다음 중 조직문화에 대한 설명으로 적절하지 않은 것은?

① 한 조직의 구성원들이 공유하는 가치관, 신념, 이념, 지식 등을 포함하는 종합적인 개념이다.
② 특정 조직 구성원들의 사고판단과 행동의 기본 전제로 작용하는 비가시적인 지식적, 정서적, 가치적 요소이다.
③ 조직구성원들이 공통적으로 생각하는 방법, 느끼는 방향, 공통의 행동 패턴의 체계이다.
④ 조직 외부 자극에 대한 조직 전체의 반응과 임직원의 가치의식 및 행동을 결정하는 요인을 포함한다.
⑤ 다른 기업의 제도나 시스템을 벤치마킹하는 경우 그 조직문화적가치도 쉽게 이전된다.

23 다음 중 계정과 장부 기록의 방법으로 옳지 않은 것은?

① 선수수익의 증가는 차변에 기록한다.
② 미수수익의 증가는 차변에 기록한다.
③ 선급비용의 증가는 차변에 기록한다.
④ 미지급비용의 증가는 대변에 기록한다.
⑤ 미지급금의 증가는 대변에 기록한다.

24 다음 중 집단응집성을 증대시키는 요인이 아닌 것은?

① 집단 간의 경쟁
② 집단목표에 대한 동의성이 높을 경우
③ 구성원들의 상호작용 빈도가 높을 경우
④ 집단목표에 대한 동의
⑤ 소수에 의한 지배

25 다음 중 판매자와 구매자가 갖고 있는 정보의 비대칭성 때문에 값싼 저급품만 유통되는 시장은?

① 레몬마켓
② 블루마켓
③ 오션마켓
④ 레드마켓
⑤ 베어마켓

26 마케팅 철학의 변화 과정을 순서대로 나열한 것으로 옳은 것은?

① 생산지향 → 판매지향 → 제품지향 → 고객지향 → 사회지향
② 생산지향 → 제품지향 → 판매지향 → 고객지향 → 사회지향
③ 생산지향 → 판매지향 → 고객지향 → 제품지향 → 사회지향
④ 생산지향 → 제품지향 → 고객지향 → 판매지향 → 사회지향
⑤ 제품지향 → 생산지향 → 판매지향 → 고객지향 → 사회지향

27 다음 중 부채에 관한 설명으로 적절하지 않은 것은?

① 매입채무, 차입금, 선수금, 사채 등은 금융부채에 속한다.
② 미지급금은 비유동자산의 취득 등 일반적인 상거래 이외에서 발생한 채무를 말한다.
③ 매입채무는 일반적인 상거래에서 발생한 외상매입금과 지급어음을 말한다.
④ 예수금은 거래처나 종업원을 대신하여 납부기관에 납부할 때 소멸하는 부채이다.
⑤ 장기차입금의 상환기일이 결산일로부터 1년 이내에 도래하는 경우 유동성 장기차입금으로 대체하고 유동부채로 분류한다.

28 직무 수행에 필요한 기술, 지식, 능력 등의 자격 요인을 정리한 문서를 무엇이라고 하는가?

① 직무기술서
② 직무명세서
③ 직무행위서
④ 직무분석서
⑤ OJT

29 다음 중 인적자원관리의 활동 중에서 전개과정으로 옳은 것은?

① 확보 → 활용 → 개발 → 유지 → 보상
② 확보 → 개발 → 활용 → 보상 → 유지
③ 확보 → 유지 → 보상 → 개발 → 활용
④ 확보 → 보상 → 유지 → 활용 → 개발
⑤ 확보 → 보상 → 활용 → 개발 → 유지

30 다음 중 회계상 거래가 아닌 것은?

① 영업 목적으로 취득한 자동차의 연간 보험료 120만원을 미리 납부하였다.
② 단기간 자금 운영을 위하여 은행으로부터 2,000만원을 차입하였다.
③ 상품 3,000만원을 구입하면서 전액 현금으로 지급하였다.
④ 태풍으로 인해 창고에 보관되어 있는 상품 1,000만원이 훼손되었다
⑤ 신규 프로젝트를 위해 매월 급여 200만원을 지급하기로 하고 종업원을 채용하였으며, 그 종업원은 다음 달부터 출근하기로 하였다.

31 21세기 급변하는 경영환경의 변화에서 기업이 생존하기 위해서 구성원으로부터 조직의 목표에 대한 강한 일체감, 적극적 참여, 기대이상의 성과달성을 위한 동기유발을 자극할 수 있는 새로운 리더십은?

① 카리스마 리더십
② 서번트 리더십
③ 거래적 리더십
④ 권위적 리더십
⑤ 변혁적 리더십

32 다음 중 자사 상품의 수요를 의도적으로 줄이는 마케팅은 무엇인가?

① 디마케팅(demarketing)
② 유지마케팅(maintenance marketing)
③ 개발적 마케팅(development marketing)
④ 동시화마케팅(synchro marketing)
⑤ 디지털 마케팅(digital marketing)

33
마케팅믹스 요소 중 가장 변경하기 쉬운 것은 무엇인가?

① 가격(price)
② 판매촉진(promotion)
③ 상품(product)
④ 유통(place)
⑤ 사람(people)

34
촉진믹스 요소 중 PR(public relations)의 수단으로 옳지 않은 것은?

① 고객초청세미나
② 스폰서십
③ 홈페이지(homepage)
④ 보도자료
⑤ 사회봉사활동

35
기업의 핵심부분은 내부화하고, 비핵심부분은 외부 전문업체 또는 전문가에게 위탁하는 것을 무엇이라고 하는가?

① 벤치마킹
② 리스트럭처링
③ 다운사이징
④ 아웃소싱
⑤ 목표에 의한 관리

36
집단의사결정의 기법 중 특정 문제에 대해서 독립적인 의견을 우편으로 수집하여 문제를 해결하는 것은 무엇인가?

① 지명반론자법
② 명목집단법
③ 델파이법
④ 브레인스토밍법
⑤ 스토리텔링법

37 **다음 〈보기〉에서 설명하고 있는 서비스마케팅의 특징으로 가장 적절한 것은?**

〈보기〉

주로 개인적 선호경향이나 기대감 등에 의해 서비스의 품질에 대한 평가가 다르며, 누가, 언제, 어떻게 제공하느냐에 따라 내용과 질에 차이가 발생하게 된다.

① 이질성
② 무형성
③ 소멸성
④ 비분리성
⑤ 중복성

38 **제품수명주기 중 매출액이 급성장하며, 경쟁자 수가 점차 증가하는 단계는?**

① 도입기
② 성장기
③ 성숙기
④ 쇠퇴기
⑤ 준비기

39

다음 중 시장세분화를 위한 요소 중 인구통계학적 변수로 가장 바르지 않은 것은?

① 구매준비
② 나이
③ 결혼 유무
④ 성별
⑤ 종교

40

다음 허즈버그의 2요인 이론 중 위생 요인에 해당하는 것은?

① 성취감
② 책임감
③ 성장 및 발전
④ 봉급
⑤ 일에 대한 인정

실전 모의고사 1회 정답 및 해설

1회 모의고사

1	2	3	4	5	6	7	8	9	10
①	⑤	③	⑤	①	④	③	③	⑤	⑤
11	12	13	14	15	16	17	18	19	20
④	④	③	④	②	③	④	④	①	②
21	22	23	24	25	26	27	28	29	30
④	③	②	③	①	③	④	⑤	①	②
31	32	33	34	35	36	37	38	39	40
①	①	②	③	⑤	②	②	②	②	①

01 영구채권의 가격은 매년 받는 이자를 이자율로 나누면 된다. 이때 5%일 때의 채권가격은 8,000만 원이 되며, 8%일 때는 5,000만 원이 된다. 그러므로 3,000만 원 하락하게 된다.

02 6 ~ 8% 시 경영개선을 권고하고 2 ~ 6% 시 경영개선을 요구한다. 2% 미만 시에는 경영개선을 명령한다.

[오답풀이]

① 헤이그 협정을 모체로 설립된 가장 오래된 국제금융 기구 국제결제은행(BIS)에서 결정한다.

② 1992년 말부터 은행들은 BIS 비율을 8% 이상 유지하도록 권고하고 있다.

③ BIS 자기자본비율은 은행 예금자를 보호하기 위한 기준이다.

④ BIS 자기자본비율은(BIS 기준 자기자본 / 위험가중자산) × 100%로 구할 수 있다.

03 자금세탁 방지제도는 자금의 위험한 출처를 숨겨 적법한 것처럼 위장하는 과정을 말하며, 불법재산의 취득·처분 사실을 가장하거나 재산을 은닉하는 행위 및 탈세 목적으로 재산의 취득·처분 사실을 가장하거나 그 재산을 은닉하는 행위를 말한다.

[오답풀이]

자금세탁 방지제도는 의심거래보고제도, 고액현금거래보고제도, 고객확인제도, 강화된 고객확인제도 절차를 걸쳐 자금세탁의심거래를 가려낸다.

04 요구불예금은 예금주의 요구가 있을 때 언제든지 지급할 수 있는 예금으로 보통예금, 어린이예금, 당좌예금이 있다.

[오답풀이]

㉠ CMA : 고객이 맡긴 예금을 어음이나 채권에 투자하여 그 수익을 고객에게 돌려주는 실적배당 금융상품이다.

㉣ 저축성예금 : 돈을 맡긴 후 일정 기간이 지나야 찾을 수 있는 예금이다.

05 설명하고 있는 퇴직연금은 확정급여형으로, 근무 마지막 연도의 임금을 기준으로 지급되므로 임금상승률이 높고 장기 근속이 가능한 기업의 근로자에게 유리하다.

[오답풀이]

② 확정기여형 : 회사가 매년 연간 임금총액의 일정 비율을 적립하고, 근로자가 적립금을 운용하는 방식이다.

③ 개인형 퇴직연금 : 퇴직한 근로자가 퇴직 시 수령한 퇴직급여를 운용하거나 재직 중인 근로자가 DB형이나 DC형 이외에 자신의 비용 부담으로 추가로 적립하여 운용하다가 연금 또는 일시금으로 수령할 수 있는 계좌이다.

④ DC형 : 확정기여형

⑤ IRP : 개인형 퇴직연금

06 채권 표면에 표시한 금리로, 단순히 연간 이자수입만을 나타낸다.

[오답풀이]

① 기준금리 : 한국은행이 다른 금융기관에 대출할 때 적용하는 금리로, 여러 금리 수준을 결정하는 기준이 된다.

② 명목금리 : 물가 상승을 고려하지 않은 금리이다.

③ 고정금리 : 만기까지 변동이 없는 금리이다.

⑤ 프라임레이트 : 신용도가 높은 우수 기업이 대출 받을 때 적용하는 우대금리이다.

07 단리법은 원금에 대해 일정한 기간 동안 미리 정해 놓은 이자율만큼 이자를 주는 것이고 복리법은 이자를 원금에 포함시킨 금액에 대해 이자를 주는 것이다.

[오답풀이]

㉠ 단리법

1년 뒤 : 200,000 + 200,000 × 0.05(%) = 210,000

2년 뒤 : 200,000 + 200,000 × 0.05(%) = 210,000

2년 치 이자 = 20,000원

㉡ 복리법

1년 뒤 : 200,000 + 200,000 × 0.05(%) = 210,000

2년 뒤 : 210,000 + 210,000 × 0.05(%) = 220,500

2년 치 이자 = 20,500원

따라서 A와 B의 이자 차이는

20,000 − 220,500 = 500원이다.

08 그림자 금융은 은행과 유사한 신용 중개기능을 수행하는 비은행 금융기관이 은행과 같은 엄격한 건전성 규제를 받지 않으며 중앙은행의 유동성 지원이나 예금자보호도 받을 수 없어 시스템적 리스크를 초래할 가능성이 높은 기관 및 금융상품이다.

[오답풀이]

③ 신용을 직접 공급하거나 신용 중개를 지원하는 기관 및 활동만을 포함하며, 신용 중개기능이 없는 단순 주식거래, 외환거래는 제외된다.

09 최고가격제는 시장의 균형가격보다 낮은 수준에서 결정된다.

10 ㉠는 서킷 브레이커, ㉡는 사이드 카에 대한 설명이다. 서킷 브레이커는 주식 시장 개장 5분 후부터 장이 끝나기 40분 전인 PM 2시 20분까지 발동할 수 있고, 하루에 한 번만 발동할 수 있다. 한 번 발동한 후에는 요건이 충족되어도 다시 발동할 수 없다. 사이드 카는 발동된 뒤 5분이 지나면 자동으로 해제되며, 장 종료 40분 전인 PM 2시 20분 이후에는 발동될 수 없고 발동 횟수도 1일 1회로 제한된다.

[오답풀이]

콘탱고 : 주식 시장에서 선물가격이 현물가격보다 높거나 결제 월에서 멀수록 높아지는 현상이다.

프리보드 : 비상장주권의 매매거래를 하기 위해 금융투자협회가 운영하던 장외시장이다.

11 마케팅 믹스(4P)는 상품(Product), 가격(Price), 유통(Place), 판촉(Promotion)을 말한다.

12 주식 시장의 하락을 곰에 비유한다.

[오답풀이]

곰이 앞발을 아래로 내려치는 모습처럼 주식 시장이 하락하거나 하락이 예상되는 경우를 베어마켓(Bear Market)이라고 한다. 거래가 부진한 약세시장을 의미하는데, 장기간 베어마켓이 진행되는 가운데 일시적으로 단기간에 급상승이 일어나는 경우를 베어마켓랠리(Bear Market Rally)라고 한다.

13 파생 상품시장에서 결정되는 선물가격은 해당 상품의 수요와 공급에 관련된 정보들이 집약되어 현재시점에서 미래 현물가격에 대한 수많은 시장 참가자들의 공통된 예측을 나타낸다. 가격 변동 위험을 감수하면서 보다 높은 이익을 추구하려는 투기자로의 이전을 가능하며, 장기보관이 가능한 농산물의 출하시기의 시차를 적절히 조절함을 의미한다. 투기자의 부동자금을 흡수하여 기업을 안정적으로 경영 하고자 하는 헤저들의 효율적인 자금관리와 자본형성에 도움을 준다.

[오답풀이]

③ 부실채권은 금융기관의 대출 및 지급보증 중 원리금이나 이자를 제때 받지 못하는 돈을 말한다.

14 매파는 물가 안정을 위해 긴축정책과 금리인상을 주장하는 세력을 의미한다. 경기 과열을 막고, 인플레이션을 억제하자는 입장이다. 인플레이션은 통화량 확대와 꾸준한 물가 상승 그리고 화폐 가치의 하락을 의미하기 때문에 긴축정책을 통해 금리를 올려 시중의 통화량을 줄이고 지출보다 저축의 비중이 높여 화폐의 가치를 올리자는 것이다.

[오답풀이]

㉡㉤은 비둘기파의 특징으로 경제 성장을 위해 양적완화와 금리인하를 주장하는 세력을 의미한다.

15 스튜어드십 코드에 대한 설명으로 연기금과 자산 운용사 등 주요 기관투자자들의 의결권 행사를 적극적으로 유도하기 위한 자율지침을 말한다.

[오답풀이]

① 포트폴리오 : 주식투자에서 다수 종목에 분산투자 함으로써 위험을 회피하고 투자수익을 극대화하는 방법이다.

③ 불완전판매 : 금융기관이 고객에게 상품의 운용방법 및 위험도, 손실 가능성 등 필수사항을 충분히 고지하지 않고 판매하는 것을 말한다.

④ **폰지사기** : 아무런 사업도 하지 않으면서 신규 투자자의 돈으로 기존 투자자에게 원금과 이자를 갚아나가는 금융 다단계 사기수법이다.

⑤ **가치사슬** : 기업이 제품 또는 서비스를 생산하기 위해 자원을 결합하는 과정이다.

16 **프로슈머** ··· 소비자가 소비는 물론 제품개발, 유통과정에까지 직접 참여하는 생산적 소비자가 되는 것을 의미하는 것으로 소비자가 직접 상품의 개발을 요구하며 아이디어를 제안하고 기업이 이를 수용해 신제품을 개발하기도 한다.

17 최고가격제는 정부가 물가를 안정시키고 소비자를 보호하기 위하여 가격 상한을 설정하고 최고가격 이하에서만 거래하도록 통제하는 제도이다. 최저가격제는 공급과잉과 생산자 간의 과도한 경쟁을 대비, 방지하며 보호하기 위하여 가격 하한을 설정하고 최저가격 이하로는 거래를 못하도록 통제하는 제도이다.

[오답풀이]

④ 최저가격제는 균형가격 위로 설정한다.

18 소고기와 돼지고기는 소득 증가에 따라 소비량이 변화하였으므로 대체관계에 있다.

[오답풀이]

소득이 늘어날 때 수요가 감소하는 상품을 열등재라고 한다.

19 독점시장은 불완전경쟁시장의 한 형태로 독점적 경쟁이 이루어지는 시장이다. 다수의 기업이 존재하고, 시장진입과 퇴출이 자유롭다는 점에서는 경쟁은 필연적이지만, 생산하는 재화가 질적으로 차별화되어 있으므로 저마다 제한된 범위의 시장을 독점한다.

[오답풀이]

②③은 완전경쟁시장의 특징이고 ④⑤는 과점시장의 특징이다.

20 $Ed = 1$은 수요량의 변화율과 가격의 변화율이 같으므로 단위탄력적 곡선이다.

[오답풀이]

① 수요의 가격탄력성이 $1 < Ed$ 일 때 나타나는 탄력적 곡선이다.

③ 수요의 가격탄력성이 $1 > Ed$ 일 때 나타나는 비탄력적 곡선이다.

④ 수요의 가격탄력성이 $Ed = 0$ 일 때 나타나는 완전비탄력적 곡선이다.

⑤ 수요의 가격탄력성이 $Ed = \infty$ 일 때 나타나는 완전탄력적 곡선이다.

21 보기는 비용인상인플레이션에 대한 곡선이다.

[오답풀이]

생산비용이 상승된 만큼 기업은 제품 가격을 인상시켜 보전하려 하기 때문에 물가 상승을 유발한다.

22 모든 경제주체가 일정 기간 동안 국경 내에서의 생산이라면 GDP에 포함된다.

[오답풀이]

가사업무나 봉사활동, 지하경제는 GDP에 해당하지 않는다.

23 물가수준을 나타내는 GDP 디플레이터는 $\frac{명목\ GDP}{실질\ GDP} \times 100$로 구할 수 있으며, 실질GDP 차이가 없으면 생산량도 차이가 없다.

2019년도 GDP 디플레이터 = 100

2020년도 GDP 디플레이터 = 110

2021년도 GDP 디플레이터 = 100

[오답풀이]

㉡ 2019년도와 2020년도의 생산량은 차이가 없다.

㉣ 2021년도 물가는 2020년도에 비해 하락하였다.

24 고용률(%) = $\frac{취업자\ 수}{15세\ 이상의\ 인구} \times 100$

실업률(%) = $\frac{실업자\ 수}{경제활동인구} \times 100 = \frac{실업자\ 수}{취업자\ 수 + 실업자\ 수} \times 100$

경제활동참가율(%) = $\frac{경제활동인구}{15세\ 이상의\ 인구} \times 100 = \frac{경제활동인구}{경제활동인구 + 비경제활동인구} \times 100$

[오답풀이]

③ ㉡의 경우 취업자인 상태에서 실업자가 되었으므로 실업률은 증가하고 고용률은 하락한다.

25 비자발적 실업은 일할 능력과 의사가 있지만 어떠한 환경적인 조건에 의해 일자리를 얻지 못한 상태를 의미하며 크게 경기적 실업, 계절적 실업, 기술적 실업, 구조적 실업으로 구분된다.

[오답풀이]

① 마찰적 실업은 기존의 직장보다 더 나은 직장을 찾기 위해 실업상태에 있는 것으로 자발적 실업에 해당된다.

26 업무에 대한 피드백을 통해 효율성을 높이고, 구성원 개인의 능력 개발도 촉진할 수 있다.

[오답풀이]

① 참여적 의사결정으로 조직의 상위계층과 하위계층의 의사소통이 원활해진다.

② 수행 과정 중에도 목표와 성과를 비교하며 수정하고 환류할 수 있다.

④ 과정보다 결과을 중시한다.

⑤ 참여적 의사결정을 통해 구성원들에게 동기부여와 수동적 업무를 수행을 막을 수 있다.

27 각 계층의 경영자들이 수립한 계획과 경영목표를 보다 효율적으로 달성하기 위하여 갖추어야 할 능력으로 크게 개념화능력, 대인관계능력, 현장업무능력으로 살펴볼 수 있다.

[오답풀이]

④ 노사관계 등 조직 내 갈등을 조정하는 역할을 한다.

28 서번트 리더십은 리더가 희생하여 리더와 구성원들 사이의 신뢰를 형성하며, 지시나 명령이 아닌 낮은 자세를 취하며 구성원들의 성장과 발전을 도와 조직의 목표 달성을 유도한다.

[오답풀이]

① 거래적 리더십은 리더와 구성원 간 교환관계에 기초한다.

② 거래적 리더십은 구성원들이 원하는 것을 제공하며 구성원들의 성과를 유도한다.

③ 변혁적 리더십은 구성원들이 비전과 열정을 가지고 업무 수행할 수 있도록 격려하며 동기를 유발시킨다.

④ 서번트 리더십은 자신보다 구성원들의 이익 추구에 기초한다.

29 욕구 피라미드의 최상위계층에 존재하는 자아실현의 욕구는 개인이 타고난 능력이나 잠재력을 성장시키고 실현하려는 욕구를 의미한다.

[오답풀이]

② **존중의 욕구** : 승진 및 업무 성과 인정

③ **소속감의 욕구** : 의사소통 및 갈등 해소, 동료애

④ **안전의 욕구** : 임금 보장 및 근무조건

⑤ **생리적 욕구** : 업무 환경

30 브룸의 기대이론 중 유의성(Valence)은 보상에 대한 주관적인 판단 단계이다.

[오답풀이]

② 일의 성과가 원하는 보상을 가져올 것이라는 기대를 의미하는 것은 보상에 대한 기대단계인 수단(Instrumentality)에서 발생한다.

31 시장지위에 따라 마케팅 전략을 달리한다.

[오답풀이]

① 경쟁우위구축전략은 시장틈새기업의 경쟁시장 전략이다.

32 ② **포이즌 필** : 기존 주주들이 시가보다 저렴하게 주식을 살 수 있는 권리를 주거나 회사에 주식을 비싼 값에 팔 수 있는 권리를 주면서 적대적 M&A에 나선 기업이 부담을 갖게 되어 방어할 수 있다.

③ **곰의 포옹** : 사전에 경고 없이 매수자가 목표 기업의 이사들에게 편지를 보내어 매수 제의를 하고 신속한 의사결정을 요구하는 방식이다.

④ **공개매수** : 매수자가 매수기간과 가격, 수량 등을 공개적으로 제시하고 불특정다수의 주주로부터 주식을 매수하는 방법이다.

⑤ **그린메일** : 경영권을 위협하는 수준까지 특정 회사의 주식을 대량으로 매집해놓고 기존 대주주에게 M&A를 포기하는 조건으로 일정한 프리미엄을 얻어 주식을 매입하도록 요구하는 행위를 말한다

33 제품수명주기 도입기 단계는 도입기 단계는 경쟁자가 적고 거의 독점 상태이다. 그러나 인지도도 낮기 때문에 매출도 낮은 단계이다.

[오답풀이]

①③ 성장기 단계의 마케팅 전략이다

④⑤ 쇠퇴기 단계의 마케팅 전략이다.

34 기본 등식을 사용하여 기업의 자산, 부채, 자본에 대한 재무상태표 등식을 구할 수 있다.

[오답풀이]

재무상태표 등식 : 자산 = 부채 + 자본

자본 등식 : 자산 − 부채 = 자본

포괄손익계산서 등식 : 총비용 + 당기순이익 = 총수익

35 재무제표는 기업의 재무상태와 경영성과 등을 정보이용자에게 보고하기 위한 수단으로서 기업회계기준에 따라 작성하는 보고서이다. 제무제표 중 재무상태표만이 일정시점의 개념이다.

[오답풀이]

① **재무상태표** : 기업의 재무상태를 나타낸 표

② **포괄손익계산서** : 기업의 영업활동 결과를 나타낸 표

③ **자본변동표** : 기업의 자본 크기와 변동에 관한 정보를 나타낸 표

④ **현금흐름표** : 기업의 길질적인 현금 흐름을 나타낸 표

36 현금흐름표는 재무제표이용자에게 현금 및 현금성자산의 창출능력과 현금흐름의 사용도를 평가하는 데 유용한 정보를 제공한다.

[오답풀이]

현금흐름표를 통해 미래 현금 창출능력, 부채 상환능력, 배당금 지급능력, 외부자금 조달의 필요성에 관한 정보를 평가할 수 있으며, 손익계산서의 당기순이익과 영업활동에서 조달된 현금의 유출입 간 차이 원인에 대한 정보를 제공한다. 영업성과에 대해 기업 간 비교를 할 수 있고, 영업활동 외에도 투자활동과 재무활동이 기업 재무상태에 미치는 영향을 분석할 수 있다.

37 마케팅 개념의 발전단계는 생산 개념, 제품 개념, 판매 개념, 마케팅 개념, 사회적 마케팅 개념으로 구분된다. 마케팅 개념의 발전을 바르게 표기하면 ㉠ → ㉣ → ㉡ → ㉢ → ㉤ 이다.

38 코뿔소는 멀리서도 눈에 띄어 움직임을 알 수 있지만 막상 두려움 때문에 아무런 대처를 하지 못하는 것을 빗대어 표현한 용어이다. 지속적으로 경고하지만 쉽게 간과하는 위험 요인을 말한다.

39 A점 및 C점의 소비에서 소비자의 만족도는 동일하며 D점의 경우 A, B, C점 모두보다 소비 효용이 낮은 점과 무차별하지 않는다. 또한, A점에서는 김밥의 소비에 비해 토마토 주스의 소비에서 더욱 큰 한계효용을 얻게 된다.

40 우발부채는 금액을 신뢰성 있게 추정할 수 없는 경우의 잠재적 부채로이다. 과거의 거래나 사건의 결과로 발생한 현재 의무를 이행하기 위한 자원 유출 가능성이 적다. 회계처리 시 금액을 신뢰성 있게 추정하더라도 자원 유출 가능성이 높지 않으면 우발부채로 공시한다.

[오답풀이]

회계처리 시 과거에 우발부채로 처리하였어도 이후 충당부채의 인식조건에 충족하면 재무상태표상에 충당부채로 인식하도록 한다.

실전 모의고사 2회 정답 및 해설

2회 모의고사

1	2	3	4	5	6	7	8	9	10
③	④	④	②	③	①	④	①	③	⑤
11	**12**	**13**	**14**	**15**	**16**	**17**	**18**	**19**	**20**
①	①	④	②	①	④	②	③	⑤	①
21	**22**	**23**	**24**	**25**	**26**	**27**	**28**	**29**	**30**
⑤	④	④	④	②	①	④	①	②	②
31	**32**	**33**	**34**	**35**	**36**	**37**	**38**	**39**	**40**
①	①	④	②	③	③	④	①	④	①

01 금리가 상승하게 되면 대체로 해당 국가의 통화가치가 상승하게 되는 즉, 환율이 하락하게 되는 경향이 있다. 또한 국제시장에서는 높음 금리를 찾아 달러 등의 해외자금이 유입되는데, 이때 유입되는 달러가 많아지게 되면 해당 국가의 통화가치는 상승(환율 하락)하게 된다. 그러므로 환율이 하락하게 되면 수출에는 불리하며 수입에는 유리하게 된다.

02 ④ 정부조직의 비대함에 따른 예산낭비는 시장실패가 아닌 정부실패에 해당한다.

03 덴마크의 통화 단위는 DKK 크로네이다.

[오답풀이]

① 인도 : INR 루피, ② 캄보디아 : KHR 리엘, ③ 이스라엘 : ILS 세켈, ⑤ 에티오피아 : Birr 비르/버르

04 프리워크아웃제도는 이자율을 조정해주는 제도로 신용회복위원회에서 지원한다.

[오답풀이]

① 개인워크아웃제도 : 과중채무자를 대상으로 채무감면, 분할상환, 변제기 유예 등 채무조정을 지원하는 제도이다.

③ 개인회생 : 재정적 어려움으로 파탄에 직면하고 있는 개인채무자를 장래 또는 지속적으로 수입을 얻을 가능성이 있는지 등 이해관계인의 법률관계를 조정함으로써 채무자의 효율적 회생과 채권자의 이익을 도모하기 위하여 마련된 제도이다.

④ 개인파산 : 모든 채권자가 평등하게 채권을 변제 받도록 보장함과 동시에, 면책 절차를 통하여 채무자에게 남아 있는 채무에 대한 변제 책임을 면제받아 경제적으로 재기·갱생할 수 있는 기회를 부여하는 제도이다.

⑤ 팩토링 : 금융기관들이 기업으로부터 매출채권을 매입하고, 이를 바탕으로 자금을 빌려주는 제도이다.

05 리디노미네이션은 화폐 단위를 하향 조정하는 것으로 화폐의 가치 변동 없이 모든 은행권 및 지폐의 액면을 동일한 비율의 낮은 숫자로 조정하거나, 이와 함께 새로운 통화 단위로 화폐의 호칭을 변경하는 것이다.

[오답풀이]

화폐 단위 변경 결정 및 법 개정 → 화폐 도안 결정 → 화폐 발행 → 화폐 교환 → 신·구화폐 병행 사용 → 화폐 단위 완전 변경

06 단리식 이자 계산법을 적용하여 만기지급금을 구한다.

$$\text{단리식 이자} = \text{매월 납입금} \times \frac{\text{운용개월수} \times (\text{운용개월수}+1)}{2} \times \frac{\text{연이율}(\%)}{12}$$

이자소득세 = 이자 × 세율

[오답풀이]

원리금(2년 만기)

= 원금 + 단리식 이자

$= 1{,}000{,}000 \times 24 + 1{,}000{,}000 \times \frac{24 \times 25}{2} \times \frac{0.06}{12}$

= 24,000,000 + 1,500,000

= 25,500,000원

이자소득세 = 1,500,000 × 0.135

= 202,500(단, 만기 시 한 번만 적용)

따라서 세후 원리금 = 24,000,000 +(1,500,000 − 202,500)

= 25,297,500원

07 진성어음에 대한 설명으로, 진성어음은 기업 간 상거래를 하고 대금결제를 위해 발행되는 어음이다.

[오답풀이]

① 기업어음 : 기업이 만기 1년 미만의 단기자금 조달을 위해 발행하는 융통어음이다.

② 융통어음 : 기업이 상거래를 수반하지 않고 단기운전자금 확보를 목적으로 발행하는 어음이다. 만기에 돈을 갚으면 되고 연장이 되기도 한다.

③ 백지어음 : 서명 외에 어음의 요건 전부 혹은 일부를 기재하지 않은 미완성어음이다.

⑤ 전자어음 : 발행인, 수취인, 금액 등의 어음정보가 전자문서로 발행되고 전자어음관리기관인 금융결제원의 전산시스템에 등록되어 유통되는 약속어음이다.

08 특수은행은 NH농협은행 외에 한국산업은행, 한국수출입은행, 중소기업은행, 수협은행 등이 있다.

[오답풀이]

② MG새마을금고 : 비은행 예금취급기관으로 신용협동기구에 속한다.

③ 신용보증기금 : 금융보조기관으로 신용보증기관에 속한다.

④ KB국민은행 : 일반은행에 속한다.

⑤ 신용협동조합 : 비은행 예금취급기관으로 신용협동기구에 속한다.

09 예금자보호법은 뱅크런 사태를 막고자 예금보험공사가 해당 금융기관을 대신하여 예금자에게 원리금의 전부 또는 일부를 지급하는 제도이다. 1,000 ~ 5,000만 원까지 보호된다.

[오답풀이]

은행의 예금은 보호되나 투자는 보호되지 않는다. 은행의 주택청약종합저축은 국민주택기금조성 재원으로 정부가 대신 관리하며, 은행의 후순위채권 및 양도성예금증서, 보험회사의 보증보험계약은 보호되지 않는다.

10 액면병합에 대한 설명으로 낮아진 주가를 끌어올리기 위해 사용한다.

[오답풀이]

① 액면분할에 대한 설명으로 한 장의 증권을 여러 개의 소액증권으로 분할한다.

② 유상감자에 대한 설명으로 회사규모에 비해 자본금이 지나치게 많다고 판단될 경우 자본금 규모를 적정화하여 기업의 가치를 높이기 위해 사용된다.

③ 무상증자에 대한 설명으로 자본의 구성과 발행주식수만 변경하는 형식적인 증자이다.

④ 유산증자에 대한 설명으로 발행주식수가 늘어나면서 주당순이익은 줄어든다.

11 ② 가장 넓은 범위를 가진 것은 Lf이다.

③ M1이 증가하면 M2도 증가한다.

④ 개인이 국내 시중은행에 저축하는 외화가 많아질수록 M2가 증가한다.

⑤ 지불수단으로 즉시 바뀔 수 있는 유동성이 가장 높은 것은 Lf가 아닌 M1이다.

12 배드뱅크(Bad Bank)는 부실자산이나 채권만을 사들여 별도로 관리하면서 전문적으로 처리하는 구조조정 전문기관이다.

[오답풀이]

② 클린뱅크(Clean Bank) : 우량 자산을 인수하여 자산건전성이 높은 은행이다.

③ 뱅크런(Bank Run) : 대규모 예금 인출사태로 예금 인출이 한꺼번에 몰리는 경우를 말한다.

13 전환사채(CB)는 인수단이 구성되어 주식을 인수한 후 투자자에게 판매하는 공모와 특정소수 기관을 대상으로 모집되어 일반투자자는 투자참여 및 발행정보공유에서 배제되는 사모 방식으로 발행된다.

[오답풀이]

① 사채권자 지위를 유지하는 동시에 주주의 지위도 갖는 것은 신주인수권부사채(BW)이다.

② 자본금 변동은 없는 것은 교환사채(EB)이다.

③ 사채보다 이자가 낮다.

⑤ 일정 기간이 지나면 보유한 채권을 다른 회사 주식으로 변환할 수 있는 것은 교환사채(EB)이다.

14 로보어드바이저에 대한 설명으로 사람의 개입 여부에 따라 총 4단계로 구분할 수 있다. 1단계 자문·운용인력이 로보어드바이저의 자산배분 결과를 활용해 투자자에게 자문하거나, 2단계 투자자 자산을 운용하는 간접 서비스, 3단계 사람의 개입 없이 로보어드바이저가 직접 자문하거나, 4단계 투자자 자산을 운용하는 직접 서비스로 나뉜다.

[오답풀이]

② 상품의 중위험·중수익을 지향한다.

15 증권형 크라우드 펀딩은 이윤 창출을 목적으로 비상장 주식이나 채권에 투자하는 형태이다. 투자자는 주식이나 채권 등의 증권으로 보상받는다.

[오답풀이]

③ **대출형** : 개인과 개인 사이에서 이뤄지는 P2P 금융으로, 소액대출을 통해 개인 혹은 개인사업자가 자금을 지원받고 만기에 원금과 이자를 다시 상환해 주는 방식이다.

④ **기부형** : 어떠한 보상이나 대가 없이 기부 목적으로 지원하는 방식이다.

16 비교 우위란 다른 나라에 비해 더 작은 기회비용으로 재화를 생산할 수 있는 능력을 뜻한다. 한 나라에서 어떤 재화를 생산하기 위해 포기하는 재화의 양이 다른 나라보다 적다면 비교 우위가 있는 것이다.

[오답풀이]

① 토마토는 B가, 의류는 A가 비교 우위를 지닌다.

② 두 제품에 대해 비교 우위를 지니는 것은 불가능하다.

③⑤ A와 B는 서로 기회비용을 지불하게 된다.

17 해당 재화의 가격 이외 요인으로도 공급변화가 일어난다.

[오답풀이]

② 소비자의 소득은 수요변화 요인이다.

18 최고가격제는 완전경쟁시장에서 형성되는 가격보다 낮아야 실효성이 있으며 그렇지 않을 경우 수요가 공급을 초과하게 되고 결국 초과수요가 암시장의 요인이 된다.

19 기회비용 = 명시적 비용 + 암묵적비용

[오답풀이]

기회비용 = 교통비 10,000원 + 입장료 35,000원(명시적 비용) + 일당 100,000원

따라서 선호의 기회비용은 145,000원이다.

20 국세와 지방세

㉠ **국세** : 소득세, 법인세, 상속세, 증여세, 종합부동산세, 개별소비세, 증권거래세, 인지세, 주세, 부가가치세, 교육세, 농어촌특별세 등

㉡ **지방세** : 취득세, 등록면허세, 레저세, 지방교육세, 지역자원시설세, 공동시설세, 주민세, 재산세, 자동차세, 담배소비세, 지방소비세, 지방소득세 등

21 영국의 경제학자 윌리엄 필립스가 물가 상승률과 실업률 사이에 있는 역의 상관관계를 나타낸 필립스 곡선이다.

[오답풀이]

⑤ 물가 상승률과 실업률 사이에 역의 관계가 존재하므로 물가 안정과 완전고용이라는 두 가지 경제정책 목표는 동시에 달성될 수 없다.

22 명목 GDP = 금년도 최종 생산량 × 금년도 가격

실질 GDP = 금년도 최종 생산량 × 기준 가격

GDP 디플레이터 = (명목GDP ÷ 실질GDP) × 100

[오답풀이]

2021년의 명목 GDP는 40 × 135 = 5,400이며 실질 GDP는 135 × 25 = 3,375가 된다.

따라서 GDP 디플레이터의 값은 (5,400 ÷ 3,375) × 100 = 160이다.

23 실제인플레이션이 기대인플레이션보다 높은 경우이므로 채무자 또는 고정된 임금을 지급하는 기업주에게 유리한 상황이 된다. 일반적으로 정부는 채무자이고 가계는 채권자에 해당하므로 정부가 인플레이션으로 인한 이득을 얻는 경제주체라고 할 수 있다.

[오답풀이]

①②⑤ 고정된 금액을 지급받는 봉급생활자 및 연금생활자는 불리해진다.

③ 실제실질이자율은 감소하므로 채권자보다 채무자에게 유리하다.

24 1급 가격차별에 대한 설명이다. 완전 가격차별이라고도 하며 상품을 각 단위당 소비자에게 다른 가격으로 부과하는 형태를 말한다.

[오답풀이]

①③⑤ 2급 가격차별에 대한 설명이다.

④ 1급 가격차별에 대한 설명이다.

25 최고가격제 곡선으로, 정부가 물가를 안정시키고 소비자를 보호하기 위하여 가격 상한을 설정하고 최고가격 이하에서만 거래하도록 통제하는 제도이다.

[오답풀이]

㉠㉣㉤ 최저가격제에 대한 특징이다.

26 디플레이션이란 인플레이션(Inflation)의 반대 개념으로 물가가 지속적으로 하락하는 것을 말한다.

[오답풀이]

소비가 위축되면서 상품가격이 하락하고 생산 및 고용이 감소하게 된다. 이는 경기침체를 가속하며 채무자의 채무 부담이 커지게 되어 결국 악순환이 반복된다.

27 개인이 소비를 줄이고 저축을 늘리면 그 개인은 부유해질 수 있지만 모든 사람이 저축을 하게 되면 총수요가 감소해 사회 전체의 부는 감소하는 것을 말한다. 사회 전체의 수요·기업의 생산 활동을 위축시키며 국민소득은 줄어들게 된다. 이때 저축은 악덕이고 소비는 미덕이라는 역설이 성립하게 된다.

[오답풀이]

① **승자의 저주** : 치열한 경쟁 끝에 승리를 얻었지만 승리를 얻기 위해 과도한 비용과 희생으로 오히려 커다란 후유증을 겪는 상황이다.

② **구축효과** : 정부의 재정지출 확대가 기업의 투자 위축을 발생시키는 현상이다.

③ **절대 우위론** : 다른 생산자에 비해 적은 비용으로 생산할 수 있을 때 절대 우위에 있다고 한다.

⑤ **유동성 함정** : 시중에 화폐의 공급을 크게 늘려도 기업의 생산이나 투자, 가계 소비가 늘지 않아 경기가 나아지지 않는 현상이다.

28 변혁적 리더십은 구성원들의 의식 수준을 높이고 성장과 발전에 관심을 기울여 기대했던 성과보다 더 나은 결과를 유도하며 구성원들을 매슬로우의 인간 욕구 5단계 이론의 상위욕구를 추구할 수 있도록 한다.

[오답풀이]

② **거래적 리더십** : 구성원들이 원하는 것을 제공하며 구성원들의 성과를 유도하는 리더십이다.

③ **카리스마 리더십** : 구성원에게 깊고 비범한 영향력을 미치기 위해 개인적 능력과 재능을 활용하는 리더십이다.

④ **임파워링 리더십** : 명확한 목표, 책임, 지도를 제공해 맡은 일에 주인의식을 심어지는 리더십이다.

⑤ **서번트 리더십** : 지시나 명령이 아닌 낮은 자세를 취하며 구성원들의 성장과 발전을 도와 조직의 목표 달성을 유도하는 리더십이다.

29 동조 의식이 강한 경우 같은 집단에 속한 사람들 간에 동일한 소비 행위가 확산될 수 있다. 이러한 소비 유형은 모방소비에 해당한다.

30 SWOT 분석은 조직내부의 강점과 약점을 조직외부의 기회와 위협요인과 대응시켜 전략을 개발하는 기법이다.

[오답풀이]

SO전략(강점 – 기회전략) : 강점으로 시장기회를 활용하는 전략

ST전략(강점 – 위협전략) : 강점으로 시장위협을 회피하는 전략

WO전략(약점 – 기회전략) : 약점을 극복하여 시장기회를 활용하는 전략

WT전략(약점 – 위협전략) : 시장위협을 회피하고 약점을 최소화하는 전략

31 소비자물가지수에는 가계에서 지출하는 재화와 서비스를 소비자가 구매하는 것으로 부동산은 포함되지 않는다.

[오답풀이]

② 수입품은 GDP디플레이터에는 나타나지 않지만 소비자물가지수에는 포함된다.

③ 파셰지수는 거래된 상품 가격이나 가중치의 평균으로 구하는 물가지수로 GDP디플레이터 성질과 같다.

④ 라스파이레스 방식으로 계산한 값을 소비자물가지수로 선택하고 있다.

⑤ GDP디플레이터에는 모든 재화와 서비스, 주택임대료도 포함된다.

32 지니계수는 소득 분배의 불평등을 나타내는 수치로, 분포의 불균형을 의미하며 소득이 어느 정도 균등하게 분배되어 있는가를 나타낸다.

[오답풀이]

② **엥겔지수** : 일정 기간 가계 소비지출 총액에서 식료품비가 차지하는 비율

③ **위대한 개츠비 곡선** : 소설 「위대한 개츠비」에서 주인공 개츠비의 이름을 인용한 것으로 경제적 불평등이 커질수록 사회적 계층이동성이 낮음을 보여주는 곡선

④ **로렌츠곡선** : 국민의 소득 분배 상태를 알아보기 위한 곡선

⑤ **10분위 분배율** : 국가 전체 가구를 소득 크기에 따라 저소득에서 고소득 순으로 10등분한 지표

33 기업과 소비자의 관계를 통해 기업이 추구하는 사익(私益)과 사회가 추구하는 공익(公益)을 동시에 얻는 것을 목표로 하며 제품 판매와 더불어 기부를 연결하는 것이 코즈 마케팅의 주요 특징이다.

[오답풀이]

① **니치 마케팅** : '틈새시장'의 의미로 시장의 빈틈을 공략하는 제품을 잇따라 출시하는 마케팅이다.

② **디 마케팅** : 소비자의 자사 제품 구매를 의도적으로 줄이는 마케팅이다.

③ **프리 마케팅** : 상품과 서비스를 무료로 제공하는 마케팅으로 고객의 시선을 끌거나 타업체와의 경쟁 방법으로 사용된다.

⑤ **플래그십 마케팅** : 가장 인기가 있고 성공을 거둔 특정 제품에 집중하여 판촉하는 마케팅이다.

34 스놉 효과는 특정 제품에 대한 수요가 증가할 경우 오히려 그 제품에 대한 수요가 떨어지는 현상으로, 다른 사람과는 차별화된 소비를 지향하며 마치 까마귀 속에서 혼자 떨어져 고고하게 있는 백로의 모습 같다고 해서 백로 효과라고도 한다.

[오답풀이]

① **베블런 효과** : 가격이 오르는데도 과시욕이나 허영심 등으로 수요가 줄어들지 않는 현상이다.

③ **전시 효과** : 타인의 소비행동을 모방하려는 소비성향으로 개인이 사회의 영향을 받아 상류층의 소비형태를 모방하기 위해 무리한 지출을 하는 현상이다.

④ **디드로 효과** : 하나의 제품을 구매하고 제품과 관련된 다른 제품을 추가로 계속 구매하는 현상으로 제품의 조화를 추구하려는 욕구가 충동구매를 불러일으키며 눈으로 보여지는 제품일수록 디드로 효과는 강하게 나타난다.

⑤ **파노플리 효과** : 소비자가 특정 제품을 소비하면 그 제품을 소비하는 집단 혹은 계층과 같아진다는 환상을 갖게 되는 현상으로, 소비자가 구매한 제품을 통해 지위와 가치를 드러내고자 하려는 욕구에서 발생한다.

35 성장기는 제품 판매량이 급속히 증가하면서 순이익이 발생하는 단계이다. 이때, 경쟁기업들이 점차적으로 생겨난다.

[오답풀이]

① 도입기의 소비자는 혁신층이다.

② 도입기의 판매량은 낮다.

④ 성숙기의 경쟁자는 다수에서 점차 감소한다.

⑤ 쇠퇴기의 판매량은 쇠퇴한다.

36 ③ 순환 제품 PLC는 특수한 요인에 따라 소비의 증감이 반복되는 형태의 PLC이다.

[오답풀이]

① 스타일 제품 PLC로 하나의 스타일이 출시하면 잠시 유행했다가 일정 기간이 흐른 뒤 다시 유행하는 형태의 PLC이다.

② 연속성장형 제품 PLC로 제품의 새로운 특성이나 품질, 소비자 등이 발견되어 매출이 연속적으로 이어지는 형 태의 PLC이다.

④ 장수 제품 PLC로 오랜 기간 꾸준히 소비되는 형태의 PLC이다.

⑤ 일시적 유행 제품 PLC로 단기간에 소비되었다가 쇠퇴하는 형태의 PLC이다.

37 이상적인 포트폴리오상의 이동은 Cash Cows를 이용하여 Question Mark 사업을 Star 사업으로 육성하고 별에서 현금젖소로 이동하는 Question Mark → Star 혹은 Star → Cash Cows이다.

[오답풀이]

바람직한 자금 이동에는 Cash Cows에서 나온 자금을 Question Mark에 투자하여 Star로 만들거나, 직접 Star를 만드는 Question Mark → Star 혹은 Star → Star가 있다.

38 M&A는 기업 외부경영자원 활용의 방법으로 기업의 인수와 합병을 의미하는데, 최근에는 의미가 확장되어 인수와 합병, 전략적 제휴 등도 M&A로 정의하고 있다.

[오답풀이]

① 영업적 동기에 해당한다.

39 표적시장은 기업이 세분화한 시장 중 집중적으로 공략하는 시장을 말한다.

[오답풀이]

④ 포지셔닝 과정 중 하나이며 경쟁제품에 비해 소비자 욕구를 더 잘 충족시킬 수 있는 자사 제품의 포지션을 결정하는 것이다.

40 현재가치 × $(1 + \text{이자율})^n$ = 미래가치

미래가치 ÷ $(1 + \text{이자율})^n$ = 현재가치

[오답풀이]

미래가치 = 현재가치 × (1 + 이자율)

$2{,}000{,}000 \times (1+0.15)^3 = 3{,}041{,}750$

따라서 3년 후 시간 가치는 3,041,750이다.

실전 모의고사 3회 정답 및 해설

3회 모의고사

1	2	3	4	5	6	7	8	9	10
③	③	④	②	②	⑤	②	②	③	①
11	**12**	**13**	**14**	**15**	**16**	**17**	**18**	**19**	**20**
③	⑤	④	①	②	③	②	④	①	②
21	**22**	**23**	**24**	**25**	**26**	**27**	**28**	**29**	**30**
③	⑤	①	⑤	①	②	①	②	②	⑤
31	**32**	**33**	**34**	**35**	**36**	**37**	**38**	**39**	**40**
⑤	①	①	①	①	①	①	②	①	④

01 외환시장에 개입하여 원화가치를 상승시키면 순수출이 줄어들게 되므로 총수요가 감소하게 된다. 그로 인해 디플레이션 갭은 오히려 더 커지게 된다.

02 일반균형이 존재하기 위해서는 개인의 선호가 볼록성을 만족해야 한다.

03 디지털 재화는 디지털의 형태로 제작되어 디지털의 형태로 저장, 배달, 소비되는 재화를 의미한다. 예를 들면 인터넷을 통해 제공되는 정보서비스나 게임, MP3 음악파일 등을 들 수 있다. 디지털 재화의 경우에는 수확체증의 법칙이 작용할 뿐만 아니라, 추가비용 없이 복제하여 판매할 수 있으므로 가변비용은 거의 변화가 없다.

04 외국의 자본을 도입해 자본의 규모가 상대적으로 커지게 되면 자본생산성이 하락하게 된다.

05 창구세일즈는 비용을 가장 절감할 수 있는 점두판매이다.

06 베블런 효과는 상품의 가격이 상승하는데도 불구하고 허영심이나 과시욕으로 인해 수요가 증가하는 현상을 말한다.

07 수요의 가격탄력성=−수요량변화율/가격변화율=$\frac{dQ}{Q}\times\frac{dP}{P}=\frac{dQ}{dP}\times\frac{P}{Q}$

여기서 $\frac{dQ}{dP}$는 수요함수 Q를 가격 P로 미분한다는 의미이므로 −1이다.

P=2를 수요함수에 대입하면 Q=8이 된다. 따라서 $\frac{P}{Q}=\frac{2}{8}$

∴ 수요의 가격탄력성 $=-(-1)\times\frac{2}{8}=\frac{1}{4}=0.25$

08 피셔효과는 '명목이자율=실질이자율+인플레이션율'로 나타내며 장기에 인플레이션율이 상승하면 명목이자율에 직접 반영되어 실질이자율에는 아무런 영향이 없게 된다.

[오답풀이]

① 필립스 곡선은 실업률과 인플레이션율 사이의 음(−)의 관계를 보여 준다.

③ 명목임금이 하방경직적일 때 디플레이션이 발생하여 물가가 하락하면 실질임금은 상승한다.

④ 예상치 못한 인플레이션이 발생하는 경우에는 채무자는 이득이고 채권자는 손해를 보기에 소득재분배 문제를 야기할 수 있다.

⑤ 합리적 기대가설은 새고전학파를 의미한다. 예상 인플레이션율이 상승하면 총공급곡선이 상방으로 이동하므로 실제 물가 또는 실제 인플레이션율이 높아진다.

09 케인즈의 절대소득가설에 의하면 소비는 현재의 처분가능소득에 기반을 두고 결정된다.

[오답풀이]

① 임의보행(random walk)가설은 합리적 기대이론을 소비행태분석에 도입하여, 정보가 불확실한 상황에서 소비자가 합리적 기대를 갖고 시점 간 소비선택을 하는 경우, 현재 소비 이외의 다른 어떤 변수도 미래소비를 예측하는데 도움이 되지 않는다는 이론이다. 소비자들이 합리적 기대와 항상소득가설에 의거해 행동한다면 예측하지 못한 변화만이 소비를 변화시킬 수 있다. 즉 소비의 변화는 랜덤워크하므로 예측할 수 없다.

② 앤도, 모딜리아니 등의 생애주기가설에 의하면 소비는 일생 동안의 소득의 흐름에 의해서 결정된다.

④ 상대소득가설은 사람들의 소비가 자신의 절대적인 소득수준보다는 다른 사람들의 소득수준이나 자신의 서로 다른 시점 간 소득을 비교한 상대소득에 의해 결정된다는 가설이다. 사람들은 자신의 소득만이 아니라 다른 사람의 소득과 비교하여 소비를 결정한다는 소비의 전시효과(소비의 상호의존성)와 소비의 비가역성(톱니효과)에 의하면 현재의 소비는 현재의 소득수준뿐만 아니라 과거의 최고 소득수준에도 영향을 받는다는 것이다.

⑤ 항상소득가설에 따르면 현재 소득이 일시적으로 항상소득 이상으로 증가할 때 소비자들은 임시소득의 증가로 인식하고 항상소비를 거의 늘리지 않는다. 소득은 증가하지만 소비는 거의 일정하므로 평균소비성향은 일시적으로 하락한다.

10 AK모형에서는 저축률이 성장률수준을 결정하는 중요한 요소로 작용한다. 따라서 저축률을 증가시키는 정부정책이 장기적 경제성장률을 높일 수 있다.

[오답풀이]

② AK 모형의 자본을 폭넓게 정의하여 K는 물적자본, 지식자본, 인적자본을 포함한다.

③ 경제개방, 정부의 경제발전 정책 등 정부의 개입이 경제성장에 중요한 역할을 할 수 있다.

④ R&D모형에서 기술진보란 동일한 노동과 자본을 투입하더라도 종전보다 더 많은 산출량 창출을 가능케 하는 지식의 축적을 의미하며, 지식은 비경합성과 배제성을 갖는다. 지식은 한번 공개되면 그것을 공유하는 데는 비용이 들지 않으나(비경합성), 재산권이나 특허법 등의 제도적 장치에 의해 이용 등이 제한된다(배제성).

⑤ 두 모형 모두 한계수확체감과 기술진보를 인정하였다. 다만 솔로우모형은 기술진보를 '외생변수'로 봤다는 데에 차이가 있다.

11 래퍼곡선은 세율이 0%이면 당연히 세수도 0이 된다. 하지만 세율이 100%라면 누구도 소득을 얻기 위한 활동을 거부할 것이기 때문에 세수 또한 0이 되는 것이다. 그러므로 래퍼 곡선은 그 중간 지점에서 세수가 극대화될 수 있는 점의 존재를 주장하는 것이다.

12 원칙적으로 중간생산물은 GDP에 집계되지 않지만 예외적으로 연말까지 팔리지 않은 중간생산물은 일단 최종생산물로 간주되어 GDP에 집계된다. 정부가 빈곤층을 지원하기 위해 지출한 이전지출은 생산과 관계없는 것이므로 GDP에 포함되지 않는다.

[오답풀이]

① 유량은 일정 기간 동안에 일어날 변화를 측정한 것이다. 연봉, 소득, 소비, 투자, 수입, 수출, 경상수지, GDP, 당기순이익, 주택 생산량 등이 이에 해당한다.

②③ GDP는 일정 기간 동안 한 나라 안에서 생산된 최종 재화와 서비스의 시장 가치를 화폐 단위로 환산해 더한 값이다. '한 나라 안'에서이기 때문에 국적은 상관없다. 미국 GM이 대한민국에서 생산·판매한 자동차는 우리나라 GDP에 포함되지만, 삼성전자가 미국 텍사스에서 만들어 판 반도체는 GDP에 포함된다.

④ 식당에서 판매하는 식사는 시장거래이므로 GDP에 포함되지만, 아내가 가족을 위해 제공하는 식사는 시장가치로 나타낼 수 없으므로 GDP에 포함하지 않는다.

13 상향적 의사소통에 대한 설명으로 집단이나 조직의 하위계층에서 상위계층으로 의사소통이 이루어지며, 성과뿐만 아니라 의견이나 태도 등도 상위계층에 전달한다.

14 펭귄효과(penguin effect)는 다수가 새로운 상품 또는 새로운 방식의 도입을 망설이는 상황에서 한 명의 사용자나 소수 집단을 시작으로 초기 사용자군이 형성되면 나머지 집단이 이들을 따라 새로운 상품과 방식을 도입하는 현상을 나타낸다.

15 MBO(management by objectives)는 양을 중요시하는 관리 방법이며, 단기적인 목표를 강조한다.

16 리엔지니어링은 사업구조의 기본적인 전환을 통하여 기업의 체질개선과 경영자원의 재분배를 꾀하는 경영혁신의 한 방식으로 현재의 경영활동을 재구성하는 것으로, 일본의 개선(TQC)에 대응하기 위한 미국의 대응책으로서 미국의 약점인 분업화, 전문화의 문제점을 미국의 강점인 정보기술을 이용하여 개선이 아닌 혁신을 통해 미국의 경쟁력을 회복하고자 대두된 대안으로서 프로세스별로 기업의 업무를 고객만족의 관점에서 근본적으로 재설계하는 것을 의미한다.

17 오픈뱅킹(open banking)은 은행이 보유하고 있는 고객 금융데이터를 API방식으로 제3자 서비스 제공자에게 공개해 이를 활용할 수 있도록 하는 것을 말한다.

18 확정급여형(DB)은 근로자가 받을 연금액이 사전에 확정되며 적립금의 일부는 사외에, 일부는 사내에 적립되어 운용되는 방식이다.

19 카페테리아 복리후생은 기업이 일방적으로 설계하여 운영하는 표준적 복리후생프로그램이 아니라 종업원이 스스로 원하는 것을 선택하게 하는 것으로 예산의 합리적 배분, 자율적 조직분위기 조성, 동기부여에 효과적이다.

20 합법적 권력은 조직이 부여하는 권한을 바탕으로 부하들에게 영향력을 행사하는 것으로 리더가 갖고 있는 지위 권한(Position Power)에 의해 생겨나며, 서로 약속된 법에 의해 특정인에게 힘을 사용하는 것을 의미한다.

21 PLC(product life cycle)

㉠ 도입기(introduction) : 광고와 홍보가 비용효과성이 높고, 유통영역을 확보하기 위한 인적판매활동, 시용을 유인하기 위한 판매촉진

㉡ 성장기(growth) : 시장규모확대, 제조원가하락, 이윤율 증가, 집중적 유통, 인지도 강화

㉢ 성숙기(maturity) : 판매촉진, 높은 수익성, 수요의 포화상태로 인한 가격인하

㉣ 쇠퇴기(decay) : 광고와 홍보의 축소, 판매량이 급격히 줄고, 이윤 하락하는 제품으로 전략

22 타 기업의 제도 또는 시스템을 벤치마킹하더라도 이는 어디까지나 제도 및 시스템적인 측면을 받아들이는 것이지 어느 한 조직의 구성원들이 공유하는 생각, 가치관, 신념 등에 관한 조직문화적 가치까지도 쉽게 이전되는 것이 아니다.

23 선수수익은 추후에 용역으로 변제되는 '부채'이기 때문에 이러한 선수수익의 증가는 대변에 기록한다.

24 집단응집성의 증감 요소는 다음과 같다.

증가요인	감소요인
• 집단목표에 대한 동의 • 집단 간의 경쟁 • 집단목표에 대한 동의성이 높을 경우 • 구성원들의 상호작용 빈도가 높을 경우	• 집단목표에 대한 불일치 • 큰 집단규모 • 소수에 의한 지배 • 집단 내의 경쟁 등

25 레몬마켓(lemon market)은 시고 맛없는 레몬만 파는 과일 시장과 같다는 의미로서, 미국에서 중고차시장을 빗댄 말로부터 유래된 것을 말한다.

26 마케팅 철학의 변화는 생산지향, 제품지향, 판매지향, 고객지향, 사회지향 순으로 발전해 왔다.

27 선수금은 금융부채가 아니라 비금융부채이다. 비금융부채는 법률상의 의무로써 발생되거나 재화나 용역으로 상환되는 부채로써 이에는 선수금, 선수수익, 예수금, 미지급법인세, 충당부채, 우발부채 등이 있다.

28 직무명세서는 사람에 대한 내용, 직무기술서는 직무자체에 대한 내용이 기록된다. 기술, 지식, 능력은 사람에 대한 내용으로 직무명세서에 정리되어야 한다.

29 인적자원관리의 활동(전개과정)은 인적자원의 '확보 → 개발 → 활용 → 보상 → 유지'의 순서로 이루어진다.

30 급여를 지급하기로 했으나 실제로 지급된 급여가 없으므로 회계상 거래라고 볼 수 없다.

31 변혁적 리더십은 구성원들의 요구를 충족시키며 성과를 유도하는 교환관계의 수준을 넘어서서, 구성원들의 욕구 및 내재적 동기수준을 높이고 나아가 도덕적 동기를 지향하게 함으로써 부하의 가치체계의 변화를 통해 개인, 집단, 조직의 변화를 이끌어가는 리더십을 의미한다.

32 ① 수요가 공급을 초과할 경우 수요를 일시적 또는 영구적으로 줄이는 마케팅을 의미한다.
② 지금의 수요를 유지하는 마케팅을 의미한다.
③ 수요를 개발하는 마케팅으로 잠재된 수요 상태에 있는 고객들이 원하는 바를 충족시키는 것을 의미한다.
④ 상품의 수요가 시간이나 계절 등의 영향으로 불규칙하지만 이를 특별 할인을 통해서 수요의 차이를 극복하는 마케팅을 의미한다.

33 마케팅 믹스 요소 중 가격(price)은 타 요소와는 다르게 용이하게 변경이 가능한데 예를 들어 개발한 상품을 개선 또는 변경하는 데 있어서 많은 노력과 시간 및 비용이 들게 되며, 광고와 유통경로도 한번 설정되면 변경하기가 상당히 까다로워진다. 하지만 가격의 경우에는 변경을 하겠다고 마음을 먹게 되면 즉각적으로 실행에 옮기기가 용이하다.

34 각 촉진믹스별 대표적인 수단은 다음과 같다.

촉진믹스 요소	대표적인 수단
PR	스폰서십, 홈페이지, 사회봉사활동, 보도자료 등
판매촉진	샘플, 경품, 할인쿠폰, 사은품 등

35 특정분야에서 뛰어난 기업의 기술·제품·경영방식 등을 비교·분석하여 자사에 응용함으로써 자기혁신을 추구하는 경영기법이다.

[오답풀이]
② 현재의 경영 활동을 재구성하는 것으로, 사업 구조의 기본적인 전환을 통하여 기업의 체질개선을 꾀하는 경영혁신의 한 방법이다.
③ 기업의 소형화·감량화 전략을 나타내는 경영기법으로, 단기적 비용절감이 아니라 장기적인 경영전략을 의미한다.
④ 기업의 핵심역량 프로세스만을 남기고 나머지 업무를 외부에 맡기는 방법으로 기업은 아웃소싱을 통해서 비용의 절감과 유연성을 확보할 수 있다.
⑤ 조직 및 개인의 목표를 기반으로 효율적, 효과적으로 관리함으로써 경영성과를 도출하기 위한 방법을 말한다.

36 집단을 둘로 나누어 한 쪽 집단(2～3명 정도 구성)에 반론자의 역할을 부여한다. 반론자의 반론을 듣고 토론을 벌여 최선의 의사결정을 이끌어내는 방법을 말한다.

[오답풀이]
② 집단 구성원들 간의 실질적인 접촉 없이 서면을 통해서 아이디어를 창출하는 방법으로 한 번에 하나의 문제만 처리 가능한 방법을 말한다.
③ 델파이법은 전문가들이 서로의 영향을 받지 않으면서 의견이 일치할 때까지 피드백하며 의사결정을 하는 방법을 말한다.
④ 특정 문제에 대해서 구성원의 자유발언으로 아이디어를 찾는 방법을 말한다.
⑤ 상대방에게 알리고자 하는 바를 재미있고 생생한 이야기로 설득력 있게 전달하는 기법을 말한다.

37 서비스에는 이질성이라는 특성이 있다. 서비스를 제공하는 사람이나 고객, 서비스 시간, 장소에 따라, 즉 누가, 언제, 어떻게 제공하느냐에 따라 내용과 질에 차이가 발생하게 된다. 즉, 개인적 선호경향을 기초로 기대감이 형성되며 개별적인 감성 차이 때문에 서비스의 품질에 대한 평가가 다르다.

[오답풀이]

② 서비스는 기본적으로 가시적인 실체가 따로 없기 때문에 볼 수도 없고 만질 수도 없으며 이러한 서비스는 쉽게 전시되거나 전달할 수도 없다는 무형성의 특징을 가지고 있다.

③ 소멸성(perishability)이란 판매되지 않은 서비스는 사라진다는 개념이다. 서비스는 일시적으로 제공되는 편익으로서 생산하여 그 성과를 저장하거나 다시 판매할 수 없다.

④ 비분리성은 대부분의 서비스는 생산과 동시에 소비되는 특징을 가지고 있기 때문에 수요와 공급을 맞추기가 어려우며 서비스는 반품될 수 없는 특징을 가지고 있다.

⑤ 서비스마케팅에서 중복성이라는 특징은 존재하지 않는다.

38 제품수명주기 중 성장기에는 매출액의 급격한 상승이 있으며, 시장에서 이 제품이 급격하게 수용되고 있는 단계이다.

[오답풀이]

① 도입기에는 매출액이 낮으며 이익은 적자로서 경쟁자 수가 거의 없다.

③ 성숙기에는 최대 매출을 이루며 경쟁자 수는 점차 감소하는 추세이다.

④ 쇠퇴기에는 이익이 감소하고 또한 경쟁자 수도 감소한다.

⑤ 제품수명주기는 도입기, 성장기, 성숙기, 쇠퇴기의 순서로 진행되며, 준비기라는 단계는 존재하지 않는다.

39 구매 준비는 고객행동변수에서 인지 및 행동적 세분화에 속하는 변수로는 정보획득, 관심, 욕구 등이 포함된다.

[오답풀이]

②③④⑤에서 나이, 결혼 유무, 성별, 종교는 고객특성변수에서 인구통계학적 변수가 되며 그 외에도 소득, 직업, 학력 등도 포함된다.

40 위생 요인은 직무의 외재적 요인들로 불만족에 영향을 미치는 요인들을 말하며, 직무에 불만족을 감소 또는 예방하기 위한 기본적인 기능을 의미한다.

[오답풀이]

①②③⑤ 성취감, 책임감, 성장 및 발전, 일에 대한 인정 등은 모두 동기 요인에 해당한다. 이러한, 동기 요인은 만족에 영향을 미치는 요인들을 말하며 직무의 내재적 요인들을 말한다.

실전 모의고사 답안지

성명

시험 주의사항
• 전자기기 및 개인 손목시계는 사용이 불가합니다.
• 답안카드 기재 · 마킹 시에는 반드시 검정색 사인펜을 사용하고 원 안에 정확하게 검정색 사인펜으로 표기합니다.
• 수정테이프로 마킹을 수정을 하는 경우 오류가 발생할 수 있습니다.
• 마감 10분 전 OMR 교체는 불가합니다.

01	①	②	③	④	⑤	11	①	②	③	④	⑤	21	①	②	③	④	⑤	31	①	②	③	④	⑤
02	①	②	③	④	⑤	12	①	②	③	④	⑤	22	①	②	③	④	⑤	32	①	②	③	④	⑤
03	①	②	③	④	⑤	13	①	②	③	④	⑤	23	①	②	③	④	⑤	33	①	②	③	④	⑤
04	①	②	③	④	⑤	14	①	②	③	④	⑤	24	①	②	③	④	⑤	34	①	②	③	④	⑤
05	①	②	③	④	⑤	15	①	②	③	④	⑤	25	①	②	③	④	⑤	35	①	②	③	④	⑤
06	①	②	③	④	⑤	16	①	②	③	④	⑤	26	①	②	③	④	⑤	36	①	②	③	④	⑤
07	①	②	③	④	⑤	17	①	②	③	④	⑤	27	①	②	③	④	⑤	37	①	②	③	④	⑤
08	①	②	③	④	⑤	18	①	②	③	④	⑤	28	①	②	③	④	⑤	38	①	②	③	④	⑤
09	①	②	③	④	⑤	19	①	②	③	④	⑤	29	①	②	③	④	⑤	39	①	②	③	④	⑤
10	①	②	③	④	⑤	20	①	②	③	④	⑤	30	①	②	③	④	⑤	40	①	②	③	④	⑤

SEOWONGAK

실전 모의고사 답안지

성명

시험 주의사항

- 전자기기 및 개인 손목시계는 사용이 불가합니다.
- 답안카드 기재 · 마킹 시에는 반드시 검정색 사인펜을 사용하고 원 안에 정확하게 검정색 사인펜으로 표기합니다.
- 수정테이프로 마킹을 수정을 하는 경우 오류가 발생할 수 있습니다.
- 마감 10분 전 OMR 교체는 불가합니다.

01	①	②	③	④	⑤	11	①	②	③	④	⑤	21	①	②	③	④	⑤	31	①	②	③	④	⑤
02	①	②	③	④	⑤	12	①	②	③	④	⑤	22	①	②	③	④	⑤	32	①	②	③	④	⑤
03	①	②	③	④	⑤	13	①	②	③	④	⑤	23	①	②	③	④	⑤	33	①	②	③	④	⑤
04	①	②	③	④	⑤	14	①	②	③	④	⑤	24	①	②	③	④	⑤	34	①	②	③	④	⑤
05	①	②	③	④	⑤	15	①	②	③	④	⑤	25	①	②	③	④	⑤	35	①	②	③	④	⑤
06	①	②	③	④	⑤	16	①	②	③	④	⑤	26	①	②	③	④	⑤	36	①	②	③	④	⑤
07	①	②	③	④	⑤	17	①	②	③	④	⑤	27	①	②	③	④	⑤	37	①	②	③	④	⑤
08	①	②	③	④	⑤	18	①	②	③	④	⑤	28	①	②	③	④	⑤	38	①	②	③	④	⑤
09	①	②	③	④	⑤	19	①	②	③	④	⑤	29	①	②	③	④	⑤	39	①	②	③	④	⑤
10	①	②	③	④	⑤	20	①	②	③	④	⑤	30	①	②	③	④	⑤	40	①	②	③	④	⑤

SEOWONGAK

실전 모의고사 답안지

성명

시험 주의사항

- 전자기기 및 개인 손목시계는 사용이 불가합니다.
- 답안카드 기재 · 마킹 시에는 반드시 검정색 사인펜을 사용하고 원 안에 정확하게 검정색 사인펜으로 표기합니다.
- 수정테이프로 마킹을 수정을 하는 경우 오류가 발생할 수 있습니다.
- 마감 10분 전 OMR 교체는 불가합니다.

01	①	②	③	④	⑤	11	①	②	③	④	⑤	21	①	②	③	④	⑤	31	①	②	③	④	⑤
02	①	②	③	④	⑤	12	①	②	③	④	⑤	22	①	②	③	④	⑤	32	①	②	③	④	⑤
03	①	②	③	④	⑤	13	①	②	③	④	⑤	23	①	②	③	④	⑤	33	①	②	③	④	⑤
04	①	②	③	④	⑤	14	①	②	③	④	⑤	24	①	②	③	④	⑤	34	①	②	③	④	⑤
05	①	②	③	④	⑤	15	①	②	③	④	⑤	25	①	②	③	④	⑤	35	①	②	③	④	⑤
06	①	②	③	④	⑤	16	①	②	③	④	⑤	26	①	②	③	④	⑤	36	①	②	③	④	⑤
07	①	②	③	④	⑤	17	①	②	③	④	⑤	27	①	②	③	④	⑤	37	①	②	③	④	⑤
08	①	②	③	④	⑤	18	①	②	③	④	⑤	28	①	②	③	④	⑤	38	①	②	③	④	⑤
09	①	②	③	④	⑤	19	①	②	③	④	⑤	29	①	②	③	④	⑤	39	①	②	③	④	⑤
10	①	②	③	④	⑤	20	①	②	③	④	⑤	30	①	②	③	④	⑤	40	①	②	③	④	⑤

SEOWONGAK

자격증

한번에 따기 위한 서원각 교재

한 권에 준비하기 시리즈 / 기출문제 정복하기 시리즈를 통해 자격증 준비하자!